W9-ADT-004

CUBA Y VENEZUELA

Reflexiones y debates

CUBA Y VENEZUELA

Reflexiones y debates

Germán Sánchez

Ocean Press
Melbourne ▪ Nueva York ▪ La Habana
www.oceanbooks.com.au

WINGATE UNIVERSITY LIBRARY

Cubierta ::maybe

Derechos © 2006 Germán Sánchez Otero
Derechos © 2006 Ocean Press

Todos los derechos reservados. Ninguna parte de esta publicación puede ser reproducida,
conservada en un sistema reproductor o transmitirse en cualquier forma o por cualquier
medio electrónico, mecánico, fotocopia, grabación o cualquier otro, sin previa autorización
del editor.

ISBN 10: 1-920888-34-9
ISBN 13: 978-1-920888-34-3
Library of Congress Control Number: 2005931647

Primera edición 2006

Publicado por Ocean Press
Australia: GPO Box 3279, Melbourne, Victoria 3001, Australia
                      Fax: (61-3) 9329 5040 Tel: (61-3) 9326 4280
                      E-mail: info@oceanbooks.com.au

USA: PO Box 1186, Old Chelsea Stn., New York,
                      NY 10113-1186, USA

Distribuidores de Ocean Press
EEUU y Canadá: **Consortium Book Sales and Distribution**
                      Tel: 1-800-283-3572   www.cbsd.com
Gran Bretaña y Europa: **Turnaround Publisher Services Ltd.**
                      E-mail: orders@turnaround-uk.com
Australia y Nueva Zelandia: **Palgrave Macmillan**
                      E-mail: customer.service@macmillan.com.au
Cuba y América Latina: **Ocean Press**
                      E-mail: oceanhav@enet.cu

ocean
info@oceanbooks.com.au
www.oceanbooks.com.au

ÍNDICE

La suerte de Venezuela no me puede ser indiferente
ni aún después de muerto.
Simón Bolívar

Ni hay para dulces,
copa amarga; ni el áspid muerde en
pechos varoniles;
ni de su cuna reniegan hijos infieles.
Deme Venezuela en qué servirla:
ella tiene en mí un hijo.
José Martí

PRÓLOGO:
Motivos y Propósitos

Venezuela vale bien el viaje que hay que hacer para llegar a ella.
José Martí

Un amigo que conocía mis quehaceres con la palabra, me sugirió la idea de publicar una selección de las intervenciones y los escritos sobre Cuba, que expuse en disímiles escenarios de Venezuela.

Decidí agrupar esas páginas en dos títulos, que se editaron en Caracas en 2004: *Permiso para Opinar sobre Cuba* y *Cuba desde Venezuela*. El primero contiene una selección de entrevistas y conferencias de prensa, y el segundo abarca textos y disertaciones que realicé en Venezuela, desde agosto de 1994, hasta abril de 2005.

Me complace ahora ofrecer a los lectores de los Estados Unidos de América y otros países esta edición de Ocean Press, integrada por una selección de los componentes revisados y actualizados de ambos libros y dos nuevos trabajos elaborados especialmente para esta publicación: "En defensa de los Cinco Héroes" y "Barrio Adentro y otras misiones sociales en la Revolución bolivariana". Se incorpora además un texto que se publicó recientemente en el libro "El Encuentro", consagrado a rememorar la primera visita de Hugo Chávez a Cuba.

Llegué a la imantadora tierra de Bolívar el 5 de agosto de 1994. Antes había visitado Caracas, para participar en eventos académicos y políticos. Experimenté siempre una emoción especial, mas esta vez debía representar a Cuba durante un tiempo prolongado, y tendría la oportunidad de comprender y disfrutar aún más a este pueblo de hazañas, de héroes y de paradojas.

No podía imaginar entonces, que más de diez años después viviría la íntima satisfacción de continuar representando a mi Patria en esta Tierra de Gracia, y menos aún que iba a tener el honor de hacerlo ante el gobierno bolivariano del presidente Hugo Chávez Frías, quien conduce, desde diciembre de 1998, el proceso revolucionario y popular más original, y prometedor, de nuestra América en los albores del siglo XXI.

¿Qué razones explican la diversidad de asuntos cubanos de esta obra?

El atractivo que despiertan en Venezuela los logros y temas políticos de la nación cubana, suscita con frecuencia que nos inviten a exponer nuestras valoraciones ante auditorios y medios de comunicación heterogéneos.

Sin rodeos ni apologías, me propuse explicar en esos encuentros los antecedentes y datos que facilitaran a cada persona enriquecer sus conocimientos y ratificar opiniones o deducir nuevas ideas, fuesen indiferentes o curiosos, adherentes o adversarios del devenir cubano desde 1959, que tanto admira y exalta la abrumadora mayoría de los ciudadanos venezolanos.

La misma postura asumí cuando me sentí obligado a responder formulaciones calumniosas, en las que se tergiversaba y atacaba a Cuba, sin fundamento; incluso, a veces, con intenciones de involucrarnos en la vida política de Venezuela.

Esas campañas de difamaciones grotescas deformaron la percepción política de un sector pequeño de la población. Hasta tal punto que, en ocasión del golpe de Estado del 11 de abril de 2002, una horda fanática manipulada por dos terroristas a sueldo de la mafia anticubana de Miami y ante la mirada cómplice de los golpistas, atacó y asedió a nuestra Embajada. Dentro de ella nos encontrábamos mujeres, niños y hombres, a quienes nos cortaron el agua, la electricidad y el suministro de alimentos; tal acción provocó, sin embargo, el repudio unánime del pueblo venezolano y de la opinión pública internacional, que será por siempre una formidable condena moral a los culpables de ese vil episodio. Aparece aquí una crónica de aquellos hechos y las palabras que le expresamos —el 12 de abril, dentro de la Embajada— al alcalde Henrique Capriles Radonski. Sin embargo, tal circunstancia no es la que más nos interesa exaltar.

El signo de este libro es su afán de servir a Cuba y a sus vínculos entrañables con Venezuela, que ahora avanzan bajo el influjo y el estímulo adicional de haberse iniciado por ambos países el proceso de integración y cooperación más auténtico y creativo de la historia continental: la Alternativa Bolivariana para las Américas (ALBA).

Podrán aquí encontrarse entrevistas y artículos de prensa, varios de ellos con matices polémicos; conferencias acerca de la Revolución cubana, y referentes a figuras y efemérides connotadas de nuestra historia; balances y valoraciones sobre las relaciones cubano-venezolanas; e intervenciones, cartas y comentarios que abordan los ámbitos culturales, comerciales, diplomáticos, políticos, editoriales y solidarios, entre otros.

Me honra dedicar estas páginas al bravo pueblo del Libertador Simón Bolívar. Mi mayor satisfacción es que resulten útiles a las personas que lean el libro en cualquier país y les ayuden a comprender más cabal y justamente a mi Patria, que al comenzar 2005 acelera su desarrollo económico, incrementa la justicia social y vuelve a reiterar su vitalidad al abrir una nueva etapa de búsquedas, cambios y superación de desatinos.

Deseo que la presente obra —a la que han contribuido con generosidad varios compañeros de la Embajada; los amigos David Deutschmann y Javier Salado, de Ocean Press; y, en especial, mi esposa e hijos—, la reciban los lectores como un modesto tributo a la espléndida identidad entre Cuba y Venezuela, hermanadas por las aguas más azules y cálidas del Atlántico, y por las certezas, las añoranzas y la guía perenne de nuestros dos fundadores sin fronteras.

Germán Sánchez Otero

CAPÍTULO I
La Revolución cubana y Venezuela

Y Cuba debe ser libre — de España
y de los Estados Unidos de América.
José Martí

Quien dice Venezuela,
dice América: que los mismos
males sufren, y de los mismos
frutos se abastecen, y los mismos
propósitos alientan.
José Martí

Al calor de la Revolución bolivariana —liderada por el presidente Hugo Chávez— proliferan cada vez más las interpretaciones y especulaciones acerca de la supuesta intención de replicar en Venezuela el curso que Cuba inició en enero de 1959. Los promotores de tales distorsiones, casi siempre, son adversarios del presidente Chávez, sesgados por el odio y el interés de confundir. En pocas ocasiones —incluso del lado bolivariano—, se realizan comparaciones lógicas y equilibradas.

Ello me motivó a hilvanar el presente resumen analítico sobre la Revolución cubana, en sus primeros años decisivos. Pretendo así contribuir a que los lectores más maduros los rememoren y los más jóvenes dispongan de una visión rápida sobre aquellos momentos iniciales, pensada para quienes desean emprender —sin prejuicios— una confrontación histórica entre nuestra Revolución y el proceso de cambios que hoy acontece en Venezuela.

El devenir revolucionario cubano de los años sesenta no puede repetirse actualmente en otros países de la región, tanto por las circunstancias geopolíticas en que ocurrió y por el ritmo vertiginoso de sus transformaciones, como por los alcances medulares y abarcadores de las medidas adoptadas en muy breve tiempo. Ahí radica su singular complexión.

Ello no significa que esas primeras decisiones y los acontecimientos que trajo consigo la Revolución para la sociedad cubana, resulten ajenos o extemporáneos para el resto de los países latinoamericanos y caribeños. Al contrario. Por tratarse de la ruptura histórica más completa ocurrida en cualquier país del hemisferio, la Revolución cubana representa un paradigma y un laboratorio de indudable vigencia para los pueblos de nuestra región.

Abordaré el tema con el objetivo de aportar informaciones y reflexiones, que de ningún modo buscan sustituir el papel de cada quien de pensar a su manera y deducir sus propias conclusiones.

1. Más de cuatro décadas del decurso socialista en nuestra Patria, confirman que esa opción escogida por los cubanos fue y es correcta.

Ninguna Revolución en nuestra América generó tantos cambios esenciales en tiempo tan breve. En menos de 28 meses —entre el 1ro. de enero de 1959, y los días 16 y 19 de abril de 1961, fechas emblemáticas del triunfo insurreccional, de la proclamación del carácter socialista de la Revolución y de la primera derrota militar del imperialismo norteamericano en este continente—, ocurrieron raigales mutaciones que iniciaron una nueva etapa de la historia de Cuba y de toda la región.

2. Las acciones no fueron ejecutadas ateniéndose a un plan exacto, aunque la mayoría de ellas estaban contempladas en el Programa del Moncada desde el año 1953 (*La Historia me Absolverá*). Al triunfar la Revolución, en enero de 1959, e iniciar ella sus primeras medidas, los Estados Unidos de América comenzaron a enfrentarla con furia. Podría pensarse que, en ese entonces, nadie podía prever cómo acontecería ese proceso; sin embargo, la dirección revolucionaria y, en especial, Fidel sí tenían una estrategia y claros objetivos que se habrían de cumplir, los cuales facilitaron la guía oportuna y certera del pueblo, y la integración de las organizaciones revolucionarias. Ante el dinamismo y la complejidad del enfrentamiento,

las decisiones de la parte cubana no eran improvisadas. Años después, Fidel resumió con tres palabras la fórmula eficaz del triunfo de cualquier revolución: pueblo, armas y unidad. Y en Venezuela, el 3 de febrero de 1999, lo diría de esta manera: "La Revolución es hija de la cultura y las ideas."

3. La ardiente pelea contra el dominio estadounidense y sus aliados en la Isla, contribuyó a acelerar las acciones revolucionarias. Los Estados Unidos de América pretendieron, desde las primeras semanas de 1959, doblegar a los revolucionarios e impedir el acontecer del proceso a favor del pueblo y la soberanía de la nación. Durante ese año ejercieron presiones, hicieron advertencias insolentes, y comenzaron a organizar y ejecutar conspiraciones, para atentar contra la estabilidad del país, la economía y la vida de Fidel. En 1960, fue inequívoca la decisión de la gran potencia de derrocar al gobierno vecino y abortar el proyecto incipiente de la nueva Cuba.

Recordemos algunos hechos: En marzo de 1960, la CIA explota en la Bahía de La Habana un barco francés, *La Coubre*, que causó más de 100 víctimas y destruyó las armas que en él venían, procedentes de Bélgica. Desde 1959, y de manera más frecuente durante 1960, despegan aviones desde los Estados Unidos de América, en ocasiones, con pilotos de ese país, que atacan instalaciones industriales azucareras, queman cañaverales, ametrallan poblaciones y, además, descargan armas, municiones y otros avituallamientos para los contrarrevolucionarios. En junio de 1960, el presidente de los Estados Unidos de América suspende la cuota azucarera, y a principios de 1961 rompe relaciones con Cuba; prohíbe a los ciudadanos estadounidenses viajar al país —que ya consideraba su enemigo— y comienza el bloqueo económico. A la vez, muestra su poder desafiante, al realizar maniobras militares cercanas a la Isla, en las cuales participaron 40 000 efectivos, barcos y submarinos con armas atómicas. El 16 de abril aviones estadounidenses bombardean los aeropuertos militares cubanos, y al día siguiente desembarcan mercenarios en Playa Girón, los cuales habían sido entrenados, equipados, financiados y dirigidos por la Agencia Central de Inteligencia (CIA) de los Estados Unidos de América.

4. Esas agresiones no detuvieron el ímpetu de la Revolución. Al contrario,

posibilitaron, hicieron más legítimas y aceleraron las transformaciones. Audacia, imaginación táctica, firmeza y radicalización creciente, fueron los signos del meteórico proceso que cambió a Cuba para siempre.

Dos momentos estelares de ese enfrentamiento golpe a golpe, me vienen a la mente. En junio de 1960, los Estados Unidos de América amenazan con suspender a Cuba la cuota de azúcar a precios preferenciales. Fidel declara: "Nos quitarán la cuota azucarera libra por libra y les quitaremos los centrales uno por uno." Y en noviembre de ese año, al anunciarse por los Estados Unidos de América que Fidel sería confinado a la isla de Manhattan durante su participación en la Organización de Naciones Unidas (ONU), el gobierno cubano decide constreñir los movimientos del embajador gringo al barrio del Vedado. El Che generalizaría después esa filosofía política con sus incisivas breves palabras: "Al imperialismo no se le puede creer ni un tantico así, ¡nada!"

5. La Revolución no tenía otra opción que ir a la raíz de los males del país o perecer. Hacía en serio los movimientos de la sociedad y lograba la liberación nacional, o los Estados Unidos de América la aplastaban e imponían un régimen más ominoso y dependiente que el de 1958.

Fidel fue el intérprete más cabal de esa alternativa y por eso afirmó, el 5 de marzo de 1960, en la despedida de las víctimas de *La Coubre*: "Ahora libertad quiere decir algo más todavía: libertad quiere decir Patria. Y la disyuntiva nuestra sería Patria o Muerte." Aquella tarde de rabia y convicciones surgió la emblemática consigna, que más tarde, el 7 de junio del propio año, el líder revolucionario completó con otro concepto, que resolvió el dilema: "Para cada uno de nosotros la consigna es Patria o Muerte, pero para el pueblo, que a la larga saldrá victorioso, la consigna es Venceremos." Ante el mito de la fatalidad geográfica de la Isla, y el poderío y la prepotencia del gigantesco enemigo, el pueblo cubano y sus líderes no se amilanaron; al contrario, en el enfrentamiento devinieron más fuertes y resueltos a vencer. Cuando los Estados Unidos de América utilizaron a la Organización de estados Americanos (OEA) para apoyar el bloqueo, el aislamiento y la agresión, nuestro país acusó a los gobiernos que se sometieron y estos debieron encarar la rebeldía y la presión de buena parte de su gente.

6. Aquellos 28 meses representaron un recodo histórico irrepetible, que supo aprovechar admirablemente la dirección revolucionaria bajo el liderazgo lúcido de Fidel. De manera ininterrumpida y siempre con la iniciativa de su parte, el pueblo en combate liberó energías incontenibles, hasta consolidar la victoria. Ningún obstáculo resultó capaz de impedir la profundización del proceso, pues la mayoría de las personas humildes y de los sectores medios fueron descubriendo que sólo de ese modo era posible alcanzar sus anhelos.

Rememoremos esos cambios.

Durante 1959, en enero, es expulsada la dirección batistiana de la Central de Trabajadores y se crea un nuevo Comité de Dirección. En marzo, el gobierno revolucionario interviene la Cuban Telephone Company —luego de rebajar las tarifas— y la Empresa de ómnibus Metropolitanos; disminuye en 50% los alquileres de las viviendas y en 30% el precio de las medicinas. En mayo, promulga la Ley de Reforma Agraria, que permitió eliminar los latifundios en menos de un año y repartir la tierra a los campesinos que la laboraban sin propiedad, y el resto convertirlas en empresas agrícolas del Estado, iniciándose así la revolución agraria. En julio, se reducen un 25% los precios de los textos escolares y, en agosto, el 30% de las tarifas eléctricas. En octubre, surgen las Milicias Nacionales Revolucionarias (MNR), integradas por obreros, campesinos, estudiantes, empleados y profesionales, quienes desde marzo habían comenzado a organizarse.

Al comenzar 1960, en enero, el Ministerio de Recuperación de Bienes Malversados —fundado por la Revolución— confisca el Trust Fosforero y se establece una nueva rebaja en el precio de 122 medicamentos. En febrero, el mismo organismo confisca un consorcio petrolero (RECA) que tiene dos refinerías y una corporación petrolera, y también asume las propiedades del connotado corrupto José López Vilaboy, que incluyen la Compañía Cubana de Aviación, el Aeropuerto Internacional José Martí, de Rancho Boyeros (La Habana) y otros negocios. Por iguales motivos, ese Ministerio interviene 14 centrales azucareros y, en abril, anuncia que había recuperado para el pueblo más de 400 millones de dólares. El 29 de junio, en respuesta a las agresiones económicas, conspirativas y terroristas de los Estados Unidos de América, se interviene la Texaco, y el 1ro. de julio, la Esso y la Shell. En agosto, son nacionalizadas todas las compañías norteamericanas de los sectores: petrolero, azucarero, telefónico y eléctrico. En septiembre, se organizan los batallones de milicias, bajo la dirección del Ejército Rebelde, para combatir y erradicar las bandas contrarrevolucionarias armadas en la Sierra del Escambray. Y el día 28 de ese mes, Fidel —ante 1 millón de cubanos, en la Plaza de la Revolución— llama a organizar los Comités de Defensa de la Revolución (CDR) en cada cuadra, para que el pueblo organizado pudiera combatir mejor a sus enemigos. En octubre, se nacionalizan todos los bancos nacionales y extranjeros, y 382 grandes empresas, entre ellas 105 centrales azucareros, 50 fábricas textiles y ocho empresas de ferrocarriles; también se aprueba la Ley de Reforma Urbana, que concedió la propiedad a todos los arrendatarios; y, como colofón, se nacionalizan las demás empresas norteamericanas.

En 1960 ocurren otros hechos relevantes, como la integración de las organizaciones femeninas y juveniles revolucionarias en sendas organizaciones: la Federación de Mujeres Cubanas (FMC) y la Asociación de Jóvenes Rebeldes (AJR). También los campesinos se agrupan en la Asociación Nacional de Agricultores Pequeños (ANAP) y los intelectuales crean la Unión Nacional de Escritores y Artistas de Cuba (UNEAC). En abril de 1961, las organizaciones revolucionarias se congregan en un solo cuerpo político: las Organizaciones Revolucionarias Integradas.

Hemos expuesto apenas una síntesis de las principales acciones de la Revolución, que modificaron el modo de vida del pueblo cubano. Otras muchas podrían sumarse. Por ejemplo, el control de los medios de comunicación por sus propios trabajadores y profesionales, poniéndose aquellos al servicio político, cultural, recreativo y educacional del pueblo; la fundación de la Casa de las Américas, del Instituto Cubano del Arte e Industria Cinematográficos, y del Consejo Nacional de Cultura, tres instituciones culturales que representaron un jalón formidable para el quehacer de los escritores y artistas, en tan deslumbrante escenario iconoclasta. Comenzó la primera etapa de la revolución educacional, al lograrse eliminar el analfabetismo en menos de 1 año —1961—, y desde 1959 miles de maestros voluntarios llevaron la "luz del saber" a las zonas remotas. También se abrieron las playas a todo el pueblo; los clubes privados fueron convertidos en Círculos Obreros; y los cuarteles del Ejército de Batista, en instalaciones escolares.

En resumen, durante ese breve período se destruyó el viejo Estado político-militar neocolonial, creándose uno nuevo: de índole popular, democrático y nacional; se eliminaron los órganos de represión y se fundaron otros de vigilancia revolucionaria, con el protagonismo esencial del pueblo.

7. No obstante ser un cambio ciclópeo, este se caracterizó por el humanismo y la ponderación, respetándose la integridad de los seres humanos y el debido proceso, cuando se violaron las leyes por los enemigos del pueblo.

Los tribunales revolucionarios castigaron a los asesinos, traidores y a otros servidores de la tiranía, y se confiscaron todos los bienes de los funcionarios de esta; se privó de derechos políticos a los senadores, representantes, alcaldes, y dirigentes de los partidos y organizaciones sindicales que apoyaron al régimen dictatorial; se le ofrecieron amplios derechos democráticos a todo el pueblo, y se enfrentó en sus raíces la discriminación del negro y de la mujer, al crearse las bases económicas, éticas y políticas para emprender la edificación de una nueva sociedad más igualitaria y libre.

8. La confianza de Fidel en la historia nacional y en los atributos de su pueblo, y de este en el líder, fueron determinantes para llegar hasta el final.

Desde enero de 1959, el joven Comandante inició su cruzada pedagógica respecto de los principios que orientarían a todos los revolucionarios y patriotas: "Esta vez, por fortuna para Cuba, la Revolución llegará de verdad a su término (…) ¡Ni ladrones, ni traidores, ni intervencionistas, esta vez sí es una Revolución!" (2/1/59); "El pueblo de Cuba sabe defenderse." (9/1/59); "Somos un pueblo pequeño pero digno." (9/1/59); "Si quieren tener relaciones amistosas, que no amenacen." (9/1/59); "La Revolución no se acobarda frente al ataque, no se debilita frente al ataque sino que se crece." (11/1/59); "Nosotros somos un pueblo que está dispuesto a todos los sacrificios." (3/2/59); "El Gobierno de Cuba no quiere ser enemigo del Gobierno de los Estados Unidos de América, ni enemigo de ningún gobierno del mundo (…), nosotros lo que no podemos permitir es que se nos imponga una política (…), nosotros hemos sido víctimas históricamente de la influencia poderosa de los Estados Unidos de América en el destino de nuestro país." (19/2/59); "No podemos sino decir a la oligarquía poderosa: has hecho lo que de ti podía esperarse, pero nosotros haremos lo que de nosotros puede esperarse (...), tu poderío no nos asusta, sino que nos da valor." (6/7/60).

9. En aquella coyuntura crucial, el coraje de la abrumadora mayoría de los cubanos y cubanas fue decisivo para arrostrar las consecuencias de fracturar en serio el dominio estadounidense, al precio que fuese necesario en vidas y sacrificios.

Décadas después, los hechos han demostrado que de otro modo habríamos tenido más pérdidas humanas y sufrimientos, por el subdesarrollo y el atraso social a que estaba condenada Cuba, si hubiera fracasado la Revolución.

Y si alguien lo duda, veamos algunos datos y realidades.

En 1958, la esperanza de vida era de 61 años y la mortalidad infantil sobrepasaba la cifra de 60 niños por cada 1 000 nacidos vivos. Desde hace muchos años, la Revolución hizo posible que nuestra gente tenga una expectativa de vida superior a 75 años y el índice de mortalidad infantil esté por debajo de 7 por cada 1 000 nacidos vivos. ¿Cuántos cientos de miles de personas, adultos y niños, habrían perecido si los índices de salud, de alimentación, de educación y otros —de 1958— hubieran evolucionado en Cuba con una tendencia similar al promedio de América Latina?

También desde hace varios años, Cuba posee el más alto nivel per cápita de médicos, maestros, instructores de deportes y de arte del mundo. A partir de 1962, sus sistemas de Salud, de Educación y de Deportes son absolutamente gratis para toda la población. Desapareció el analfabetismo en 1961 y, hoy día, la escolaridad media alcanza el décimo grado, la más conspicua de la región. El desempleo, que era superior a 30%, en 1958, ahora alcanza menos de 3%. Más de 85% de las familias son dueñas de sus viviendas, y sólo entre 1959 y 1989 se construyeron casi 2 millones de estas, una cifra superior a las que se edificaron en los 60 años de seudorepública neocolonial. En Cuba no hay niños en las calles, ni ancianos desprotegidos, ni mendigos, ni orates vagando por las urbes. La seguridad ciudadana es muy superior a la de los demás países de

América Latina, con un índice ínfimo de violencia social. El pueblo tiene acceso real a la cultura. Ningún talento se frustra por la falta de condiciones y de estímulo. La Revolución creó y desarrolló el cine nacional, de amplio prestigio en el mundo; asimismo, nunca antes las artes plásticas, la danza, el teatro y las ediciones de libros habían sido tan prósperos. Sólo en 1989, se editó cien veces más títulos que en 1958. La práctica del deporte y la educación física es masiva. Cuba tiene el mejor índice de medallas de oro olímpicas del mundo: una por cada 1 millón de habitantes. La alimentación per cápita —a pesar de las dificultades en la última década— es superior al promedio de los países subdesarrollados. Uno de cada diez científicos latinoamericanos es cubano; en la Isla existen una concepción y un sistema de centros de investigación, que permiten aprovechar al máximo ese potencial científico, con hallazgos muy por encima de los otros países latinoamericanos y caribeños, que incluyen varios de punta en la biotecnología y la biogenética.

Podrían agregarse otros datos y experiencias, mas estos son suficientes; sólo he querido subrayar que la Revolución cubana entregó al pueblo "cuotas" de felicidad material y espiritual, muy por encima de los sacrificios que hemos hecho y de los errores cometidos. Nuestro pueblo pasó de ser esquilmado por el capitalismo neocolonial, y de ser manipulado y estar oprimido por una dictadura —batistiana o con el manto de la seudodemocracia multipartidista corrupta—, a ser una nación de verdad independiente, donde la población unida, organizada y con un alto nivel político, y con las armas a su disposición para defender sus conquistas, ejerce su voluntad soberana. Y la abrumadora mayoría —en elecciones libres y por medio del voto secreto—, elige a sus representantes en la dirección del Estado y los depone cuando estos no desempeñan su papel.

10. En los primeros años de búsquedas y afanes, los cubanos jamás esperaron que sus actos heroicos y el curso de la Revolución estuvieran sujetos a la ayuda externa.

Todo cuanto se hizo fue basado en la premisa de que la Revolución se defendería sólo con el apoyo del pueblo cubano. Recordemos que los Estados Unidos de América quisieron e intentaron desde 1959, mucho antes del derrotero socialista de la Revolución, destruirla y llevar el país a su anterior *status* neocolonial. Incluso actuaron así antes que el gobierno revolucionario tuviese relaciones con la otrora Unión Soviética. Cuba procuró, desde entonces, aliados y buscó solidaridad, guiada por el principio martiano que reza: "Patria es Humanidad." Sin embargo, jamás aceptó amenazas e imposiciones de ningún tipo, y la prueba suprema fue la determinación de sucumbir durante la crisis nuclear de octubre de 1962, antes que entregar los principios de la soberanía y la autodeterminación.

Las decisiones que se adoptaron no estuvieron jamás condicionadas por la medición oportunista de la correlación mundial de fuerzas. Y mucho menos por el "cálculo" de que se encontraría en la Unión Soviética al aliado de la envergadura que, efectivamente, llegó a ser después, y que, sin duda, tuvo una alta significación en el avance económico y la consolidación militar del socialismo cubano. Pero, eso no implicó que nuestra Revolución existiera y, mucho menos, que actuara a merced del apoyo de esa potencia. Cuando en 1991 esta desapareció, Cuba siguió en pie y a pesar del brutal impacto que tal hecho representó para el pueblo, este continuó la marcha con sus ideales, hizo las adecuaciones pertinentes y ratificó que el socialismo es irrevocable, pues más de 40 años de ejercicio creador y de beneficios para las grandes mayorías, le dan a los cubanos la certeza de que ese régimen social fue la mejor elección en aquellos primeros años de definiciones.

11. La Revolución cubana avanzó siempre sustentada en el derecho supremo de la nación a ser libre e independiente, y respaldada por el consenso democrático necesario para decidir el carácter del sistema político y social. Las leyes de aquellos primeros años expresaron la voluntad de una abrumadora fuerza soberana, que jamás fue inferior a 90% de los ciudadanos. Esto se explica por dos razones: la Revolución entregó al pueblo, en muy breve lapso, sus conquistas más deseadas, y lo hizo protagonista real de esos emprendimientos y defensor directo de ellos. Convirtiéndose así —*mutatis mutandi*— en una nueva colectividad, capaz de continuar y de alcanzar metas más complejas.

Entre 1959 y 1961 la expresión de Fidel en *La historia me absolverá*, al explicar el plan de los asaltantes del Moncada, en 1953, se hizo palpable: "No le íbamos a decir al pueblo te vamos a dar, sino aquí tienes, lucha ahora con todas tus fuerzas para que sean tuyas la independencia y la felicidad."

12. Después de abril de 1961, sucedieron otros muchos eventos que permitieron de manera incesante solidificar más los pilares de la transición socialista, y pasar del régimen neocolonial derrotado a una sociedad más justa, solidaria, democrática y autónoma. Ese nuevo conglomerado humano, consciente de su fuerza política y moral, cohesionado y armado, le perdió el respeto y el miedo a la propiedad y a la dominación capitalista; supo mutarlas en propiedad social y en propiedades individuales para muchos, y en poder revolucionario al servicio de todo el pueblo. Este logró convertirse durante ese fragor en un coloso pequeño frente a las agresiones y el cerco de los Estados Unidos de América, el más feroz y prolongado de la historia humana.

13. En aquellos años, el Che publicó un ensayo antológico: *Cuba, ¿excepción histórica o vanguardia en la lucha contra el colonialismo?* Hoy día, 40 años después de tales reflexiones, es obvio que Cuba no es una excepción ni tampoco un accidente temporal en este hemisferio. La perseverancia y la incesante búsqueda de nuevos senderos de Cuba, luego de sucumbir la Unión Soviética y los demás países del este europeo, su inequívoca demostración de que en la Patria de Martí sí existe un socialismo auténtico —no obstante ciertos errores y enormes dificultades—, ratificaron la vigencia de esa alternativa histórica como vía cierta y, por ende, posible para superar el lastre del subdesarrollo y obtener la verdadera independencia.

14. Al comenzar el siglo XXI, es más urgente darle solución al drama de nuestra América, que vive ahora en peores condiciones que cuando triunfó la Revolución cubana, porque los avances relativos de la economía y del nivel de vida de un segmento minoritario de la población, en casi toda la región, contrastan con una mayor pobreza, mientras la globalización neoliberal y el poderío abusivo de los Estados Unidos de América dejan cada vez menos espacio a la independencia real de esos países.

Tales realidades son una muestra inequívoca del fracaso del capitalismo en nuestras tierras. No es casual, pues, que se desgasten unos tras otros casi todos los gobiernos tradicionales de la región; triunfen líderes y fuerzas políticas con posiciones revolucionarias —Venezuela— o de más compromiso con las mayorías —Argentina, Brasil, Uruguay—, mientras crecen las luchas populares diversas y necesarias para conquistar nuevas sociedades.

Es la hora de formular y adelantar alternativas reales, y en esas búsquedas y afanes, Cuba encierra múltiples experiencias —incluidos los errores—, hallazgos y conquistas, que son ya del patrimonio de todos los pueblos de la región.

15. Nuestro pueblo ha debido pagar un alto tributo de sacrificio, y continuará haciéndolo con honor, por su osadía de ser el primer país libre de América, y atreverse a demostrar que sí se puede conquistar, para todos: la educación, la salud, la cultura, el deporte, el empleo, la seguridad social y ciudadana, el disfrute del tiempo libre, la propiedad individual, la dignidad, y la participación en la política íntegra y en la actividad económica. Ese ejemplo, aún con las secuelas del bloqueo, los desatinos transitorios y algunos defectos por superar, tiene —en este siglo XXI— enorme vigencia y contrasta con el panorama desolador de otros países al sur del Río Bravo.

Ser paradigma y suceso ineludible no significa que la Revolución cubana pretenda convertirse en modelo para otros países: su historia no es repetible. Tampoco es factible exportar o importar revoluciones, como si fueran mercancías. Cada comunidad nacional creará con sus ideas e imaginación y el liderazgo indispensable, las fórmulas propias de su liberación y bienestar, y el sistema político que le garanticen el ejercicio real de sus derechos. La Revolución bolivariana es una prueba irrefutable de ese sesgo. Mientras en Venezuela los enemigos acérrimos de nuestro pueblo buscan desprestigiar y aislar a la Revolución cubana, acusándola de intervencionista y de ser un fracaso total, el presidente Hugo Chávez y vastos sectores bolivarianos, asumen con honor, valentía y creatividad esa referencia histórica y sus múltiples aportes de interés para Venezuela.

16. Una de ellas es la identidad de la Revolución cubana con la historia nacional. Fidel Castro proclamó, en 1953, a José Martí como el autor

intelectual del Asalto al Cuartel Moncada, al iniciarse la nueva etapa de la liberación social y nacional de la Isla. Los luchadores revolucionarios obtuvieron el triunfo en 1959, con el propósito de reivindicar la gloria de la nación y alcanzar los ideales de las generaciones que fueron derrotadas por España, primero, y por los Estados Unidos de América, después. Asumir a Martí supuso para ellos, por consiguiente, fundar una república "con todos y para el bien de todos". Y esto sólo fue posible lograrlo con las transformaciones aludidas y con un derroche de esfuerzos, de inteligencia y de habilidades, similar al que realizaron los independentistas. Ser martianos en 1953, en 1959 o en cualquier momento, significa para los revolucionarios cubanos hacer realidad el sueño suyo de alcanzar "la segunda independencia", y crear una república donde prime "el culto a la libertad plena del hombre".

En 1868, el objetivo fue alcanzar la independencia; en 1895, Martí incluyó esa aspiración en un nuevo proyecto más vasto, a tono con su tiempo: impedir que los Estados Unidos de América lograran el control de la Isla y, con ello, hacer fracasar sus ambiciones de expansión y de dominio continentales. La generación de 1959 mantuvo estos últimos propósitos y fue más lejos, acorde con la época: una revolución social, que era la única manera de extirpar la dominación foránea, hacer cierto el proyecto martiano, y las ideas y valores más auténticos de la cultura de la humanidad. Por ello, asimiló creadoramente los aportes de Carlos Marx, de sus continuadores genuinos y de todos quienes encarnan el patrimonio ineludible de las civilizaciones, y tomó el rumbo de crear un socialismo auténtico y fecundo, capaz de reaccionar ante sus yerros y superarlos, sin autodestruirse.

17. Desde los años sesenta, junto con el férreo bloqueo económico y muchas agresiones, los Estados Unidos de América desplegaron contra la Revolución cubana campañas de difamación y silenciamiento de sus avances y virtudes, con tres propósitos obvios:

- Lograr aislarla y desgastarla en el ámbito internacional.
- Tratar de evitar que su ejemplo se extendiera entre los demás pueblos vecinos.
- Crear las condiciones necesarias para derrotarla en el momento oportuno.

Pronto, Venezuela se convirtió en escenario dinámico de esas acciones propagandísticas, y algunos de sus gobiernos, desde 1959, fueron cómplices de los Estados Unidos de América para asfixiar a Cuba. Nuestra Revolución ejerció el principio bolivariano y martiano de solidarizarse con las luchas de los pueblos de la región, cuando estos decidieron rebelarse contra los gobiernos y las clases dominantes que les impedían el ejercicio de sus derechos democráticos, entregaban las riquezas nacionales al capital extranjero y la soberanía al imperio del Norte, y generaban desigualdades cada vez más inhumanas.

En los años sesenta, salvo México, los gobiernos latinoamericanos rompieron relaciones con la Isla y acataron la orden de los Estados Unidos de América de expulsar a Cuba de la OEA. Una década después, ante el notorio prestigio mundial de Cuba y el fracaso de los planes para destruir su proceso revolucionario, varios gobiernos decidieron —de común acuerdo con Cuba— reanudar las relaciones diplomáticas, y un grupo de países del Caribe, que acababan de acceder a la independencia, las establecieron por vez primera. Con ello, la política anticubana de los Estados Unidos de América sufrió un duro revés.

En aquella coyuntura (1972-1975) el gobierno venezolano de Carlos Andrés Pérez estuvo entre los primeros en normalizar los nexos con nuestro país. Se inició así —entre Cuba y Venezuela— una etapa de respeto mutuo y de progreso en los vínculos comerciales, culturales y otros. Al poco tiempo (1976), el criminal atentado contra el avión de Cubana de Aviación y la impunidad que prevaleció para con sus autores, hicieron que se "congelaran" las relaciones, hasta que Carlos Andrés Pérez —en su segundo mandato— propició que se reactivaran. Desde ese momento (1989), estas continuaron en ascenso, no obstante ciertas tensiones y dificultades que surgieron al irrespetarse la soberanía cubana, entre finales de 1994 y mediados de 1995, por parte del gobierno de Rafael Caldera.

Así pues, las mentiras e infamias contra Cuba no son recientes en Venezuela, ni tampoco tienen aquí su origen principal. Desde 1959, los calumniadores "del patio" se hicieron eco de las campañas diseñadas y orquestadas por sucesivas administraciones de los Estados Unidos de América y por los poderosos aparatos de noticias, así como de las opiniones generadas en ese país. Por supuesto, también se han inventado falsedades propias, algunas a tono con el interés de crear dificultades entre los dos países y evitar que se conozca en Venezuela cómo viven y piensan los cubanos.

De tal modo, desde hace más de 40 años —en Venezuela y en otros países bajo el influjo de los Estados Unidos de América—, las imágenes, opiniones e informaciones sobre nuestro país, buscan casi siempre satanizar al socialismo cubano. Lo presentan como una dictadura, donde hay hambre y pobreza generalizadas, la economía está en fracaso terminal, se violan los derechos humanos, la democracia no existe, los ciudadanos huyen en masa y se ejerce la violencia contra los opositores, entre otros criterios. Algunas de estas torceduras surgen y desaparecen acorde con los tiempos: cuando existía la Unión Soviética, por ejemplo, Cuba era un satélite suyo; en los años sesenta, se decía que la Isla exportaba la revolución; y en estos momentos, se le acusa de apoyar el terrorismo y de no respetar los derechos humanos.

En Venezuela, hasta febrero de 1999, esas campañas tuvieron algunos aportes vernáculos. Por ejemplo, el hecho descontextualizado del "desembarco de guerrilleros cubanos en Machurucuto" —en los años sesenta— y la participación de algunos partidos venezolanos en el Foro de Sao Paulo, agrupación de más de 60 entidades políticas del continente, la mayoría de ellas legales, pero convertidas por los difamadores en "foro subversivo", dirigido por Cuba y el PT de Brasil. Asimismo, esporádicamente, cierta prensa publicó informes de "órganos de inteligencia", donde tejían falsedades truculentas contra funcionarios de la Embajada y el gobierno cubanos, señalándolos de cometer acciones subversivas, e involucrando con nombres y apellidos a dirigentes políticos venezolanos de la izquierda, con el fin de amedrentarlos. Por supuesto, nadie asumió la autoría de tales infamias y ningún gobierno las desmintió.

18. El triunfo electoral de Hugo Chávez Frías, en diciembre de 1998, y el inicio de su gestión, en febrero de 1999, crearon un nuevo escenario para las campañas anticubanas. Durante la contienda electoral de 1998, ciertos adversarios del candidato Hugo Chávez decidieron presentarlo como un títere de Fidel Castro. Pensaban que así le restarían votos y lo derrotarían, al suponer que el pueblo venezolano había sido engañado por

tantos años de mentiras, y que, efectivamente, predominaba la opinión de que la Isla era un infierno y, como consecuencia, la gente rechazaría a un candidato que pretendía lo mismo en Venezuela. No tomaron en cuenta la historia de las relaciones y la identidad venezolano-cubana, ni el instinto y la sabiduría del pueblo de Simón Bolívar. Se equivocaron. Chávez triunfó.

Pero no escarmentaron. A partir de 1999 convirtieron a Cuba en pretexto casi obligado y frenético de buena parte de los dardos contra el presidente Chávez. Incluso, algunos políticos y otras personas de la oposición, que antes habían mantenido relaciones constructivas y respetuosas con Cuba, fueron arrastrados por las campañas sórdidas, burdas, y hasta ridículas, que pretenden convertir a nuestro país en una especie de fantasma, presente en casi todos los rincones y acontecimientos políticos venezolanos.

Una vez más, la intención es mostrar a Cuba en bancarrota y al presidente Chávez como un aliado de Fidel Castro, acusándolos de actuar de consuno para convertir a Venezuela en "otra Cuba".

Nunca antes en ningún país, salvo en los Estados Unidos de América —sobre todo en Miami—, se habían desatado contra Cuba acciones públicas tan numerosas, furibundas, intensas, reiteradas y perversas. Y, además, sin escrúpulos y con total impunidad. Aunque sí pagando un precio notorio: el rechazo de la mayor parte de la opinión pública ante tales desmanes.

Pretendieron hacer creer que la nueva Constitución de 1999 era una copia de la cubana, pero una mentira tan descomunal pronto se desinfló; a ello contribuyó la rueda de prensa que debió realizar en La Habana nuestro presidente con los medios venezolanos. Para las elecciones del año 2000, proliferaron los "inventos" y el récord lo tuvo el "superagente" Rosabal, quien junto con otros 1 500 cubanos —supuestamente— habían infiltrado los cuarteles, donde, además, entrenaban a los militares. Esa vez, Fidel ofreció 1 millón de dólares por cada uno que lograran identificar. Días después, el propio Rosabal reconoció que él era un farsante.

Desde fines de 1999 y, en especial, durante la contienda electoral del año 2000, el argumento más empleado en contra de Chávez fue la manipulación de un discurso suyo en La Habana, en el cual utilizó la metáfora del "mar de la felicidad", en alusión a la aspiración común de los pueblos de la región. Enseguida, sus contrincantes, sin citar jamás el texto, no se cansaron de repetir que él había afirmado que Cuba era un "mar de la felicidad", y lo acusaron de querer llevar a Venezuela a ese "mar infernal". (Ver las palabras exactas de Chávez, en el artículo "Permiso para opinar sobre Cuba", reproducido en esta obra.) Por supuesto, si la matriz que priorizaron desde entonces consistía en generar un sentimiento y una conducta de rechazo hacia Chávez por ese propósito suyo, a partir de ese momento repitieron más que nunca y de todas las maneras posibles la vieja perla: "Cuba es sinónimo de desastre, el peor de todos los países de este hemisferio, un horror."

Luego, en el año 2001 y con factura miamense, buena parte de la oposición a Chávez, en especial, los sectores golpistas, día a día, enarbolaron el lema de la "cubanización", llevándolo a extremos xenofóbicos y paranoicos.

La ira y el fanatismo de los autores de esas campañas están asociados al cálculo equivocado de que pueden engañar a la opinión pública, al intentar convertir los avances de la colaboración entre ambos países en supuestas pruebas de la "cubanización de Venezuela". Y con ello también, por supuesto, buscan boicotear las crecientes relaciones de solidaridad entre los dos pueblos, más firmes y fructíferas a partir de octubre de 2000, cuando ambos presidentes firmaron el Convenio Integral de Cooperación, y que han llegado a su esplendor con las misiones sociales Barrio Adentro, Robinson y otras, lográndose una nueva fase de alcances más vastos, con la firma por Fidel y Chávez —en en La Habana, diciembre de 2004— de la Declaración Conjunta sobre la Alternativa Bolivariana para las Américas (ALBA) y el Acuerdo para la aplicación de ese proyecto emergente de integración latinoamericana y caribeña, ideado por el presidente venezolano.

Ciertamente, en estos años de tensiones y luchas incesantes, ni Cuba ni Venezuela detuvieron su ritmo de entendimiento y ayuda mutua. El presidente Chávez y el pueblo bolivariano no se dejaron atemorizar por el "mar de falsedades" y presiones. Tales desmesuras sólo hicieron blanco en sectores fascistoides o desorientados, que incluso llegaron al extremo de asediar y atacar la Embajada de Cuba en los días del golpe de abril, y después creyeron las infamias anticubanas propaladas por los principales responsables de este, durante el paro golpista de diciembre de 2002.

19. A quienes tratan inútilmente de confundir a la opinión nacional venezolana con la coartada de la "cubanización", debemos agradecerles su esfuerzo. De ese modo, contribuyen a que más personas entiendan mejor el proceso revolucionario cubano, rechacen la pretensión de convertir a Cuba en perturbadora de los asuntos internos venezolanos y observen más críticamente las posturas de los autores de esas calumniosas campañas. Ellos querían provocar el rechazo hacia mi país y consiguieron que más personas descubrieran certezas primordiales. No sólo por motivarse a buscar informaciones y argumentos objetivos sobre Cuba, sino también al obtener atención esmerada, fraterna y gratuita de un galeno o una enfermera cubanos, o al comprobar la calidad profesional y la entrega entusiasta a su labor de los instructores de deporte, de los asesores de educación, de los técnicos azucareros u otros; y al obtener el beneficio de las vacunas, los medicamentos y equipos de alta tecnología procedentes de la Isla caribeña. De Cuba, los venezolanos sólo han recibido afecto, admiración y apoyo solidario. Y lo haremos siempre, bajo el sagrado principio del respeto a la soberanía y la autodeterminación de Venezuela. Le pregunté al dueño de una empresa encuestadora, sus argumentos sobre el invento de la "cubanización". Él apeló a la "ciencia oculta" que mide las opiniones de la gente: "La mayoría de las personas a quienes les preguntamos si quieren que Venezuela se parezca a Cuba, responden que no." Ante esa contestación seudociéntifica, inquirí: "Y si indagaran lo mismo respecto de Ghana, Filipinas, los Estados Unidos de América, Colombia o Suiza, ¿variaría el porcentaje?" Y agregué: "Ningún pueblo con identidad, historia y amor por lo suyo —y Venezuela se distingue por tales atributos—, al igual que cualquier ser humano seguro de sí mismo, aceptaría negarse y transformarse en otro país o sujeto. Venezuela no podrá jamás "cubanizarse" —ello sólo ocurre en las campañas mediáticas—, ni Cuba "venezolanizarse."

Venezuela es y será Venezuela, para orgullo de los venezolanos. Cuba es y será siempre Cuba, para satisfacción de los cubanos. Sin embargo, la singularidad de cada país no impide que exaltemos las múltiples relaciones existentes entre las dos comunidades. No es, precisamente, la "cubanización" lo que preocupa a la mayoría de los latinoamericanos, y sí el mimetismo y la sujeción de sus países, impuestos por los Estados Unidos de América y el capital transnacional.

20. Nuestras dos naciones tienen mucho en común y su entrecruzamiento histórico y de recíprocas influencias son irreversibles. Las relaciones entre los dos países están por encima de circunstancias e intereses coyunturales. La Historia no miente.

¿Quién puede borrar de la memoria y la sensibilidad de nuestra gente que la primera nodriza de Bolívar fue la cubana Inés Mancebo López? ¿Podría olvidarse que Bolívar y Sucre quisieron independizar a la Isla, y luego de la batalla de Ayacucho ambos, incluso, planificaron la idea y buscaron el apoyo internacional que les permitiera realizar el proyecto? ¿O que la enseña nacional cubana fue concebida y ondeada por vez primera en la Isla por el venezolano Narciso López? Por las venas de Antonio José de Sucre corrió sangre cubana, por ser su abuelo de ese origen, y por la del general Antonio Maceo circulaba sangre mezclada de su madre cubana y el padre venezolano —Marcos—, quien, además, murió en combate, en 1868, luchando por la libertad de Cuba. No será posible borrar la firma del Acta de Independencia del cubano Francisco Javier Yanes, quien se radicó en Venezuela a los 23 años de edad y sus restos descansan en el Panteón Nacional. Será siempre un orgullo para nuestras naciones que un grupo de cubanos formasen parte del Ejército Libertador de Venezuela, participaran en Carabobo y Ayacucho, y que en las luchas por la independencia de Cuba varios hijos de esta tierra bolivariana combatieran y algunos murieran, entre ellos destacados oficiales.

¿Alguien podría ocultar que los gobiernos y generaciones venezolanos —durante las guerras por la independencia cubana— ofrecieron apoyo en armas y hombres, e, incluso, desde aquí partieron expediciones completas? ¿Quién puede desestimar la impronta decisiva que dejaron en la formación política y el genio de José Martí, los 6 meses que vivió en Caracas? ¿Y la influencia múltiple que él ejerció en aquella generación, que se prolongaría eternamente entre los venezolanos como un legado del joven apóstol redentor de Nuestra América, poeta insigne que escribió el primer libro modernista en Caracas, y que con posterioridad expresó palabras insuperables sobre Bolívar? Nadie podría obviar que el coronel venezolano Carlos Aponte murió junto al luchador revolucionario cubano Antonio Guiteras, en Matanzas, cuando se disponían a viajar a México con vistas a organizar una expedición armada para combatir la primera dictadura de Batista, en el año 1934. O que Rómulo Gallegos vivió exiliado en La Habana, luego de ser derrocado en 1948; igualmente allí encontraron refugio otros luchadores antidictatoriales, entre ellos el poeta Andrés Eloy Blanco, bisnieto del compositor del Himno Nacional de Cuba.

¿Sería posible ocultar los vínculos e influencias recíprocas entre la cultura de ambos pueblos? Por ejemplo, de nuestro ámbito, el primer poeta nacional cubano: José María Heredia —que vivió 5 años en Caracas y al salir, con 13 de edad, escribió una elegía dedicada a esta ciudad—; o nuestro novelista mayor del siglo pasado: Alejo Carpentier —quien escribió parte de su fecunda obra en, e inspirado desde, esta Tierra de Gracia—; al igual que lo hicieran José Martí, Nicolás Guillén y otros poetas, pintores e intelectuales cubanos. Y por Venezuela, don Rómulo Gallegos —que escribió en la Isla su novela *Brizna de paja en el viento*—; o Andrés Eloy —con sus poemas y artículos memorables cubanos—; o Miguel Otero Silva —quien fue hermano, en todo, de Carpentier y de Guillén, y que nos dejó ese poema conmovedor: *Yo no conozco a Cuba*, escrito en Caracas como si hubiera vivido siempre en Cuba, país que nunca había visitado entonces.

¿Y quién es el mejor intérprete extranjero de *Caballo viejo*, de Simón Díaz, si no el cubano Barbarito Diez? ¿Y acaso Oscar de León no es el más auténtico seguidor de Beny Moré, fuera de Cuba? ¿Cuál es el misterio de que los venezolanos sigan disfrutando hoy el único partido de béisbol que le han ganado a Cuba, en 1941? ¿Por qué es tan común entre cubanos y venezolanas —y a la inversa— amarse y fundar familias? ¿Cuántos venezolanos viajan a la Isla cada semana a hacerse santeros y tienen allá a sus padrinos? Agreguemos que Venezuela es uno de los países de Occidente donde se baila y se disfruta mejor un bolero o un son cubano, y donde se admira más a Pablito Milanés, a Silvio Rodríguez y a la Nueva Trova. Los niños de Cuba comienzan a conocer la historia de Nuestra América leyendo —en *La Edad de Oro*— a José Martí decirles quién era Simón Bolívar y por qué deben idolatrar y seguir sus huellas.

Esta historia prominente que une a los dos países determinó que Fidel Castro —apenas a 22 días del triunfo de la Revolución cubana—, viajara a Caracas, aquel 23 de enero de 1959, a agradecerles a los venezolanos su generosa solidaridad, y que le hizo exclamar: "Nos alentaron durante la lucha con su simpatía y cariño. Hicieron llegar a Bolívar hasta la Sierra Maestra."

¿Es extraño —por consiguiente— que en nuestros días Venezuela incluya a Cuba en un convenio energético que beneficia a todos los países del Caribe; y que médicos cubanos contribuyan a la salud de millones de venezolanos humildes; y que instructores de deportes de la Isla ayuden a desarrollar la educación física y el deporte en Venezuela; y que nuestros asesores de educación ayuden a eliminar el analfabetismo y a cursos masivos de superación; y que los técnicos azucareros se consagren en hacer avanzar ese sector? ¿No es, pues, el Convenio Integral de Cooperación, fruto de la evolución de esas relaciones que, además, antes de 1999 ya habían convertido a Venezuela en el primer socio comercial de Cuba en la región y en su primer suministrador de petróleo, mientras la Isla representaba una excelente colaboradora en áreas sociales y científico-técnicas? ¿Acaso la decisión de los dos gobiernos, en diciembre de 2004, de suscribir el acuerdo histórico para comenzar a implementar la integración binacional, en la perspectiva de hacer realidad las ideas de Bolívar y de Martí, no representa una flamante etapa de las luchas continentales por la emancipación, acentuándose la unidad y un compromiso mayor de ambas naciones?

Manuel de Quesada —un general de nuestra Primera Guerra de Independencia— escribió, en Caracas, en mayo de 1871: "Aquí he hallado para Cuba las simpatías del hermano, la fe del compañero, el entusiasmo del que siente vivir sus glorias." Y sentenció: "El pueblo de Venezuela es cubano por el amor que nos profesa."

Lo mismo sintió Martí una década después y por eso exclamó: "¡Deme Venezuela en qué servirla; ella tiene en mí un hijo!"

Es lo que hoy asumimos todos los cubanos. Al entregarle a Venezuela nuestras emociones y darle con humildad cuanto podamos, para aliviar sus dolores y contribuir a su felicidad, no hacemos nada más que disminuir en algo la deuda de gratitud que siempre tendremos hacia este ejemplar pueblo.

21. Por último, es necesario subrayar la singularidad y la enorme fuerza que emana del proceso revolucionario bolivariano actual.

Confróntese lo ocurrido en Cuba entre 1953 y 1961 y los acontecimientos en Venezuela, desde el 4 de febrero de 1992, hasta el presente. La Revolución cubana la inician jóvenes civiles que asaltaron dos cuarteles —el 26 de Julio de 1953—, para armar al pueblo y derrocar una dictadura militar asesina. En Venezuela fue al revés: un grupo de jóvenes militares se rebelaron el 2 de febrero de 1992, y buscaron derrocar el gobierno civil y a un régimen formalmente democrático, que ellos consideraban descompuesto. La Revolución cubana triunfó el 1ro. de enero de 1959, fruto de una guerra popular, que derrotó a las fuerzas armadas de la dictadura. En Venezuela, el proceso revolucionario se inició el 6 de diciembre de 1998, al triunfar —en las urnas— como presidente su líder Hugo Chávez. La Revolución cubana transformó radicalmente el sistema de propiedad y el Estado capitalistas. En Venezuela, avanzan los cambios, sin que se haya alterado las propiedades de los capitalistas ni la esencia del sistema político liberal, pretendiéndose lograr una democracia protagónica, con un papel más activo de los pobres en los hechos políticos decisivos del país. Una simple comparación entre las constituciones vigentes en ambos países, ofrece el más rotundo mentís a las campañas mediáticas sobre la "cubanización" de Venezuela en los aspectos antes aludidos.

La grandeza de un fenómeno histórico radica en su perfil propio y, por ende, en la conexión de sus raíces con la vitalidad de las acciones contemporáneas. La Revolución cubana logró triunfar y consolidarse, por su autoctonía y creatividad. El proceso bolivariano es genuino, porque es también autónomo y fecundo, y sigue adelante sin vacilaciones tras sus metas de igualdad, emancipación de los pobres, democracia para todos y plena autodeterminación. En algo sí hay coincidencia: ninguna de las dos revoluciones calcó otra realidad.

La Revolución bolivariana sigue avanzando con su propio y original sesgo, sin rehuir los enfrentamientos que provoca el gobierno imperialista de Washington y sus aliados locales, quienes actúan de consuno para impedir los logros y la consolidación crecientes del proceso revolucionario. En febrero de 2004, el presidente Chávez —ante una multitudinaria concentración popular, en Caracas— definió el carácter antiimperialista de la Revolución bolivariana y un año después, en febrero de 2005, expresó que la única alternativa ante el capitalismo es el socialismo, y llamó a los revolucionarios venezolanos y del resto del mundo a crear el nuevo socialismo del siglo XXI.

No es posible, pues, aventurar un juicio definitivo acerca de una Revolución tan joven y pujante, que con su líder singular y transido de la savia histórica venezolana, y con una visión lúcida de su papel continental y mundial, ha decidido hacer valedera una consigna que repite a menudo cargada de significación, tanto por el autor —Che Guevara—, como por sus alcances contra el sistema de dominación imperante en el orbe: "¡Hasta la Victoria, siempre!"

Al colocar en primer plano el tema de la búsqueda e implementación de alternativas anticapitalistas, Chávez asume un rumbo estratégico que desde hace muchas décadas está planteado en nuestros países; Cuba lo inició en circunstancias irrepetibles. En Chile, el experimento que encabezó Allende fue despedazado por los Estados Unidos de América y sus cómplices fascistas chilenos, y, desde entonces, ningún otro líder revolucionario en el poder había siquiera declarado públicamente que esa es la única posible opción para sustituir el capitalismo. De manera que corresponderá a los revolucionarios bolivarianos de Venezuela, imaginar e implementar las vías de ese socialismo específico sobre el que ha incitado Chávez a pensar y a actuar, partiendo de la Constitución aprobada por la ciudadanía, en diciembre de 1999. Vuelve a confirmarse que un verdadero proceso de liberación nacional, en las condiciones de la dominación imperialista a la que están sometidas los países de nuestra América, para poder triunfar tiene que aplicar soluciones anticapitalistas y avanzar hacia el socialismo.

22. A pesar de las presiones de los Estados Unidos de América para distanciar a ambas naciones, los líderes, y dirigentes de Venezuela y Cuba, en plena identidad con la historia de solidaridad de los dos pueblos, no se detienen en elevar la cooperación y el entendimiento, en aras del bienestar, la independencia y la soberanía de ambos, y de toda nuestra América. En ese sentido, Cuba será cada vez más venezolana, a un tiempo que este país tendrá a Cuba más cerca y dispuesta a cumplir el mandato de Martí: "Denos Venezuela en qué servirla".

Un nuevo modelo de integración entre los pueblos —el ALBA—, en el que se complementan las economías y los avances sociales, muestra sus destellos de luz promisoria en los barrios y lugares remotos de Venezuela, donde médicos cubanos atienden a 17 millones de personas, y donde millones de seres excluidos del saber aprenden a leer y a escribir o buscan nuevos niveles de enseñanza, con métodos y con el apoyo de nuestra Patria. A la vez, Cuba fue incluida por el presidente Hugo Chávez en la política energética solidaria de Venezuela hacia otros países de la región.

La Declaración Conjunta sobre la Alternativa Bolivariana para las Américas y el Acuerdo para su aplicación, rubricados por los dos presidentes al conmemorarse diez años de la primera visita de Chávez a Cuba, en diciembre de 1994, representan un punto culminante de la intensa y fructífera cooperación que se desplegó, desde finales del año 2000, en casi todos los sectores de la economía y las áreas sociales. Tal decisión histórica de ambos gobiernos, implica el inicio de una nueva fase en las relaciones binacionales, que ahora se orientan hacia la ejecución de acciones concretas de integración, ampliándose y elevándose el intercambio de bienes y servicios, con un impacto directo y tangible en el desarrollo económico, y social, y en la vida material y espiritual de los ciudadanos de las dos naciones.

Según ese Acuerdo, que se está ejecutando de manera acelerada, ambos países: elaborarán un plan estratégico con el fin de garantizar la complementación productiva; intercambiarán paquetes tecnológicos integrales desarrollados por ambas partes; trabajarán de consuno y en coordinación con otros países con vistas a eliminar el analfabetismo en estos; colaborarán en programas de salud de beneficio para otros pueblos; realizarán inversiones de interés mutuo en iguales condiciones que entidades nacionales, y podrán adoptar diversas modalidades de asociación; establecerán la apertura de subsidiarias de bancos de propiedad estatal de un país en el otro; suscribirán un convenio de crédito recíproco; y ejecutarán planes culturales conjuntos.

El acuerdo toma en cuenta las asimétricas políticas, económicas, sociales y jurídicas existentes entre los dos países, destacándose que a causa del bloqueo y las agresiones sufridos por Cuba, ello le permite una gran flexibilidad en sus nexos económicos con el exterior. Por su parte, Venezuela pertenece a instituciones internacionales, de las cuales Cuba no es miembro, debiéndose respetar estas realidades al aplicarse el principio de reciprocidad en los acuerdos comerciales y financieros.

Por consiguiente, Cuba propuso —y Venezuela aceptó de manera fraterna— la adopción de varias decisiones para contribuir a la más rápida integración bilateral:

1ro.: La República de Cuba elimina de modo inmediato los aranceles o cualquier tipo de barrera no arancelaria aplicable a todas las importaciones hechas por Cuba, cuyo origen sea la República Bolivariana de Venezuela.

2do.: Se exime de impuestos sobre utilidades a toda inversión estatal y de empresas mixtas venezolanas e, incluso, de capital privado venezolano en Cuba, durante el período de recuperación de la inversión.

3ro.: Cuba concede a los barcos de bandera venezolana el mismo trato que a los barcos de bandera cubana, en todas las operaciones que efectúen en puertos cubanos, como parte de las relaciones de intercambio y colaboración entre ambos países, o entre Cuba y otros países, así como la posibilidad de participar en servicios de cabotaje entre puertos cubanos, en iguales condiciones que los barcos de bandera cubana.

4to.: Cuba otorga a las líneas aéreas venezolanas las mismas facilidades de que disponen las líneas aéreas cubanas, en cuanto a la transportación de pasajeros y de carga hacia y desde Cuba, y la utilización de servicios aeroportuarios, instalaciones o cualquier otro tipo de facilidad, así como en la transportación interna de pasajeros y de carga en el territorio cubano.

5to.: El precio del petróleo exportado por Venezuela a Cuba será fijado sobre la base de los precios del mercado internacional, según lo estipulado en el actual Acuerdo de Caracas, vigente entre ambos países. No obstante, teniendo en cuenta la tradicional "volatilidad" de los precios del petróleo, que, en ocasiones, ha hecho caer el precio del petróleo venezolano por debajo de 12 dólares el barril, Cuba ofrece a Venezuela un precio de garantía no inferior a 27 dólares el barril, siempre de conformidad con los compromisos asumidos por Venezuela dentro de la Organización de Países Exportadores de Petróleo.

6to.:   Con relación a las inversiones de entidades estatales venezolanas en Cuba, la parte cubana elimina cualquier restricción a la posibilidad de que tales inversiones puedan ser 100% propiedad del inversor estatal venezolano.

7mo.:   Cuba ofrece 2 000 becas anuales a jóvenes venezolanos para la realización de estudios superiores en cualquier área que pueda ser de interés para la República Bolivariana de Venezuela, incluida las áreas de investigación científica.

8vo.:   Las importaciones de bienes y servicios procedentes de Cuba, podrán ser pagadas con productos venezolanos en la moneda nacional de Venezuela o en otras monedas mutuamente aceptables.

9no.:   Con relación a las actividades deportivas que tanto auge han tomado en Venezuela con el proceso bolivariano, Cuba ofrece el empleo de sus instalaciones y equipos para controles antidopaje, en las mismas condiciones con que se otorgan a los deportistas cubanos.

10mo.:   En el sector de la educación, el intercambio y la colaboración se extenderán a la asistencia en métodos, programas y técnicas del proceso docente-educativo que sean de interés para la parte venezolana.

11no.:   Cuba pone a disposición de la Universidad Bolivariana el apoyo de más de 15 000 profesionales de la medicina, que participan en la Misión Barrio Adentro, para la formación de cuantos médicos integrales y especialistas de la salud, incluso candidatos a títulos científicos, necesite Venezuela, y a cuantos alumnos de la Misión Sucre deseen estudiar Medicina y, posteriormente, graduarse como médicos generales integrales, los que, en conjunto, podrían llegar a ser decenas de miles en un período no mayor de 10 años.

12mo.:   Los servicios integrales de salud ofrecidos por Cuba a la población que es atendida por la Misión Barrio Adentro, y que asciende a más de 15 millones de personas, serán brindados en condiciones y términos económicos altamente preferenciales, que deberán ser mutuamente acordados.

13ro.:   Cuba facilitará la consolidación de productos turísticos multidestino procedentes de Venezuela, sin recargos fiscales o restricciones de otro tipo.

A la vez, Venezuela propuso —y la parte cubana aceptó con beneplácito— las siguientes acciones, orientadas hacia los mismos fines de integración acelerada y multilateral con la Isla:

1ro.: Transferencia de tecnología propia en el sector energético.

2do.: La República Bolivariana de Venezuela elimina de manera inmediata cualquier tipo de barrera no arancelaria a todas las importaciones hechas por Venezuela, cuyo origen sea la República de Cuba.

3ro.: Se exime de impuestos sobre utilidades a toda inversión estatal y de empresas mixtas cubanas en Venezuela, durante el período de recuperación de la inversión.

4to.: Venezuela ofrece las becas que Cuba necesite para estudios en el sector energético u otro que sea de interés para la República de Cuba, incluidas las áreas de investigación y científica.

5to.: Financiamiento de proyectos productivos y de infraestructura, entre otros, en los sectores energético, eléctrico, asfaltado de vías y otros proyectos de vialidad, desarrollo portuario, acueductos y alcantarillados, agroindustrial y de servicios.

6to.: Incentivos fiscales a proyectos de interés estratégico para la economía.

7mo.: Facilidades preferenciales a naves y aeronaves de bandera cubana en territorio venezolano, dentro de los límites que su legislación le permite.

8vo.: Consolidación de productos turísticos multidestino procedentes de Cuba, sin recargos fiscales o restricciones de otro tipo.

9no.: Venezuela pone a disposición de Cuba su infraestructura, y equipos de transporte aéreo y marítimo, sobre bases preferenciales para apoyar los planes de desarrollo económico y social de la República de Cuba.

10mo.: Facilidades para el establecimiento de empresas mixtas de capital cubano para la transformación, aguas abajo, de materias primas.

11no.: Colaboración con Cuba en estudios de investigación de la biodiversidad.

12mo.:   Participación de Cuba en la consolidación de núcleos endógenos binacionales.

13ro.:   Venezuela desarrollará convenios con Cuba en la esfera de las telecomunicaciones, incluyendo el uso de satélites.

23. ¿Qué sucedió después de firmarse estos documentos históricos?

De inmediato, los representantes de ambos gobiernos a nivel de sus ministros – con la participación de cientos de funcionarios y técnicos, bajo la dirección personal de los dos presidentes - trabajaron primero por separado y elaboraron después de manera coordinada, durante cuatro meses un amplio número de acciones y de ideas, para comenzar a hacer realidad los propósitos y acuerdos del 14 de diciembre de 2004.

Así, el 27 y 28 de abril de 2005, se realizó en La Habana la Primera Reunión de Cuba y Venezuela para la Aplicación del ALBA, con la presencia de Fidel y Chávez, 17 Ministros venezolanos y sus homólogos cubanos.

Otro acontecimiento organizado para tal ocasión por ambos gobiernos, que se convirtió en noticia principal, fue una amplia Exposición de productos venezolanos, que llevaron a La Habana 150 empresarios y cooperativistas, muchos de ellos por primera vez devenidos exportadores. Se trata de uno de los frutos más originales y rápidos de la integración de las dos economías: Cuba decidió priorizar las compras en el mercado venezolano, y para ello destinó, de inmediato, 200 millones de dólares a los que se sumaron otros 200 millones en créditos a la Isla con ese fin, que aportó el gobierno bolivariano. En el marco de la Exposición se firmó un documento en presencia de ambos presidentes, donde se anunció que para iniciar el proceso de compras a los productores venezolanos —sobre todo privados— se ha calculado una suma de 412 millones de dólares, previéndose que en un año la cifra alcanzará mil millones, pudiéndose generar alrededor de 100 mil empleos directos en Venezuela.

Entre los acuerdos más importantes de la reunión gubernamental, por su parte, sobresalen los siguientes:

• Inaugurar, en el presente año en Venezuela, 600 Centros de Diagnóstico Integral y Servicios de Terapia Intensiva y Emergencia; 600 Salas de Rehabilitación y Fisioterapia y 35 Centros Médicos de Alta Tecnología que brindarán servicios gratuitos de salud, de elevado nivel profesional a toda la población venezolana. Todo ello con el apoyo de Cuba, que adquirirá el equipamiento médico y garantizará su funcionamiento con el aporte de más de diez mil profesionales.

- Formar en Venezuela 40 mil médicos y 5 mil especialistas en Tecnología de la Salud, dentro del Plan Barrio Adentro II. Además estudiarán medicina en Cuba otros 20 mil jóvenes venezolanos, que estarán distribuidos por todos los municipios del país y tendrán como residencia hogares de familias cubanas.

- Cuba continuará su contribución al desarrollo de la Misión Barrio Adentro I y II, con la participación de más de 30 mil médicos cubanos y otros trabajadores de la salud a lo largo y ancho de la geografía venezolana.

- Serán intervenidos quirúrgicamente este año en Cuba por distintas afectaciones de la visión 100 mil venezolanos. También, Venezuela y Cuba extenderán en el segundo semestre de 2005 la Misión Milagro hacia otros países de América que permitirá a decenas de miles de enfermos de la vista sin recursos, recibir tales beneficios.

- Asimismo, Cuba mantendrá su apoyo para contribuir al éxito de los Programas Sociales Bolivarianos, entre ellos la Misión Robinson I, mediante la cual próximamente Venezuela se declarará como el segundo territorio libre de analfabetismo en América. Adicionalmente ambos países trabajarán en el diseño de un proyecto continental para eliminar el analfabetismo en América Latina y el Caribe.

- Fue inaugurada por los presidentes de ambos países la oficina de Petróleos de Venezuela S.A. en La Habana, PDVSA-Cuba, que tiene como objeto social la exploración y explotación, refinación, importación, exportación y comercialización de hidrocarburos y sus derivados, así como su transportación y almacenamiento.

- Se inauguró una sucursal del Banco Industrial de Venezuela en La Habana, cien por ciento venezolano y fue aprobada la apertura de otra del Banco Exterior de Cuba en Caracas, cien por ciento cubana. Ambas instituciones estatales harán una notable contribución al incremento sostenido de las relaciones económicas y el comercio bilateral, que ya comienza a materializarse.

- Fue celebrada la III Reunión de la Comisión Administradora del Acuerdo de Complementación Económica, acordándose otorgar preferencias arancelarias a 104 nuevos renglones de exportación de Cuba y un cronograma de desgravación progresiva tanto para estos como para las preferencias ya existentes.

- Cuba legalizó la exención del pago de los derechos de Aduana a las importaciones, cuyo origen sea la República Bolivariana de Venezuela. También fueron emitidas por Cuba las resoluciones que eximen del pago de impuestos sobre utilidades a las empresas prioritarias o poseedoras de barcos de bandera venezolana, que participen en la transportación de pasajeros y carga en el territorio nacional y del pago de los derechos de tonelaje de los barcos de pabellón venezolano, que arriben a puerto cubano procedentes del extranjero.

- Ambas delegaciones acordaron y firmaron 11 proyectos para el establecimiento de empresas mixtas y otras modalidades de complementación económica en Cuba y Venezuela, que en forma progresiva se formalizarán. Entre ellas: establecimiento de una alianza estratégica para el desarrollo siderúrgico de Venezuela y para la concertación de una empresa binacional, orientada a la recuperación de materias primas; un negocio conjunto dirigido al mejoramiento de la infraestructura ferroviaria de ambos países; fomento de la integración en el área de transporte marítimo; una empresa binacional para promover el desarrollo agrícola; ampliación de la base de depósitos de combustible en Matanzas; alianza estratégica con el fin de desarrollar proyectos mineros de níquel y cobalto; reparación y construcción de embarcaciones; una empresa mixta para la producción de artículos deportivos y otra para la transportación del combustible; una empresa mixta para construcción de obras sociales y viviendas en Venezuela, Cuba u otros países.

- Asimismo se acordó trabajar en la organización y ejecución de 9 proyectos de desarrollo económico endógeno en ambos países.

- Se firmaron acuerdos, contratos marcos y memorándums de entendimiento relativos al transporte aéreo, transporte marítimo y a la construcción y explotación de un astillero de reparación naval y construcción de pequeñas unidades navales; en materia de sanidad vegetal y salud animal; en turismo, informática, transporte, comunicación e información, educación y deportes; biodiversidad, medio ambiente, ciencia y tecnología, y recursos hidráulicos; compraventa de combustible y almacenamiento de petróleo crudo y sus derivados y para la rehabilitación de la refinería de Cienfuegos y la transferencia de tecnología, entre PDVSA, y CUPET; colaboración en la esfera de la industria eléctrica y de cooperación en el sector energético; la convocatoria de los Primeros Juegos Deportivos de Integración Latinoamericana y Caribeña a realizarse en Cuba del 17 al 30 de junio de 2005; entre los ministerios de relaciones exteriores de ambos países dirigidos a la difusión del ALBA en organismos internacionales; y un programa de cooperación en materia cultural que incluye entre otros, servicios editoriales, cine y desarrollo de la discografía, y el estudio para crear una empresa conjunta de industrias culturales.

En resumen, entre acuerdos de gobierno, cartas de intención, memorándums de entendimiento, contratos y acuerdos marcos, se firmaron más de 50 documentos.

Este Plan Estratégico es un instrumento flexible que continuará ampliándose y enriqueciéndose acorde con las nuevas propuestas que surjan y cumplan los objetivos consagrados en la Declaración Conjunta y el Acuerdo para la Aplicación del ALBA.

Ante tal cúmulo de resultados tangibles e ideas desatadas, el Presidente Hugo Chávez exclamó "¡Nunca antes, en tan poco tiempo, habíamos avanzado tanto!". Y concluyó: "¡El gran día de nuestra América ha llegado, hagámoslo posible!".

Tales logros espectaculares, firmes y veloces del ALBA en sus primeros destellos desde Cuba y Venezuela suscitan cada vez más la preocupación y el complot del imperio del *Norte* y sus servidores pudientes del *Sur*. Ellos han sufrido, además, la derrota de no haber podido hacer realidad desde enero de este año al ALCA, ante lo cual Chávez y Fidel decretaron en esa reunión de La Habana, y como expresión de los hechos, su acta de defunción.

Venezuela y Cuba se han convertido de ese modo, al despuntar el siglo XXI, en la avanzada que estimulará cada vez más con su ejemplo de solidaridad, firmeza y dignidad, el derrotero de la liberación y la unión de los pueblos al sur del río Bravo.

CAPÍTULO II
Cuba contemporánea

Cuba no anda de pedigüeña
por el mundo:anda de hermana
y obra con la autoridad de tal.
Al salvarse, salva.
Nuestra América no le fallará, porque ella no falla a América.

José Martí

Presentación

Fui requerido muchas veces para impartir conferencias sobre Cuba. Por tratarse de un asunto tan vivo y cercano, nunca escribí esas disertaciones. A veces, utilicé una guía y, en ocasiones, las exposiciones fueron grabadas. De entre estas últimas debí hacer la presente selección.

Decidí utilizar cuatro. Una de finales de 1994 —en el peor momento de la crisis cubana de los años noventa—, expuesta ante el Grupo de Santa Lucía, integrado por empresarios, militares, periodistas y dirigentes políticos, que se reunen cada año para evaluar la situación y las perspectivas nacionales e internacionales de Venezuela. La segunda, data de octubre de 1997 y fue formulada en el Instituto de Altos Estudios Diplomáticos Pedro Gual —de la cancillería—, año en que ya podían medirse los resultados iniciales de los cambios y reformas económicos, y políticos, implementados entre 1992 y 1995. La tercera, en febrero de 1998, fue consagrada a la muy publicitada visita del Papa Juan Pablo II a

Cuba, y la expuse en el Instituto de Altos Estudios de América Latina, de la Universidad Simón Bolívar, en Caracas. Y la última, de abril de 2002, la presenté en el Instituto de Altos Estudios de la Defensa Nacional, y que desarrollé mediante respuestas a las preguntas realizadas por los alumnos del curso.

Las cuatro abordan los problemas, mutaciones y retos de Cuba en los años noventa del pasado siglo. La última también considera el despuntar de la Isla en los inicios del presente siglo y las relaciones con Venezuela. Cada una tiene contenidos y opiniones singulares, gracias a los auditorios y coyunturas distintos.

Cuba ante la crisis del socialismo

El año 1994 será histórico para Cuba: la crisis económica que se disparó en 1991 tocó fondo, y el país comenzó una ligera recuperación. Todavía no es tiempo de balances y menos de vaticinios. Las turbulencias no permiten aún ver con toda claridad el pasado reciente, ni vislumbrar plenamente el porvenir. Sin embargo, es posible expresar varias certezas, a partir de algunas preguntas.

¿Por qué Cuba ha podido resistir y sobrevivir a esa tremenda crisis, derivada de la desintegración de la Unión Soviética y los demás países del Este Europeo? ¿En qué punto de ella nos encontramos? ¿Es la fase terminal del socialismo cubano o empezamos a salir de la etapa crítica más extrema?

Estamos en presencia de la crisis más brutal de cuantas se han ensañado con la Isla durante el presente siglo. Sus impactos han sido desgarradores en la economía y la vida cotidiana de la gente, mas no condujeron a la muerte del socialismo. A pesar de las dificultades, de los errores y debates en el seno del pueblo, este se mantuvo firme, bajo la conducción de una vanguardia política consistente. Unidos emprendimos varias acciones que permitieron sortear inmensos obstáculos, preservar las conquistas principales de la Revolución, adaptarnos a las enormes mutaciones internacionales y empezar a armar el "rompecabezas" de una nueva etapa de la historia nacional.

Para lograrlo, el régimen social cubano afincó su credibilidad en los formidables hallazgos y beneficios aportados por la Revolución al pueblo durante más de treinta años, y en su capacidad para encarar las vicisitudes, y fallas, con serenidad y participación creativa de los ciudadanos.

El socialismo trajo a los cubanos un modo de vida nuevo. Surgió una nación verdaderamente libre e independiente, con digna y orgullosa identidad.

Si en 1958 la esperanza de vida era de apenas 61 años, en 1989 esta expectativa superaba la cifra de 74 años. Y si en aquel año morían 60 niños por cada 1 000 nacidos vivos, en 1989 sólo perecían 11 niños.

Otros avances espectaculares ocurrieron en la *educación*, el *deporte* y la *cultura*, colocándose Cuba al nivel de muchos países desarrollados. Para 1989, más de 85% de las familias eran propietarias de sus viviendas, y las tarifas eléctricas y telefónicas estaban entre las más baratas del mundo; la educación y la salud —de alta calidad y al alcance de todos— eran gratuitas; la seguridad social se garantizaba sin dificultades; el desempleo era mínimo; los niveles de nutrición eran elevados y el pueblo disfrutaba del deporte, la recreación y la cultura de manera masiva.

Todos esos logros sociales se sostenían en notorios avances económicos. Por ejemplo, mientras América Latina se estancó en los años ochenta (la llamada "década perdida"), Cuba experimentó un crecimiento de 33% de su producto interno bruto (PIB) por habitante.

De manera que al desplomarse el socialismo en la Unión Soviética y el Este europeo, en Cuba ese régimen gozaba de buena salud: la economía se desarrollaba satisfactoriamente (por supuesto, no sin problemas y errores), y los niveles y la calidad de vida en el ámbito social resultaban superiores a los de América Latina, y abarcaban a todos los cubanos.

Otra circunstancia que permitió a Cuba asumir la crisis con fortaleza antes de ocurrir la caída estrepitosa de aquel socialismo enfermo, fue la siguiente: Desde 1986 la Isla emprendió un Proceso de Rectificación de Errores y Tendencias Negativas, para desembarazarse de equívocos y deformaciones procedentes del mal llamado "socialismo real", y de otros errores vernáculos. Ciertamente, copiamos y erramos. Nos percatamos de ello al observar la ineficiencia económica, el despilfarro de recursos, la excesiva estimulación material que exacerbaba el individualismo, algunas expresiones de privilegio en capas tecnocráticas, cierto ritualismo y esquematismo en el quehacer político, y un mimetismo parcial en la enseñanza y la divulgación de la teoría marxista, entre otros desatinos. El proceso de "rectificación" de estos se inicio en 1986, y actuó como un antídoto contra los componentes desintegradores del socialismo que se aplicaron en la Unión Soviética y demás países del Este europeo. Allí, luego de varias décadas de cometer arbitrariedades, de multiplicarse las deformaciones y de justificarse *todo* en nombre del "socialismo real", se buscó esquivar el abismo por medio de un remedio —la Perestroika—, que provocó su caída mortal al precipicio.

El socialismo cubano no era perfecto ni estaba exento de deficiencias, mas su cuerpo seguía en principio sano, y tenía potencialidad para enfrentar, y vencer, adecuadamente sus desviaciones y errores. Muchos de ellos derivados de haber incorporado —durante el período 1975-1986— los modelos y la experiencia oficiales de aquellos países en el sistema de dirección de la economía —fundamentalmente—, y en algunos aspectos políticos y de la enseñanza del marxismo.

Pero, los yerros en Cuba no tuvieron un alcance estratégico, fueron criticados oportuna y públicamente por la propia dirección del país —en especial, por Fidel—, y ante tales desaciertos se buscaron soluciones, sin afectar la unidad de los revolucionarios y la identidad nacional, elevándose más aun la moral y la participación populares.

De manera que al sobrevenir la profunda crisis económica, Cuba podía exhibir éxitos palpables en todas las esferas de la sociedad. Nuestra gente sabía que sólo el socialismo había sido capaz de proveerle esos cambios monumentales en su modo de vida y que tales conquistas se podrían preservar, defendiendo sus principios y valores, y resistiendo los avatares temporales. Por supuesto, el impacto de la desintegración de la Unión Soviética y los demás países mencionados, afectó con "fuerza ciclónica" a la economía cubana: salvo el turismo y la producción de petróleo, todos los sectores decrecieron, con una caída global del PIB alrededor de 34% hasta 1993.

También esta debacle suscitó traumas en la vida material de las personas, y provocó interrogantes y debates políticos, ideológicos e históricos en buena parte de la población. Esta percibió en breve lapso

(1989-1991) la caída de los "aliados estratégicos" y, con ello, el desplome de mitos y dogmas, como la "irreversibilidad del socialismo" y la "amistad indestructible con la Unión Soviética".

Un "ave de rapiña" cercano, el gobierno de los Estados Unidos de América, pensó que también pronto devoraría el "cadáver" del socialismo en el país vecino. Pero, al percatarse de que su vida se prolongaba, no perdió tiempo y actuó con todas sus inmensas posibilidades de imperio mundial vencedor.

Los Estados Unidos de América, desde los años 60 —después de Girón y la Crisis de Octubre—, se propusieron hacer fracasar a Cuba a largo plazo. Para ese fin establecieron un pertinaz y complejo haz de medidas, con sanciones y represalias renovadas, ampliadas y reforzadas por cada administración, cuyo centro vital fue siempre el *bloqueo económico* y la intención de *aislarnos* del mundo. Al precipitarse el derrumbe del socialismo allende el Atlántico, los Estados Unidos de América creyeron que había llegado el momento del último "empujoncito" a la Revolución cubana; como en el siglo XIX quisieron aplicarnos la tesis de la manzana madura, pero esta vez tampoco segundas partes serían buenas. "La hora final de Castro" quedó hecha realidad sólo en el título homónimo del libro de Andrés Oppenheimer, publicado en 1992. Los Estados Unidos de América arreciaron el bloqueo con la Ley Torricelli, ampliaron la agresión propagandística, las presiones políticas internacionales y el uso del tema migratorio, para desgastarnos y subvertir el país.

¿Qué podíamos hacer?

En circunstancias tan adversas, en términos de hipótesis para los observadores internacionales, Cuba debía optar por regresar al capitalismo o atrincherarse ciegamente en defensa del socialismo fracasado. Pero había otra salida: *adaptarse* a los cambios radicales del Planeta e introducir las reformas y modificaciones que nos permitieran sobrevivir, preservar lo esencial y crear condiciones para seguir adelante en nuestro régimen socialista, con adecuaciones que configurarían una sociedad más compleja y, a la vez, más democrática e independiente. La primera variante nunca tuvo fuerza interna, a pesar del empeño de los Estados Unidos de América y de otros gobiernos. La otra tampoco. El pueblo cubano decidió la única opción posible: defender, adaptar y perfeccionar el socialismo, fruto coherente de nuestra historia nacional.

De este modo, vienen ejecutándose todas las mutaciones necesarias, sin alterar la naturaleza y las conquistas de la Revolución cubana, y sin "aferrarnos" a *dogmas* ni *prejuicios* ideológicos. Adelantamos un proceso de cambios en orden, de inspiración cubana, muy meditado y con la presencia activa de los ciudadanos organizados. Fueron modificados más de 50 % de los artículos de la Constitución, democratizándose más la elección y el proceder de los órganos del Poder Popular; se formuló una nueva política hacia el capital extranjero, para obtener mercados, financiamientos y tecnología; la tierra fue entregada en usufructo a la mayor parte de los trabajadores agrícolas, que se organizaron en cooperativas, dueñas de los medios de producción y de los resultados de su gestión; surgieron nuevos mercados agropecuarios, artesanales e industriales, y un mercado sólo en divisas, cuya tenencia se despenalizó. También se simplificaron las instituciones del Estado y el comercio exterior se descentralizó. Creció el número de quehaceres por cuenta propia, revitalizándose así el sector de los trabajadores independientes.

A nivel macroeconómico el turismo y el desarrollo de la producción de medicamentos, sobre todo obtenidos como resultado del desarrollo de la biotecnología y la biogenética, ocuparon un lugar principal, junto con los esfuerzos para aumentar la producción de petróleo y de níquel. Estas y otras opciones que en el futuro iremos identificando, sobre todo en el ámbito del conocimiento más avanzado, son factibles en Cuba porque nuestra "ventaja comparativa" es, precisamente, la *inteligencia colectiva*: tener un rango de escolaridad promedio de noveno grado y un egresado universitario por cada 15 trabajadores o un técnico medio por cada ocho trabajadores.

Entre 1991 y 1994, puede afirmarse que se han introducido los cambios más significativos en la historia del socialismo cubano: ¡y lo hemos logrado sin afectar sus componentes y orientaciones primordiales! Esos cambios ya muestran resultados positivos, aunque algunos de ellos nos traerán otros problemas, al generar desigualdades ilegítimas y pueden incentivar el individualismo y deformaciones parasitarias.

El socialismo cubano se salvó a despecho de los agoreros de su muerte fatal. Ahora, nos toca evitar el triunfalismo, observar cómo evoluciona la sociedad que va saliendo de esas realidades inéditas y garantizar que el pueblo, con su participación, cultura política e inteligencia, sea el corrector de los pasos equívocos y las desviaciones posibles. Cuba, con sus casas y edificios despintados, los hombres y mujeres sudorosos en las bicicletas de transporte individual, los días y noches apenas sin electricidad, y con raciones de comida precarias —pero *iguales para todos*— saldrá adelante y vencerá los obstáculos. Nos alienta saber que ni un hospital, escuela, centro de deportes o de cultura ha sido cerrado, y que *todos* nuestros niños van a clases, ninguno deambula por las calles y reciben lo esencial para vivir.

Pronto verán ustedes la economía despegar y los sepultureros trasnochados tendrán que aceptar, entonces, que la hora final del seudosocialismo representó para Cuba la hora inicial de un socialismo más independiente y prometedor.

La estrategia que salvó el socialismo cubano

Logros de la Revolución hasta 1989

Cientos de periodistas extranjeros viajaron a Cuba, en enero de 1990, para captar con sus lentes fotográficos y cámaras de televisión, un suceso que muchos en el mundo creían inevitable: *la desintegración del socialismo cubano.*

Cayó en 1989 el simbólico muro de Berlín, después se desplomaron uno tras otro los regímenes seudosocialistas del Este europeo y, en agosto de 1991, sobrevino la debacle final en la Unión Soviética. Y Cuba siguió en pie. Durante años la propaganda anticubana habló del satélite caribeño de la Unión Soviética. El "Planeta" desapareció y el supuesto satélite confirmó su ruta independiente. ¿Qué sucedió? ¿Cómo explicar la sobrevivencia de la Revolución cubana, después de aquel desenlace sorprendente?

Por coincidencia histórica, Cuba celebraba —en 1989— 30 años del triunfo revolucionario y, mientras en aquellos países los procesos socialistas agonizaban, en nuestra Isla ocurría algo diferente: estábamos esencialmente satisfechos de los beneficios aportados por el socialismo al pueblo y, a la vez, habíamos identificado los errores y deficiencias, casi todos copiados del "socialismo real", los cuales corregíamos con celeridad para evitar riesgos mortales.

Para los cubanos, los raseros para medir los aportes de la Revolución han sido, en primer lugar, las realidades que imperaban en los años anteriores a su triunfo, en 1959. En segundo término, el entorno regional, o sea, la situación en los países latinoamericanos y caribeños. Si la década que terminó en 1989 representó para América Latina un virtual estancamiento económico —según la CEPAL—, Cuba fue el único país que logró un aumento del PIB por habitante, superior a 33%; y en la mayoría, ese indicador disminuyó. En 1989, Cuba superaba al resto de la región en todos los índices de desarrollo social (educación, salud, deportes, seguridad social, atención a la infancia) y el ritmo y la integralidad del desarrollo económico, eran también superiores en cuantía y calidad.

En 30 años de vida (1959-1989), el socialismo cubano exhibía los *logros* siguientes:

- Un presupuesto para la salud 50 veces superior al de 1958 y un sistema eficiente que garantizaba atención preventiva, primaria y especializada de primer nivel, y gratuita a todos los ciudadanos.
- El presupuesto de educación era 23 veces más alto. Había 72 000 maestros de enseñanza primaria, más de cuatro veces los de 1958, y 155 000 graduados de sexto grado, en comparación con 21 000 en aquel año. La enseñanza media contrastaba más: en 1989, se graduaron de ese nivel 318 000 alumnos, 70 veces los de 1958. Todos los niveles de enseñanza eran gratuitos y 0,5 millón de alumnos disfrutaban de becas, incluidos el hospedaje, los libros, los uniformes, la alimentación y el transporte. El promedio de escolaridad superaba el 8vo. Grado.
- "Ser cultos es el único modo de ser libres." Con ese precepto martiano como guía, la cultura recibía la más esmerada atención de las instituciones especializadas. Por ejemplo, en 1989 se editó casi 38 millones de libros (la población era de 10 millones). Existían más de 20 000 grupos de aficionados y, ese año, se produjeron 12 filmes y 30 cortometrajes, con 26 millones de personas asistentes a las salas de cine. Eventos de música, plástica, teatro, cine, literatura, danzas y de todos los géneros, hacían de la Isla un formidable escenario permanente de disfrute y aprendizaje estéticos, con precios muy módicos. Una excelente organización docente, permitía a todos los

talentos desarrollar su vocación.

- Con el deporte sucedió lo mismo. Alrededor de 5 millones de adultos participaban en actividades deportivas. Todos los niños practicaban educación física en su escuela, cuya asignatura se garantizaba hasta la universidad. Cuba ocupaba el primer lugar en América Latina y el Caribe en todas las competencias integrales a nivel mundial. Y obtenía el mayor número de medallas de oro per cápita en las Olimpiadas.

- Más de 96% de la población en edad laboral disponía de empleo. El salario medio creció de 148 pesos, en 1980, a 188 pesos, en 1989, y mantuvo su capacidad adquisitiva.

- Ochenta y cinco de cada cien familias eran propietarias de sus viviendas.

- La alimentación promedio superaba el consumo de la región: casi 3 000 calorías y 80 gramos de proteínas diarias.

- En el ámbito de la recreación: playas libres, campismo popular, acceso a espléndidos parques botánicos, zoológicos y museos.

- Podrían agregarse otros muchos logros alcanzados en el plano de la igualdad y la justicia sociales, la ética y la política. Un país sin drogas ni prostitución, con muy baja delincuencia y mínima corrupción, sin niños abandonados en las calles, ni mendigos, ni ningún ciudadano desamparado. Un sistema democrático en evolución, basado en la participación organizada del pueblo y la posibilidad de revocar a todos los dirigentes elegidos.

- Tales éxitos y avances no resultaron de financiamientos externos gratuitos. Una base material de creciente fortaleza caracterizaba a la economía, aunque no exenta de dificultades y vulnerabilidades. Las inversiones en esos 30 años alcanzaron 64 000 millones de pesos (equivalente a dólares), y en el quinquenio 1985-1989 esa cifra fue superior a 20 000 millones. La capacidad de embalse de agua era 40 veces mayor. La industria azucarera aumentó su producción promedio en 40% y se realizaba sólo con 20% de los obreros agrícolas, gracias a la mecanización total del alza y que 74% del corte se realizaba con cosechadoras hechas en Cuba. La capacidad de generación eléctrica creció ocho veces y ese servicio llegaba a 95% de la población (en 1958, sólo lo recibía 55%). El potencial de refinación de petróleo aumentó tres veces; el de cemento, seis veces; y el peso muerto de la marina mercante, 24 veces. Se transportaban 3,22 veces más pasajeros que en 1958. En la agricultura, creció nueve veces el número de tractores; la producción de cítricos, diez veces; la de fertilizantes, 24 veces; la superficie bajo riego, 5,6 veces; la producción de huevos, diez veces; y las vacas produjeron tres veces más leche, como promedio. La captura de pescado aumentó nueve veces basándose en una moderna flota pesquera, que no existía en el año prerrevolucionario. En la producción industrial de alimentos, destacan los aumentos en las pastas (cinco veces), de helados (19 veces), de mantequilla (nueve veces).

Los kilómetros de carreteras se triplicaron y, en 1989, teníamos más que toda Centroamérica, y más vías férreas que el Caribe y Centroamérica juntos.

Por último, la productividad del trabajo creció 60% en esos treinta años.

En resumen, en 1989 el socialismo cubano no estaba en declive y menos aun moribundo. Se mostraba vital y en ascenso, a pesar de sufrir el fiero bloqueo y la agresión múltiple de los Estados Unidos de América, y de estar todavía ese año en una fase de "rectificación de errores" propios.

Pero, el impacto de la debacle del llamado socialismo real —entre 1990 y 1993— provocó la crisis económica más nociva y repentina de la historia cubana en el siglo: el PIB se desplomó en 34,8%, las importaciones disminuyeron en 79%, el déficit fiscal alcanzó 35%, y el dólar se cotizó en el mercado paralelo a más de 120 pesos. Noches sin electricidad, caída brutal del transporte y del consumo de alimentos, y otras vicisitudes de índole diversa afectaron gravemente la vida cotidiana de todos los ciudadanos.

Estrategia frente a la crisis y la política de los Estados Unidos de América

Los Estados Unidos de América creyeron, entonces, que había llegado el momento crucial para derrotar a la Revolución cubana y revertir el socialismo. En consecuencia, la administración norteamericana hizo todo para precipitar la descomposición de nuestro régimen político-económico, y defraudar y dividir a la gente. El bloqueo económico fue recrudecido, primero con la Ley Torricelli (1992), que prohibió a las filiales de los Estados Unidos de América en terceros países comerciar con Cuba, e impuso sanciones a los barcos que tocasen puertos de la Isla; después vino la Ley Helms-Burton(1996), la cual llevó hasta sus últimas consecuencias el cerco económico, al sancionar, incluso, a cualquier empresa extranjera que hiciera negocios con Cuba y amenazar con aplicar un artículo que permitiría a todos los cubano-norteamericanos hacer demandas en reclamo de sus ex propiedades, además de formular un programa para restablecer el capitalismo neocolonial en nuestra tierra. Creó una televisora subversiva e incrementó a 200 horas diarias las transmisiones de radio. Estimuló y respaldó a grupos terroristas, y subversivos fuera y dentro del país, y fomentó la imagen externa de que crecían los grupos disidentes. A ello, sumó el uso del tema migratorio (los balseros) con fines desestabilizadores, y las acciones de guerra biológica.

Aquí cabe preguntarse: ¿Por qué los Estados Unidos de América no cambiaron su política agresiva contra Cuba, si ya había desaparecido "la amenaza soviética"? La razón es obvia: En los años de la Guerra Fría, ese fue el pretexto, pero su propósito real siempre ha sido destruir el ejemplo de la Isla y volver a incorporarla como un "satélite" suyo.

¿Cuál fue la estrategia de Cuba en esas circunstancias de crisis inédita de la economía y de ofensiva brutal de los Estados Unidos de América para destruir el poder revolucionario?

La estrategia cubana depuso la alternativa que parecía irrecusable: regresar al capitalismo o defender el "socialismo real". Cuba emprendió un recorrido propio e inédito, sustentado en una concepción de preservar el socialismo con un sesgo aun más cubano, introduciéndole cambios y reformas diversos, en orden, sin premura, y acorde con las exigencias de sobrevivir y dar, a la vez, las peleas imprescindibles ideológicas, políticas, económicas y diplomáticas con los enemigos externos.

Tampoco la vía de las reformas estaría exenta de desgarraduras y riesgos, pero era la única posible y válida, al plantearse retener —en lo inmediato— las conquistas de la Revolución y salvar el socialismo en su proyección vital. Ni inmolación fanática ni regresión al capitalismo: Cuba buscó una salida independiente, original y pensada a la medida de sus necesidades. Devinieron así las transformaciones más profundas y complejas que se hayan realizado en la Isla, después de las radicales mutaciones estructurales ocurridas entre 1959 y 1961.

Algunas premisas de esos cambios resultaron decisivas para evitar que se dañaran los pilares y resortes fundamentales del socialismo:

- No descuidar el acecho de los Estados Unidos de América, ni hacerles concesiones.
- La unidad nacional de los revolucionarios y de los patriotas.
- Resistir y no dejar a nadie desamparado, ni declinar ninguna de las conquistas sociales y humanas principales de la Revolución.
- Identificar los errores, problemas y deficiencias, con el fin de superarlos dentro del socialismo, sin desmoralizarnos.
- Exaltar y utilizar las riquezas materiales y espirituales creadas por la Revolución.
- No aislarnos del mundo; aceptar las nuevas realidades internacionales e insertarnos en ellas.
- Garantizar cada vez más la participación del pueblo en el ejercicio del poder revolucionario, ofreciéndole más y mejor información, sin temor al debate constructivo y el ejercicio de la crítica.
- Tener flexibilidad en las respuestas y soluciones, sin abandonar los principios; oír y razonar opiniones extranjeras diversas, pero tomar las decisiones con nuestras cabezas.
- Fortalecer el papel político del Partido Comunista de Cuba (PCC) y las demás organizaciones revolucionarias populares.
- Evaluar, comprender, y evitar los errores que provocaron la crisis y la derrota del "socialismo real".
- Retomar con mayor énfasis el hilo histórico de la Revolución cubana, desde José Martí, hasta Fidel y el Che.

Entre 1986 y mediados de 1989, los cubanos vivieron con el Proceso de Rectificación de Errores y Tendencias Negativas, una fecunda etapa de búsquedas y debates en torno a la opción correcta del socialismo. Al desaparecer los regímenes de Europa del Este y después —en agosto de 1991— la Unión Soviética, se extendieron por toda la Isla las discusiones e interpretaciones en torno a lo que había ocurrido. Surgieron, además, interrogantes y respuestas sobre qué hacer en Cuba para preservar el socialismo, y con vistas a superar los errores propios cometidos. El pueblo todo se convirtió —en cada barrio, fábrica, oficina o escuela— en parlamento y foro de discusión.

En mayo de 1990, se convocó el IV Congreso del Partido Comunista de Cuba, con un Llamamiento que leyeron y discutieron 3,5 millones de ciudadanos, emitiéndose alrededor de 1,5 millones de recomendaciones y planteamientos recogidos en informes, que sirvieron como base para el cónclave partidista.

Fidel inauguró ese Congreso y remarcó una cuestión central: "Nuestro más importante deber, el primero de todos, es que analicemos con mucho realismo la situación actual de nuestro país, que comprendamos con mucha claridad que estamos viviendo un período excepcional." Agregó: "El problema es (...) qué hay que hacer para salvar la Patria, la revolución y el socialismo en estas excepcionales circunstancias." Y concluyó: "La Revolución no tiene alternativa."

El Congreso se pronunció sobre tales escenarios singulares, y adoptó acuerdos y lineamientos, que orientaron —en la nueva etapa— el quehacer del Partido y de toda la sociedad. Entre tales acuerdos estuvieron importantes modificaciones a los estatutos y al Programa del PCC, y al sistema político-estatal. Asimismo, se incluyó una actualización y adaptación de la estrategia económica a la fase de crisis o Período Especial.

El Congreso abogó por el más estricto respeto al debate interno, la unidad de acción, y la disciplina y el rigor estrictos en el cumplimiento de las tareas del Partido, insistiendo en el vínculo con el pueblo, y en escuchar y aprender de este, junto con su labor persuasiva y de orientación. Por vez primera, se definió al PCC como el "Partido de la nación cubana", o sea, de todos los cubanos que la conforman y no de una o varias clases o sectores. Admitió el ingreso a sus filas de los revolucionarios creyentes o adherentes a una religión, que reunieran los atributos de ejemplaridad pertinentes.

Recomendó a la Asamblea Nacional que sus miembros fuesen electos directamente por el voto popular, y fortalecer la jerarquía y la labor de esta, y de los órganos provinciales y municipales del Poder Popular, y garantizar —además— una mayor participación organizada de los ciudadanos en el ejercicio de la democracia. Reafirmó que el

Partido no podía postular a ningún candidato del Poder Popular y que estos candidatos debían ser propuestos por los representantes de las organizaciones de la sociedad civil.

En su intervención ante el Congreso, Carlos Lage —miembro del Buró Político— puntualizó que la economía cubana, ante las nuevas realidades del mundo, tenía que sufrir un cambio radical, y que este necesitaba tiempo.

Cambio radical y tiempo para superar la crisis, sin precisar cuánto: dos conceptos para definir el futuro que esperaba a la economía de Cuba.

El evento partidista demostró que Cuba había interpretado correctamente la magnitud de la crisis, y que disponía de madurez política e intelectual y de una formidable reserva moral para defender las conquistas, resistir, encontrar las soluciones y salir adelante.

Reformas económicas y de la Constitución

Una consecuencia de los rápidos y trascendentales hechos de 1989 a 1991, fue la necesidad de modificar la Constitución de 1976, y adaptarla a las nuevas realidades nacionales y del mundo, mejorándole, de paso, algunos contenidos y varios aspectos formales, y secundarios. En julio de 1992, la Asamblea Nacional aprueba una reforma constitucional, que abarcó 56% de la Carta Magna, adicionándole tres nuevos capítulos y reduciéndola de 141 artículos a 137. De ellos, 77 sufrieron algún cambio. Tales mutaciones resumieron el amplio y democrático debate en la sociedad civil, y dentro del partido y el parlamento, ocurridos desde 1990.

Entre los cambios más notables de la Constitución, estuvieron los siguientes:

- Se crea el marco regulatorio, que posibilitaría la apertura al capital extranjero y la entrega de la propiedad —salvo de la tierra— a más de 60% de colectivos de obreros de las granjas estatales.
- La elección directa de los diputados nacionales y provinciales; más solidez al concepto de estado laico.
- El PCC se define como vanguardia de la nación cubana.

Esta reforma constitucional probó en los años siguientes su justeza y objetividad, permitiendo realizar los profundos cambios de la economía y de la esfera política, sin traumas ni incoherencias legales y doctrinales que pusieran en riesgo el *status quo.*

Voy a centrar la atención en la reforma económica. Desde 1961, o sea, durante más de 30 años, Cuba no había necesitado introducir variaciones en las estructuras económicas. La reforma que se inició en 1993 no tiene antecedentes, pues ella nace de un acontecer nacional e internacional singulares, y no se copió la experiencia de ningún país. Es única e irrepetible, tanto como el proceso revolucionario que tiene lugar desde 1959. La reforma cubana no sobreviene de un movimiento o fuerza interna que presione los cambios. Ello permite que estos se adopten y ejecuten con el necesario consenso, para salvar el socialismo y no con el fin de facilitar una transición al capitalismo.

Por supuesto, también engendra nuevas contradicciones en la sociedad y gérmenes de capitalismo, cuyo peligro no es conveniente soslayar, pues una postura apologética sería más riesgosa.

No hay duda de que el rumbo escogido fue certero: un ajuste progresivo del sistema y el modelo económicos, sin perder el control de las acciones y el devenir socialista, con el triple propósito de administrar la crisis coyuntural, diseñar otro modelo económico y generar una nueva alternativa de desarrollo a largo plazo.

En menos de cuatro años —entre 1993 y 1997— se adoptan 19 reformas económicas y otras decisiones fundamentales, expresadas en leyes y decretos-leyes. Por ejemplo, en 1993: la despenalización de la tenencia de moneda extranjera; la ampliación del trabajo por cuenta propia y la creación de las Unidades Básicas de Producción Cooperativa en el sector agropecuario. En 1994: la reorganización de los organismos de la administración central del Estado; el saneamiento de las finanzas internas; la reestructuración de precios y tarifas; la creación del sistema tributario, del mercado agropecuario, del mercado de artículos industriales y artesanales; la aprobación de la ley de minas. En 1995: la autorización del ejercicio privado de la gastronomía; la posibilidad de que los profesionales universitarios ejerzan el trabajo por cuenta propia; la ley para la inversión extranjera. En 1996: la creación de zonas francas y parques industriales. Durante 1997: la fundación del Banco Central y la regulación de los bancos e instituciones financieras no bancarias. Habría que agregar la descentralización y reorientación del comercio exterior, una nueva concepción del plan —regido ahora por normas financieras— y diversas medidas para mejorar la productividad, la eficiencia y el control económicos.

La prueba mayor de que la reforma fue atinada se expresa en sus resultados: La economía detiene su caída en 1994; crece 2,5%, en 1995; y 5%, en 1996, y este crecimiento será mayor de 7% en 1997. El déficit fiscal pasó de 35% a menos de 2,5% del PIB, y la cotización de la moneda descendió de 120-140 pesos por dólar a 25 pesos por dólar. El comercio exterior experimentó una recuperación de 30% entre 1995 y 1996. Las empresas mixtas con capital extranjero pasaron de sólo 20, en 1990, a más de 300, ahora. De 200 000 turistas, en 1990, este año nos visitará más de 1 millón. La producción de níquel se recuperó al nivel de 1989 y la de petróleo creció dos veces.

Aún hay muchos obstáculos y problemas por vencer. Sin duda, el *bloqueo* de los Estados Unidos de América es un sobrepeso enorme para avanzar más aceleradamente, aunque como hecho positivo nos obliga a una mayor diversidad de socios comerciales e inversionistas, lo que da a nuestra economía internacional más flexibilidad e independencia.

En lo interno, las reformas y otras medidas trajeron consigo también efectos negativos para los patrones de equidad social prevalecientes hasta 1989 y el surgimiento de anomalías que no existían en esa fecha, como focos de prostitución en zonas turísticas, hechos de corrupción parcial entre algunos funcionarios de bajo y mediano niveles, y el inicio del consumo de drogas. Es por ello que la lucha contra la doble moral, el individualismo y la decepción ante las dificultades, se convierte en razón primordial para superar la crisis en su dimensión política y ética, que es la esencial.

Existen soportes, y reservas morales y políticas para lograrlo, aunque la batalla será, probablemente, más larga y compleja que la superación de la cara económica de la crisis. Exige más ejemplaridad de los revolucionarios, más eficiencia y mejor control económico, y perfeccionar la participación democrática de los trabajadores en el control y la toma de decisiones económicas, y políticas, en cada centro laboral y del pueblo en su conjunto en el ejercicio del gobierno.

Política exterior de Cuba en el mundo actual

Nuestra política exterior se formula y ejecuta desde un país pequeño, hostigado por la potencia mayor del planeta. Es una política sensata, que parte de esa premisa inicial y de la realidad de que el mundo se ha *globalizado*, está dominado por una potencia principal —los Estados Unidos de América— y presenta un patrón hegemónico neoliberal. Otra consideración es la brecha creciente entre el Norte desarrollado y el Sur cada vez más pobre.

Partimos también de la certeza de que el orbe tampoco hoy es homogéneo —nunca lo ha sido—. Tiene contradicciones, fisuras y espacios donde Cuba busca sobrevivir, avanzar y ganar tiempo, hasta que cambie la correlación de fuerzas internacional. A lo que tratamos de contribuir cada día con nuestro quehacer dentro y fuera de la Isla, bajo el estricto principio del respeto a la autodeterminación y la soberanía de las naciones, pero, a la vez, sin descuidar la solidaridad con los pueblos y estados necesitados de apoyo, para preservar aquellos conceptos indispensables.

Creemos, además, que nuestros grandes problemas sólo en alguna medida van a ser resueltos de manera aislada en Cuba, pues somos parte de este Planeta, y no podemos marginarnos del sistema económico y político irracional que en él predomina actualmente.

En consecuencia, colaboramos permanentemente con la transformación de ese sistema, para recibir los beneficios de un orden global diferente al de hoy: multipolar, con relaciones económicas justas y de respeto cabal a todos los estados por igual. Somos internacionalistas por razones éticas, por convicción estratégica y por necesidad. A lo largo de nuestra historia, en los momentos cruciales, hemos recibido solidaridad y, por eso, sabemos valorar su importancia para cualquier pueblo.

Nuestra primera prioridad es contribuir a preservar los principios del derecho internacional, contra los cuales se han abierto boquetes más grandes que los agujeros negros del Universo. Me refiero a la autodeterminación y la soberanía, a la solución de los conflictos entre países de manera pacífica; el respeto a la igualdad entre los estados. En fin, los preceptos de las Naciones Unidas que están escritos en su Carta, y que vienen siendo soslayados, y pisoteados, por los Estados Unidos de América y otras grandes potencias, que tienen el control del Consejo de Seguridad, del Fondo Monetario Internacional (FMI) y de los demás organismos internacionales fundamentales.

Podría agregarse que también somos incansables batalladores contra el intercambio desigual y la deuda externa, que cada vez más asfixian a las dos terceras partes de los pueblos. Criticamos el proteccionismo no arancelario. "Sí", dicen los gobiernos del Norte, "vamos a eliminar las barreras, unamos los mercados", pero sostienen y refuerzan los hilos invisibles que benefician sus productos en detrimento de los nuestros. Afirman que desaparecieron las fronteras; sin embargo, los intereses de las potencias no se han extinguido. Por supuesto, luchamos ardientemente contra los privilegios de los Estados Unidos de América en la Organización de Naciones Unidas (ONU). Trabajamos para que el Consejo de Seguridad se amplíe a otros muchos países, como Brasil y la India ¿Cómo es posible que América Latina y el Caribe —que sumamos 450 millones de personas— no tengamos un miembro permanente en el Consejo de Seguridad? Abogamos por la *democratización* de las relaciones internacionales, y esto incluye diversas aristas económicas y diplomáticas.

Ahora bien, nuestra nación tiene una prioridad concreta que es derrotar el bloqueo impuesto por los Estados Unidos de América a Cuba desde hace casi 40 años. Tal proceder nos impide importar hasta una aspirina de ese país y —respaldados por la Ley Helms-Burton— los Estados Unidos de América persiguen a cualquier empresario que vaya a hacer negocios con Cuba. Terrible y anacrónico, pero es así: si se rompe un equipo en un hospital que fue adquirido, por ejemplo, de una firma alemana y esta se fusiona con otra estadounidense, enseguida nos prohíben comprar las piezas de repuesto. El bloqueo es brutal, criminal. Es rechazado de manera abrumadora por la comunidad internacional todos los años en Naciones Unidas, pero los Estados Unidos de América no hacen caso a ese reclamo y persisten en someter a Cuba. Suponen que son los dueños del mundo y mantienen el cerco contra viento y marea. Esa política agresiva y prepotente está ya derrotada desde el punto de vista moral, y nuestro país no descansará hasta que quede totalmente aislada, desgastada y cambie sin concesiones de nuestra parte, pues jamás hemos dado lugar a que tengan fundamento esas sanciones, sin precedentes en la historia de la humanidad.

No vamos a transigir en el derecho de hacer libremente en la Isla lo que los cubanos queramos. Además, tenemos los medios para defendernos: un pueblo armado, preparado y consciente, unido, dispuesto a pelear por la libertad de la Patria y el sistema social que democráticamente elegimos.

No queremos la guerra; al contrario. Somos un pueblo pacífico. Siempre hemos estado dispuestos a negociar nuestras diferencias con los Estados Unidos de América. Eso sí, en pie de igualdad, con respeto común y sin condiciones de ninguna de las dos partes. Es cierto que hay problemas muy complejos. Si los gobiernos de los Estados Unidos de América hubiesen actuado con más perspectiva, ya los monopolios y empresas confiscados entre 1959 y 1961 habrían cobrado. Pero, en vez de ello, nos quisieron destruir y el daño que nos ocasionaron es ahora mucho más que el valor de esas propiedades. De manera que son los Estados Unidos de América los que están en deuda con Cuba, y a la hora de negociar esas cuentas habrá que poner sobre la mesa los números, y el saldo es a favor de Cuba. Y es lamentable, porque la suma de muertes, de heridos, de gastos innecesarios y de destrucciones materiales en Cuba, resultará siempre inconmensurable e irreparable. Los españoles cobraron, los ingleses cobraron, ¡ah!, pero los prepotentes dijeron: "¡vamos a aplastarlos!" Playa Girón —en 1961—, guerra económica, terrorismo, sabotajes, guerras biológica y psicológica, intentos de asesinatos a Fidel, acciones para aislarnos. A pesar de ello, nosotros no tenemos ninguna animadversión contra el pueblo de los Estados Unidos de América. Por el contrario, en Cuba admiramos sus virtudes y grandezas. Estamos al día en ver por televisión y en las salas de cine las mejores películas de ese país, gratis, pues las copiamos: alguna ventaja tiene el bloqueo. A nuestra juventud le gusta el *rock*, sin dejar de disfrutar nuestro son; el pueblo cubano aprecia y reconoce la cultura de los Estados Unidos de América, y sabe diferenciar entre la bazofia seudocultural y la escoria de esa sociedad, y el esplendor de sus artistas, intelectuales, científicos, filósofos, políticos, y ciudadanos decentes y dignos.

Esa idea de comparar a Cuba y los Estados Unidos de América con David y Goliath es cierta. Nosotros hemos crecido y somos más fuertes e inteligentes, y, por ende, inderrotables, gracias a nuestro enemigo gigante.

Otra premisa indispensable para Cuba es no aislarnos del mundo. Hoy día, tenemos relaciones con más de 160 países y casi 90 embajadas. Cuando el Papa dijo en febrero *que Cuba se abra al mundo*, ya estábamos abiertos desde 1959: eso sí, con identidad y respetando a quienes nos respetan. De todos modos, agradecimos esa expresión suya de indudable buena voluntad, pues él agregó: "y que el mundo se abra a Cuba". Recibimos todos los años decenas de presidentes, cancilleres y dirigentes de los cinco continentes. Cuba es sede de eventos internacionales diversos, de Cumbres de Jefes de Estado y de Gobierno, y pertenecemos en este continente a las Cumbres de Iberoamérica, a la Asociación de Estados del Caribe y al SELA. Tenemos una relevante presencia en la ONU. Allí, nuestro país asume posiciones comunes con 65% del resto del mundo, mientras los Estados Unidos de América sólo tienen 40%. Somos fundadores del Movimiento de Países No Alineados y del Grupo de los 77.

La prioridad de Cuba, por supuesto, es América Latina y el Caribe. Abogamos por la cooperación e integración de todos nuestros países, que consideramos hermanos. Y rechazamos la pretensión de los Estados Unidos de América de convertirlos, definitivamente, en un mercado apéndice, a través del Acuerdo de Libre Comercio para América Latina (ALCA). La primera variante es la única plataforma común que permitiría —junto con cambios fundamentales en el interior de muchos de ellos, a decidir por cada pueblo— el desarrollo autosustentable, la justicia social, y la verdadera autodeterminación y soberanía. El otro sendero conduce a la anulación de la libertad de las naciones, a su absorción por el señero dominador y a más subdesarrollo, polarización e injusticia.

Venezuela ocupa un lugar relevante en nuestras relaciones con la región. Desde que se reinician, en 1989 —primero, bajo el gobierno de Carlos Andrés y, después, en el actual mandato de Rafael Caldera—, la tendencia ha sido al incremento comercial, cultural y de múltiples intercambios diplomáticos, científicos, deportivos y en otros sectores, incluido el avance de los negocios con empresarios privados venezolanos. Ello dio lugar a la creación de una cámara de comercio binacional, un grupo de amistad parlamentaria y algunas acciones conjuntas, por parte de instituciones estatales y de la sociedad civil de ambos países. Ahora bien, es necesario —cada vez más— convertir esos acuerdos formales en hechos y realizaciones tangibles.

Concluyo con Martí: "Patria es humanidad!" La política exterior de Cuba buscará siempre servir a la humanidad y no aislarse de ninguna colectividad, y será expresión consecuente de nuestra matriz constitucional, fundada en otro apotegma martiano: "Yo quiero que la Ley primera de nuestra República, sea el culto de los cubanos a la dignidad plena del hombre."

Iglesia y Revolución en Cuba: a propósito de la visita del Papa

Antecedentes

La visita del Papa a Cuba —la primera de un Sumo Pontífice en la historia de mi país— ha sido calificada como uno de los grandes acontecimientos internacionales de finales de siglo.

Esta visita del Papa originó una conmoción mundial. Muchos católicos de la Isla y del Planeta esperaron, y gozaron, ese momento como algo muy añorado en sus vidas. El Papa había visitado virtualmente a todos los países católicos de América Latina y el Caribe, y sólo quedaba el nuestro. Creyentes y no creyentes expresaron sus opiniones en torno a la presencia del Papa en tierra cubana, de manera amable y positiva. Mas, como siempre ocurre, algunos analistas desataron una serie de vaticinios y expectativas muy asociadas con las derivaciones políticas que para Cuba tendría el quehacer de Juan Pablo II en nuestro suelo. Por ejemplo, la revista *Newsweek* dedica su portada al tema y expresa: "La próxima cruzada del Papa; un desafío a la Cuba de Fidel Castro." Ideas similares llenaron los espacios de la prensa en el mundo: el sesgo político sustanció y catapultó la visita a todos los rincones del Planeta.

Fue un viaje preparado durante casi un año entre el gobierno cubano y el Vaticano —de manera escrupulosa, con respeto y muy buena voluntad por ambas partes, bajo el concepto de que se trataba de una visita pastoral del Sumo Pontífice—. De repente, sin duda por tratarse de Cuba, se desató un vendaval de opiniones tergiversadas acerca de los presuntos objetivos ocultos de una y otra partes.

Por sus relevancias propias y a causa del cariz de noticia sensacional, arribaron a la Isla 2 500 periodistas extranjeros provenientes de 58 países y de más de 600 medios de prensa. Entre ellos, 166 cadenas de televisión —todas las de los Estados Unidos de América, por cierto—, 60 cadenas de radio y 351 agencias cablegráficas, revistas, diarios y otras publicaciones. De manera tal que la prensa nos escrutó e hizo una radiografía de las realidades cubanas, y de todos los pormenores y facetas de la visita.

En Cuba, la presencia del ilustre invitado se percibió como uno de los grandes acontecimientos que iba a vivir nuestro pueblo en su historia nacional. Los cubanos teníamos conciencia de que Juan Pablo II era una de las personalidades más connotadas de la historia de la Iglesia Católica. Y una de las más notables de este siglo. Nuestro pueblo, educado, informado, culto, sabía a quién iba a recibir y se preparó en correspondencia con ello.

A la vez, era necesario no soslayar ciertas dificultades y tensiones que existieron en el pasado, entre la Iglesia y una parte significativa de nuestro pueblo. Más exactamente a causa de las posiciones retrógradas que adoptó la jerarquía eclesiástica de esa Iglesia respecto del proceso revolucionario, en especial, durante los primeros años de este. Fue por ello que nuestro presidente Fidel Castro asumió el papel de anfitrión antes de llegar el Papa, y le explicó, persuasivamente, a la población quién era esta figura, el significado de su visita y sobre todo cuál debía ser el comportamiento idóneo ante la presencia de un huésped tan especial. Fidel sugirió al pueblo cubano cómo debía comportarse, incluso si escuchaba opiniones y posiciones del Papa que discrepaban de las que sostiene la mayoría de nuestra gente.

Ciertamente, la visita se preparó de manera muy fluida y coordinada, luego de la entrevista entre Fidel y Juan Pablo II, en Roma. Cuba ofreció óptimas libertades y facilidades para que el Vaticano decidiera dónde serían las misas y las demás actividades del programa. Le brindamos todo el apoyo material a nuestro alcance, a pesar de las dificultades existentes por el bloqueo económico y la crisis económica motivada por la desintegración de nuestros ex socios "socialistas". Le entregamos 50% de todo el transporte colectivo del país, a precio de costo.

Con afecto y cordialidad, Cuba movilizó sus recursos materiales, y los valores espirituales y culturales de la nación: la elaboración artesanal, y artística, de los altares y escenarios de las misas, el fabuloso coro y la maravillosa orquesta; cientos de miles de personas colaboraron en los preparativos y atenciones directos, y todo el pueblo con su comportamiento civilizado y respetuoso creó un ambiente propicio para que la visita transcurriera exitosamente.

Tal conducta adecuada y sensible de los cubanos no fue excepcional. No sólo se trataba de una personalidad especial: lo más novedoso era que para cientos de millones de habitantes del Planeta, por vez primera, observaban y conocían "en vivo y en directo" al verdadero pueblo de José Martí.

¿El Papa viajó a Cuba para exterminar el socialismo cubano?

Antes aludí a las torceduras y falacias, que cierta prensa y muchos analistas expresaron en torno al hecho: titulares tales como "El Papa visita el último bastión del comunismo" y "La última etapa de la cruzada de Juan Pablo II contra el socialismo"; declaraciones de un senador de los Estados Unidos de América, en las que se afirmaba que se quedarían sin empleo los cubanos que fueran a las misas; o que estas serían rodeadas de miles de militares, con armas largas. Querían transmitir la misma sensación que día a día repiten: en Cuba hay una dictadura, la gente no puede expresarse, no hay libertades y, en consecuencia, al Papa se le presentaba como una especie de "Ángel Exterminador", que acabaría con ese *statu quo* y le sacaría el "corcho a la botella" de donde saldría "el genio" que transformaría —por fin— a Cuba en un "paraíso" de la democracia occidental y del neoliberalismo.

Una de las comparaciones que se hicieron con más frecuencia fue entre esta visita y la primera que hizo el Papa a Polonia, en 1979. Se pasaba por alto que, tanto la historia, como la complexión del régimen social que existió entonces en Polonia, y el socialismo cubano, son raigalmente diferentes. Aquel seudosocialismo llegó con los tanques y las tropas soviéticas; desde fuera, impuesto. Pero, además de no surgir de las entrañas de la historia de la espiritualidad polaca, nació con deformaciones de todo tipo, que ya había acumulado el sistema soviético desde los años treinta: autoritario, burocrático, con una amplia corrupción y degradación de muchos dirigentes, poca democracia participativa y, por consiguiente, no tenía que ver con las fuentes nutricias teóricas y éticas del socialismo marxista.

En Cuba, el socialismo brotó de la historia nacional, que le imprimió sus huellas y sesgo propios. Su vigencia se afinca en el protagonismo del pueblo y en los beneficios económicos, sociales y espirituales que este obtuvo con el triunfo y la consolidación de la Revolución. Un sistema social que representó para los cubanos la liberación nacional, la dignidad, el decoro y un alto grado de igualdad y satisfacción de las necesidades materiales subjetivas, nunca antes alcanzado, y que el pueblo comprendió que sólo podía mantener y desarrollar, a través de sí mismo y dentro de esa nueva sociedad conquistada.

El "socialismo" de Europa del este —en 1989— estaba enfermo, en su fase terminal. Era un sistema social en descomposición, que venía cuesta abajo. Mientras, el pueblo caribeño que recibe al Papa tiene en su interior los valores políticos, y los soportes conceptuales y prácticos del proceso social libremente escogido por nuestra gente. Es un socialismo vital que aún con sus problemas —derivados fundamentalmente del bloqueo y de las agresiones de los Estados Unidos de América, y de la crisis de los últimos años— goza de buena salud. Y la mejor demostración de ello es que casi a una década de reimplantarse el capitalismo en Polonia y en la Unión Soviética, nosotros seguimos adelante, luego de encontrar, y aplicar, reformas y ajustes para adaptarnos a una nueva realidad mundial, pero sin desviar las concepciones originales de la Revolución cubana.

Coincidentemente, el Papa arriba a la Isla unos días después de celebrarse las elecciones generales del quinquenio, donde la población volvió a demostrar su adhesión al régimen democrático que existe en nuestro país, muy diferente al de Polonia en 1979, lleno de conflictos y paradojas que culminaron en su autodestrucción. La Cuba que acogió al Papa, con sus dificultades, errores pasados y problemas presentes, es una sociedad viable, cimentada en valores, logros y experiencias, y con un pueblo persuadido de que la única opción válida para promover y alcanzar nuevas metas de felicidad es el socialismo. Por ello, el Papa es recibido sin complejos, ni temores, ni expectativas falsas, ni resentimiento, otorgándosele el sitial que le corresponde, en el entendido de que él, como lo hizo, respetaría también la integridad cultural, las ideas y la opción política que *libremente* escogió la nación cubana.

Iglesia y Revolución

Otra diferencia medular entre las experiencias de Polonia y Cuba, tiene que ver con los vínculos entre la Iglesia, el pueblo y el Estado en ambos países. En Polonia, la Iglesia Católica —desde los orígenes de la nación— tuvo una identidad plena con esta y evolucionó junto a su pueblo, de tal manera que Iglesia y nación están consustanciadas. Noventa y seis de cada 100 ciudadanos de Polonia son practicantes del catolicismo, y la Iglesia fue siempre defensora de ese pueblo frente a las intervenciones foráneas, de Rusia, del imperio austro-húngaro, de Alemania y, finalmente, de la Unión Soviética.

La historia de la Iglesia Católica cubana es diferente. No podré extenderme, por razones de tiempo. Baste decir que durante todo el siglo XIX —para no hablar de siglos anteriores, que era peor aún— la Iglesia representaba un pilar principal del sistema de dominación colonial. Cuba fue, con Brasil, el último país en abolir la esclavitud, en 1884. Más de 50% de la población era esclava. Pues bien, la Iglesia defendió hasta el final el régimen esclavista. Las autoridades eclesiales principales, casi todas se opusieron abierta o veladamente a las luchas por la independencia, y pocas participaron en esa contienda decisiva, aunque hay excepciones individuales muy notables.

El presbítero Félix Varela —el hombre que nos enseñó "en pensar primero", al decir de otro grande de nuestra historia del XIX, José de la Luz y Caballero, vinculado también con la Iglesia— fue precursor de la independencia de Cuba, con un antidogmatismo proverbial y crítico de las posiciones de aquella Iglesia.

En el siglo XX la historia se repite. La alta jerarquía estuvo comprometida hasta el año 1959 con la oligarquía de la Isla y, en especial, durante la dictadura de Batista, lejos de simpatizar con la lucha revolucionaria del pueblo, algunos de sus principales dirigentes respaldaron al dictador.

Tampoco la Iglesia alcanzó en Cuba la adhesión que siempre tuvo en Polonia. En el siglo XIX, su principal influencia era en la población blanca de origen español, pues los negros africanos mezclaron sus valores religiosos autóctonos con el catolicismo, pero con predominancia de los primeros. En el siglo XX, estas manifestaciones sincréticas alcanzaron su plenitud —y autonomía—, extendiéndose sus niveles de influencias diferentes a más de 60% de la gente, mientras la Iglesia Católica fue perdiendo su base confesional. No obstante, aparece en lo formal como la religión predominante. Una encuesta de la Asociación Católica Universitaria, del año 1954 —cinco años antes del triunfo de la Revolución—, reveló que 72% de la población se definió como católica; sin embargo, 22% de ese 72%, afirmó que iba "de cuando en cuando" a misa; o sea, 15% de toda la población. Otra encuesta, del año 1957, pero que sólo abarcó la zona rural, donde vivía más de 60% de la gente, reconoció que sólo se autodefinía católica 52%, de los cuales entre 1% y 2% afirmaba que asistió a misa.

De manera que en Cuba el catolicismo está indisolublemente vinculado al tema del sincretismo religioso. Aquellos más de medio millón de esclavos del siglo XIX mezclaron sus modos de vida musical, político, religioso y ético con los de origen español, surgiendo así una cultura, una religión y una axiología singulares. Los negros africanos, sobre todo procedentes de Nigeria, transculturizaron su religión yoruba; por otra parte, luego que los Estados Unidos de América intervienen en Cuba —a finales del siglo XIX— y en las décadas siguientes van creándose las denominaciones protestantes y el espiritismo, también con origen en los Estados Unidos de América. De este y otros componentes —por ejemplo, chino, pues en la Isla hubo la mayor inmigración de ese país en América Latina hasta principios del siglo XX—, surgió "el ajiaco cultural", denominado así por el sabio cubano Fernando Ortiz, para identificar la riqueza y la complejidad de la espiritualidad de la Isla.

Hay un debate. Si unas expresiones u otras pueden calificarse o no de católicas, o si son otra cosa, pues aunque tengan el nombre de una deidad yoruba, o de un santo católico, la mezcla hace que se trate de una entidad original, nueva. Pero, sí hay un hecho sustantivo e incontrovertible: en Cuba, el catolicismo no es ortodoxo, tiene especificidades notorias y está marcadamente teñido con esta transculturación aludida.

Al triunfar la Revolución, la base confesional de la Iglesia estaba —sobre todo— más vinculada con una parte de los sectores medios urbanos y la clase alta. Fue tan radical y "meteórico" el cambio que suscitó la Revolución en el modo existencial del pueblo, que la Iglesia no pudo incorporarse ni entender aquel fenómeno "telúrico". Sus compromisos con los sectores económicos afectados por la Revolución y la propia composición extranjera —la mayoría de los curas eran españoles— y su política —defensores del falangismo y de la dictadura de Batista—, hicieron que la Iglesia se opusiera al proceso de cambios y quedara marginada, por ende, de la mayoría del pueblo. Eso generó un enfrentamiento abierto de la alta jerarquía y de muchos sacerdotes con el poder revolucionario popular. No así de la dirección de la Revolución y su líder con el pueblo católico. Menos que nadie Fidel, que desde joven estudió bachillerato en una escuela jesuita.

Lamentablemente, la Iglesia cometió el error histórico de no sumarse a la transformación humana de mayor alcance que haya vivido jamás el pueblo cubano, y, con ello, quedó aislada y muy debilitada. Este fenómeno ocasionó un retraimiento y una crisis muy honda dentro de la Iglesia Católica de la Isla. En aquel momento, había en Cuba 680 sacerdotes, de los cuales sólo 125 eran cubanos. Los otros eran españoles franquistas, falangistas y una buena parte se fue del país. Después, la Iglesia empezó a evolucionar lentamente. De 1959 a 1962, emigró para los Estados Unidos de América una importante cifra de su sostén confesional. Hasta 1968, casi no se percibe la acción de la Iglesia. En este mismo año, en una pastoral, aparecen algunos signos promisorios; por ejemplo, después de su silencio respecto del bloqueo criminal de los Estados Unidos de América y las demás agresiones del imperio contra Cuba, la Iglesia, por vez primera, critica el bloqueo. En 1978, emiten otro documento más avanzado, en el que se habla de "nuestra Patria Socialista" —ya se había aprobado dos años antes, por más de 96% del pueblo, la Constitución que refrendaba el socialismo para Cuba—, y también se analizaba, y se reconocía, en el documento una serie de virtudes y avances del socialismo en Cuba. Se trataba, pues, de una mutación trascendental en los principios de la Iglesia ante la nueva sociedad. Después, vino la crisis en Cuba de los años noventa y empezó a darse otro cambio, ahora negativo. En 1993, publican un documento conflictivo, de rechazo crítico extremo. En nuestros días, especialmente luego del nombramiento del cardenal Jaime Ortega, se inicia esta etapa de creciente respeto, y entendimiento, entre la Iglesia y el Estado y el gobierno cubanos.

Quiero afirmar lo siguiente: la política de la dirección cubana hacia la Iglesia Católica y demás Iglesias, siempre ha sido la misma desde 1959. En primer lugar, la rige un concepto de equidad en las relaciones hacia todas ellas. Antes de la Revolución, se discriminaban algunos cultos, incluso en el Código Civil era agravante de delito formar parte de la confraternidad Abakuá o de algunas variantes de la santería. La Revolución reivindica y dignifica todas las expresiones de la religiosidad popular. Las respeta a todas por igual.

Es importante decir que también se presentaron errores en el campo de los revolucionarios. El artículo 59 de la Constitución —referente a la libertad religiosa—, en su redacción, pudo dar lugar al equívoco de que el Estado se definía como ateo. Y hubo, no a nivel de la dirección de nuestro país ni tampoco de manera oficial, ciertas expresiones de discriminación hacia los religiosos en sus derechos; no me refiero, en particular, a los católicos: ocurrió con los creyentes, en general, por ejemplo, para ingresar a la universidad u ocupar algún cargo. Repito, surgió como una expresión de sectarismo ideológico, aunque no fue una política oficial del Partido ni del Estado y, mucho menos, de Fidel.

Fue un error lamentable excluir a los creyentes de ser miembros del Partido (PCC), hasta que —en el IV Congreso del Partido Comunista de Cuba— se resolvió esa contradicción —de hecho, una *discriminación*— y, desde entonces, al PCC puede ingresar cualquier ciudadano que reúna los méritos políticos y éticos, independientemente de sus creencias religiosas. Pues ese Partido representa lo mejor de toda la nación y en esa masa de gente hay muchísimos creyentes.

Se trató de una etapa marcada por influencias doctrinales foráneas y, en parte, a causa de los problemas que se habían suscitado con la Iglesia Católica, los que contribuyeron a originar aquella exclusión —por suerte, juiciosamente superada luego de un debate y una decisión muy maduros y correctos del PCC—. Además, era absurdo, porque en la tradición independentista del siglo XIX y revolucionaria del siglo XX, participaron muchos combatientes y dirigentes con creencias religiosas, incluso en misiones internacionalistas, como las de Angola, Etiopía y Nicaragua.

Además, debo recordar que Fidel Castro fue —desde joven— una persona conocedora y admiradora de los valores más auténticos del cristianismo. Ya desde 1971, cuando visitó el Chile de Allende, nuestro presidente se reunió con un numeroso grupo de sacerdotes del Movimiento del Tercer Mundo, liderado por el jesuita Gonzalo Arroyo —con quien tuve la satisfacción de trabajar, ese año, en la Universidad Católica austral—.

Recuerdo aquel diálogo espléndido, hermoso, entre Fidel y los curas sentados sobre la hierba del jardín de la residencia del embajador cubano; Fidel hablándoles, todos radiantes y entendiéndose como hermanos. Y nuestro líder, ahí, les dijo que no podía haber diferencias entre los revolucionarios cristianos y quienes no lo son. Y destacó que ninguna revolución podría triunfar en América Latina, si no existía una alianza estratégica entre todos ellos. Más tarde, volvió a tener reuniones similares en Jamaica, Nicaragua, Venezuela y Brasil, en las cuales tuve el honor de participar —salvo en Jamaica— y comprobar que esa idea de Fidel era la misma que defendían los creyentes de diversas iglesias del continente; como también ocurrió después con otros representantes de las pastorales de los Estados Unidos de América, encabezados por Lucius Walker.

Les traigo estos antecedentes porque, a veces, uno lee o escucha criterios como si nuestro pueblo y sus dirigentes vivieran al margen de los fenómenos ideológicos contemporáneos, que entre sus componentes más dinámicos incluyen el factor religioso. Los cubanos tenemos una sensibilidad especial para la búsqueda del entendimiento con todos quienes anteponen la ética solidaria y el respeto a los valores humanos, y luchan por lograr que triunfen sobre el egoísmo, el materialismo mercantilista, la guerra y el terrorismo.

Precisamente, en 1989 el sacerdote dominico Frei Betto le hizo una larga entrevista a Fidel, que después publicó, en formato de libro, con el título *Fidel y la Religión*. Ahí cuenta Fidel la influencia del cristianismo en su formación desde la infancia y la juventud, en su carácter y en su ética, y reconoce —una vez más— que no es una paradoja ser revolucionario y poseer valores del cristianismo o de otras religiones. Y también analiza de forma crítica aquella expresión de Marx, según la cual "la religión es el opio de los pueblos", que dio lugar a lamentables tergiversaciones de varios de sus seguidores, torciéndole el sentido a esa idea y sacándola del contexto histórico: la convirtieron en uno de los sustentos del aberrante "ateísmo científico", y en una de las justificaciones de la discriminación y subestimación de los religiosos.

Por otra parte, quiero señalar que la visita de la máxima figura del Vaticano se produce después de más de 60 años de vínculos diplomáticos con el Estado cubano. Nunca —a pesar de los conflictos de la Iglesia con la Revolución— se resquebrajaron esas relaciones oficiales. Siempre hubo un representante de Cuba al más alto nivel en Roma. Y también del Vaticano en La Habana, salvo en el período más complicado, que se quedó un Encargado de Negocios en la Nunciatura, quien —por cierto— realizó una labor muy constructiva.

De manera que esta visita del Papa a Cuba tiene legítimos y excelentes precedentes. Con la ventaja que, en el Vaticano, sus principales dirigentes suelen permanecer mucho tiempo y, en Cuba, también ha ocurrido así con la dirección histórica de la Revolución, lo cual permitió el conocimiento mutuo más profundo.

Repercusiones y algunas consecuencias de la visita

Más allá de las especulaciones internacionales sobre este acontecimiento, nuestro país ha querido exaltar sus atributos intrínsecos. En nuestra opinión, la visita del Papa fue un rotundo éxito para los católicos del mundo —entre ellos los cubanos— y para todo nuestro pueblo. Se trató de un evento pastoral y espiritual de alcances mundiales, del cual nos sentimos satisfechos por haber contribuido de ese modo al diálogo fértil y a la expansión del ideal solidario entre los seres humanos, y a promover el derecho a la igualdad, la libertad, la autodeterminación y la soberanía de los pueblos.

El Papa tuvo en Cuba —como es lógico— absoluta libertad para desenvolverse, según su albedrío. El pueblo lo escuchó con respeto, interés, curiosidad e inteligencia. No se produjo el más mínimo incidente, en misas que entre todas sumaron millones de personas. ¡Varios periodistas, en este aspecto, quedaron con los crespos hechos! Quienes decían que habría militares con armas largas por todas partes, no satisficieron sus deseos: no hubo ni uno y ninguno de los policías a cargo de la seguridad portaba armas. Además, el Papa estuvo ampliamente acompañado: 16 Cardenales, 61 Obispos y 26 Arzobispos. A todas ellas y muchas otras autoridades eclesiales del mundo, nuestro pueblo las acogió, atendió y cuidó de su seguridad. Ni en ellas ni en los 2 500 periodistas extranjeros existieron quejas o insatisfacciones. Fue una visita impecable por el orden, la tranquilidad, la participación ciudadana, y la soberbia organización y vistosidad de las ceremonias. Los periodistas reportaron y opinaron lo que quisieron, con la ventaja para el público de que todo se transmitió en vivo y en directo por la televisión, haciéndose muy difícil manipular los hechos que todo el mundo pudo presenciar.

Es interesante decir que algunos conceptos emitidos por el Papa, muestran coincidencias notorias con las posiciones de Cuba. Por ejemplo, el tema de la "globalización de la solidaridad" y varios conceptos de la doctrina social de la Iglesia, encierran un campo de opiniones muy similares a las que conforman las ideas sociales y la política exterior de Cuba. La visita significó una contribución importante al realce de los méritos y virtudes del pueblo cubano, que demostró su identidad y unión, y el respeto entre sí de todas las religiones y también de estas con los millones de ciudadanos que no tienen creencias religiosas. Ello coincide con el loable esfuerzo que ha venido haciendo el Papa de buscar el diálogo, y el respeto, entre todos los religiosos y comunidades del mundo. En Cuba, se demostró que tal propósito es posible.

Es menester señalar las palabras del Santo Padre sobre el bloqueo estadounidense contra Cuba. Incluso, al terminar su visita, se refirió a este tema de una manera más profunda y completa que en momento anterior alguno, lo cual nuestro pueblo aprecia y agradece.

Algo que no podría soslayar aquí, son los excelentes vínculos que existían entre el Papa y Fidel. Ya se había evidenciado en aquel memorable encuentro de ambos, durante la presencia de Fidel en el Vaticano; en esa oportunidad, Fidel cuenta que el Papa fue muy cordial e, incluso, quiso casi todo el tiempo escucharlo, pues cuando nuestro Comandante en Jefe hacía una pausa para que su interlocutor expresara sus ideas, este le hacía un gesto para que continuara. Todo cuanto observamos en la televisión lo evidenció: la cortesía, el respeto, la admiración hacia ese gran hombre por parte de Fidel. Y el Papa hizo gestos diversos que expresaron sentimientos iguales. Fue el trato propio de una convergencia formidable entre dos hombres que representan a dos líderes espirituales excepcionales. Uno en el campo religioso, con trascendencia en lo político, y el otro en el campo político, con indudable significado entre los religiosos.

¿Qué va a pasar en Cuba después de esta visita? No tengo dudas de que el pueblo cubano la recordará siempre y sacará de ella todo cuanto de útil encierra, para seguir adelante con el proyecto original de sociedad que decidió edificar. Y la mayoría de los católicos cubanos, en particular, reafirmarán su pertenencia a ese pueblo y su adhesión al socialismo, cuyos principios y valores humanitarios coinciden en gran medida con el cristianismo auténtico.

Termino así estos comentarios iniciales y les doy la palabra a ustedes.

Preguntas, respuestas y debate

Kardone: Mil gracias al embajador Sánchez Otero, por tan magnífica conferencia. Usted, señor embajador, nos ha hecho amar ese pedazo insular, a través de la interpretación que ha hecho del fervor religioso del centro social de su pueblo, manifiesto en esta ocasión especial de la visita del Papa. Personalmente, me siento enriquecido por su charla. Supongo que quienes están aquí comparten el mismo sentimiento, y se abre, pues, un tiempo de preguntas y respuestas.

Dr. Bryron: Concuerdo con las palabras del doctor Kardone respecto de la intervención del embajador. Ahora bien, él hizo una interesante exposición crítica sobre el socialismo, pero no se puede negar que el socialismo cubano copió muchísimas cosas de los moldes comunistas soviéticos y de Europa oriental. Y, por eso, ha pagado las consecuencias. Creo que uno de ellos fue incorporar en la Constitución el texto antiespiritual, antirreligioso; algo que se hizo automáticamente en todos los países comunistas y a partir de ello dejó de ser original, como él magistralmente reseñó en su exposición histórica sobre aspectos muy profundos del pueblo cubano. Treinta y tres años tardó la Revolución en enmendar esto legalmente, porque no sé si los miembros del Partido Comunista están todos persuadidos del papel del acompañamiento religioso en el quehacer político. Aunque la política es demasiado importante para dejársela sólo a los políticos y, por eso, los religiosos tienen que actuar con ella. Habría que decir que el verdadero opio de los pueblos no es la religión, sino el materialismo, en el que han caído, tanto los países comunistas, como los capitalistas en grado extremo.

Esa es la primera pregunta. Y la segunda, es: ¿Por qué la visita del Papa marchó tan distinta en Nicaragua?

Germán Sánchez: Efectivamente, en su evolución, el socialismo cubano ha tenido errores. En los años sesenta, por ejemplo, a causa de que éramos una revolución joven, en un continente donde no existía otro antecedente igual o parecido, tratándose de una primera experiencia, con enemigos tan poderosos. Y como ha sucedido con otras revoluciones y procesos sociales inéditos, en aquellos años iniciales se cometieron errores "de idealismo" —como se les denominó en Cuba—. Nos imaginábamos desde aquella década iconoclasta de los 60, que todo en el mundo no sólo debía cambiar, sino que iba a ocurrir muy pronto. La vida demostró que no fue así. Pero, lo fatal o negativo no es que suceda la conversión de las enseñanzas en certezas irrefutables. Diría que lo malo es no ser capaz de distanciarse y de superar esa percepción, enseguida que se advierte el curso real de la historia. Encarar las deficiencias, los equívocos, y buscar fórmulas y respuestas adecuadas, y de subsanamiento a tales pifias, he aquí la grandeza de una generación.

En aquellas circunstancias de finales de los sesenta y principios de los setenta, en que los cubanos nos vimos bloqueados y hostigados por los Estados Unidos de América, cada vez más, sin financiamiento, sin petróleo, sin recursos tecnológicos, etc., nosotros vimos en aquel gran país que era la Unión Soviética —lo que ya venía ocurriendo, ciertamente, desde 1960— un respaldo extraordinario e, incluso más, su disposición a incrementar la ayuda y las relaciones de integración mutuamente ventajosas. Junto con esos vínculos especiales de respaldo material, presumimos al comenzar la década del setenta —y en eso nos equivocamos— que tales supuestos países socialistas más experimentados debían ser nuestras referencias y a ellos debíamos mirar, porque en América Latina no existía ninguno, y los de Asia eran muy distantes y con sociedades más diferentes a las nuestras. Ese fue el momento de la "copia mimética" de ciertos aspectos de aquel socialismo. Y digo de ciertos, porque no lo asumimos todo ni lo que copiamos, a veces, lo hicimos plenamente, por suerte. Pero, en efecto, en el ámbito económico adoptamos un sistema de dirección y planificación que daba al traste en aspectos fundamentales con nuestras concepciones socialistas. Incluso, con aquel que el Comandante Ernesto Guevara había creado, cuando fue ministro de Industria y lo implantó en ese sector en los primeros años de la Revolución. Fíjate si ese error fue grave. Y no porque el sistema del Che fuera perfecto. Él nunca lo consideró así. El hecho negativo fue copiar uno foráneo y abandonar en la nueva etapa que se abría en los setenta, una experiencia y un modelo económicos que, en su esencia, correspondían más con los conceptos y el quehacer del socialismo cubano. Pero, éramos una revolución novicia, abierta, sin dogmas, que estaba en la búsqueda de una alternativa social original.

Y si llegamos a ciertos dogmas, ocurrió paradójicamente por la vía de ser antidogmáticos. Esa copia no duró 29 ni 28 años. Sólo se extendió entre los primeros años de la década de los setenta y a mediados de la de los ochenta. Apenas 10 años. Y tampoco abarcó a toda la sociedad cubana. Porque muchas cosas durante esos años se hicieron con nuestra imaginación e inteligencia. Y no quiero hablar de temas, pero —por ejemplo, en Medicina— si hubiéramos copiado a los soviéticos, no seríamos lo que somos. Tenemos 75 años de esperanza de vida, poseemos una cifra de 7,8 de mortalidad infantil —mucho más baja que cualquier país latinoamericano y comparable con los Estados Unidos de América, a pesar del bloqueo—. Si los hubiéramos copiado a ellos en los sistemas y métodos de educación, y de avance científico-técnico, no estaríamos colocados ahora en la punta mundial de la biogenética y la biotecnología, ni tendríamos un grupo científico experimentando en la vacuna contra el SIDA. De manera que no los calcamos en todo, pero sí en algunos aspectos. Tampoco abandonamos la solidaridad con otros pueblos, y en esos años ella tuvo hermosas y contundentes expresiones en Angola —con más de 200 000 cubanos—, y en Etiopía, Nicaragua y Granada —entre otros muchos países a donde fueron nuestros médicos, maestros, soldados y técnicos—. No los copiamos en el acomodamiento de los dirigentes. En la falta de renovación de estos, ni en la ausencia de participación democrática del pueblo en el sistema político y social.

Ciertamente, los imitamos, pero no en todo, y el cuerpo de la revolución no sufrió una "enfermedad" mortal; le surgió un "tumor" pequeño, no maligno, que se pudo extirpar a tiempo y nos sirvió de experiencia para cuidar más nuestra salud política e ideológica. Nos dimos cuenta que nos habíamos equivocado y, a mediados de los años ochenta, cuando hicimos el balance de lo que estaba pasando, llegamos a la certeza de que era necesario y urgente rectificar, fundamentalmente, ciertas equivocaciones en la dirección de la economía y algunas también en el ámbito político, ideológico y teórico. Por ejemplo, la manualización del pensamiento marxista; buscando, tal vez, la simplificación didáctica, surgieron ciertas equivocaciones, como llevar al rango de doctrina el llamado "ateísmo científico", que no era científico ni es verdadero ateísmo.

Y quien les hace estas afirmaciones es alguien que viene del mundo académico cubano y también ocupé algunas responsabilidades políticas antes de ser embajador. O sea, he participado como parte de mi pueblo en esos debates.

Nosotros —los cubanos— somos muchas veces más críticos de nuestros problemas, que quienes se suponen muy críticos porque son enemigos nuestros. O porque siendo amigos con la mejor intención, pero sin tener todos los vínculos con la realidad y las informaciones pertinentes, no logran ser muy atinados.

Hemos aprendido muchísimo de los amigos críticos y quiero rendir un homenaje a ellos, que en los años setenta y ochenta nos dijeron: "se están equivocando en esto y en aquello", y —efectivamente— tenían, al menos, parte de la razón.

Frei Betto, de una sólida formación moral, que estuvo años preso durante la dictadura brasileña, nos decía: "Miren, ustedes tienen derecho cada quien a ser ateo, pueden ser lo que deseen, pero no hagan ni al Partido ni al Estado ateo." Y al avanzar los años ochenta, ese debate se abrió en Cuba; enhorabuena. A Frei Betto lo escuchamos. Había un diálogo fecundo con él y con otros teólogos. Y, por cierto, a Betto lo invitaba la dirección del Partido Comunista de Cuba, no la Iglesia cubana. Incluso, cuando él llegaba a Cuba, a sectores de esta Iglesia no les gustaba su presencia, no era bien visto. Porque se trataba de un defensor de la Teología de la Liberación.

Es por todo ello que estoy, en parte, de acuerdo con usted. Efectivamente, en la Constitución de 1976 la redacción del tema del ateísmo quedó expresada de una manera tal que podía dar lugar a esa interpretación. Antes de 1976, no había ningún texto legal donde apareciera una referencia al ateísmo. O sea, durante los primeros 17 años de la Revolución.

Pero, el texto constitucional que duró hasta 1992, en ese aspecto, no estaba claro. Y, por eso, se cambió la Constitución, para evitar cualquier tipo de malentendido: el Estado cubano es un estado laico.

Ahora, sobre el tema de comparar las visitas del Papa a Nicaragua y Cuba, creo que no debiera corresponder a mí hacerlo. No porque sea embajador. Conozco la Revolución sandinista y quiero entrañablemente a ese pueblo. Recuerdo aquella visita del Papa, pero, tal vez, ni un nicaragüense ni un cubano debieran realizar ese análisis. Podría intentarlo mejor alguien de un tercer país —alguno de ustedes.

Nazario Rivero: Quisiera referirme al papel de la Iglesia Católica en la historia cubana. La Iglesia Católica fue la promotora institucional de la Universidad de La Habana y del Seminario de San Carlos. Es necesario destacar, también, el significado de Félix Varela y José de la Luz y Caballero (inaudible).

Germán Sánchez: Bueno, Nazario es de origen cubano y, además, un estudioso de estos temas que merece nuestro respeto, en especial, sus valoraciones sobre Félix Varela, y José de la Luz y Caballero. Estoy de acuerdo con Nazario en que la Iglesia Católica y, sobre todo, los valores del cristianismo, han hecho importantes aportes a nuestra sociedad. En ningún instante fue mi propósito trazar un balance de la historia de la Iglesia Católica cubana. Ni me siento preparado para ello ni el tiempo lo permitiría. Sin duda, la Iglesia Católica, como otras iglesias y denominaciones religiosas, ha realizado contribuciones a la cultura, a la educación y a la formación ética de muchas personas. Pero, eso habría que exaltarlo más en el caso de Félix Varela: debo decir que, aunque la Iglesia Católica hoy lo asuma como parte de su historia —y eso es correcto—, él fue casi herético para ella en su tiempo. Recordemos que Varela era un independentista a principio del siglo XIX, cuando la Iglesia estaba aún lejos de aceptar esa postura.

El Papa emitió diversos conceptos e ideas que transcienden la frontera de la Isla. Habló desde Cuba para los cubanos, para los católicos y los demás cristianos, los no cristianos y no creyentes, y para todos quienes lo escuchamos en el Planeta. Él sabía, como nosotros, que su presencia en Cuba tenía una dimensión ecuménica.

La mayoría de los cubanos tenemos conceptos coincidentes respecto de la sociedad a la que aspiramos —desde la diversidad de nuestras opiniones—; por eso, estamos listos para asimilar, y compartir, todas aquellas ideas del Papa que consideramos válidas y útiles.

El tema, por ejemplo, del aborto. Es un problema real en Cuba, no lo ocultamos y, al contrario, muchas veces ha sido encarado públicamente por sociólogos, psicólogos, médicos, y otros profesionales y ciudadanos, y también por instituciones y organizaciones, como la Federación de Mujeres Cubanas. Este es un tema que no es exclusivo de Cuba. Hace unos días le pusieron una bomba a una clínica en los Estados Unidos de América, porque hacía abortos ilegales. Y en muchos países se trata de un negocio bien pagado, a riesgo de la vida de millones de mujeres. Es, además, un dilema ético, donde hay hipocresía y ocultamiento de la verdad. En Cuba, los abortos son legales, gratuitos y con una absoluta garantía profesional, tanto en la recomendación oportuna para realizarlo, como en su ejecución por manos de profesionales. Cada mujer es libre de tomar esa decisión, sola o en unión de la pareja. Pero es cierto que en Cuba ha habido en los últimos años un exceso de abortos —y esto es una preocupación de nuestra sociedad y de las autoridades—. Las causas son múltiples. Entre estas, debo señalar que desde hace siete años no es posible importar tabletas anticonceptivas y tampoco existen los recursos para vender preservativos a precios razonables. Teníamos una fábrica de tabletas anticonceptivas, pero hubo que pararla por la crisis, y los Estados Unidos de América no permiten que importemos de ese país ni una aspirina. Y fue así que, de manera errónea, el aborto se convirtió en una especie de variante de planificación familiar.

Hay que educar más a los jóvenes y a los padres. Contrarrestar la promiscuidad con más valores, desde la infancia. Lo estamos haciendo y debemos mejorarlo, pues, además, en nuestro país la vida en colectivo de cientos de miles de jóvenes en las becas y en diversas actividades agrícolas donde conviven, son factores objetivos que pueden propiciar el libertinaje sexual en ciertos grupos de jóvenes.

O sea, se trata de asimilar los mensajes del Papa que son universales, muchos de los cuales coinciden con nuestros conceptos, preocupaciones y políticas históricas de la Revolución. No somos remisos ni ariscos con las ideas que él expresó y algunas de ellas pueden ayudarnos, incluso, en la batalla que libra nuestro pueblo para enmendar insuficiencias o errores. Todo punto de vista suyo —útil y de interés— lo tomaremos en cuenta, y sobre los que discrepamos, también respetaremos a quienes consideren que son correctos. Reitero que si algo pudo corroborarse en esta visita, es que una buena parte de las ideas que el Papa mantiene*

---

* La conferencia se realizó en febrero de 1998. Juan Pablo II fallece en el 2005.

son coincidentes o muy parecidas con las que defiende Cuba. Más bien, podría decirse que varios conceptos esenciales suyos resultan antagónicos con los que postula el mundo unipolar, liderado por los Estados Unidos de América.

"Que Cuba se abra al mundo y el mundo se abra a Cuba." Ese ya famoso mensaje, que sigue siendo la frase de su visita más repetida en todas partes, ha sido muy bien recibido en este continente y en el mundo entero.

Guatemala, por ejemplo, restableció las relaciones con Cuba unos días después y el canciller de ese país me dijo recientemente que tal llamado del Sumo Pontífice aceleró la decisión.

O sea, hay un impacto moral, político. ¿Y cuál fue nuestra reacción? Como siempre: receptividad, ánimo constructivo. Porque quienes respeten a Cuba, encontrarán a la Isla distendida y abierta. No importa que haya discrepancias. Por eso, en la circunstancia de ese reclamo del Papa, la única política que queda señalada y emplazada es la de los Estados Unidos de América, que pretenden —de manera unilateral— imponerle a Cuba un tipo de sistema social, que nuestro pueblo soberana y democráticamente rechaza.

Pregunta: (Inaudible)

Germán Sánchez: ¿Cómo responderte? Me imagino que si hay aquí algún miembro de la Iglesia venezolana, se sentiría muy mal si yo emitiera opiniones acerca del comportamiento de ellos. Como yo me he sentido ahora indignado al escuchar lo que tú afirmas de que determinados (y aislados) sacerdotes, tal vez, incluso alguno de ellos de origen cubano, se dediquen a hacer declaraciones en contra del régimen de mi país. Y, como respeto tanto —por concepciones de la vida y no por ser embajador— a los demás, y, por ende, a cualquier persona a emitir sus criterios, me gustaría confrontar ideas directamente con ellos, oír sus opiniones y que ellos escuchen las mías. Porque de eso está carente el mundo y es uno de los reclamos del Papa: oigámonos, porque siempre se aprende, incluso al hacerlo con el enemigo más acérrimo que podamos tener. Entonces, por respeto a quienes en la Iglesia de Venezuela tengan determinadas ideas sobre Cuba, no debo expresarme. Aunque sí quisiera decir que hace unos días escuché a un sacerdote cubano que radica aquí, explayar juicios que no parecían de un representante humilde de Dios en la Tierra, sino de otro ser, tal vez, del Demonio.

Porque la hiel y el rencor lo llevaron hasta desearle públicamente la muerte a otro ser humano que se llama Fidel Castro. ¡Qué lejos está ese "sacerdote" de Jesucristo y de la genuina doctrina cristiana!

Cinco preguntas en el Instituto de Altos Estudios de la Defensa Nacional

Ésta es la sexta vez que tengo el honor de acompañar un curso del Instituto. En las anteriores ocasiones, lo hice de la forma establecida: una exposición acerca de Cuba, y después, una sesión de respuestas a preguntas e inquietudes. Pero, la experiencia indica que esta segunda parte siempre ha sido muy breve y todos nos quedamos con el deseo de continuar. Sugiero, esta vez, consagrarnos sólo a la última parte. Hablemos, pues, de forma abierta, sin ningún tipo de cortapisas ni de protocolo; vamos a intercambiar sobre los temas cubanos que ustedes deseen.

Cooperación entre Cuba y Venezuela

Pregunta: Yo quisiera saber qué cantidad de médicos y entrenadores deportivos cubanos hay en Venezuela; qué beneficios reciben del gobierno venezolano; y cómo son sus sueldos y salarios.

Germán Sánchez: Es conveniente explicarles que existe entre Venezuela y Cuba, amparando la presencia de los técnicos del deporte, los médicos y otros especialistas nuestros de salud, un Convenio Integral de Cooperación, que se firmó el 30 de octubre del año 2000, entre los presidentes de ambos países. Ese Convenio tiene dos partes: la primera, que es casi exactamente el mismo Acuerdo Energético que una semana antes había firmado el gobierno de Venezuela con un grupo de países del Caribe y de Centroamérica.

Consiste en que los países beneficiarios —Cuba entre ellos— compramos el petróleo a los precios del mercado mundial, pero con un beneficio. Según el nivel del precio promedio anual del barril, se realiza, por parte de Venezuela, un préstamo a los países beneficiarios de este acuerdo. Ese préstamo fluctúa entre 25% y 5%. Este es el Acuerdo Energético de Caracas, que es la primera parte del Convenio Integral de Cooperación entre Venezuela y Cuba. Ahí, Cuba es el beneficiado, al igual que el resto de los países.

Ahora bien, el Convenio Integral de Cooperación binacional tiene otra "cara", donde —fundamentalmente— es Venezuela la que recibe los beneficios, aunque también favorece a Cuba. Se trata de un conjunto de "fortalezas" de nuestro país que Venezuela las utiliza acorde con sus intereses, de manera programada y, por supuesto, por decisión autónoma de las autoridades venezolanas. En el campo de la salud, nuestro país tiene un adelanto reconocido internacionalmente, tanto en la gestión preventiva, como asistencial. También en el desarrollo científico-técnico aplicado a la Medicina; por ejemplo, Cuba es uno de los países con mayor desarrollo a nivel mundial de las investigaciones de la biotecnología y biogenética aplicada a varios campos, en especial, al de la salud humana, incluso, con vacunas que se obtienen por medio de métodos recombinantes, y otra serie de hallazgos y adelantos en esta materia. Cuba es, asimismo, un país que produce y exporta equipos médicos de alto nivel tecnológico internacional. De manera que —en el área de la salud cubana— Venezuela tiene una *fortaleza* para utilizar.

En el deporte, nuestro país —como ustedes saben— es una potencia: 11 millones de habitantes, 11 medallas de oro en las últimas Olimpiadas; el país con mayor número de medallas de oro per cápita a nivel mundial, más que los Estados Unidos de América, más que cualquier otra nación. Y esas medallas de oro son fruto, precisamente, de una política de 40 años de desarrollar el deporte, la educación física y la recreación como un sistema que abarca desde que los seres humanos nacen. En consecuencia, ahí también Venezuela tiene una ventaja para aprovechar.

Otra área es la industria azucarera, donde hay una suma de capacidades y experiencias cubanas para utilizar por ustedes. Venezuela era un productor de azúcar que satisfacía sus necesidades. Desde hace ya algunos años se convirtió en un importador neto de azúcar; sin embargo, Venezuela tiene mejores condiciones climáticas y de suelo que Cuba para producir una caña de azúcar excelente y, a la vez, personal, capital, gente suficiente para hacer zafras que le permitan autoabastecerse e, incluso, también exportar azúcar y derivados de la caña de azúcar.

Cuba es una isla con una tradición azucarera extraordinaria, desde principios del siglo XIX, y que en las últimas cuatro décadas se convirtió en un país productor de otros derivados de la caña, aunque siempre se habla del azúcar, el alcohol y el ron como casi los únicos productos de la caña. Pero hay otros muchos: madera, papel, fertilizantes, energía eléctrica, alimento animal; la caña de azúcar es inmensa en todas sus propiedades y Cuba tiene un adelanto en ese sentido. Incluso, el famoso PPG se deriva de alcoholes especiales. Esa es otra oferta de la asesoría técnica de Cuba a Venezuela, para contribuir a reactivar, y a desarrollar, su industria azucarera y de derivados. Por ejemplo, la primera solicitud que se nos hizo fue contribuir a poner a punto, y comenzar a funcionar otra vez la refinería y el central azucarero, antiguo Tocuyo —hoy día, Pío Tamayo—. En cuestión de 4 ó 5 meses, técnicos cubanos y venezolanos, y trabajadores venezolanos, pusieron a funcionar la refinería que había estado parada 2 años y empezará a moler caña pronto.

Podríamos sumar otros posibles aportes de Cuba. Veamos la Educación. La alfabetización, la experiencia de Cuba en enseñar a la gente a leer y a escribir, aspecto fundamental del desarrollo de cualquier país, independientemente de si es o no capitalista. Hay un principio básico: la persona que no sabe leer ni escribir, es un ciudadano que no puede cumplir ni con sus deberes ni con sus derechos de una manera cabal. Además, desde el punto de vista humanitario, social y económico, resulta indispensable para cualquier país que sus habitantes sepan leer y escribir; más aun que tengan un nivel de escolaridad, en lo posible, medio. Sin ello no hay desarrollo económico posible. Bueno, Cuba erradicó el analfabetismo —hace ya más de 40 años, en 1961—, experiencia esta que han ido a estudiar especialistas de distintos países, de manera tal que este es un aporte también para Venezuela.

Otro es el sistema de Educación de Adultos, porque nosotros hicimos la Campaña de Alfabetización y, después, desarrollamos la campaña para alcanzar el sexto y el noveno grados. En la actualidad, tenemos un promedio de escolaridad entre un segundo y un tercer año de bachillerato. El más alto de América Latina.

Les doy algunos datos para que ustedes se percaten de lo que ha significado para Cuba tener una política educacional y un sistema educacional participativo, absolutamente gratuito, desde que el niño comienza en el círculo infantil, hasta que realiza sus estudios de postgrado, que también son gratuitos; para todo ser humano, quienquiera que sea, sin discriminaciones de ninguna índole. Esa es una experiencia interesante para Venezuela que incluye, por supuesto, los sistemas nuestros de Educación Especial, de Educación Rural, de las distintas especialidades en los niveles universitarios y, más recientemente, el uso de la televisión educativa y de nuevas concepciones pedagógicas en la enseñanza primaria, secundaria y universitaria, inéditas a nivel mundial. Y podríamos seguir hablando de otras experiencias.

Ahora, ya puedo responder la primera pregunta de ustedes: ¿Cuántos médicos y cuántos deportistas, y en qué condiciones están ellos en Venezuela? Tema sobre el cual se ha especulado y se ha dicho muchísimas mentiras e infamias. Veamos. En primer lugar, los médicos. A Venezuela llegó —a finales de 1999— un grupo de 454 galenos, enfermeras, enfermeros y otros técnicos de la salud, en ocasión del desastre de Vargas.

Esos médicos —en la medida en que se iban normalizando las circunstancias— fueron yéndose a Cuba; sin embargo, en Vargas, a causa de las necesidades de atención a esa población, que no estaban cubiertas por otros especialistas venezolanos, se decidió que se quedaran hasta diciembre de 2000 alrededor de 100 y, en este momento, permanecen cincuenta y tantos. Después, ¿qué sucedió? Otras comunidades venezolanas, por mediación de sus gobernadores, alcaldes y representaciones suyas, se dieron cuenta de que estos médicos podían ser útiles, porque eran poblaciones distantes, donde no había atención médica; a veces, tenían el ambulatorio y carecían del médico, y, en ocasiones, no poseían ninguno de los dos.

Y, con bastante rapidez, se fueron conociendo los resultados y empezaron a pedir médicos para estos lugares; de esta manera, ya hay —en nueve estados de Venezuela— 280 médicos y algunas enfermeras ¿Bajo qué condiciones? Primero, no se mira por la parte cubana si el alcalde o el gobernador tienen una posición política x, y ó z, simplemente, se valora la solicitud de ayuda humanitaria y las necesidades de la población. Y en lo que nosotros podamos apoyar, lo hacemos. Segundo, estos médicos no son contratados —en el sentido que se les pague un salario—: Cuba les sigue pagando a ellos su sueldo, su familia sigue recibiendo, íntegramente, su salario. La parte venezolana —solamente— asume la responsabilidad de hospedaje (aunque muchos viven en los mismos ambulatorios) y una cantidad de dinero para alimentarse, para gastos de transporte interno, para llamadas telefónicas; es la alimentación más el equivalente a 100 dólares mensuales para esos gastos menores, no es un salario.

Quiero decirles que la colaboración médica con otros países no es una política cubana nueva, ni tan sólo con Venezuela. Somos el país del mundo con mayor número de médicos per cápita. En Cuba, hay un médico por cada 160 habitantes, tenemos una red de atención médica a partir de la célula fundamental, que es el *médico de la familia*; ello significa que todas las familias en Cuba —dondequiera que vivan—: en la ciudad, en el campo o en una montaña, están bajo la atención permanente de un médico y una enfermera. Estoy hablando de 200 familias, un médico para 600 personas. Ese es el punto de partida de nuestro sistema de salud, que después tiene, por supuesto, las policlínicas, los hospitales especializados; pero, ese médico de la familia es un especialista, no es un muchacho que se gradúa, ese es un galeno que se va formando hasta que se convierte en lo que nosotros llamamos un Médico General Integral. Ese galeno sabe de ginecología, de pediatría, y es capaz —en la casa— de seguirle el tratamiento a un postoperado; y conoce al viejito que tiene 70 años, va y le toma diariamente la presión, si es necesario. La enfermera, lleva un control; el que es diabético, el programa de vacunación del niño desde que da el primer grito. Y déjenme decirles que Cuba les garantiza a todos los niños —desde hace muchísimos años— un esquema de 13 vacunas. Fue el primer país de América Latina que erradicó, desde los años sesenta, la poliomielitis. Y científicos cubanos descubrieron la vacuna contra la meningitis meningocóccica y, en la actualidad, trabajan en otras, incluida una contra el SIDA y otra contra el cólera.

A nuestros médicos los formamos para servir a las personas y no para servirse de ellas, como si fuesen clientes. Nuestras generaciones de médicos —durante 40 años— han asimilado una ética solidaria, humanitaria. Y como parte de su formación, para hacerlos incluso más capaces de entender la grandeza de su profesión, voluntariamente, los que deseen ir a otros países, en determinadas condiciones, acceden a hacerlo. La abrumadora mayoría tiene esa disposición. Una de las aspiraciones de un joven médico, desde que está estudiando, es ir a un país africano, a un país latinoamericano, aunque parezca esta conducta la de un "marciano", algo que no es de la Tierra. Se les ha creado esos valores —fíjense qué interesante— partiendo de nuestra ética martiana, bolivariana y, además, de un principio socialista y cristiano también, de *servir al prójimo*. Pareciera que es extraño, es difícil de entender, pero bueno, aquí, en Venezuela, tenemos la experiencia, y ahí están las opiniones positivas de los venezolanos y venezolanas atendidos por nuestros médicos. Durante 40 años, sobre todo durante los últimos 30 años, han ido a cumplir este tipo de misión humanitaria al exterior entre 35 000 y 40 000 médicos a más de 60 países del mundo. Actualmente, en Guatemala hay 400 médicos cubanos. Hay más médicos cubanos en Guatemala que en Venezuela, y el gobierno de Guatemala lleva 2 años votando en la Comisión de Derechos Humanos de Ginebra *contra* Cuba —presionado por los Estados Unidos de América, en esa maniobra que ellos realizan todos los años como una vía para justificar el bloqueo.

En Haití —país que está entre los más atrasados del mundo, comparable con los últimos de África—, hay más de 400 médicos cubanos. Les digo más, en Haití, la suma de nuestros médicos es superior a la de los médicos haitianos del sistema de salud estatal. Se han convertido, por tanto, en un elemento fundamental de la atención a la salud de ese atrasado y pobre pueblo haitiano.

También los hay en África, en Brasil, en Paraguay. De manera tal que nuestros médicos no sólo están allí donde hay un gobierno aliado o un gobierno amigo.

En el caso de los deportistas, sí es un servicio técnico que Venezuela paga como antes lo hacía —en la época de Carlos Andrés y de Caldera—; tenemos más de 2 000 técnicos del deporte cubano, incluso, en algunos países europeos, que ofrecen un servicio técnico especializado, como lo realizan técnicos del deporte estadounidense, ruso y de otros países, y se les paga el servicio. Con la característica, por supuesto, de que nuestros precios están muy por debajo del nivel internacional y los instructores de deporte nuestros que están en Venezuela también son gente que, ante todo, vienen a ayudarlos a ustedes, no a ganar dinero. Vienen a cumplir una misión solidaria y trabajan con un amor extraordinario, para que ustedes se conviertan en una potencia deportiva de América Latina. Les digo: ahora, por ejemplo, a propósito del golpe de Estado de abril y de la represión que se empezó a desatar en aquellas recientes 48 horas amargas, algunos de esos compañeros fueron, incluso, allanados, los empujaron, les registraron sus casas, supuestamente, buscándoles armas y decidimos enseguida llevárnoslos. Bueno, los concentramos en determinados puntos; ya estaban los aviones con los motores calientes en Cuba, cuando el sábado 13 de abril empezó a cambiar la situación y, por supuesto, se paralizó aquella decisión.

Pero, los venezolanos que viven en esos 22 estados en que se encuentran nuestros instructores de deporte y de educación física, muchos lloraban, los abrazaban. Eran alumnos de ellos, familiares de los alumnos, amigos, quienes lo testimoniaron espontáneamente: si alguna demostración profunda y sentimental había que dar fue expresada en ese momento. En apenas un año de presencia de ellos aquí, este pueblo agradecido y noble sabía quiénes eran esos hombres y mujeres que estaban despidiendo, y que se fueron todos con un maletín. Dejaron sus pertenencias, porque no era posible incluirlas en el avión: "No se preocupen, nosotros se las guardamos", "confíen en nosotros" —decían los venezolanos. Una hermandad conmovedora.

Esos deportistas están en 22 estados y 140 municipios. Si les hablo de tal suma de estados y municipios, ustedes pueden deducir que en ellos hay gobernadores y alcaldes de todas las tendencias políticas. De manera que ahí no hay política, ahí no hay —como se afirma por estos ruidosos planificadores, y ejecutores de la desestabilización y el fascismo— *adiestramiento político*. Al contrario, ellos tienen instrucciones desde que salen de La Habana, de que no pueden inmiscuirse en política. Ellos, sobre Cuba sí hablan, pero de Venezuela, no; aunque tengan el sentimiento de una u otra parte. Entre otras cosas, para evitar manipulaciones, pero —sobre todo— por un principio básico: ellos vinieron aquí a ayudar a la gente a que se desarrollen desde el punto de vista físico y de su salud, pero de ningún modo a transmitir algún tipo de idea, porque no somos quienes debemos hacerlo; eso es un asunto de los venezolanos.

Además de los instructores de deporte, hay un grupo de técnicos azucareros, los que les mencioné ya, y otros que están trabajando en el inicio de un proyecto para construir un complejo agroindustrial azucarero y de derivados de la caña de azúcar, en Barinas. Hay otros especialistas nuestros de Educación, en cultura, en turismo contratados por períodos de tiempo cortos.

Como parte del Convenio, hay también la disposición de Cuba de ofrecerles atención gratuita a los enfermos pobres venezolanos. Sobre esto se ha dicho muchas infamias. Una atención de nivel internacional, muchos de ellos con enfermedades complejas, porque no se mandan casos allí de catarro, sino enfermedades bien difíciles, que muchas veces no son curables en Venezuela y otras sí, pero son muy costosas. A ellos les damos la atención gratuita y la transportación aérea la paga el gobierno de Venezuela.

Por eso, yo no quería hacer la introducción, porque de una pregunta miren lo que he hecho, casi una conferencia. Bueno, por favor, otra pregunta.

¿Cómo se elige el presidente en Cuba?

Pregunta: A la falta del presidente en Cuba ¿podría informarnos, dentro del marco jurídico cubano, cuál sería el procedimiento para designar un nuevo presidente?

Germán Sánchez: Nosotros tenemos una Constitución que fue, primero, elaborada en una versión proyecto, discutida durante el año 1975 y parte de 1976, por toda la población organizada, desde los Comités de Defensa de la Revolución, hasta la Federación de Mujeres Cubanas, los estudiantes, los niños, los campesinos, los sindicatos, los intelectuales, los periodistas. En todas las agrupaciones humanas se debatió esa Constitución; se hicieron comisiones; se recogieron y procesaron las opiniones; y, finalmente, se hizo un proyecto que se sometió a Referendo en el año 1976. Participó más de 99% de la población —voto secreto, por supuesto—; urnas cuidadas por los niños de las escuelas cercanas y por los propios vecinos; periodistas del mundo entero, que fueron allí en un acto absolutamente democrático.

Nuestro pueblo aprobó esa Constitución —en 1976— con más de 97% de los votos a favor. Ella establece que, en Cuba, hay un presidente del

Consejo de Estado y de Ministros, y un Vicepresidente del Consejo de Estado y de Ministros. Desaparece —físicamente— nuestro presidente o queda inhabilitado desde el punto de vista mental, digamos, por alguna razón biológica, accidente o lo que fuere, inmediatamente, por la Constitución, asume el Primer Vicepresidente. El Vicepresidente en Cuba —en estos momentos— coincide en que es el hermano del presidente y el jefe de la Revolución cubana desde el año 1953, pero ese Vicepresidente, que se llama Raúl Castro Ruz, fue junto con Fidel integrante de aquel grupo de jóvenes —incluso, era el segundo en juventud, con 22 ó 23 años—, que asaltó el Cuartel Moncada en el año 1953. Y desde entonces, fue con Fidel a la cárcel, salió de esta, conspiró, fue para México, desembarcó en el *Granma* —un héroe del desembarco del *Granma*—. En la Sierra, fue uno de los principales combatientes y un jefe de los que obtuvo más méritos; se ganó, por sus virtudes como guerrero, como político, por su moral ante los combatientes, el grado de comandante. Creó y dirigió el II Frente guerrillero de la Sierra Maestra; el primero, estuvo encabezado por Fidel y, el segundo, por él. En este último, ocurrió una de las experiencias más interesantes: desde el punto de vista que era una guerrilla que combatía y a la vez construía, hacía actividades sociales con los campesinos, realizaba obras humanas de toda índole. Y ese fue el mismo jefe que luego de triunfar la Revolución, desde el primer momento, tuvo la tarea estratégica de dirigir las Fuerzas Armadas Revolucionarias (FAR). Esas FAR cubanas que han sido el soporte clave de la concepción de la Guerra de Todo el Pueblo, fundamental para ganar la guerra como mejor se debe lograr: no haciéndola, sino neutralizando al monstruo superpoderoso del Norte.

De tal modo, Raúl Castro —por esos méritos, por su experiencia, historia y reconocimiento popular, y por otras muchas razones—, en caso que desapareciera nuestro presidente o quedara inhabilitado físicamente, sería, acorde con la Constitución de la República de Cuba, el *sustituto* del presidente.

¿Cómo funciona el sistema electoral cubano?

Pregunta: Me interesa conocer cada qué tiempo hay elecciones y cómo está normado y organizado el sistema político.

Germán Sánchez: Les voy a explicar, primero, un poquito nuestro proceso comicial y nuestras leyes electorales.

En Cuba, hay elecciones cada 5 años y el electorado escoge a los diputados de la Asamblea Nacional, más de 500. El electorado selecciona a los diputados de las Asambleas Provinciales, escoge a los que ustedes —quizá aquí, no es exactamente igual— les llamarían concejales; es el *delegado*, se le llama en Cuba delegado del Poder Popular. Es la primera instancia de representación del poder en el sistema del Estado cubano.

Ahora, ¿cómo se seleccionan los candidatos a diputados nacionales o a diputados provinciales o municipales? Primero, los vecinos de las circunscripciones se reúnen —si la circunscripción es muy grande, pueden ser cuatro, cinco o seis asambleas—. Digamos que va a haber un proceso electoral este año. Los vecinos donde yo vivo, nos reunimos en asamblea pública, como eran los *demos* griegos, lo único que en aquella etapa eran 10 000 ó 15 000 personas y el resto lo constituían esclavos que no participaban. Nos constituimos en Asamblea, una población libre, educada, con un alto nivel político, y con una experiencia combativa; los cubanos somos rebeldes, muy críticos y nos sustentamos en una ética que debe probarse en los hechos, y, en Cuba, ha habido años suficientes para que la gente demuestre sus virtudes. O sea, esa agrupación de personas, más que cuantitativa es una suma cualitativa, con un elevado grado de unidad y de organización, y con una serie de principios básicos: defensa de la Patria, de la soberanía y de la justicia social; no retroceder un ápice en lo que hemos avanzado desde el punto de vista humanitario; darle al pueblo lo que se pueda ofrecer, según las posibilidades que existan; repartir entre todos lo que podamos; la salud gratuita; la educación gratuita; la seguridad social para todos. Esos conceptos éticos y esos valores están metidos dentro de la subjetividad de esas personas que estamos reunidos allí.

Entonces, levantas la mano tú y propones a fulano, y la gente te escucha, pero conocen a fulano también los demás. Allí hay reflexiones: estamos de acuerdo, parece correcta la propuesta, no me parece correcta. Puede haber una persona muy buena porque el individuo ha demostrado valentía, peleó en Girón, es un trabajador muy eficiente; sin embargo, no tiene dotes para hablar, es muy callado; necesitamos a alguien que nos represente más, que sea capaz de discutir nuestros problemas, de defendernos en el nivel del *municipio*: que si la alcantarilla está rota, que si a la calle aquella hay que resolverle el problema, que el médico de la familia no está funcionando bien y hay que discutir para que mejore. ¿Comprenden? Estamos escogiendo al delegado del Poder Popular, ese que nos representa a todos en la *circunscripción*, instancia decisiva para resolver los problemas inmediatos de las comunidades.

Ese es el primer eslabón. Tienen que proponerse en la circunscripción, por la Ley Electoral, como mínimo, dos candidatos. Pueden ser 3, 5 ó 6. Son seleccionados a mano alzada: pasan este primer filtro del *pueblo* —de abajo, de la gente— a partir de todos esos conceptos. ¿Correcto? El pueblo es quien selecciona a los candidatos.

Veamos ahora el papel del Partido Comunista de Cuba en las elecciones. En Cuba, tenemos un solo Partido. No es un invento del marxismo, es un legado de José Martí, y más tarde, si quieren, podemos hablar de eso. Porque Martí fue —después de Bolívar y de los independentistas de América Latina— quien tuvo que liderar un proceso complejísimo, para lograr la independencia de Cuba e impedir que el poderoso vecino, en su proyección expansionista, anexara a la Isla.

Martí se percató de que resultaba esencial unir a los cubanos, que habían tenido entre 1868 y 1878 una primera guerra —de 10 años—, y que la perdieron, entre otras cosas, porque se dividieron frente a España. Con su genio, se percató de algo que ningún independentista de nuestro continente, de ningún lugar del mundo —en aquella etapa— se había planteado, y era la necesidad de crear un partido para dirigir la guerra, para unir al pueblo y para unir a los factores militares, que cada uno se creía un caudillo, tenían ya méritos, habían estado 10 años en guerra. Entonces, en Cuba, la idea de un solo partido, no de 2 ni 3 o varios más, proviene de Martí. Y esa guerra que inauguró Martí desde finales del siglo XIX contra los Estados Unidos de América, a principios del siglo XXI, estamos nosotros haciéndola todavía; guerra entre comillas, mas el planteamiento es, exactamente, el mismo: impedir que esa potencia se apropie de la Isla y que perdamos nuestra soberanía.

Ahora, tenemos un Partido con otras características de aquel de Martí, pero tiene mucha similitud. Un partido martiano, auténticamente cubano. A ese partido le está prohibido —en esa Asamblea donde estábamos reunidos imaginariamente hace un rato— intervenir. Yo, por ejemplo, soy militante del PCC y allí, seguramente, un grupo de los que están también lo son, hay más de 1 millón de militantes de nuestro Partido. Nuestro Partido es cualitativo y también numeroso. Bien, yo no puedo allí —a nombre del PCC— proponer a nadie, ni los militantes del partido podemos reunirnos antes, para evaluar a quién vamos a proponer. El que lo haga es sancionado por el Partido. Fíjense qué interesante. El Partido no se mete en el proceso electoral, le está prohibido involucrarse en el proceso electoral como partido. Soy ciudadano también, escojo a fulano o propongo a mengano; sin embargo, el Partido —como entidad política— no puede deliberar antes, amarrar quién va a ser el elegido o proponer: no, prohibido terminantemente. No sucedía así, por cierto, en la Unión Soviética y en otros lugares. Esto es auténticamente cubano.

Lo que les estoy diciendo ocurre en todas las circunscripciones de nuestro país; y vamos a elecciones un domingo, sin campaña electoral. Esas personas seleccionadas no salen con un altavoz anunciando: "Cuando me elijan a mí como delegado voy a resolver esto; prometo solucionar lo otro." No. La gente te conoce en el barrio y sabe quién tú eres; además, te eligieron a partir de ciertas condiciones. ¿Qué se pone? La biografía de cada uno de los propuestos, los datos sobre cada uno de ellos, sus fotografías —por si alguien no los conoce—. Elecciones el domingo: urnas en las escuelas; los niños custodiándolas —vestiditos con sus uniformes—; los periodistas internacionales, que siempre van a buscar la noticia; y los ciudadanos, que van a votar. Una altísima proporción de gente va a votar. Es falso eso de que los CDR van a las casas. *El que quiere votar vota y el que no, no vota.* El ciudadano es el mayor interesado en votar, porque ese es su candidato y está eligiendo al individuo que, después, le va a defender sus intereses en primera instancia.

Bueno, allí sale el elegido por escrutinio público: se sacan las boletas delante de todos los ciudadanos que deseen estar presentes y se cuentan los votos. Y triunfa —en una primera vuelta— el que saque más de 50%. Si no saca 50%, se debe ir a una segunda vuelta; y eso ocurre con 30% de las circunscripciones. Los dos que más votación obtuvieron, por supuesto, van a una segunda vuelta.

Bien, se eligieron de ese modo, absolutamente democrático, los delegados del Poder Popular —que ya forman, ellos mismos, la Asamblea Municipal—. Entonces, las comisiones de candidaturas, que existen a nivel nacional, provincial y municipal, realizan su labor. Esas comisiones de candidaturas las integran —elegidos democráticamente—: representantes de los estudiantes, de las mujeres, de los trabajadores, de los campesinos, de los intelectuales, de los CDR, de todas las organizaciones de la sociedad civil —y empleo el término, puesto que está muy de moda en Venezuela—. Pues la sociedad civil es el pueblo, *todo* el pueblo y no una parte de él. Ese concepto es de origen hegeliano —por cierto, el predecesor de Carlos Marx— y connota al pueblo manifestándose por mediación de su sistema de organizaciones diversas.

Ese pueblo, de esa manera, elige a una Comisión de Candidaturas. Y esta, luego de un estudio concienzudo, determina quiénes son los candidatos a diputados nacionales y provinciales. Cincuenta porciento de ellos entre los que eligió, directamente, el pueblo —en el acto electoral que ya les conté de los delegados al Poder Popular—; y el restante 50%, ¿quiénes son? Una suma de candidatos seleccionados en asambleas de los estudiantes, en las Universidades; los deportistas, en su sector deportivo; los campesinos, en sus zonas campesinas; los trabajadores, en sus fábricas; los empleados públicos, en su escenario sindical. Masivamente, la gente participa en proponer candidatos para diputados nacionales y provinciales. Esa es otra cantera y la Comisión de Candidaturas, entonces, tiene que seleccionar —a partir de una serie de conceptos, de requisitos que les voy a explicar ahora— 50% entre los delegados escogidos por la vía electoral, por el pueblo directamente, y la otra mitad de las diversas propuestas que hizo la sociedad civil organizada. Esa es la cantera y la Comisión de Candidaturas se reúne —días y noches— "halándose los pelos", porque tienen que seleccionar a una cantidad de candidatos de entre gente con mucha calidad, que han surgido de la deliberación colectiva nacional. En ese momento, todo el pueblo es un Parlamento —mediante esas vías que ya les he dicho— y de ahí salen los candidatos.

Esos candidatos a las Asambleas Nacional y Provincial son aprobados, finalmente, como tales en cada Asamblea Municipal, recién integrada con los delegados allí por los electores. Van después a elecciones. Esto ocurre cada 5 años y el pueblo es el que decide. ¿Cómo? Por ejemplo, los candidatos a diputados del municipio donde yo vivo —en La Habana—: fulano, mengano y sutano; los que correspondan, como en todas partes. Decido votar por uno, por ninguno o por todos los candidatos.

Democráticamente, con escolares cuidando las urnas, con la comisión electoral, con los periodistas extranjeros y nacionales, o sea, absolutamente transparente. Vota la mayoría de la gente.

Entre esos diputados, sometidos al escrutinio del pueblo, del municipio donde fue presentada su candidatura están Fidel Castro Ruz —en Santiago de Cuba— y Raúl —allá por el II Frente, donde él tuvo la dirección de la guerrilla—. ¿Me explico? Y así, la mayor parte de los dirigentes de nuestro país, personalidades u hombres y mujeres menos conocidos, que son seleccionados por sus méritos, van al escrutinio público; entre ellos —repito— Fidel Castro. La gente decide "sí" o "no". Encerradito ahí, cada quien vota y podrán ustedes imaginar cómo estará de periodistas extranjeros ese colegio electoral; parece siempre un "panal de abejas", para ver cómo ocurre todo y conocer los resultados. Después de elegirse a todos los diputados nacionales de esa manera democrática, por medio de elecciones —entre ellos Fidel Castro—, aquellos se reúnen y se constituyen en Asamblea Nacional; y la Asamblea Nacional elige también, por voto secreto, a partir de una candidatura, al Consejo de Estado; y el Consejo de Estado elige a su presidente y a su Vicepresidente. Eso no es un invento cubano. Vayan a Europa; allí —en una buena parte de los países— ese es el sistema que utilizan. En Cuba, tampoco hay elección directa del presidente, sino indirecta. Y así es que Fidel Castro —de esa manera democrática— ha sido electo varias veces por períodos de 5 años, con más de 98% de la votación.

Tenemos un liderazgo y el pueblo cubano siente que ese mismo hombre —de 75 años— que dirige nuestra Revolución desde 1953, tiene por sus extraordinarios méritos históricos y capacidad excepcional, más posibilidades de seguir conduciéndonos exitosamente en este enfrentamiento estratégico con los Estados Unidos de América, que nos quiere "devorar" tanto o más que en la época de Martí, pues hemos adoptado y tenemos posiciones soberanas que estorban a su dominación regional y mundial. Y si es así, ¿por qué nosotros vamos a dejar de seleccionar a un hombre que reúne todos los méritos, y todas las capacidades y experiencias, y que, por lo demás, nunca se ha anquilosado en el poder? Además, Fidel ha sido "oposición" muchas veces él mismo, al ser el principal gestor y conductor de las críticas principales que se ha hecho la Revolución, cuando se han cometido errores importantes desde los años sesenta.

Para ponerles un dato, en 1961, nosotros decidimos escoger el camino del socialismo por una serie de razones; no teníamos otra opción y, ahora, no nos sentimos, en absoluto, arrepentidos. Todo lo contrario; pero, como pocos sabían de socialismo y de marxismo, un grupo que sí había estudiado algunos textos de corte stalinista, agarró las riendas de la organización de lo que iba a ser —años después— el Partido Comunista de Cuba. Y se produjo un fenómeno que, entonces, se le llamó sectarismo, pero viéndolo históricamente me doy cuenta de que era una expresión criolla del stalinismo, que empezó a tratar de abrirse cabeza en el proceso revolucionario *originalísimo* de Cuba. Ante ese fenómeno incipiente, en marzo de 1962, cuando se estaba conmemorando el Asalto al Palacio Presidencial contra el dictador Batista —que se realizó el 13 de marzo de 1957— y se rendía homenaje al principal dirigente que murió en ese combate: José Antonio Echeverría —con 23 años, que era religioso, católico—, entonces Fidel encaró a aquellos aprendices del stalinismo, quienes suponían que un revolucionario no podía ser creyente ni católico, y al leer en el acto el último discurso de José Antonio, minutos antes de que lo mataran, donde menciona a Dios y da gracias a Dios, omiten en parte eso. Y Fidel —que se lo sabía de memoria y que seguía de cerca la gestación del proceso sectario dentro de la Revolución—, aprovechó esa circunstancia para hacer su primera crítica profunda a errores propios de la Revolución.

Después, adoptamos durante una década (1975-1985) el modelo de dirección económica de los soviéticos; pero antes de comenzar en la Unión Soviética la Perestroika, en 1986, nos dimos cuenta de que nosotros habíamos cometido algunos errores al haberlos copiado a ellos. Por eso, decidimos no seguirlos en el camino de la Perestroika, que hubiera implicado la autodestrucción de nuestro país. El camino de nosotros era diferente y emprendimos un proceso de *rectificación*, con una absoluta convicción de que si no nos hacíamos esa crítica y realizábamos los cambios al modelo copiado, también caíamos al abismo. Y otra vez Fidel fue quien inició y condujo esa batalla.

Ese es Fidel Castro, el que siempre ha estado al frente de nuestro pueblo, en las etapas más difíciles, gloriosas y complejas desde el punto de vista militar, político e ideológico. Y hoy día, con 75 años, es un estratega y un hombre reconocido —a nivel mundial— como uno de los líderes más sabios y de mayor prestigio internacional.

Tales son los valores principales que nos mantienen en pie a nosotros. Y si es así, ¿cómo vamos a renunciar a ese hombre excepcional? ¿Por qué? No tiene sentido. Por eso, nuestra Constitución, en la actualidad —tal vez, en el futuro, las nuevas generaciones decidan otra cosa—, preserva el liderazgo histórico de la Revolución, pero no mediante una imposición. Lo renueva cada 5 años, por medio del voto del pueblo.

Socialismo chino y socialismo cubano

Pregunta: Desde la década de los sesenta, la República Popular China viene evolucionando hacia un socialismo con características de un capitalismo bastante pragmático, en algo que ellos llaman socialismo "a la China". Usted, en el final de la respuesta anterior ya venía esbozando algo de la evolución del proceso cubano y hacia allá va mi pregunta. ¿Qué consideraciones tiene usted con respecto a esta evolución china, y cuáles han sido las principales semejanzas y diferencias con el devenir cubano?

Germán Sánchez: Nosotros somos "fanáticamente", y no lo somos en nada, pero esto lo digo con toda intención, entre comillas, defensores de la autodeterminación y la soberanía de cada país.

Como corolario de ello, somos también respetuosos del concepto de que *cada pueblo tiene el derecho a escoger libremente el proceso socialista*, si es que lo escogió ya, que más se avenga a sus realidades y a su decisión. Primeramente, no es posible comparar un país de una cultura muy diferente a la cubana —que es occidental, racional y cristiana en sus raíces— con la cultura china. Segundo, este es un país con más de 1 000 millones de habitantes, o sea, cien veces la población de Cuba. En tercer lugar, creo que ellos están a más de 12 000 km de los Estados Unidos de América, y nosotros sentimos el "aliento" estadounidense cuando nos despertamos todos los días. Entre otras cosas, para que tengan una idea, aparte del bloqueo y las diversas formas de agresión, se dice que en Cuba no tenemos *oposición*. Nosotros tenemos la oposición más grande que puede tener cualquier poder. Desde los Estados Unidos de América, por ejemplo, nos transmiten —diariamente— cientos de horas de radio subversiva por onda media, y corta, y utilizan una televisora que tuvieron el "descaro" de ponerle José Martí —que por el esfuerzo de nuestros técnicos no se ve: es una imagen invisible; no se escucha tampoco—. Pero hasta una televisora subvencionada por el gobierno de los Estados Unidos de América nos han instalado.

Los chinos están haciendo su experiencia sumamente interesante. Nosotros mandamos gente a China a conocerla, porque, además, no se trata de obviarla ni de no asimilar lo que pueda tener de interés para Cuba; pero también lo hacemos con técnicos y profesionales nuestros, en otros países del mundo. Cuba es un país abierto. En vez de alejarnos del mundo, nos sentimos muy próximos de todos los países del Planeta, de todas las culturas. El cubano se caracteriza por sus proyecciones universales y por su historia que le facilitó la posición geográfica: siempre estuvo vinculada con el mundo. Y así estamos al tanto de las experiencias políticas y económicas de China. Allá van especialistas nuestros en economía, y dirigentes políticos; tenemos académicos que estudian esa sociedad; hay intercambios. Y lo mismo hacemos con los Estados Unidos de América, con Europa, con África y con nuestra región. Hasta con especialistas pertenecientes al grupo Rockefeller, amigos de los Estados Unidos de América que han ido a Cuba o, a veces, no han podido ir a Cuba porque, en determinadas etapas, se veían en México con nuestra gente que estudia las técnicas de gerencia de ese país. Y no vamos más a los Estados Unidos de América porque nos lo prohíben, porque estaríamos encantados de conocer todos los adelantos de ese país —con mucho respeto y sin complejos—. Ellos son los que no quieren los intercambios.

Con China tenemos una relación de entendimiento, de coincidencias internacionales en una serie de grandes problemas del mundo de hoy. China, sin embargo, tiene un concepto de *socialismo de mercado*, acorde con sus realidades; nosotros no los criticamos: están ahí, avanzan, tienen problemas desde el punto de vista ético, por ejemplo, la corrupción grande, pero, bueno, China salió de una situación de extrema pobreza a convertirse en una potencia y ya se observan los altos niveles de desarrollo —alimentario, tecnológico, científico, profesional, educacional— de ese pueblo. Ahí están, a la vista; lo que es un socialismo con características muy propias. El socialismo, por ejemplo, que ellos llaman *de economía de mercado*, donde funciona el mercado con sus leyes plenamente.

Para nosotros, el mercado —en el socialismo cubano— es una realidad que no se puede evadir, pero no podemos someternos al mercado, a las reglas del mercado. Y para distinguirlo de China, que es un socialismo de mercado, según ellos lo han teorizado, el nuestro es un socialismo con mercado. Nosotros aceptamos el mercado, incluso les puedo decir más: lo aceptamos a regañadientes. Lo rechazábamos, en gran medida, a partir de ciertos conceptos de la prevalencia de la Ley del Valor, en los años sesenta, setenta y ochenta. Después, tuvimos que hacer una serie de reformas y entender que el mundo había cambiado; ajustarnos a esas realidades. En los años noventa, Cuba fue el país que más reformas hizo en el mundo, excepto, por supuesto, los países que se desplomaron, pero, en esos casos, no fueron reformas, porque la reforma es transformar sin perder la naturaleza del sistema, sus cualidades principales. Lo otro fue una reversión hacia el capitalismo.

Nosotros transformamos el socialismo en Cuba, lo adaptamos a la nueva realidad, comprendíamos que habíamos cometido algunos errores, pero preservamos lo esencial y, entonces, nos dimos cuenta de que, por ejemplo, teníamos que desarrollar varios mercados. Partíamos del principio de la equidad lo más posible; distribuir lo que tuviéramos entre todos. Ahora, tenemos Mercado Libre Agropecuario, Mercado Libre Artesanal, Mercado Libre Industrial; creamos hasta un mercado en moneda extranjera, donde se recauda anualmente más de 1 000 millones de dólares. ¿Por qué lo hicimos? ¡Ah!, porque decidimos no entregarle el mercado privado al capital transnacional: vinieron, cuando empezamos nosotros a hacer la reforma, McDonald's y otras cadenas que andan por ahí. En vez de McDonald's le pusimos Burgui, e hicimos hamburguesas mejor que las McDonald's y empezamos a fabricar nuestros refrescos; es verdad, nosotros importamos algunas Coca-Cola, porque hay turistas que les gusta la Coca-Cola, pero nosotros producimos la Tropi-Cola —que es riquísima— y tenemos marcas de cerveza que compiten, deliciosas, hechas en Cuba. Así, ya casi 70% de lo que consumen hoy día los turistas en la Isla, es producido en Cuba. Cuando empezó el turismo no teníamos otra fórmula y 80% de lo que consumían era extranjero, porque estábamos en crisis. Resolvimos eso con una sostenida política de estímulo a la producción nacional para el turismo. Son muchas cosas de las que podría hablar; son características propias del socialismo cubano, como el socialismo chino tiene las suyas. Respetamos esa experiencia, ellos nos respetan a nosotros y somos muy amigos.

Ley Helms-Burton, retos e implicaciones para Cuba

Pregunta: Según el tratamiento dado a Cuba por la Ley Helms-Burton, los buques que ingresan a la Isla no pueden hacerlo a puertos de los Estados Unidos de América, por un lapso de seis meses. Algo similar sucede con el turismo. ¿De qué manera han logrado ustedes vencer esa restricción, y cómo ha influido en el desarrollo comercial y turístico de la Isla? Y por otra parte, me gustaría también conocer un poquito cómo se está preparando el pueblo cubano para esa visita histórica, que van a recibir pronto, que es la del ex presidente estadounidense James Carter.

Germán Sánchez: Siempre las visitas de ciertas personalidades a Cuba despiertan el interés mundial. Nosotros estamos preparados para recibir hasta al presidente de los marcianos. ¿Se acuerdan cuando el Papa fue a Cuba, que se armó una gran campaña? Yo me reía, estaba en Caracas y terminé invitado por la televisión —con Marta Colomina, que no la conocía, y alguien más, en Televen—. Se decía que él había tumbado el socialismo en Polonia y, entonces, afirmaban: "Le llegó la hora a Cuba." Nunca arribaron a Cuba tantos periodistas. El Papa fue hace 4 años y ahí está el socialismo cubano, ahí está el Papa. En fin, recibimos tales visitas hace años desde todos los lugares del Planeta y no tenemos límite: al contrario, nos agrada que a Cuba vaya gente de todas las configuraciones mentales. Por supuesto, con excepción de los fascistas y terroristas. Nos satisface mucho que conozcan las experiencias cubanas, aprender también, incluso, de gente enemiga; de todos los extranjeros aprendemos mucho conversando con ellos.

La Ley Helms-Burton, es la consolidación y la cima del bloqueo que empezaron a practicar los Estados Unidos de América contra nosotros, de manera rápida, cuando se produjeron los enfrentamientos en aquellos primeros años de la década de los sesenta, en que ese gobierno no aceptaba una Revolución, fuese socialista o no. Entonces, no éramos socialistas, simplemente, nacionalistas y de orientación popular e hicimos una Reforma Agraria, que afectó sus intereses porque tenían cientos de miles de hectáreas sin utilizar. Se hizo justicia y eso provocó lo que ustedes saben que ocurrió: una espiral de enfrentamientos, donde Cuba decidió que el socialismo era la única manera de alcanzar la verdadera independencia, el desarrollo integral, la real democracia y la justicia social para la mayoría del pueblo. Desde entonces, los Estados Unidos de América comenzaron a intentar asfixiarnos con el bloqueo económico. En una primera etapa, al sustituirse por la Unión Soviética, en gran medida, los vínculos económicos que existían con nuestro "vecino", fuimos transformando la tecnología, el financiamiento, el suministro del petróleo, en fin, se fue aliviando, de cierto modo, aquel bloqueo.

En los Estados Unidos de América surgió también una idea, que siempre ha sido una corriente de opinión, según la cual es mejor resolver el conflicto cubano mediante el acercamiento y con relaciones constructivas. Lo importante es que reconocen que han existido muchas décadas de confrontación; que lograron resolver el problema con Viet Nam, nada más y nada menos, y con China; entonces dicen: ¿por qué no con Cuba? Esa es una tesis que se abre paso en los Estados Unidos de América, cada vez con más fuerza, entre demócratas y republicanos, y en la opinión pública, que es todavía más importante. Durante el gobierno de Carter, se decidió crear las Secciones de Intereses —no es Embajada—, pero es una Representación Diplomática en La Habana y otra en Washington. Eso facilita el diálogo sobre cualquier situación peligrosa. En esa etapa, Carter también autorizó a las filiales de las transnacionales estadounidenses a comerciar con Cuba, que para nosotros era muy positivo y para ellos también, filiales que radicaban en México, en Venezuela, y así las transnacionales estadounidenses podían vendernos sus productos. Llegamos a comprar hasta 500 millones de dólares anuales. Después, vinieron Reagan y Bush, y nos "satanizaron" nuevamente, ocurrió la caída de nuestros aliados de Europa del este y de la Unión Soviética, y aplicaron la idea que ellos mismos habían echado a andar: de que Cuba era un satélite de la Unión Soviética. Habían estado diciendo durante mucho tiempo: "Cuba es un satélite de la Unión Soviética." Y, en consecuencia, por la Ley de Gravedad, si cae el Planeta —que era la Unión Soviética—, ese satélite tan ínfimo debía desplomarse. Y así creyeron, a principios de los años noventa, que sólo bastaba soplar para que se acabara de caer. Llegó otra vez la Teoría de la Manzana Madura, creada en los Estados Unidos de América, en el siglo XIX. A finales de ese siglo —cuando

Cuba ya había derrotado a España— intervinieron, pues "la fruta estaba madura". Estalló un barco en la bahía, aunque todavía no se sabe si fue explotado por ellos mismos. Fue el pretexto para intervenir; estaba España derrotada por nuestro pueblo, "palo a palo", militarmente, popularmente, y, sin embargo, nos arrebataron la victoria. Bien, *se comieron la fruta* en aquel momento.

Entonces, al caer la Unión Soviética, pensaron que había llegado — otra vez— la ocasión propicia para devorar "la fruta madura" y lo que hicieron fue arremeter contra nosotros. Primero, fue la Ley Torricelli —que consistió, básicamente, en prohibir que comerciáramos con las transnacionales estadounidenses en terceros países y la medida de los barcos también se incluía ahí—. Pero no estaban contentos, porque esa mafia de origen cubano que se ha afincado en Miami, tiene fuerza. Ustedes lo saben, son terroristas, mafiosos que han estado conspirando y tienen sus "tentáculos" metidos en el Congreso, y han estado directamente vinculados con algunos presidentes —como es el caso del actual, a quien, de hecho, con trampas electorales lo llevaron al trono—. Entonces, lo que hicieron fue decir: "Pronto nos volveremos a apropiar de la Isla. ¡Fuego contra Cuba!" Y empezaron las avionetas piratas y terroristas a sobrevolar La Habana. Imagínense ustedes —en Caracas—, de repente, que empiecen a llegar avionetas de los paramilitares colombianos y que empiecen a lanzar aquí sobre Caracas octavillas contra ustedes; y lo hacen la primera, la segunda y la tercera, y se les formulan más de 20 advertencias. Clinton se comprometió, verbalmente, por medio de un intermediario, a impedir nuevos vuelos y, sencillamente no lo cumplió; volvieron a cruzar la frontera y hubo que, lamentablemente, derribarlas. Ese fue el pretexto, lo iban a hacer de todas maneras, la Ley Helms-Burton ya se estaba discutiendo y lo que deciden es precipitar la decisión, y a los tres días la aprueban. La Ley Helms-Burton representó la codificación "detalle a detalle" del bloqueo —que es el más largo de la historia de la humanidad contra un país pequeño, pacífico, que lo que ha hecho es trabajar, y tratar de llevar adelante su sociedad de manera justa y equitativa.

Ante ello, ¿qué hacemos nosotros? Seguir "nadando" en el Mar Caribe. Con todos esos "tiburones": no teníamos otra opción. Cuando empieza a aplicarse la Ley, en marzo del 1996, unos empresarios que estaban en negocios con nosotros se asustaron, porque les iban a impedir que viajaran a los Estados Unidos de América, aplicándoles el famoso Capítulo III, amenazándolos con que les iban a quitar las propiedades si ellos compraban ex propiedades estadounidenses. Hicieron una cosa increíble, ya no sólo eran las propiedades que nosotros les nacionalizamos a empresarios norteamericanos en los años sesenta, sino que todas las propiedades de los cubanos que después se hicieron estadounidenses también se consideran dentro de la Ley Helms-Burton. Claro, la Ley está financiada por Bacardí y por la Fundación Cubano-Americana: hicieron lo que quisieron, por supuesto.

Hubo algunos empresarios que se inhibieron, pero otros muchos siguieron haciendo negocios en Cuba, a veces, con algunas fórmulas legales muy originales, pues hay que inventar frente a un enemigo tan poderoso. Esa Ley nos hizo daño; barcos, por ejemplo, que van a Cuba y no pueden entrar en seis meses a puertos de los Estados Unidos de América. ¿Eso qué significa en términos prácticos? Los barcos siguen llegando, pero tenemos que pagarles más, nos cobran más en los fletes por daños y perjuicios, pero, bueno, siguieron arribando barcos a Cuba.

A pesar de la Ley Helms-Burton, empezamos a recuperarnos. La economía se desplomó como una economía de guerra, entre los años 1991-1994: disminuyó 34% el PIB. Guerra sin balas. Sin embargo, a partir de 1995, después de las reformas de 1993 y de 1994, ya empezamos a recuperarnos, y Cuba —en el quinquenio último de la década pasada— fue el país, como promedio, en América Latina que mayor crecimiento tuvo. El PIB nuestro de los últimos 5 años en la década de los noventa, estuvo por encima de 4,6, y América Latina se movió en 3,2 y no hablemos del per cápita, porque la población cubana casi no crece y la de América Latina sí; o sea, el per cápita es muy superior a favor de Cuba. ¿Me explico?

Y así, no obstante la Ley Helms-Burton, la economía cubana siguió prosperando con más eficiencia, con mayor productividad, aplicando los métodos y técnicas modernos de la dirección de la economía. Por supuesto, estamos todavía en un proceso donde hay problemas e ineficiencias, aunque avanzamos en casi todos los sectores. Por ejemplo, el petróleo: como recibíamos el petróleo de la Unión Soviética, a un precio muy razonable, lo cambiábamos por azúcar, entonces, se hicieron pocos esfuerzos, con técnicos soviéticos y tecnologías atrasadas. Ahora, hay un cambio radical: apertura al mercado petrolero a riesgo; dividimos todas las zonas geológicas en determinados bloques y empezaron a llegar compañías extranjeras petroleras, menos las estadounidenses, no por nosotros, sino porque ellas se autobloquean, no pueden invertir en Cuba. Déjenme decirles que Cuba —este año— producirá casi 50% del petróleo que consume y en nuestra perspectiva de desarrollo con reservas probadas de petróleo pesado, con mucho azufre, hemos adquirido las tecnologías para generar electricidad: las termoeléctricas se han ido adaptando para consumir el crudo nacional, gracias a una serie de inversiones que se ha ido haciendo; el gas acompañante ya lo estamos utilizando con una tecnología muy moderna de ciclo combinado, que nos permite obtener electricidad barata.

Es más: ¿quieren que les diga algo? Al final, quizá les agradezcamos a esas administraciones "miopes" de los Estados Unidos de América, que nos hayan favorecido para que Cuba sea —probablemente en América Latina—, sin discusión y a nivel mundial también, uno de los países con relaciones económicas más equilibradas. Y José Martí nos enseñó: "Pueblo que compra, manda." Eso es más complejo en el mundo actual. Cuba mantiene relaciones con Europa, América Latina, Canadá, China, Japón y África. Tenemos vínculos diplomáticos con más de 170 países. Más de 100 embajadas. Relaciones comerciales con más de 3 000 empresas en el mundo y eso se lo debemos a los Estados Unidos de América, porque el bloqueo nos ha obligado, como decimos nosotros, a "arañar" por aquí y "arañar" por allá; si el arroz nos lo venden más barato en Indonesia, allá vamos a buscar el arroz. Los Estados Unidos de América nos obligaron a ser más independientes. Esa es una de las preocupaciones que tienen los empresarios estadounidenses. Otra vez, veamos el ejemplo del petróleo, les voy a dar un dato interesante: nosotros lo que tenemos actualmente son unos yacimientos entre La Habana y Matanzas, que se extraen desde la costa porque varios están bajo el mar, en aguas someras. Pero Cuba tiene en el mar, el tamaño de su isla —de 110 000 km— en el Golfo de México, que nos pertenece, según la Ley del Mar. En una tercera parte del Golfo, la mexicana, en la zona de ellos, existe petróleo; en otra tercera parte, de los Estados Unidos de América, hay petróleo. La tercera parte es la de Cuba, y tendríamos que tener muy mala suerte y todos los estudios geológicos preliminares que se han hecho muestran zonas muy interesantes en el Golfo de México. ¿Por qué no se explotaba antes? Porque no había tecnología, en el caso de nuestra área, para las profundidades que tienen esas zonas marítimas, pero ahora esas tecnologías existen y son, además, económicamente rentables. ¿Qué hicimos el año pasado? Apertura del Golfo de México. El año próximo, una empresa de España —Repsol— debe perforar el primer pozo. ¿Ustedes saben cómo están los petroleros estadounidenses? Preocupados, porque se están quedando fuera. Cuando se levante el bloqueo, que ellos puedan entrar, es probable que muchos de esos bloques ya estarán controlados, con condiciones a riesgo para nosotros extraordinariamente ventajosas.

Este es un ejemplo de cómo hemos desarrollado, dentro de estas circunstancias del bloqueo despiadado, simbolizado ahora por la Ley Helms-Burton, nuestra economía y nuestras estrategias. Con los Estados Unidos de América hubo una reciente experiencia, cuando el ciclón Mitchell. Ellos decidieron, el año pasado, después de múltiples discusiones, permitir la exportación de medicamentos y alimentos sin financiamiento, lo cual es una gran limitante, y a partir de una serie de requisitos que lo hacían bastante difícil, nosotros dijimos no, con esas condiciones no queremos; o lo levantan con financiamiento, con posibilidad de nosotros también poder vender o, por lo menos, con financiamiento, e ir poco a poco. Ocurrió el ciclón, mandaron una nota, que fue un gesto realmente: en ella dicen que estaban dispuestos a ayudar con algunos medicamentos y alimentos, y nosotros les respondimos no; no queremos nada regalado, lo que sí les pedimos es sustituir la reserva que hemos tenido que invertir en alimentos y algunos medicamentos. Respondieron, "de acuerdo". Y ahí se inició una experiencia interesante, porque se probó que Cuba puede ser un comprador importante de alimentos, de medicamentos y de otros productos de ese país. Y los empresarios estadounidenses demostraron ser buenos empresarios; actuaron con destreza. Se hizo, inmediatamente, una relación excelente: se compraron pollos congelados, algunos granos. Y, de este modo, se empezó a despertar los "apetitos" de todos los empresarios. Hay gobernadores y congresistas vinculados a ellos que también han ido a Cuba.

El gobernador de Illinois visitó Cuba, más o menos, en los días en que estuvo Chávez, en 1999. Incluso, se lo dije a algunos periodistas; yo le hubiera puesto a mucha gente lo que dijo Chávez sobre Cuba y lo que dijo el gobernador de Illinois, republicano por más señas, reconociendo los avances de nuestro país en cuestiones que todo el mundo exalta, pero que en boca de un *gobernador republicano* suena todavía más escandaloso. Eso viene ocurriendo desde hace algunos años. Ahora, recientemente, a principios de este año, han ido estudiantes de universidades en barcos, se han reunido con nuestros estudiantes, han recorrido la capital.

Viajan también turistas, que violan el bloqueo y las leyes de ese país. Porque los ciudadanos del supuesto "país más libre del mundo", no pueden viajar a 150 km al sur puesto que los sancionan con 2 años de cárcel y multas de hasta 20 000 dólares. De todas maneras, la "manzana prohibida" a todo el mundo le gusta. De ahí salimos todos, de la prohibición; y, entonces, el año pasado más de 80 000 ciudadanos de los Estados Unidos de América fueron a Cuba. Fíjense qué curioso, vía Cancún u otras variantes; ellos se las arreglan y cuando llegan a Cuba, el país "totalitario", donde les dicen que no hay libertades, nuestra gente los recibe sonrientes y pueden moverse libremente las 24 horas, por todos los rincones. Ni se les acuña el pasaporte, porque si les acuñamos el pasaporte los marcamos. Llegan allí al aeropuerto, se asoman, y comentan: "Miren, un aeropuerto, tiene luces, qué bonito, qué grande, la gente en la calle, la gente vestida, no hay mendigos, no hay niños pidiendo limosnas, no hay niños de la calle."

No ven uno, porque no los hay. Empiezan a curiosear y descubren que pueden alquilar un automóvil o tomar un taxi y preguntan: "¿Me puedo ir para una casa que alguien me alquile?" Y el taxista le dice: "Yo lo llevo." También se enteran que pueden recorrer el país. Mejor, así gastan más y como podrán imaginar ningún sistema de vigilancia policíaca es capaz de perseguir a 80 mil norteamericanos o a casi 2 millones de turistas que entraron el año pasado.

Esa es la realidad. El bloqueo realmente está derrotado. Se mantiene contra natura. La visita de Carter resultará muy importante, porque fue el hombre que cuando era presidente tuvo aquellas actitudes. Estamos preparados para recibirlo a él y a cualquier visita. Nuestro pueblo es educado, político, informado y acogedor.

Les digo más, en estos momentos estamos viviendo una nueva etapa de la Revolución: educacional e informativa. En medio de todas estas circunstancias con la Ley Helms-Burton, este año empezó un programa para garantizar —por cada 20 alumnos de todo el sistema de estudios primarios— un televisor por aula, pero no un televisor para ver comiquitas, un televisor a través del cual se expone un sistema de educación, para complementar la acción del maestro en el aula. Se va a extender en todo el país un profesor de primaria por cada 20 estudiantes. Tenemos un canal que se acabó de montar recientemente, dedicado exclusivamente a la educación. Se está impartiendo cursos por televisión desde hace más de 1 año: Inglés, Francés, Apreciación Artística, Historia de Cuba, Historia Universal, Historia de América Latina, Gramática o Español, Computación. O sea, Cuba está viviendo —en el presente— una etapa floreciente desde el punto de vista de la educación y la cultura; estamos creando, en todo el país, escuelas para formar instructores de arte, que teníamos muchos, pero en Cuba hay infinidad de talentos como en Venezuela. Y así lograr plenamente que cada muchacho, tenga ahí un instructor, al alcance de la mano. Toda una concepción de universalizar más la educación y la cultura, lo que en definitiva es la razón de ser de una Revolución verdadera: el ser humano, hacerlo más feliz, más culto, más educado y más informado de lo que pasa en el mundo.

Déjenme decirles que el pueblo de Cuba vivió junto al pueblo de Venezuela la circunstancia reciente del golpe de abril. Es más, el sábado 13 de abril, cuando empezó a funcionar Venezolana de Televisión, se transmitió en vivo y el pueblo no durmió hasta que ocurrió el regreso de Chávez en la madrugada del 14 de abril. Nosotros, en la Embajada, estábamos cercados, hostigados, a punto de un enfrentamiento y ningún canal de televisión, a pesar de que dejé ingresar a dos de ellos, me divulgó una palabra; no sé qué habrá pasado con la libertad de expresión, con la democracia de algunos, pero a nosotros nos asediaron y casi nos asesinan, y la prensa nos censuró. Fuimos discriminados y silenciados por la prensa venezolana en esas circunstancias tan dramáticas, donde se corrió el riesgo de un crimen horrendo; y quedó una mancha imborrable en la historia de la prensa venezolana.

En la televisión cubana hay programas de opinión permanentes sobre temas nacionales e internacionales de toda índole. El pueblo está muy informado de lo que pasa en el mundo, con la orientación de especialistas muy calificados. Y ahí radica una de las razones por las cuales tenemos capacidad "para hablar con Dios, con el Diablo y con los intermediarios de estos" que lleguen a la Isla, sin ningún tipo de complejo, mirando de frente a la gente, con el total respeto que se merecen en la medida que nos respeten a nosotros.

Y antes que ustedes lo hagan, déjenme agradecerles. Primero, por la paciencia; segundo, que hayamos cambiado el método, creo que fue más fluido; y, tercero, darme la oportunidad de poder explicarles e informarles sobre nuestro país.

Representante del curso: Señor embajador Germán Sánchez Otero, en nombre del Director del Instituto de Altos Estudios de la Defensa Nacional, del personal docente y administrativo, de los integrantes de la Maestría en Seguridad y Defensa, curso 2001-2002, le expreso las más sinceras palabras de agradecimiento por su excelente disertación.

CAPÍTULO III

Días de Cuba en Venezuela

El cubano ama a la gloria,
porque es capaz de ella.

José Martí

José Martí: Visión desde Venezuela*

Aquí, en Caracas, Martí escribió: "Honrar, honra."

Queremos comenzar por rendirle homenaje al Libertador Simón Bolívar, el líder histórico que más influyó en el Maestro espiritual de todos los cubanos.

Al llegar a Caracas, aquel 20 de enero de 1881, muy pronto el joven antillano sintió la necesidad de decirse a sí mismo: "Reposa en estos valles; con agua de estos ríos restaña tus heridas; ayúdalos en su trabajo, aflígete con sus dolores, echa a andar por estos cerros a tu pequeñuelo; estrecha las manos de estas damas, peregrino."

Este texto integra y sintetiza las diversas intervenciones realizadas por el autor en Venezuela, en especial, sendas conferencias pronunciadas en el Ateneo de Caracas —el 18 de mayo de 1995— y, en la Casa de Bello —el 28 de enero de 2003—. El acto del Ateneo fue presidido por Oscar Sambrano, presidente del CONAC y María Teresa Castillo, presidenta de aquel Centro Cultural. En el de la Casa de Bello, estuvieron presentes, entre otras personalidades: Aristóbulo Istúriz, ministro de Educación, Cultura y Deportes; Freddy Bernal, alcalde de Libertador; y Manuel Espinosa, presidente del CONAC.

¿Quién era este hombre de 28 años, que arribó a Venezuela con la añoranza de conquistar la independencia de su Patria y crear una nueva nación?

Como toda persona que trasciende y funda, es menester buscar y entender a Martí en su propio escenario histórico. Desde él centellea "el hombre más puro de nuestra raza" —al decir de Gabriela Mistral— y, a la vez, uno de los personajes más integrales y ecuménicos de la historia humana.

Martí fue un luchador y un estratega revolucionario excepcional; poeta espléndido, renovador de la lírica hispanoamericana; cronista de su época; periodista de opinión; orador culto insuperable, de singular pasión y estilo cautivador; profesor de literatura, de lengua y de oratoria; diplomático múltiple —representó a tres países latinoamericanos a la vez—; novelista; escritor de teatro; editor de revistas; traductor de francés y de inglés; musicólogo; crítico literario; escritor para niños; creador de una doctrina política, filosófica, educacional y ética; elaborador y ejecutor de un proyecto de liberación nacional, social y espiritual, con el fin de contribuir a la segunda independencia de los pueblos de nuestra América; organizador impecable y dirigente supremo de la guerra de independencia, sustentada en la unidad de los revolucionarios, y en el primer partido concebido con ese fin y no con propósitos electorales; hijo y padre entrañable, que supo armonizar su vida íntima y pública superando angustias e incomprensiones; ejemplo apostólico de sacrificio y entrega a la Patria, a la virtud y al mejoramiento humano.

Al conocer la noticia de su muerte, el poeta Rubén Darío exclamó: "¡Maestro, qué has hecho!" En realidad, el 19 de mayo de 1895, Martí rubricó con su sangre todas las palabras de su fecunda existencia, desde aquellas que escribió con apenas 16 años, en La Habana —por las cuales fue condenado a 6 años de prisión—, dirigidas a un compañero de estudio, que se involucró en las huestes españolas para enfrentar a los combatientes cubanos, quienes habían iniciado el 10 de octubre de 1868 la guerra por la independencia.

¿En qué condiciones históricas estalló esa primera guerra por la independencia, que duró hasta 1878? ¿Cómo evolucionó la colonia cubana entre aquel año y 1895, al comenzar la Segunda Guerra de Independencia que organizó y dirigió Martí? ¿De qué manera Martí interpreta y se propone transformar radicalmente las circunstancias históricas de su Patria, dependiente de España y amenazada por los Estados Unidos de América?

Cuba en el siglo XIX: esplendor y crisis del colonialismo

Hasta 1762 —año en que Inglaterra ocupa La Habana y controla la Isla durante 11 meses— Cuba era para España un bastión militar geopolítico, la tierra de tránsito donde permanecían los barcos el tiempo necesario para cumplir sus misiones, y la productora por excelencia del mejor tabaco del mundo.

La ocupación inglesa puso de relieve las condiciones especiales de la Isla para producir azúcar, con la ventaja del pujante mercado de los Estados Unidos de América y la desaparición de las plantaciones cañeras haitianas, a causa de la rebelión de los esclavos en ese país. Los ingleses implementaron los conductos para resolver el factor clave del desarrollo azucarero: la fuerza de trabajo esclava. En esos meses, son traídos al país 10 000 negros africanos, iniciándose así el *boom* azucarero, que sería durante el siglo XIX el centro de la acumulación de capitales de los terratenientes criollos y los comerciantes españoles. Ya en la década que se inicia en 1820, Cuba es el principal exportador mundial de azúcar.

Coincidente con los años de la crisis del sistema económico colonial de España en el resto de la América Latina, Cuba vive una fase de auge económico y prosperidad —para una parte de la población criolla y española—, basada en el uso intensivo e inhumano de la esclavitud. Así, en los primeros 60 años del siglo XIX —con el azúcar a precios altísimos—, Cuba alcanza el avance económico más sobresaliente de su historia hasta entonces. Mientras que en América Latina muchos países atravesaban una etapa de reordenamiento económico y político —luego de conquistar la independencia formal—, en la Isla más grande del Caribe la prosperidad alcanzaba ribetes inéditos, en especial, en las tres provincias de Occidente. A diferencia de otros espacios coloniales, el crecimiento económico cubano en ese siglo no se origina, principalmente, por las necesidades de la Metrópoli. Más bien es resultante de los intereses y de las fuerzas de la propia colonia.

Hay ejemplos que muestran esta autonomía de Cuba, en el siglo XIX, que por motivo de los requerimientos de la producción azucarera y su situación geográfica privilegiada, adquirió varias técnicas antes que la metrópoli: las máquinas de vapor, el telégrafo y el teléfono.

Pero este ascenso económico azucarero, no se logra en las primeras décadas por medio de la modernización tecnológica. El impulso se debió a la suma de bueyes, carretas, leña y trapiche y, por supuesto, de más negros esclavos. Así, azúcar y población esclava crecen de manera excepcional y proporcional en esos años sesenta, generándose consigo la principal contradicción del régimen de producción cubano desde finales del XVIII hasta los años ochenta del siglo XIX.

Si en la América Latina, la esclavitud —allí donde existió— fue desapareciendo durante la primera mitad del siglo XIX, en ese mismo período —en Cuba— alcanza su auge máximo.

El desarrollo azucarero ocurre, fundamentalmente, en las provincias occidentales, beneficiándose los terratenientes criollos y españoles. Después de 1880, cuando se inicia una etapa de modernización de las fuerzas productivas y desaparece la esclavitud, los capitales de los Estados Unidos de América son los portadores de las mayores inversiones.

Puesto que el ascenso económico de la Isla hasta mediados del siglo XIX, ocurrió como consecuencia del tesón de los hacendados criollos del Occidente, estos organizan una fuerza de presión que logra introducir cambios en el sistema de dominación colonial. Por ello, no se consideró necesaria la lucha por la independencia en un momento en que plantearse tal alternativa suponía la abolición de la esclavitud, que hubiera significado, en la primera mitad del siglo XIX, un retroceso económico medular, pues ese tipo de fuerza de trabajo era la base para la producción azucarera a gran escala.

La administración colonial estaba diseñada para garantizar la función de la Isla como tierra de paso y fortaleza militar en los períodos de guerra. El auge azucarero provocó que la Metrópoli replanteara el sistema de control y administración colonial de Cuba, sobre todo porque, después de 1830, España había perdido la mayoría de sus posesiones en América.

La "Siempre fiel Isla de Cuba" cobró entonces una doble significación: se convirtió en una potencia azucarera y su papel resultaba más relevante, al ser, junto con Puerto Rico, la única —y más importante— colonia de España en el Nuevo Mundo.

Hasta 1830, aproximadamente, los productores de azúcar criollos dominan el Real Consulado Económico, institución creada por España para controlar el mercado, los precios, los aranceles, etc. En esa década, los capitales españoles empiezan a imponer sus intereses, en la medida que su presencia en la Isla crece motivada por el negocio azucarero.

La llamada "sacarocracia" cubana se sentía fuerte y autónoma, porque su principal mercado estaba en los Estados Unidos de América y no en España. Sin embargo, se trataba de una clase mutilada y cargada de paradojas, pues mientras defiende la axiología burguesa —libertad de comercio, producción de mercancías, autonomía de poder—, tiene que sostenerse con la esclavitud y sus corolarios (racismo, ostracismo cultural…). El paradigmático grito burgués encierra en ellos una limitante esencial: "libertad" para el hombre blanco.

Defienden, en consecuencia, el poder omnímodo del Rey, porque es quien les garantiza el trabajo esclavo. De la necesidad de conciliar esa adhesión con sus requerimientos económicos burgueses —mercado, capital, comercio libre—, surge una opción política que los caracteriza a lo largo del siglo: el reformismo, que se expresa sobre todo como autonomismo. El Reformismo alimenta el quehacer político de los grandes productores azucareros occidentales hasta la década de los noventa, en que la guerra por la independencia —organizada por Martí— los supera y derrota definitivamente. Su objetivo era lograr que la Metrópoli cambiara sus códigos de dominación. Otra variante frente a la independencia fue el *anexionismo*, o sea, la sustitución del dominio español por la fórmula de convertirse en un apéndice de los Estados Unidos de América, opción que fue muy pujante hasta 1865, en que termina en los Estados Unidos de América la Guerra de Secesión, y con ello, al ser derrotados los estados de Sur, el "anexionismo criollo" dejó de tener sostén y estímulo.

Sin embargo, en las provincias de Oriente, Camagüey y Las Villas (centro del país), a diferencia de las occidentales, el desarrollo agrícola avanzaba muy lentamente; conservaban formas de producción patriarcales y las relaciones mercantiles no eran siempre dominantes. El índice de esclavos era mucho más bajo que en Occidente y su explotación menos intensa.

No obstante, la producción de azúcar y café se dirigía —como la producción de Occidente— al mercado mundial. Los terratenientes orientales estaban sujetos también a las leyes del mercado; debían incrementar la producción y disminuir los costos. La máquina de vapor —cada vez más utilizada en Occidente— significaba un reto que les "quemaba" la existencia. Su única alternativa posible: modernizar las unidades de producción con vapor y utilizar trabajo asalariado. Había una seria dificultad: les faltaba capital. Los grandes comerciantes españoles eran los únicos que podían suministrarlo, pero al precio de la ruina, pues los intereses eran abusivos. El cuadro es aún más cerrado porque las altas tarifas del fisco colonial significaban, también a plazo fijo, la bancarrota sucesiva de los cañeros. Un análisis de estructura simple nos conduce a la apremiante necesidad que tenían los terratenientes orientales de liberarse, en forma simultánea, de las trabas que paraban su desarrollo: suprimir el indispensable trabajo esclavo, usar técnicas productivas avanzadas, y eliminar las barreras fiscales y el dominio crediticio del capital español.

En consecuencia, los terratenientes de Oriente, sujetos a un modo de producción más atrasado que el occidental y marginados de los movimientos reformistas de la burguesía occidental, eran, sin embargo, la fuerza social que debía y tenía que plantearse un proceso de ruptura del orden colonial. Los hacendados de las provincias de Occidente, precursores de los avances técnicos y de la organización capitalista de la producción de azúcar —y gestores prepotentes del pensamiento y de la cultura burgueses en Cuba—, paradójicamente, seguían insertados dentro del sistema de dominación colonial. Sus contradicciones con el poder colonial resultaban constantemente limitadas por el riesgo que suponía un trámite revolucionario: "el peligro negro". La liberación de los esclavos, imprescindible en una guerra contra España, era más temida como posibilidad real que destruiría todas las riquezas, que la dependencia colonial. En 1861, los esclavos sumaban 603 000 y representaban 40% de la población.

Es necesario puntualizar que la estructura monoproductora de azúcar para la exportación, está en pleno desarrollo en 1868, cuando se inicia la Guerra de Independencia. Es dominante en las provincias de Pinar del Río, La Habana, Matanzas y una parte de Las Villas. En Camagüey y Oriente no era aún predominante (10% de la producción total).

Después de concluir la Guerra Grande (1878), el desarrollo y la expansión del azúcar no se detienen, adquieren nuevas formas y se incrementan. El paisaje de la caña de azúcar cubre los campos de la isla: la estructura productora para la exportación suelda en un solo espacio económico las subregiones existentes; el complejo azucarero —industria, agricultura, comunicaciones, viales, comercio, insumos, etc.— sustancia la base económica de la futura Nación. El azúcar vincula nuestra economía con la foránea y, desde entonces, se afianza como el vehículo principal de la dependencia cubana, primero, a España y los Estados Unidos de América y, después, solamente a los Estados Unidos de América.

Guerra Grande: orígenes, conquistas y causas de la derrota

La Primera Guerra de Independencia (1868-78) desarrolló tensiones y tuvo alcances sociales no previstos por los gestores —los terratenientes de Oriente, Camagüey y Las Villas—. El conflicto bélico y político desató las contradicciones más profundas del sistema de explotación colonial; tanto que la clase terrateniente fue declinando su proyecto en la misma medida que sus riquezas desaparecían bajo la acción de las llamas.

El significado histórico de la Guerra de Independencia es muy variado. Se trata del evento más importante de la historia cubana hasta la guerra que organiza José Martí, en 1895; razones hay muchas: desde los cambios de estructura que introduce, hasta su significado crucial como precedencia ética y herencia militar y política.

El 10 de octubre de 1868, en el manifiesto que dirigió al mundo Carlos Manuel de Céspedes, proclamó la abolición gradual e indemnizada de la esclavitud; al unísono, concedía la libertad a sus esclavos e incendiaba su ingenio. Al decidir la abolición en esos términos, Céspedes tomaba en cuenta los intereses de los azucareros criollos de Occidente.

En efecto, desde aquel instante, hasta el final de la guerra, el drama de los conductores del proceso independentista fue la soledad de su empresa: el "frente único" contra la dominación colonial estaba sancionado a fracasar, pues las expectativas clasistas de los terratenientes occidentales eran otras. La revolución que inició Céspedes —con sólo 37 hombres— necesitaba armas y recursos, que sólo podían allegar los ricos de Occidente. Por otra parte —y esto es una contradicción importante—, el proyecto de independencia debía atraer a todos los grupos étnicos y clases que formarían la *nacionalidad* que intentaba fundarse.

Muy pronto, la dialéctica de la revolución radicaliza a las fuerzas comprometidas. Se "polarizan" los campos. En octubre de 1869, Céspedes decreta la necesidad de usar "la tea incendiaria". Esta medida extrema tenía una causa sintomática: ya era clara la posición dubitativa de los grandes terratenientes (dueños de las plantaciones y los ganaderos). La posición de avanzada de Carlos Manuel de Céspedes —presidente de la República en Armas— representa la conciencia más lúcida del proceso revolucionario burgués, que, en una colonia que lucha por su independencia, actúa de exponencial de una ética trascendente: la conquista de la Nación. Céspedes ya no aplica medidas cautelosas o prudentes; los campos están deslindados: con Cuba o contra Cuba. El siguiente testimonio de Céspedes prueba la radicalidad de su pensamiento liberador:

"Las llamas, que destruyan las fortunas y señalen las regiones azucareras con su surco de fuego y ruinas, para que sean los faros de nuestra libertad... Si la destrucción de los campos de caña no bastare, llevaremos la antorcha a los poblados, a las villas y ciudades... Mejor para la causa de la libertad humana, mejor para la causa de los derechos humanos, mejor para los hijos de nuestros hijos, que Cuba sea libre aun cuando tengamos que quemar todo vestigio de civilización, desde la punta de Maisí hasta el cabo de San Antonio, con tal que no sea tolerada la autoridad española."

El proceso independentista debió mover a los sectores sociales oprimidos; junto con ello, la radicalización de los jefes más genuinos y las medidas consecuentes que asumían, fueron distanciando cada vez más a la clase terrateniente de sus compromisos iniciales. De esta realidad extrema surgieron las dificultades que determinarían la transacción final de la seudoburguesía oriental, cuando decide firmar la Paz en condiciones altamente onerosas, y rendir por medio de un pacto —El Pacto del Zanjón— a las tropas insurgentes.

En efecto, la Primera Guerra de Independencia registra una constante discrepancia entre los sectores que representaban a las diferentes clases. Veamos un ejemplo. A pocos meses de iniciada la guerra, se decide organizar un gobierno único —en armas— que permitiera a la república en ciernes una legitimidad para lograr ayuda de las naciones latinoamericanas y de los Estados Unidos de América. También se podría lograr la unidad imprescindible al desarrollo y el éxito de la Revolución. Esos eran los objetivos. ¿Qué ocurrió? En la Asamblea de

Guáimaro —evento en el que participaban los representantes civiles de la Revolución— se legisló, desde los códigos del matrimonio civil, hasta las cuestiones administrativas del correo; sin embargo, no se aprobó ninguna ley de organización militar, imprescindible para el arranque de la guerra.

No es posible extendernos en destacar la importancia de la Guerra de los Diez Años. Baste decir que la próxima guerra —1895— se nutrió de muchos de sus hombres, de las experiencias políticas y de sus estrategias y tácticas militares. Hagamos un resumen de los aspectos más relevantes, acorde con el objetivo de esta conferencia, que es valorar y comprender a Martí en las circunstancias de su época:

1. La guerra fue iniciada por los terratenientes de Oriente y Camagüey. El modelo independentista se expresa con los valores de una revolución burguesa —por consiguiente, antiesclavista.

2. Participan todas las fuerzas sociales de la mitad del país (Oriente, Camagüey y Las Villas). Las provincias de Occidente (Pinar del Río, La Habana y Matanzas) no se integran; están a la expectativa, con mucho temor. Condenan el proceso independentista; sólo algunos sectores participan en la guerra, pero por mediación de individuos aislados-profesionales y jóvenes intelectuales que se trasladan al campo de operaciones o son desterrados a España.

3. El proceso militar y político radicalizó a los ideólogos más notables que condujeron la lucha en Oriente y Camagüey. Esto es evidente, por ejemplo, en la decisión de Carlos Manuel de Céspedes de quemar y destruir toda la riqueza para conquistar la independencia. En este sentido, los hombres más avanzados de la clase terrateniente fueron capaces de sobreponer el objetivo de conquistar la Nación (en el fondo, una aspiración burguesa) a los intereses económicos de la clase. La actitud de estos hombres determinó una identificación plena con los sectores populares; un ejemplo, fue el método de ascensos militares: se basaba en los méritos de campaña y no en las posiciones económicas o rangos sociales. El proyecto de independencia y la idea de constituir la Nación, fue el *leimotiv* que actuó de cemento unificador.

4. La duración e intensidad de la guerra (un dato relevante: en los 10 años quedaron fuera de combate 100 000 españoles), desarrolló una experiencia militar (incluso, una cultura militar) muy amplia. En varios sentidos, la colonia había quedado preparada para afrontar la nueva etapa por la independencia, en 1895.

Por vez primera, alguien pensó —Máximo Gómez— la estrategia de hacer una *invasión* desde Oriente hacia Occidente, con el objetivo triple de llevar la guerra a esta región —centro neurálgico del poder—, acumular fuerzas en el trayecto y dispersar las tropas del enemigo a lo largo del país. La Invasión no pudo realizarse en aquella ocasión; quedó el *precedente*. En 1895, Antonio Maceo escribió esa página militar gloriosa, al lograr llevar la guerra hasta el extremo occidental. En 1958, otros "titanes de bronce" emprenden la odisea: Camilo Cienfuegos y Che Guevara dirigen sendas columnas guerrilleras, y logran avanzar victoriosos desde Oriente hacia Occidente. La lección militar y política trascendió el siglo XIX: el Ejército Rebelde demostró la eficacia de ella, 82 años después. Se trata de un dato —curioso y relevante— que apuntamos a favor del expediente que destaca la continuidad histórica —y no sólo ética, como a veces se entiende— de las revoluciones cubanas.

5. Dos limitaciones lastran el desarrollo exitoso de la guerra:
a) La Cámara de Representantes —gobierno civil de la República en Armas— se convirtió en un cuerpo de poder que desnaturalizaba la lógica del ejercicio de la lucha armada. En ese órgano civil sólo estaba representada la clase terrateniente. Un ejemplo: la falta de apoyo al proyecto de invasión sostenido por Máximo Gómez, durante los 10 años que estuvo latente la contradicción entre los conceptos y directrices de la Cámara, y de los jefes militares. Desde esta óptica, se explica la incapacidad de los terratenientes de Oriente para extender la guerra hasta Occidente (imprescindible para lograr una eventual victoria). Este conflicto entre los representantes del poder civil y la jefatura militar, sin que ellos lo percibieran, refleja las diferencias de clase presentes en el proyecto de la independencia. La Protesta de Baraguá —réplica de Antonio Maceo a la decisión de la Cámara de firmar la Paz— es un símbolo de la ética de los hombres que representaban a los sectores humildes. Antonio

Maceo, al negarse a firmar la paz, se convierte en el paradigma de los intereses populares y representa, además, la conciencia nacional que se había generalizado con la guerra. La Nación cubana había dictado sus presupuestos en el fuego del combate, al unirse los machetes de esclavos, de criollos libres, de artesanos y profesionales, y de los terratenientes que fueron capaces de quemar sus riquezas para ofrendarlas a una idea mayor, la Patria. Es, según José Martí: "el horno de la guerra, ante la muerte, donde descalzos y desnudos se igualaron todos, blancos y negros".

b) La segunda causa principal que explica el fracaso de la guerra, debe atribuirse al fraccionamiento del ejército mambí en fuerzas regionales, que dependían de sus jefes —muchas veces— por el nexo del caudillismo. El regionalismo hizo estragos en muchos momentos decisivos, en los que era imprescindible la decisión rápida y coherente.

Consecuencias de la Primera Guerra de Independencia y la nueva dominación colonial

Es necesario, seguidamente, comentar el nuevo período de la dominación colonial entre 1878 y 1895. Vamos a evaluar, primero, algunas consecuencias de la guerra sobre la economía y las clases sociales.

Las provincias orientales sufren la destrucción total de sus riquezas; los terratenientes se arruinan. Veamos este dato para comprender lo que decimos: en Camagüey, de más de 110 ingenios y 2 853 fincas, en 1868, sólo quedan en pie, en 1878, un ingenio y un potrero. De 350 000 cabezas de ganado vacuno, sobreviven alrededor de 200, diseminadas por los bosques.

En el período colonial que se inicia en 1878, la absorción de las zonas orientales por la economía azucarera —y su incorporación a la economía de los Estados Unidos de América— se precipita.

Durante la década de 1880 se construyen en Camagüey los mejores centrales (industrias) azucareros de la época. Al comenzar la siguiente década, 1891-1893, el capital financiero estadounidense organiza la empresa de luz eléctrica y el ferrocarril urbano.

En la provincia de Oriente, la producción azucarera no aumenta de inmediato. Sin embargo, se descubre la materia prima fundamental para la naciente industria metalúrgica de los Estados Unidos de América: el hierro. En el primer año de explotación, Oriente suministra 1/23 de las necesidades del país vecino. En 1897, suministra más del doble. Dos compañías estadounidenses capitalizan la explotación del mineral.

Oriente no queda al margen de la "invasión" del azúcar; a partir de la década de 1890, se fundan los primeros centrales azucareros, que absorben latifundios de miles de hectáreas, siguiendo un proceso de apropiación territorial de la provincia, que la guerra de 1895 sólo podrá detener temporalmente.

En el centro del país, la producción azucarera se transfiere al dominio del capital financiero de los Estados Unidos de América. Un solo central azucarero, montado por una compañía de este país con las técnicas más adelantadas —sistema al vacío—, hizo desaparecer a 20 ingenios de la zona.

La tendencia a la concentración de la producción azucarera es paralela al predominio y subordinación de la Isla al capital estadounidense. Este proceso se inicia a partir de 1880 y no se detiene hasta su consolidación definitiva durante la década de los veinte del siguiente siglo.

La innovación que significó el vapor, primero, y el sistema al vacío, después, convirtió a los productores de menos recursos en suministradores de caña —colonos— de los centrales altamente tecnificados.

La tecnificación y el trabajo esclavo son inconciliables. El azúcar de remolacha europeo desplazó a Cuba en ese mercado y amenazó la posición cubana en su mercado principal: los Estados Unidos de América. En esa coyuntura, los azucareros cubanos sólo tenían la disyuntiva de tecnificarse o desaparecer. La abolición factual de la esclavitud en 1880 —decretada, oficialmente, en 1886— se impuso como la apertura a esa única alternativa.

A causa de la velocidad con que es necesario renovar las fuerzas productivas, el capital financiero de los Estados Unidos de América es cada vez más requerido por los azucareros (criollos y españoles). Esta situación generó las condiciones que permitieron al país del Norte la dominación orgánica de Cuba; toda la historia de la Isla, a partir de entonces, debemos referirla a esta variable principal de dominación. En 1881, ya el cónsul yanqui en La Habana podía decir: "Comercialmente, Cuba se ha convertido en una dependencia de los Estados Unidos de

América, aunque políticamente continúe dependiendo de España." En efecto, en 1884, los Estados Unidos de América importaban 85% de la producción total de Cuba y 94% de su producción de azúcar y mieles. Al iniciarse la última década del siglo XIX, la estructura azucarera para la exportación es, absolutamente, predominante y el capital estadounidense es el motor de su funcionamiento.

Es por eso que la revolución que se inicia en 1895 debía enfrentar al sistema de dominación colonial español y, simultáneamente, a las formas de dominación imperialistas (por vez primera en la historia). A partir de tales parámetros, es que debe interpretarse, y medirse, la grandeza del pensamiento martiano y su proyecto de liberación nacional.

Primeras acciones independentistas de José Martí

En el plano de las ideas, también desde finales del siglo XVIII y principios del siglo XIX comienzan a aparecer personalidades que colocan las primeras "semillas" racionales de la incipiente nacionalidad cubana. Destacan —en ese tiempo— el economista Francisco Arango y Parreño, y el presbítero José Agustín Caballero; el primero, ideólogo de los productores criollos de azúcar y, el segundo, un activista de las ideas filosóficas más avanzadas. Después, descollarán el padre Félix Varela —con una prédica independentista, sustentada en una vasta cultura, que lo llevó a reformar los estudios filosóficos e introducir la ciencia experimental—, y José de la Luz y Caballero —influyente en las ideas libertarias de la generación que inicia la batalla por la independencia, en 1868—. ¿Quién es José Martí en ese momento? ¿Qué actitud adopta él ante esa fecha definitoria de la nación cubana?

Al comenzar la Primera Guerra de Independencia, en 1868, José Martí tenía 15 años de edad y, aunque era hijo directo de españoles, sus valores éticos y políticos ya hacían de él un cubano esencial. Cursaba entonces la segunda enseñanza en La Habana y vivía casi todo el tiempo en casa de su maestro: Rafael María de Mendive —insigne pedagogo, poeta y defensor de la independencia—, quien decidió costearle los estudios secundarios al talentoso adolescente, hijo de familia muy humilde.

El primer testimonio escrito del joven patriota a favor de la independencia, fue su poema *10 de octubre*, realizado unos meses después de ese día memorable de 1868.

No es un sueño, es verdad: grito de guerra
Lanza el cubano pueblo, enfurecido;
El pueblo que tres siglos ha sufrido
Cuanto de negro la opresión encierra.

Este poema apareció en un periódico manuscrito clandestino, que circulaba entre los estudiantes de segunda enseñanza de La Habana.

Muy pronto, Martí, aún sin cumplir los 16 años, publica otros dos textos definitorios de sus ideas: el primero, con fecha 19 de enero de 1869, fue el artículo principal de *El Diablo Cojuelo* —publicación codirigida por el joven independentista—, que termina con una disyuntiva tajante: "O Yara o Madrid", luego de desenmascarar a los autonomistas, a quienes llamó "sensatos patricios".... "que sólo tienen de sensatos lo que tienen de fría el alma".

Su segundo texto vio la luz cuatro días después, en el periódico *La Patria Libre*, también bajo su dirección. Esta vez, escogió el formato de un poema dramático. *Abdala, héroe de Nubia* (evidente referencia a Cuba), le replica a su madre:

El amor madre a la Patria
No es el amor ridículo a la tierra
Ni a la yerba que pisan nuestras plantas,
Es el odio invencible a quien la oprime
El rencor eterno a quien la ataca

Y en otro fragmento del poema, virtualmente prefigura el destino de su vida y, 26 años antes, el final conmovedor de su proverbial existencia:

Ya los miro correr... A los cobardes
Los valientes guerreros se abalanzan...
¡Nubia venció! Muero feliz: la muerte
Poco me importa, pues logré salvarla...
¡Oh, que dulce es morir cuando se muere
Luchando audaz por defender la Patria!

En abril de ese año, 1869, su maestro y protector Rafael Mendive fue condenado a 4 años de cárcel en España y, desde ese mismo mes, Martí debe incorporarse como empleado de diligencia en un comercio. Esa actividad la realiza obligado por circunstancias familiares —necesidades económicas perentorias— y por el interés lógico de los padres de alejarlo de las actividades en que ya arriesgaba su libertad individual y su vida. El momento —ciertamente— resultaba muy riesgoso, en especial, para aquel joven cada vez más conocido por sus verticales ideas.

Un hecho casual cambió repentinamente la existencia del bisoño rebelde: la noche del 4 de octubre, los voluntarios españoles registran la casa del mejor amigo de Martí —Fermín Valdés Domínguez—, y encuentran allí una carta firmada por ambos y dirigida a un condiscípulo, al que acusan de apóstata por enrolarse en las filas de un regimiento colonialista. Martí declara ser el único autor y es condenado a 6 meses de confinamiento.

En condiciones ominosas fue forzado a trabajar 12 horas diarias, durante 5 meses; y poco después fue deportado a España, recién cumplidos los 18 años.

Durante su permanencia en la cárcel, Martí apenas expresó palabras escritas. Las más conmovedoras aparecen en el poema que dedicó a su madre, al enviarle una foto suya en que aparece rapado, vestido de recluso y con el grillete despiadado:

> Mírame, madre, y por tu amor no llores:
> Si esclavo de mi edad y mis doctrinas,
> Tu mártir corazón llené de espinas,
> Piensa que nacen entre espinas flores.

Ya en España, de su alma estremecida por la dolorosa experiencia de la cárcel, salió muy pronto el testimonio cabal de aquellas vivencias, donde él no narra sus vicisitudes personales ni sus propios desgarramientos, sino que describe con ira, y nobleza, las angustias y los sufrimientos de sus acompañantes en la penuria, y de su padre, cuando este fue a visitarlo:

¡Y qué día tan amargo aquel en que logró verme, y yo procuraba ocultarle las grietas de mi cuerpo, y él colocarme unas almohadillas de mi madre para evitar el roce de los grillos (…) ¡Día amarguísimo aquel! Y yo todavía no sé odiar.

Ese formidable opúsculo —que revela el genio estético y analítico de Martí—, representó una acción política premeditada por él, con el fin de denunciar con toda su energía, talento y persuasión los horrendos castigos impuestos a los luchadores por la independencia de Cuba.

Al triunfar la primera República en España, Martí alza su voz en un ensayo antológico: "La República española ante la Revolución cubana", en el que utiliza ese acontecimiento para formular una contumaz defensa teórica y exponer las razones éticas del proyecto independentista cubano. Inquiere: "¿Cómo ha de haber republicano honrado, que se atreva a negar para un pueblo derecho que él usó para sí?" Defiende con lógica impecable la independencia de su Patria: "La República se levanta en hombros del sufragio universal, de la voluntad unánime del pueblo (...) Y Cuba se levanta así. Su plebiscito es su martirologio. Su sufragio es su revolución. ¿Cuándo expresa más firmemente un pueblo sus deseos que cuando se alza en armas para conseguirlos?"

De Madrid, en 1873, pasó a vivir en Zaragoza. Allí terminó su carrera universitaria de Derecho Civil y Canónico, y sacó dos asignaturas pendientes de bachillerato. Después, como alumno libre, matriculó y culminó la licenciatura en Filosofía y Letras. Al concluir sus estudios universitarios en España, a sus 21 años, el joven había cumplido una etapa necesaria y enseguida decidió abrir otra: regresar a sus tierras americanas para consagrarse a la pelea por la independencia de la Patria. Salió de España a finales de 1874. Su periplo iba a tener cinco destinos: México, Cuba, Guatemala, New York y Venezuela.

Un peregrino tras la independencia de la Patria

Llegó a Ciudad México en febrero de 1875 —luego de permanecer algunos días en París y en New York—, donde lo esperaban su padre y otra persona que, desde entonces, fue su amigo excepcional y destinatario de su testamento político más prominente: el mexicano Manuel Mercado. También conoce allí a la que sería su esposa: la camagüeyana Carmen Sayas.

En México, desplegó una intensa, y prolífica, vida intelectual y política. Escribió para el diario *El Universal*; tradujo una obra de Víctor Hugo; hizo poemas; participó en debates filosóficos; escribió y estrenó su obra teatral *Amor con amor se paga*; fue propuesto como delegado a un Congreso Obrero; y, por supuesto, conspiró en apoyo de los luchadores en Cuba.

En tierra azteca continúa su cruzada de denuncia de la esclavitud, reitera y promueve la necesidad de la independencia de Cuba, profundiza en el problema social del indio e incursiona en temas económicos: "La imitación servil extravía, en Economía, como en literatura y en política".

Por vez primera identifica un asunto esencial para los pueblos de Cuba y el país vecino: "La cuestión de México como la cuestión de Cuba, dependerá en gran parte en los Estados Unidos de América de la imponente y tenaz voluntad de un número no pequeño ni despreciable de afortunados agiotistas, que son los dueños naturales de un país en que todo se sacrifica al logro de una riqueza material." ¡Son innecesarios los comentarios! Su mente superior, a los 23 años, devenía ya luz de largo alcance.

Al ser derrocado el gobierno liberal de Sebastián Lerdo, decide —en enero de 1877— mudarse a Guatemala. En su recorrido hasta ese destino, permanece algo más de 45 días en La Habana, para arreglar la reinstalación de sus familiares en la Isla y "tomarle el pulso" a la evolución de la guerra: comprueba, entonces, con realismo que aquella estaba en una fase crítica, de virtual asfixia.

En Guatemala, se instala primero solo y, después, regresa a México, donde contrae matrimonio y desde allí vuelve a la tierra del Quetzal con su esposa: "Voy lleno de Carmen, que es ir lleno de fuerza." En ese país centroamericano desata su talento intelectual y es nombrado catedrático en la Escuela Normal y, luego, en la Universidad.

Martí dejó allí huellas preciosas entre cientos de sus discípulos de filosofía, literatura y ciencias naturales; su fama de hombre proverbial, enseguida, cundió por doquier, pues pronto escribió un libro consagrado a Guatemala, un drama dedicado a la independencia del país, y su oratoria estremeció y cautivó auditorios disímiles. Cada paso suyo levantaba admiración, en especial, por tratarse de un hombre de 24 años.

Un episodio quedó enraizado en la biografía del poeta: su tierna amistad con María García Granados, una adolescente cautivada ante el elan del cubano, quien —percatándose de los suspiros de ella— le ofreció un tratamiento delicado y respetuoso, sin herir sus sentimientos de amor.

La "Niña de Guatemala", víctima de tuberculosis —que agravó un resfriado— muere en mayo, y ello suscitó en Martí un profundo dolor, pues, además de su amistad con ella, poseía una excelente relación con el padre y con toda la familia. Años más tarde, entrega en unos versos conmovedores lo que él sabía que existía en la apasionada joven:

Dicen que murió de frío:
Yo sé que murió de amor

Vivía en Guatemala insatisfecho. No podía contribuir a la guerra en Cuba, porque estuvo seriamente enfermo y debido a que aquella languidecía. Finalmente, la contienda culminó con la derrota de los cubanos en el propio año 1878 y la firma de un Pacto deshonroso, que salvó —después— la enérgica y digna protesta de Antonio Maceo, en Mangos de Baraguá, calificada por Martí entre "lo más glorioso de nuestra historia".

En ese tiempo final de su estancia en Guatemala, el bisoño revolucionario comprendió sagazmente que cuando estaba a punto de fenecer el primer intento de ganar la independencia, había que exaltar sus glorias y sus héroes. Y avanzó todo cuanto pudo en un libro sobre la historia de esos años, para "enaltecer a los muertos y enseñar algo a los vivos".

El Pacto del Zanjón promulgó una amplia amnistía, que permitió a Martí y a su esposa regresar a la Isla, adonde llegan a finales de agosto de 1878.

Diez años habían transcurrido de sus primeros lances revolucionarios en 1868. Ahora, entre sus 25 y 26 años, tenía dos profesiones universitarias, había probado su talento literario exitosamente y sus cualidades excelsas como profesor, periodista y orador. Y lo más importante: la decisión suya de *echar su suerte con los pobres de la tierra*, en esos diez años, se le había entronizado aún más en su alma ferviente.

Muy pronto, comenzó a conspirar en La Habana.

En septiembre de 1879, es nuevamente detenido y, en breve, enviado a España. En esta ocasión, Martí dejaba en Cuba, además de la esposa, a la nueva prolongación familiar: el hijo anhelado, que le había nacido diez meses antes.

Desde España, aun con las restricciones de un desterrado, hizo cuanto pudo por legitimar la alternativa de la independencia cubana. En diciembre de ese año 1879, cruzó la frontera con Francia y de París viajó a New York, donde radicaba el Comité que dirigía la guerra reiniciada en Cuba, y al que fue incorporado enseguida.

Cuatro días antes de cumplir 27 años, en enero de 1880, leyó ante emigrados cubanos el discurso "Lectura en Steck Hall", donde expone los estudios que desde Guatemala había comenzado a realizar acerca de la Guerra de los Diez Años y las lecciones que de ella deducía para diseñar el nuevo proyecto que él consideraba indispensable hacer triunfar, para después construir una república diferente. Se trata del primer ensayo certero que se haya escrito sobre tal hecho fundacional de la nación cubana y la primera vez que Martí ofrece un bosquejo de sus ideas para conquistar la independencia: "el pueblo, la masa adolorida, es el verdadero jefe de las revoluciones"(…) "ésta no es sólo la revolución de la cólera. Es la revolución de la reflexión." En Steck Hall, Martí trazó ruta, y dejó plasmadas sus convicciones y expresiones de fe en una frase descomunal: "Antes que cejar en el empeño de hacer libre y próspera a la Patria, se unirá el mar del Sur al mar del Norte, y nacerá una serpiente de un huevo de águila."

Quien pronunció esas ideas, conocía de antemano que la guerra reiniciada en la Isla no podía prosperar. Así fue, y por ello redactó una carta —en nombre del Comité Revolucionario— dirigida al jefe militar, para orientarle el cese de las hostilidades: "No se rinde V. al gobierno enemigo sino a la suerte enemiga. No deja V. de ser honrado: el último de los vencidos, será V. El primero entre los honrados..." Y agrega: "Un puñado de hombres, empujado por un pueblo, logra lo que logró Bolívar (…) Pero abandonados por un pueblo, un puñado de héroes puede llegar a parecer —a los ojos de los indiferentes y de los infames—un puñado de bandidos."

Pasión por Venezuela

Al frustrarse el último intento revolucionario y resultar obvio que era indispensable esperar a que madurase "un nuevo estallido de decoro", Martí decidió viajar a la cuna del Libertador Simón Bolívar, simiente de Nuestra América. En lo personal, él sentía la desgarradura del distanciamiento del hijo y la esposa, y la terrible frustración del esfuerzo independentista. A Venezuela viajó para sentir de cerca el fulgor de Bolívar y a conocer la vasta experiencia de este pueblo. Y también suponía que podría obtener del gobernante Antonio Guzmán Blanco —quien ayudó a los mambises durante la guerra—, apoyo a los preparativos de otro intento insurgente.

A Caracas ingresa al anochecer del 20 de enero de 1881 y, sin quitarse el polvo del llamado "Camino de los Españoles", procedente de La Guaira, fue a la Plaza Bolívar a rendirle tributo a su Maestro más prominente, "que parecía que se movía, como un padre cuando se le acerca un hijo"—según rememoró años después en *La edad de oro*.

Seis meses de quehacer creador vivió Martí en Caracas. Impartió clases de Gramática Francesa y de Literatura en el colegio Santa María, de Agustín Aveledo, y de Literatura y Oratoria, en el de Tell Villegas; pronunció uno de sus discursos más sustantivos y brillantes, en el Club de Comercio; escribió para el diario *La Opinión Nacional*; fundó la *Revista Venezolana*, con el respaldo de diversos artistas e intelectuales del país; y escribió su primer libro de poesía: *Ismaelillo* —inspirado por la añoranza de su hijo pequeño—, que se considera la obra pionera de la literatura moderna en lengua española.

La lejanía del "retoño", sus vicisitudes matrimoniales y, por supuesto, el sentimiento hacia la Patria adolorida y cargada de incertidumbres, luego de perder el segundo intento bélico, no impidieron que Martí disfrutara plenamente ese instante supremo que desde niño anheló, de visitar la tierra sagrada de Bolívar. En carta personal, escrita a 2 meses de estar en Caracas, expresó: "De caer vengo del lado de la honra. Pero perder una batalla no es más que la obligación de ganar otra."

Bajo el influjo iconoclasta del Libertador, su mejor discípulo cubano, hecho él mismo para fundar, vivió en Caracas uno de los segmentos más fecundos de su existencia.

El discurso en el Club de Comercio, del cual se conservó un fragmento y las presentaciones de los dos números de la *Revista Venezolana* ("Propósitos" y "El Carácter de la *Revista Venezolana*"), muestran el cierre dorado de una primera fase de madurez del pensamiento martiano y los destellos de una vigorosa nueva etapa.

Si en México captó, por vez primera, la realidad continental de la postindependencia y, en Guatemala, conoció más el drama social y económico de las nuevas repúblicas, y las limitaciones de sus regímenes políticos, en Venezuela, profundizó y confirmó estas certezas. Llegó a la plena convicción de que era imprescindible transformarlas y que ello sólo sería posible lográndose la unión y la identidad de los pueblos al sur del Río Bravo. Además, Martí ya había estado dos veces en los Estados Unidos de América, y allí avizoró las codicias y malformaciones de aquella sociedad; así lo expresa en el discurso del Club de Comercio de Caracas: "Espantado de tanta alma sola y pequeñez vestida de grandeza, como la República del Norte había observado."

Ese discurso es íntegro y terso, y sólo una lectura reiterada permite interpretar su trascendencia y disfrutar su belleza insuperable.

"Al poema del 1810 falta una estrofa." Afirmó Martí aquella noche inolvidable y redondeó después: "A ofrecer vengo nuestros dolores, como en el día del triunfo vendremos a ofrecer en el altar del Padre americano el fruto de nuestra redención y el brillo y el honor de nuestra historia." ¡Fidel cumplió ese mandato de Martí, cuando viajó a Venezuela unos días después de nuestra redención, en enero de 1959!

Para Martí, no sólo estaba pendiente la estrofa de Cuba; continúa diciendo: "Para todos los que del lado azul del Atlántico nacimos, hay obra común y magnífica que hacer" (….) "hay que abrir ancho cauce a la vida continental" (…) "hay que devolver al concierto humano interrumpido la voz americana" (…) "hay que detener con súbito erguimiento colosales codicias; hay que extirpar con mano inquebrantable, corruptas raíces" (…) "¡ hay que trocar en himno gigantesco esta cohorte gentil de estrofas lánguidas, desmayadas y sueltas, y todas desmembradas, porque las unas no se completan con las otras, que hoy vagan tristemente, pálidas como vírgenes estériles por entre los cipreses que sombrean el sepulcro caliente del pasado!"

Con su visión poética anticipa esa tierra promisoria: "Y vi entonces, desde estos vastos valles un espectáculo futuro en que yo quiero caer o tomar parte." Y la describe así: "La inmensa tierra nueva, ebria de gozo de que sus hijos la hubiesen al fin adivinado, sonreía; todas las ropas eran blancas; y un suave sol de enero doraba blandamente aquel paisaje." Él sabe que esa es obra mayor, y por eso evoca a Bolívar y enaltece "la fortaleza de nuestros hombres, y la energía de nuestra voluntad". Pues: "Basta, para ser grande, intentar lo grande." Años después, lo diría con menos palabras: "Conquistar la segunda independencia."

Antes de partir de Caracas —en carta a su amigo Fausto Teodoro Adley— sintetiza el ideario bolivariano, que Martí asume y redimensiona, vista la evolución del continente en sus días: "De América soy hijo: a ella me debo. Y de la América, a cuya revelación, sacudimiento y fundación urgente me consagro, esta es la Cuna (…)" Tres conceptos, uno detrás del otro como muy lúcidamente interpretó el historiador cubano Pedro Pablo Rodríguez: *revelación*, esto es, develar a los pueblos las causas y factores de sus penurias, y la carencia real de libertad e independencia; *sacudimiento*: estremecer las conciencias, organizar, unir y mover a la lucha, y pelear para alcanzar esos logros; y *fundación*: crear un haz de nuevas repúblicas, que superen el liberalismo, el autoritarismo, el caudillismo, y sus hijos vivan todos "ebrios de gozo".

Las mismas ideas aparecen en la *Revista Venezolana*, cuando define así su propósito: "Como que encamina sus esfuerzos a elaborar, con los restos del derrumbe, la grande América nueva, sólida, batallante, trabajadora y asombrosa (…) Y un derecho sólo recaba para sí: su derecho a lo grande."

Martí también devino más grande en Venezuela. Desde entonces, su estatura histórica fue en ascenso e, incluso, comprendió que ser bolivariano en su tiempo obligaba a superar las causas que impidieran hacer triunfar las ideas del Libertador.

Luego de marcharse de esta tierra, que lo acogió como a un hijo, muchas veces la recordó. Baste este aserto escrito a su amigo venezolano Diego Lugo, el 9 de diciembre de ese año 1881: "Pero allí donde puse mis esperanzas, y las perdí, allí dejé lo más caro de mi vida."

Seguiría Martí siempre vinculado raigalmente a Venezuela y a Bolívar. De su estancia escribió una larga crónica: "Viaje a Venezuela", donde ofrece una visión de sus espléndidos paisajes, de la ciudad, la psicología social de sus habitantes, las costumbres y los contrastes de la sociedad: "En la ciudad París, en el campo, Persia." —sentenció—. Pero aun así, confía en Venezuela: "Se puede esperar todo de un pueblo donde la mujer es virtuosa y el hombre es honrado."

Su obra mayor: la nueva guerra por la independencia total

Desde Venezuela, regresa a Nueva York, donde reinicia sus quehaceres revolucionarios clandestinos entre los emigrados cubanos, y comienza a diseñar y a preparar el nuevo proyecto independentista, y la estrategia de la próxima guerra. Y dedica el tiempo posible —también, a veces, por necesidad de sustentación— a labores literarias, periodísticas, diplomáticas y de traducción, entre otras. En los Estados Unidos de América, permaneció Martí los últimos 14 años de su vida —sólo regresó a Cuba en abril de 1895, hasta su muerte: el 19 de mayo—. Desde Nueva York viajó, por períodos cortos, a Jamaica, Santo Domingo, Haití y Costa Rica, en los preparativos de la guerra.

Fue en la Patria de Lincoln, país que tenía dentro de sí el "monstruo revuelto y brutal que nos desprecia", donde Martí llegó a la cúspide de su creatividad intelectual y artística, y alcanzó el nivel máximo de consagración revolucionaria, convirtiéndose en el líder indiscutible de los patriotas cubanos, en el formulador de la nueva estrategia del proyecto independentista, y en su conductor y organizador principal.

No podré en esta ocasión reseñar siquiera las más importantes obras literarias, los discursos, novelas, artículos y otros textos martianos de esa época. De ese período, datan sus *Versos sencillos* y *Versos libres*, los cuatro números de la *Revista para niños*, dirigida y escrita por él, *La edad de oro*, sus textos sobre nuestra América, y los discursos consagrados a Bolívar. Martí fue un cronista de su tiempo; no hubo asunto que aconteciera o tema y personalidad con vigencia, en y de su época, sobre el que no emitiese juicio y escudriñara sus valores. Nada humano le fue ajeno.

Esta vez voy a detenerme solamente en la estrategia y el proyecto revolucionarios que él ideó, y ejecutó, hasta su muerte. A esa obra mayor dedicó su vida adulta entera, aunque tampoco sería acertado separarla del resto de su quehacer. Lograr la independencia de la Patria fue, sin embargo, el motivo esencial de toda la existencia de Martí y ninguno de sus actos cotidianos —incluso, de su vida íntima— pueden distanciarse de esa fuente nutricia.

Al acometer en los años ochenta la utopía monumental de organizar e iniciar una nueva guerra —basada en conceptos y propósitos inéditos en América Latina e, incluso, en el mundo—, Martí debió, ante todo, refrenar los impulsos desordenados y sin objetivos claros de los luchadores cubanos. En esos años, él no se cansaba de repetir: "A veces esperar es morir. A veces esperar es nacer." Y de insistir: "Ni un momento perdido, ni un momento apresurado. Apresurarnos es perder."

Sus convicciones y certezas eran tan cabales que, incluso, debió encarar y polemizar con los dos líderes de la generación del '68: Máximo Gómez y

Antonio Maceo. En dos cartas a Gómez le afirma: "... la Revolución no es un mero estallido de decoro, ni la satisfacción de una costumbre de pelear y mandar, sino una obra detallada y precisa de pensamiento." (1882) Y: "Un pueblo no se funda, General, como se manda un campamento." (1884)

Martí, además, reiteraba vehementemente en todas las ocasiones posibles —discursos, artículos, cartas, conversaciones— las enormes virtudes de los cubanos para conquistar la independencia y fundar una república nueva: "Con todos y para el bien de todos." Su argumento central: "El cubano ama la gloria, porque es capaz de ella."

Cuando un diario de los Estados Unidos de América publicó un trabajo en el que se denigraba al pueblo de Cuba —enseguida— le respondió con un artículo erguido y fulminante: "Vindicación de Cuba". Cumplía así con su primer objetivo expuesto en Caracas: develar las virtudes del pueblo, que se aprestaba a sacudir el yugo colonial.

Para "el Maestro" —de tal modo comenzaron a llamarlo muchos emigrados cubanos en los Estados Unidos de América—, la revolución en Cuba debía ser obra de todas las voluntades posibles y tomarse el tiempo necesario de preparación, por dos razones medulares:

A diferencia del resto de las ex colonias de España, Cuba tenía que resolver, simultáneamente, la ruptura de la dependencia de la metrópoli y evitar a tiempo con la consecución de esta, y por medio de una nueva república, que los Estados Unidos de América lograsen su propósito de adueñarse del control económico y político de la Isla.

Al alcanzar esa meta, además de promover y ayudar a la independencia de Puerto Rico, Martí pensaba que ambos desgajamientos contribuirían a impedir que los Estados Unidos de América se extendiesen "con esa fuerza más" por el resto de las Antillas y la América Latina.

Por otra parte, él comprendía que España echó sobre Cuba "el peso que antes repartía sobre el Continente", y, en consecuencia, como ya había hecho durante la guerra de 1868-1878, era de esperar que ante la próxima contienda, aun mejor preparada y con más participación del pueblo cubano, la Metrópoli lanzaría sus máximos recursos. Así sucedió: más de 300 000 efectivos, con las armas más modernas —incluidos el fusil de repetición y cañones —contra un ejército libertador, cuya arma principal era el *machete*; y téngase en cuenta que la población cubana bordeaba 1, 5 millones de personas.

Para entender la estrategia y el proyecto emancipadores de largo aliento de Martí, es imprescindible volver a sus últimas palabras, escritas en carta íntima a Manuel Mercado el día antes de morir: "Ya estoy todos los días en peligro de dar mi vida por mi país y por mi deber (...) de impedir a tiempo con la independencia de Cuba que se extiendan por las Antillas los Estados Unidos de América y caigan, con esa fuerza más, sobre nuestras tierras de América. Cuanto hice hasta hoy, y haré, es para eso. En silencio ha tenido que ser y como indirectamente...."

Antes, en 1889, él había advertido: "Jamás hubo en América, de la independencia acá, asunto que requiera más sensatez, ni obligue a más vigilancia, ni pida examen más claro y minucioso, que el convite que los Estados Unidos de América potentes (...) y determinados a extender sus dominios en América." Y sentenció: "De la tiranía de España supo salvarse la América española; y ahora, después de ver con ojos judiciales los antecedentes, causas y factores del convite, urge decir, porque es la verdad, que ha llegado para la América española la hora de declarar su segunda independencia."

Muchísimas más reflexiones sobre el peligro que representaban los Estados Unidos de América para la América Latina, pueden encontrarse en diversos textos de nuestro Libertador. Ningún pensador como él, en esos años, penetró con tanta clarividencia tal amenaza y la expuso ante sus contemporáneos, a pesar de que en ese asunto debió ser prudente en sus ideas públicas. Pues —desde los Estados Unidos de América— él conspiraba en apariencia sólo para independizar a su Patria de España y, en realidad, también, y principalmente, lo hacía para contribuir a impedir que el imperio naciente pudiera absorber a sus vecinos del sur, y, junto con ello, estimular la batalla por la segunda independencia de aquellos.

¿Cuáles son las ideas nuevas de Martí respecto de la independencia?

Rechaza las dos variantes de los hombres del 68, respecto de cuál poder debía ser predominante: el civil o el militar. Martí concibe un Partido —el Partido Revolucionario Cubano— para organizar y dirigir la guerra, con sus células de base, sus estatutos y con una estrategia política consensuada entre todos los patriotas, que agrupa y unifica a todos los que participan del ideal independentista. Ese Partido se creó para orientar, organizar, reunir fondos, comprar armas y preparar a los combatientes;

y tenía bajo su control todos los factores de la revolución, dentro y fuera del país. El Partido Revolucionario Cubano hacía la propaganda política, y dirimiría sus criterios en las células y en las reuniones de delegados. Sus miembros ejercían el voto para elegir a sus dirigentes.

Se trata, en resumen, del *primer* partido político democrático revolucionario en el mundo, creado con los fines de conducir la Guerra de Independencia y la revolución popular, y garantizar la forja de la nueva república.

La guerra tenía el propósito de conseguir la independencia basándose en conceptos y valores civilizados, cultos, sin estimular el odio contra el enemigo y, mucho menos, hacia el pueblo español. Ella constituía un hito de una estrategia de plazo y alcance largos. Debía preparar a los combatientes y el resto del pueblo para la fase posterior: de crear una república diferente a las existentes en la región, "con todos y para el bien de todos"; apoyar, simultáneamente, la independencia de Puerto Rico; y contribuir a la creación de nuevas repúblicas, y a la unión progresiva de las naciones latinoamericanas y de las Antillas, contra los intentos expansionistas y de dominación neocolonial de los Estados Unidos de América.

Tal proyecto lo concibió Martí con la participación de todos los cubanos dispuestos a defender la independencia de la Patria, al margen de su posición económica y social. Proclamó, y urdió, la unión de blancos y negros; hacendados y trabajadores; campesinos y artesanos; de los emigrantes y el pueblo de la Isla; entre el Oriente y el Occidente del país; y de la generación de 1868 con la que surgió después de la guerra. Sólo quedaban, pues, excluidos los anexionistas y reformistas (autonomistas).

Ciertamente, se trataba de un equilibrio de fuerzas sumamente amplio y flexible, aunque su consolidación dependía, en gran medida, del líder supremo, pues, luego de alcanzar Cuba la independencia, comenzarían los obstáculos y riesgos mayores.

Al caer Martí —recién iniciada la guerra— el peligro de frustrarse su proyecto estratégico creció dramáticamente. El pueblo cubano logró desgastar y estaba a punto de derrotar a las ingentes fuerzas españolas; pero los Estados Unidos de América truncaron esa victoria, intervinieron en el instante preciso (1898) y alcanzaron su afán de apoderarse de la Isla, creándose después la Primera República Neocolonial del continente.

Correspondió a la Generación del Centenario de su natalicio, reivindicar —a partir del asalto al Moncada, en 1953— las ideas políticas y éticas de José Martí, a quien Fidel Castro identificó, entonces, como el *autor intelectual* de aquel estallido de decoro. La última estrofa de 1810 que Martí evocó en Caracas, fue escrita por su pueblo, al amanecer de 1959, bajo la advocación del Apóstol, quien después siguió actuante, y orienta y estimula —desde su inmensidad— las epopeyas de la nación cubana.

Al exaltar a aquel ser humano fiero y tierno, de la levita negra y la imagen redentora, los cubanos de hoy nos sentimos felices porque hemos consagrado en la Ley Primera de Nuestra República su mandato supremo: "el culto a la dignidad plena del hombre", y todos nuestros logros tienen la huella fundacional de su genio y ejemplo. Él nos emociona y guía cada día, y nos indica hacia dónde ir, y desde su mirada visionaria, amable y exigente, obtenemos fuerza y rigor para continuar su utopía.

La historia me absolverá*

Cuando los miembros de esta Promoción nos visitaron en la Embajada de Cuba en Caracas, para comunicarnos su generosa decisión de identificar a su colectivo docente con el nombre de Fidel Castro Ruz, sentimos la emoción que sólo es capaz de experimentar un ser humano ante sus hermanos, que aún no conocía.

Allí, surgió la idea de que recordáramos en el día de hoy el significado histórico de *La historia me absolverá*, el memorable alegato de autodefensa del joven abogado de 27 años —doctor Fidel Castro Ruz—, que devino "programa y clarinada de lucha" del proyecto revolucionario martiano, en la segunda mitad del siglo XX.

El asalto al Cuartel Moncada —el 26 de Julio de 1953— mostró la vitalidad de la historia nacional cubana, exactamente, en los momentos

---

*Palabras a los abogados de la Promoción Dr. Fidel Castro Ruz, de la Universidad de Carabobo, julio de 1995.

en que parecía imposible superar el dominio neocolonial estadounidense, la degradación del sistema político, el subdesarrollo económico-social y la dictadura militar. En 1953, el fatalismo se enseñoreaba sobre el pequeño país de 6 millones de habitantes, situado a 90 millas de la gran potencia en expansión. El golpe militar del 10 de marzo de 1952, tensionó definitivamente las fuerzas que ya venían acumulándose y rebelándose contra la decadencia de la nación. De repente, en el instante más oscuro, estalló la luz.

Tradiciones y cultura política nacionales, patriotismo, imaginación y coraje engendraron el nuevo proyecto de liberación, la estrategia político-militar idónea, una vanguardia revolucionaria de origen y vínculos populares, y el líder singular. Todo ello, convirtió al Moncada y a *La historia me absolverá* en el germen de la Revolución.

La autodefensa de Fidel Castro puede ser considerada —en mi opinión— el documento político *más importante* de la historia cubana del siglo XX.

La historia me absolverá es un insuperable alegato jurídico —y político— de defensa personal y de todos los combatientes del Moncada. Representa un modelo de exposición de las ideas revolucionarias y, en especial, del programa y de la nueva estrategia que serían las bases político-ideológicas de la fuerza que dirigiría la lucha en la siguiente etapa; es una denuncia estremecedora de la dictadura y la explicación del porqué de su ilegitimidad; demuestra el derecho a la insurrección popular frente a ese régimen, y encierra una definición integral del concepto pueblo y del papel decisivo de este en todas las fases de la Revolución. Su autor utiliza un lenguaje sencillo, comprensible y, a la vez, vigoroso, que transmite fe en el triunfo, y expresa la lógica y la sensibilidad populares. Identifica su propuesta de cambios con los signos patrios, y ofrece una alternativa de liberación amplia y unificadora del pueblo —que sólo excluye a las minorías explotadoras.

¿Qué aspectos me parecen más interesantes para comentar en este acto?

La historia me absolverá fue concebida por su autor como el primer arma que él tenía que forjar para continuar la siguiente etapa del proceso revolucionario.

El pueblo debía conocer las razones del Moncada, los objetivos y las denuncias de los insurgentes, y recibir el estímulo del triunfo posible, tras incorporarse a la contienda.

Al comenzar la autodefensa, el joven abogado define, por vez primera, un eje central de los moncadistas: "la batalla por la libertad". ¿De qué libertad habla Fidel? Sus referencias en varios momentos al término *libertad* están sustentadas en una idea de transformación radical de la sociedad: "Traigo en el corazón las doctrinas del Maestro y en el pensamiento las nobles ideas de todos los hombres que han defendido la libertad de los pueblos."

Esa afirmación es clave. Para Martí, libertad es decoro, justicia social, y ética, de la solidaridad entre los pobres y oprimidos: "el ejercicio íntegro de sí y el respeto, como de honor de familia, al ejercicio íntegro de los demás". Al invocar las nobles ideas universales relacionadas con la libertad, Fidel abre al máximo la noción libertaria de los moncadistas y, simultáneamente, la entorna en los valores martianos y en la noción de pueblo del propio Fidel, expuesta en su discurso.

La libertad es una aspiración fundamental de los *moncadistas*, que ellos pretenden alcanzar en un proceso de transformación humana y no, solamente, con la derrota de la dictadura.

Al definir a los asaltantes del Moncada, su jefe es preciso: "Dije que ellos no se arrepentirían de su condición de revolucionarios y de patriotas". Revolucionarios y patriotas: la identidad es notoria y por ello Fidel la subraya una y otra vez. Los moncadistas "quisieron salvar el honor de la Patria", porque "ser cubano implica un deber, no cumplirlo es crimen y es traición."

En efecto, la subordinación colonial, primero, y neocolonial después, determinaron en Cuba ese vínculo insoslayable entre Revolución y Patria. Defender los valores de la nación hasta las últimas consecuencias, sólo era posible con una postura revolucionaria.

A José Martí —símbolo mayor de esa simbiosis— Fidel lo declara *autor intelectual* del Moncada, y, en su última alusión al Maestro, casi al concluir la autodefensa, afirma: "Hay cubanos que han caído defendiendo sus doctrinas: ¡Cuba, qué sería de ti si hubieras dejado morir a tu Apóstol!"

Martí es una fuente de valores revolucionarios con vigencia en la década de los cincuenta, puesto que su proyecto de transformaciones sociales no podía cumplirse entonces, sin quebrar el dominio neocolonial.

Para los *hombres del centenario* de su natalicio, José Martí representaba el intelectual multicreador, el estratega político y militar, el genial conductor de la guerra culta de la independencia; el organizador del Partido idóneo para ese fin, y el fervoroso defensor de la libertad y la democracia. El paradigma de revolucionario infatigable, educador, perseverante y unificador de voluntades; tesonero y optimista; intransigente con los principios y dúctil en las tácticas; capaz de entender y de tratar con modestia a todos; conspirador imaginativo; y el que puso su vida personal al servicio de la causa y murió, finalmente, *en combate de cara al sol* en la ejecución de sus ideas más transcendentes: lograr, a la vez, independizar a Cuba de España y de los Estados Unidos de América, e iniciar con ello el proyecto de emancipar a toda nuestra América.

Martí era para los moncadistas, en síntesis, la virtud de la nación y el encuentro del proceso histórico que termina en el siglo XIX con el que se inicia en el siglo XX. El programa radical de transformaciones concebido por Martí para la república cubana —y su fin último antiimperialista; la relación plena de ese proyecto de liberación nacional y democrático con los explotados y oprimidos, y su ética y su praxis individual, suman una potencialidad que le dio a aquel grupo de revolucionarios el fundamento y el impulso suficientes para moverse contra el sistema dominante.

La fuerza de Martí en 1953, se debe buscar, además, en su vigencia, pues durante más de 50 años de república ningún gobierno siguió el curso de sus ideas. El proyecto martiano estaba pendiente de implementar, y de ahí su significación para el pueblo y, por ende, para los moncadistas, al cumplirse exactamente el centenario de su natalicio.

Por todo ello, es explicable que nuestro Apóstol haya sido proclamado por Fidel el inspirador, el guía, el autor intelectual del Moncada. Ciertamente, Fidel y el grupo dirigente de ese hecho histórico, ya conocían la teoría marxista en el año 1953, mas no tuvieron ninguna contradicción entre el hecho de ser marxistas y continuar siendo martianos. Muy al contrario: en esa mezcla explosiva, radica el principal núcleo generador de creatividad de la Revolución cubana. Una generación, al decir de Fidel en el juicio del Moncada: "con sus propias ideas" (y en eso también fueron martianos).

La historia me absolverá está tejida con los más fuertes hilos de la ética cubana y universal.

El ardiente abogado adopta siempre el lado de la verdad; las vivencias del Moncada, el compromiso con los caídos, lo incitan a hablar con palabras que son "entrañas de la verdad" y, en consecuencia, "por ninguna razón del mundo" calla lo que debe decir.

Quienes pelearon el 26 de Julio volvían a enfrentarse en el juicio a sus enemigos: "otra vez la causa justa del lado nuestro", para desatar "contra la infamia el combate terrible de la verdad". Los moncadistas no tenían nada que ocultar, "porque todo había sido logrado con sacrificios". Ellos sólo están comprometidos con la verdad y, desde ella, Fidel recuerda una y otra vez a Martí: "Un principio justo desde el fondo de una cueva, puede más que un ejército."

Esa convicción espiritual es su fuerza "telúrica". Y el centro de ella es Martí; por eso, a quienes le llaman *soñador*, Fidel les dice como el Maestro: "El verdadero hombre no mira de qué lado se vive mejor sino de qué lado está el deber", pues "el porvenir está al lado del deber."

Y así, va urdiendo Fidel los valores éticos de *La historia me absolverá*, que fueron los del Moncada y que serán después el sustrato moral de la Revolución: la verdad, lo justo, el sacrificio, la entrega generosa de todo por la causa y la esperanza de alcanzar una nueva opción de vida basada en la solidaridad, la igualdad y la libertad.

Una ética de compromiso con la erradicación del privilegio, porque: "Si algún pueblo aborrece con toda su alma el privilegio y la desigualdad, ese es el pueblo cubano."

Estas últimas sagaces observaciones de Fidel —en la autodefensa— muestran su aguda capacidad para percibir la psicología y la axiología de los cubanos. Y están en la base de sus más sólidas convicciones acerca del socialismo, las mismas que después darían un perfil propio a la versión cubana: igualitario, humanista y solidario.

Y esa postura de Fidel tiene mucho que ver con la posición desde la que asume y entiende a los suyos: "Mi lógica es la lógica sencilla del pueblo."

La historia me absolverá fue el primer programa de la Revolución y refleja un pensamiento que se articula siempre en función de la nueva etapa de lucha. Por ello, toma muy en cuenta el nivel de aspiraciones de los sectores populares; las influencias de las corrientes reformistas (nacional-populistas) que tuvieron mucha presencia, desde 1934, hasta los primeros años de la década de los cincuenta; las frustraciones a causa de las promesas no cumplidas por estas y otras vertientes políticas; y, en especial, las limitaciones en la conciencia social, determinadas por la ideología dominante, marcada por la coyuntura de plena Guerra Fría.

Discípulo de Martí, el joven líder aprendió de este a no levantar oposiciones ni enemigos a destiempo. Por eso, no aparecen expresados todos los objetivos últimos, aunque tampoco los niega ni los declina. La circunstancia no le permite enunciarlos claramente, pero no se compromete en afirmaciones que violen sus principios y aspiraciones mayores.

Un tema de ese género es el del *imperialismo*.

La palabra no es mencionada. Sólo habla de "manos extranjeras", al referirse a los propietarios de las mejores tierras, y adelanta la idea de nacionalizar "el *trust* eléctrico y el *trust* telefónico". En otro momento, denuncia que Cuba sigue siendo una factoría productora de materia prima y utiliza una imagen muy gráfica: "Se exporta azúcar para importar caramelos, se exportan cueros para importar arados."

Así, el "antiimperialismo" de *La historia me absolverá* no queda explícito plenamente, se deriva del conjunto de leyes por las que abogaba, de la estrategia político-militar en marcha —que liquidaría al Estado subordinado— y del poder popular. El fin último —la revolución antiimperialista y socialista— no aparece en el documento. Fidel lo mantuvo en secreto, como hizo Martí en su tiempo respecto del *proyecto de liberación* contra los Estados Unidos de América: "En silencio ha tenido que ser, y como indirectamente, porque hay cosas que para lograrlas han de andar ocultas y de proclamarse en lo que son, levantarían dificultades demasiado serias para alcanzar sobre ellas el fin."

Cinco eran las leyes iniciales enunciadas en *La historia me absolverá*. Al trazar un análisis particular de cada una, es conveniente no perder de vista el alcance del conjunto de ellas y el poder que las respaldaría: *el pueblo en armas.*

La *primera* ley "devolvía al pueblo la soberanía" y proclamaba la vigencia de la Constitución de 1940, hasta que aquel "decidiese modificarla o cambiarla". Mientras, "el movimiento revolucionario, como encarnación momentánea de esa soberanía, única fuente de poder legítimo, asumía todas las facultades que le son inherentes a ella", ya que "un gobierno aclamado por la masa de combatientes, recibiría todas las atribuciones necesarias para proceder a la implantación efectiva de la voluntad popular y de la verdadera justicia".

El programa del Moncada responde a las posibilidades de una primera etapa y deja abierta las puertas para alcanzar transformaciones más radicales. Los contenidos de las primeras leyes y el lenguaje empleado en todo el documento, se atienen a las expectativas inmediatas de la población. Las necesidades y metas que logran percibir los sectores a los que beneficiarían las medidas, se transmiten en ese código comprensible y, a la vez, Fidel enuncia los elementos que permitirán en el futuro cambios más sustanciales.

No es casual que la *primera* ley consistiera en restituir la Constitución. Para el pueblo, cualquier medida debía respetar, primero, la vigencia de esa Ley Fundamental —nunca cumplida, siempre violada—, que abolió la dictadura el 10 de marzo de 1952. En otro sentido, el marco legal de la Constitución —una de las más avanzadas del continente— ofrecía a los revolucionarios cubanos una interpretación de amplios márgenes para avanzar hacia sus objetivos de más aliento. Por ejemplo, la proscripción del latifundio y la adopción de medidas que tendieran a revertir la tierra a los cubanos, la obligación del Estado de utilizar los medios a su alcance para proporcionar empleo a todos los que carecieran de este, y asegurarle a cada trabajador manual e intelectual una existencia decorosa.

En rigor, la aplicación de todas las leyes previstas y el cumplimiento de los propósitos mayores indicados en el propio alegato de Fidel, junto al hecho de que el pueblo armado sería el protagonista de los cambios, muestran una experiencia fundamental en las circunstancias específicas de Cuba: el programa del Moncada lo concibió el autor unido a la estrategia de lucha por el poder, y a la fuerza que garantizaría su viabilidad y superación. Y ello, sin obviar las normas constitucionales, pero sin dejarse atrapar ni paralizar por sus límites.

Las leyes *segunda, tercera* y *cuarta,* tenían un propósito catalizador: eran reformas audaces, dirigidas a lograr la rápida motivación e incorporación de los sectores a los que beneficiaban.

La *quinta* ley revolucionaria dictaría la confiscación retroactiva de todos los bienes malversados durante la historia cubana. En nuestro país, esa medida tenía una doble connotación: económica, pues se recuperarían cientos de millones de dólares robados al Estado por todos los gobiernos y la oligarquía neocoloniales; y ética, dado el fuerte repudio popular a tales prácticas abusivas.

A esas cinco primeras decisiones "seguirían, una vez terminada la contienda, otra serie de leyes y medidas también fundamentales, como la reforma agraria, la reforma integral de la enseñanza y la nacionalización del *trust* eléctrico y el *trust* telefónico". Todas esas pragmáticas y otras —adelanta Fidel— se adoptarían para resolver "el problema de la tierra, el problema de la industrialización, el problema de la vivienda, el problema del desempleo, el problema de la educación y el problema de la salud del pueblo". He ahí —subraya Fidel— los seis problemas a cuya solución se encaminarían resueltamente los esfuerzos de los moncadistas, "junto con la conquista de las libertades públicas y la democracia política".

Se trata, pienso, de una afirmación muy gruesa, que es necesario subrayar. Los seis puntos que alude Fidel sólo podrían resolverse —dadas las condiciones del dominio estadounidense en Cuba— por medio de una transformación y un poder popular-revolucionario de naturaleza socialista.

Esas seis aspiraciones se unen a la instauración de las libertades públicas y la democracia política, las cuales percibe indispensables de cara al régimen dictatorial, y se inscriben, a la vez, en una perspectiva de mutaciones que darían al nuevo sistema político un sentido democrático y popular anticapitalista, diferente al liberal, sustentador de la Constitución de 1940.

En todo caso, quisiera llamar la atención de cómo Fidel asume el tema democrático, sin altisonancias, ni atribuyéndole poderes míticos, incluso tratándose de un programa de lucha contra una dictadura. Coloca el acento en los problemas sociales, económicos, morales y de participación directa del pueblo en el ejercicio del poder, indicios relevantes de la nueva democracia política a la que se aspiraba.

Otras muchas reflexiones pudieran hacerse en relación con los hechos del 26 de Julio y *La historia me absolverá*.

Los cubanos, que tenemos, hoy día, la suerte de poder contar con el mismo líder excepcional de 1953; encontraremos siempre en ese documento emblemático la condensación magistral de las mejores tradiciones de lucha y del pensamiento político, ético y jurídico de nuestro pueblo.

La historia absolvió plenamente a Fidel. Toda la gloria del mundo cabe en un grano de maíz —ha repetido él después muchas veces, al aludir a un pensamiento célebre de José Martí—. Con esa humildad y modestia, estoy seguro de que nuestro Comandante en Jefe recibió la noticia del homenaje que ustedes le han tributado.

Inicio de la Revolución cubana*

Pocas semanas después del golpe militar del 10 de marzo de 1952, el joven de 25 años Abel Santamaría expreso: "Una revolución no se hace en un día pero se comienza en un segundo."

"Hay tirano otra vez, pero habrá otra vez Mellas, Trejos y Guiteras (…) la hora es de sacrificios y de lucha; si se pierde la vida nada se pierde, vivir en cadenas es vivir en oprobio y afrentas sumidos. Morir por la Patria es vivir." —escribió otro joven, el día del artero golpe. Tenía también 25 años; su nombre: Fidel Castro.

Ese dictador —Fulgencio Batista— era el mismo que, en 1934, había encabezado un golpe militar para derribar al gobierno cuya ala revolucionaria lideraba Antonio Guiteras —mencionado por Fidel.

Los jóvenes que asaltaron los cuarteles Moncada y Carlos Manuel de Céspedes, no se conocían entre sí aquel 10 de marzo.

Ellos se autodenominaron Generación del Centenario, en referencia a los 100 años del nacimiento de José Martí. El Apóstol los unió y los guió, con su ideario independentista, democrático-revolucionario y antiimperialista. Y al iniciarse pronto un nuevo siglo, es útil volver a preguntarnos: ¿Cuál es el significado histórico del Moncada?

El 26 de Julio de 1953 representó el despunte de la Revolución. El nuevo y definitivo grito liberador del pueblo cubano.

Aquel amanecer surgió la vanguardia y el líder indiscutible, y se

---

Palabras pronunciadas en el Teatro de la Escuela Náutica, estado de Vargas, el 26 de julio de 2000, en el acto venezolano-cubano para conmemorar el Asalto al Moncada.

inauguró la estrategia acertada de la lucha armada, sustentada en el apoyo y la participación del pueblo.

"Echar a andar un motor pequeño, que ayude a arrancar el motor grande." —con esa imagen, Fidel resumía, entonces, el núcleo central de su estrategia de lucha—. Después lo sintetizó así en *La historia me absolverá*: "Apoderarnos por sorpresa de las armas, llamar al pueblo, reunir después a los militares, invitarlos a abandonar la odiosa bandera de la tiranía y abrazar la de la libertad."

El Moncada probó la importancia esencial de la unidad de los revolucionarios, y demostró la capacidad movilizadora, y la vigencia del pensamiento, y el ejemplo, de Martí y los luchadores del siglo XIX, y de los años veinte y treinta del presente siglo.

Asimismo, el 26 de Julio trajo consigo el Programa de la Revolución, expuesto por Fidel en su autodefensa *La historia me absolverá*, el 13 de octubre de ese año.

Los problemas de la tierra, la industrialización, la vivienda, la salud, la educación, y el empleo, fueron identificados correctamente por Fidel como los *nervios vitales* del programa de medidas para transformar el país.

"A ese pueblo, cuyos caminos de angustia están empedrados de engaños y falsas promesas no le íbamos a decir te vamos a dar, sino aquí tienes, lucha ahora con todas tus fuerzas para que sean tuyas la liberación y la felicidad." — expresó Fidel, al explicar en su alegato el papel decisivo que tendría la participación del pueblo en el éxito del programa revolucionario.

Y por vez primera, se puso en evidencia la capacidad autocrítica de la Revolución, con el análisis del joven líder en su autodefensa sobre los errores cometidos, que impidieron —el 26 de Julio— tomar exitosamente el Cuartel Moncada, en Santiago de Cuba, y el Carlos Manuel de Céspedes, en Bayamo.

En resumen, el Moncada le reafirmó al pueblo cubano que sólo peleando y resistiendo, sin derrotismo ante los reveses, con inteligencia y optimismo en el triunfo, con unidad, coraje, organización, y disciplina era posible avanzar y vencer.

Inspirada en esas verdades, Haydée Santamaría, años más tarde dice estas hermosas palabras: "El Moncada nos recuerda hasta esa flor tan cubana como la mariposa; el Moncada son los que quedan y quedarán eternamente. Es todo lo que llegó después: es el Che, es Camilo, es el pueblo, es la Revolución, es Fidel. Hay algo que no podemos imaginar y es tener un Moncada sin Fidel."

¡Y ahora, podríamos agregar que tampoco sería posible imaginar a la Revolución cubana y a nuestro pueblo aguerrido, culto, combativo, digno y victorioso, sin Fidel!

¡Qué suerte la de nuestro pueblo, que aquel joven de 27 años concibiera, organizara y dirigiera el asalto al Moncada! ¡Qué privilegio el de nuestro pueblo, que —hoy día— ese joven: experimentado e invencible, de 73 años, siga al frente de nuestras gloriosas batallas!

Esa fuerza moral es la que ha estado presente en nuestros médicos, enfermeras, y en todos los compañeros y compañeras de las brigadas cubanas aquí en Venezuela, y en otras partes del mundo.

Por eso, las cubanas y los cubanos que trabajamos y estudiamos en Venezuela —incluidos nuestros niños y jóvenes—, queremos rendirle hoy —26 de Julio— este cálido homenaje a nuestros hermanos y hermanas de las Brigadas Médicas. Ustedes representan el ejemplo más numeroso de una presencia solidaria humanitaria de Cuba en Venezuela, en toda la historia fraterna de ayuda mutua entre los dos países.

Y si Martí fue el *autor intelectual* del Moncada, debemos decir que él también ha sido el autor intelectual de esa proeza solidaria. Ustedes siguieron su mandato: se han comportado como hijos agradecidos de este bravo pueblo, y han servido a Venezuela con pasión y humildad infinitas.

Nuestro homenaje emocionado también al médico del Moncada —Mario Muñoz—, quien fue asesinado, sin disponer él de armas, en el ejercicio de su profesión. Y a Haydée Santamaría, y a Melba Hernández, quienes cumplieron allí funciones de enfermeras y que serán siempre un símbolo de la heroicidad de nuestras mujeres.

Ciertos "malintencionados" intentan —en balde— confundir al pueblo venezolano con intrigas, y mentiras, en torno a la presencia y el quehacer de nuestras Brigadas Médicas.

¿Por qué tanta rabia? Les duele, y quieren evitar que los dos pueblos se acerquen y se entiendan cada vez más, como lo querían Bolívar y Martí. Venezuela y Cuba, cada uno con su propia identidad, historia y realidad, pueden mostrarle a este continente el *camino verdadero* de la cooperación y la integración, que redunde en beneficios económicos y sociales reales para la mayoría de nuestras gentes.

¡Esas falacias grotescas y burdas, han sido rechazadas por este pueblo inteligente y sagaz, al que ellos subestiman y desprecian!

Vísperas del 26 de Julio, al pensar en esos "injuriosos", recordé la canción conmovedora de Silvio: *El elegido*, dedicada por nuestro trovador a Abel Santamaría:

> La última vez lo vi irse
> Entre humo y metralla
> Contento y desnudo:
> Iba matando canallas
> Con su cañón de futuro.

El estallido de luz del Moncada, nos hizo percibir y sentir a los cubanos que era posible la Revolución del decoro, de los humildes y por los humildes. Lo logramos. Y ahora, cada día, nuestro deber es amanecer con la rebeldía, el optimismo y la decisión de *vencer o morir* de aquellos iniciadores.

Aniversario del triunfo de la Revolución cubana*

El "amanecer" de la Revolución cubana también fue una redención histórica del pueblo venezolano, que se identificó con ella y la apoyó de formas muy diversas, con la Marcha del Bolívar para la Sierra Maestra, el envío de armas, la difusión en cadena de las emisiones de Radio Rebelde y, sobre todo, dándole aliento moral y espiritual a los revolucionarios cubanos.

¿Qué decirle en nuestros primeros 40 años de liberación plena a un auditorio conformado por tan entrañables venezolanas y venezolanos, que han sido baluartes de la solidaridad con Cuba?

Discurso en la Sala Plenaria del Parque Central, Caracas, 28 de enero de 1999.

¡Todavía hoy —en Venezuela— me encuentro por doquier a mucha gente que me enseña con orgullo el certificado de haber donado 1 bolívar para la Sierra Maestra! ¡Ese es el valor perdurable de la solidaridad, más allá del significado monetario del gesto!

Por esa nobleza conmovedora de este pueblo, escribió Martí en 1883: "Cuando Céspedes y Agramonte, Venezuela mandó a Cuba héroes suyos a morir, y más hubiera mandado, y nos abrió sus casas, y empezó a armar su juventud —y si no dio más, no fue por culpa de Venezuela—. Cumple aquí como hermanos, sacarse del corazón toda la gratitud de Cuba a Venezuela."

Compartimos, pues, con ustedes, nuestra alegría por llegar victoriosos a estos 40 años de la primera revolución socialista de América. Cuatro décadas del proceso de transformaciones humanas más radical y trascendente de la historia cubana. Y el más significativo de este siglo, en todo el hemisferio occidental.

Es esta una ocasión oportuna para preguntarnos una vez más: ¿Por qué los Estados Unidos de América siguen empecinados, 40 años después, en revertir y derrotar a la Revolución cubana? La clave de esa respuesta está, precisamente, en la significación universal de la Revolución cubana, y en el mal ejemplo que representa para su hegemonía y dominio hemisférico, y mundial.

Nadie podría resumir estos largos años de tan intensas, diversas, complejas e inmensas conquistas, luchas y experiencias del pueblo cubano, signadas por la voluntad de crear cada día una sociedad más justa, más democrática, más libre y más independiente.

El Premio Nobel José Saramago, dijo recientemente en La Habana: "Claro, lo sabemos, hay problemas en Cuba. Pero los problemas de Cuba, Cuba los resolverá. En la buena dirección, siempre. Con todas sus contradicciones, sus tensiones internas, sus problemas. Si miramos al mundo y esperamos encontrar un lugar donde todavía se mantenga la esperanza de que el ser humano es una posibilidad, yo diría que ese lugar está en Cuba."

Tal vez Saramago fue muy lejos, al señalar esa posibilidad exclusivamente en Cuba. Pero no será nunca una exageración afirmar que en la Isla seguiremos siendo un pueblo que piensa, con memoria y sensibilidad, que asume más el *nosotros* que el yo y que su vocación primordial es la dignidad de la Patria.

El pueblo cubano de hoy, comentó Fidel en su discurso del pasado 1ro. de enero, no es el mismo de 1959, es otro distinto y, a la vez, es el mismo pueblo eterno.

Aquel de hace 40 años, donde predominaban los analfabetos y semianalfabetos, sin poseer todavía una cultura política verdadera, "fue capaz de hacer triunfar la revolución, defender la Patria, alcanzar después una extraordinaria conciencia política e iniciar un proceso revolucionario que no tiene paralelo en este hemisferio ni en el mundo" — sentenció nuestro líder.

Las circunstancias en que triunfó la Revolución cubana son irrepetibles. Ninguna revolución es igual a otra. Las revoluciones, cuando son genuinas y perdurables, sirven, eso sí, para alentar a la lucha y a las búsquedas de otros pueblos, en sus propios caminos de emancipación.

El pueblo cubano hizo suya la Revolución, porque encontró en ella las soluciones reales a sus dolencias seculares y le abrió el sendero de la felicidad, con realizaciones prácticas tangibles.

Una revolución civilizada, radical, culta, genuina, con participación organizada del pueblo estalló ante las narices de los Estados Unidos de América y, desde entonces, su luz enceguece al imperio e ilumina a los pueblos de nuestra América. Una revolución que cuida, gratifica y respeta a sus hijos: "con todos y para el bien de todos" —como quería Martí.

Este año 1999, conmemoramos también una década desde que se inició el derrumbe del socialismo europeo. ¿Por qué no cayó ni caerá el socialismo cubano? ¿Cuáles son los secretos del reverdecer actual de nuestra Revolución?

No hay enigmas: la respuesta está en las raíces auténticas de nuestro proceso revolucionario. En sus extraordinarias realizaciones humanas, que benefician a toda la población y en la verdad de que sólo el socialismo puede garantizar la justicia social, la independencia, la dignidad y el desarrollo económico del país. Pues, la otra opción es retroceder a la seudorrepública que existió antes de 1959: neocolonia de los Estados Unidos de América, subdesarrollada, y que ahora lo sería aun más bajo el designio del neoliberalismo.

Al caer el muro de Berlín, en 1989, Cuba cumplía 30 años de Revolución. Ya entonces éramos el país de América Latina y del Tercer Mundo con mayor esperanza de vida (74 años) —13 más que en 1958—, menor mortalidad infantil —11 por cada 1 000 nacidos vivos— y con los mejores indicadores de salud, de educación y de deportes, comparables con los de los países desarrollados.

En esos 30 años, las transformaciones ocurridas convirtieron al pueblo cubano en el más educado y más sano de la región, y también en el mejor alimentado, y con otras condiciones de vida material y espiritual superiores.

Los problemas, errores y deformaciones del seudosocialismo del Este europeo y de la Unión Soviética, no eran los de Cuba. Nuestra Revolución estaba, en lo esencial, sana y avanzaba buscando superar sus deficiencias, problemas y errores, a la vez que mantenía la certeza de que valía la pena resistir y luchar por defender las extraordinarias conquistas que obtuvo el pueblo en esos 30 años de espléndidas mutaciones.

El ingreso per cápita aumentó —en esos 30 años— 4,2% como promedio anual, o sea, el más alto de América Latina. Con la peculiaridad de que ese crecimiento se distribuyó *equitativamente* entre toda la población.

Al compararse con los demás países del continente, Cuba socialista había avanzado, en 30 años, más que ellos durante 200 años de su historia de predominio capitalista.

Y, sobre todo, se habían formado millones de hombres y mujeres con un desarrollo educacional, cultural, ético y de elevada conciencia política, cuya expresión más notoria, y plena, era la práctica y la disposición masiva de la solidaridad hacia otros pueblos del Tercer Mundo.

También cometimos errores, al copiar aspectos de aquel socialismo equívoco. Tuvimos, además, fallas nuestras; por ejemplo, un igualitarismo excesivo y despilfarro de recursos. A veces, quisimos avanzar y hacer más de lo que podíamos, con los recursos limitados de que disponíamos.

Pero no hubo corrupción, ni acomodamiento de los dirigentes, ni desunión de los revolucionarios. Y cuando surgió algún foco de corrupción, fue extirpado inmediatamente. En la Cuba revolucionaria jamás existió, ni habrá impunidad, pues el pueblo dispone de los medios de participación democrática que lo garantizan.

Unidad del pueblo, ejemplo de los dirigentes, ejercicio real de la democracia, defensa de la Patria por todos, internacionalismo, un Partido y una estrategia, capacidad para identificar, plantear y rectificar los errores sin autodestruirnos, y el liderazgo excepcional de Fidel: he ahí las claves del triunfo y el porqué de la vigencia de la Revolución. Por eso, Cuba no será derrotada jamás.

Es necesario, a la vez, reconocer que estos últimos 10 años han sido los más difíciles y los más peligrosos en todo el devenir revolucionario. Muchas de nuestras ventajas antes de 1990, se convirtieron en grandes desventajas. El pueblo se había acostumbrado a un nivel de vida material que, de repente, resultaba insostenible, al disminuir la producción en más de un tercio y reducirse las importaciones a una cuarta parte. Noches sin electricidad, y neveras sin frío y con pocos alimentos. Escasez de medicinas. Serias carencias de transporte. Las inversiones paralizadas. En fin, una virtual economía de guerra, sin balas. Mientras, los Estados Unidos de América pensaron que había llegado la hora definitiva de coronar sus ambiciones de recolonizar la Isla, y apretaron más su criminal cerco económico; y la tormenta propagandística de mentiras alcanzó niveles fascistas, con el doble propósito de buscar el aislamiento económico y político internacional de la Isla.

¿Qué hacer? —nos preguntamos entre 1990 y 1993 los revolucionarios cubanos—. La respuesta fue coincidente: defender las conquistas de la Revolución, sin dogmatismo; reconocer los errores, sin autoflagelarnos, mientras aceptábamos que el mundo había cambiado dramáticamente y que era necesario insertarnos, sin sucumbir, en esa nueva realidad mundial. Mover las ideas, sin cambiar los principios ni los objetivos estratégicos. Adaptarnos, mutar y resistir lo necesario, para preservar nuestras conquistas.

Primero, mantener la unidad y garantizar que no se cerraría un hospital, una escuela, y que nadie quedaría desamparado. Después, introducir paulatinamente, y en orden, las reformas económicas y políticas pertinentes.

Tampoco la vía de los cambios, y reformas, estaría exenta de riesgos y desgarraduras, pero ese fue el único camino válido al plantearnos retener, en lo inmediato, las conquistas de la Revolución y salvar el socialismo en su proyección vital.

Apenas 5 años después del inicio de tales reformas y cambios, podemos decir que cumplieron plenamente con sus propósitos y ya la economía avanza, con un crecimiento promedio —desde 1995— superior a 4%, lográndose un equilibrio de las finanzas internas y un dinamismo prometedor. Así, por ejemplo, mientras Rusia alcanzó —en 1998— 40% del PIB de 1989, Cuba ya supera 70% de ese año.

Han mejorado, a la vez, algunos indicadores humanos fundamentales, como la esperanza de vida, que hoy es de 75 años, y la mortalidad infantil, inferior a 7 por cada 1 000 nacidos vivos.

Y todo esto lo hizo el pueblo cubano, sin abandonar el socialismo. ¡Y lo hicimos sin bajarle la cabeza al imperialismo ni entregar un átomo de nuestra dignidad y de nuestras posiciones soberanas e independientes!

Son los Estados Unidos de América los que han quedado aislados con su política agresiva y de bloqueo contra Cuba.

¡En ningún otro momento de nuestra historia hemos recibido tanta solidaridad! Ese es el reconocimiento de los pueblos del mundo a la heroica resistencia de los cubanos y a su decisión de continuar adelante con su sociedad justa, democrática y libre.

En estos días de enero, conmemoramos también 40 años de la visita que hizo Fidel a Venezuela. El primer pueblo que abrazó —en enero de 1959— después del cubano. ¿Por qué? Vino a agradecer la solidaridad y a seguir el ejemplo de Martí, rindiéndole honor al pueblo pionero de la independencia de nuestra América.

A la enorme multitud congregada en la plaza de El Silencio, aquel 23 de enero, le dijo: "Hermanos venezolanos…he sentido una emoción mayor al entrar a Caracas, que la que experimenté al entrar a La Habana… en cierto modo, era lógico que el pueblo de Cuba abriese los brazos para recibirnos" (…) "De Venezuela sólo hemos recibido favores. Nos alentaron durante la lucha con su simpatía y su cariño. Hicieron llegar a Bolívar hasta la Sierra Maestra. Divulgaron por toda la América las transmisiones de Radio Rebelde. Nos abrieron las páginas de sus periódicos."

Y terminó Fidel aquel estremecedor discurso rindiéndole homenaje a este pueblo y al Libertador, como si a través suyo hablara Martí: "Basta ya de levantarle estatuas a Bolívar sin cumplir sus ideas. ¡Lo que hay que hacer es cumplir sus ideas! ¿Hasta cuándo vamos a permanecer en letargo, fuerzas indefensas de un continente a quien el Libertador concibió como algo más digno y grande? ¿Hasta cuándo vamos a estar divididos, víctimas de intereses poderosos? Venezuela debe ser el país líder de la unidad de los pueblos de América, pues Bolívar es el padre de la unión de los pueblos de América."

Con una ensordecedora y estruendosa ovación quedó clausurado aquel apoteósico acto —según testimonió, años después, el historiador cubano y primer embajador de la Cuba Revolucionaria en Venezuela, el inolvidable hermano Francisco Pividal, con quien tuve el privilegio, yo joven, de trabajar y aprender de él en los predios de la Universidad de La Habana.

Un día como hoy —28 de enero— nació Martí, y con él llegó a su sitial más alto el sentimiento sublime de respeto y admiración de los cubanos por la gente de esta Tierra de Gracia, y por el Libertador.

Palabras de fin de siglo*

Faltan algunas horas para despedir el segundo milenio; un privilegio inusual para todos nosotros, y una ocasión memorable para disfrutar y pensar en nuestras vidas, y para reflexionar sobre el género humano.

Muchas circunstancias, raíces comunes y hechos históricos nos unen a quienes estamos aquí reunidos. Permítanme evocar uno que ocurrió hace apenas 1 año, y es ya símbolo formidable de la solidaridad más cabal entre Venezuela y Cuba, en ocasión del desastre natural que afectó al estado Vargas, al mayor en la historia de Venezuela.

Al arribar al Aeropuerto de Maiquetía el primer avión, con 64 especialistas de salud cubanos —aquel 17 de diciembre de 1999—, 24 horas después de conocerse en el mundo la infausta noticia de la tragedia de Vargas, comenzaría a transcurrir uno de los episodios más conmovedores de nuestros vínculos fraternos, en el siglo que culmina.

Después, llegarían otros cinco aviones, en 6 días, hasta completar casi 500 especialistas de salud y 5 toneladas de medicamentos, alimentos y otros recursos que garantizaron el servicio que ellos prestaron, aun en

---

*Acto en la Escuela Náutica, en el estado de Vargas —el 31 de diciembre de 2000—, con la presencia de las brigadas médicas, los miembros de la embajada y un numeroso grupo de cubanos y venezolanos.

las peores condiciones de falta de electricidad, agua y alimentos —como ocurrió en la mayor parte de los lugares adonde fueron destinados en Vargas, Zulia y Miranda.

La imagen de Vargas era sobrecogedora y sombría. En esos días, el aeropuerto parecía un escenario bélico: el ruido ensordecedor de decenas de helicópteros, y aviones militares y civiles, yendo a las zonas del desastre a rescatar heridos y miles de damnificados, a buscar a muchos de ellos con sus rostros apesadumbrados, pues dejaban detrás sus casas hundidas en el fango, y familiares y amigos sepultados en lugares sin determinar.

Junto al pueblo venezolano, los médicos y demás especialistas de salud cubanos se entregaron a la faena múltiple de salvar vidas, de evitar y curar enfermedades, de rescatar instalaciones para prestar sus servicios y estimular a los damnificados.

Las virtudes de nuestro pueblo afloraron con el aroma de las grandes ocasiones, cuando se hace necesario llevarlas a otras latitudes; ternura y afecto hacia todos los seres humanos, entrega plena a la labor humanitaria, respeto a la integridad espiritual y política de los ciudadanos, amor especial hacia los niños, los ancianos, las mujeres embarazadas y los desvalidos, disciplina, vigor y organización en el quehacer individual y colectivo, ayuda firme entre los cubanos, y hacia los venezolanos y venezolanas involucrados en la misma tarea, calidad y ética profesional insuperables. El orgullo de ser cubanos o cubanas y de entregarse al pueblo de Bolívar, fieles al principio de servir a los pacientes y necesitados, y no servirse de ellos.

Nuestras sensibilidades tienen impregnadas infinidad de vivencias y testimonios. Recuerdo con admiración a aquel grupo que debió desembarcar metiendo sus cuerpos dentro del mar encrispado —las mochilas y maletines en alto— y avanzar hacia la costa con el ejemplo en sus memorias de Fidel, el Che, Raúl, Camilo, Almeida y los demás expedicionarios del *Granma*, en las aguas de Las Coloradas. Otros que se desplazaron a sus destinos en helicópteros y, desde ellos, sufrían al ver a miles de personas gritando, desesperados, con el ansia de que los sacaran de las azoteas de sus casas o edificios. Algunos eran llevados en vehículos militares, dentro del fango, y observaban atónitos el paisaje de troncos de árboles y piedras de todos los tamaños, contenedores desplazados desde sus sitios en el puerto, restos de edificaciones, ríos que antes no existían, y desde su ángulo en movimiento quedaban asombrados cuando veían en la superficie de los caminos endurecidos los techos de automóviles y ómnibus, de casas de dos plantas y las farolas de postes de electricidad al alcance de la mano. O el olor a cadáveres descompuestos, y caravanas de personas caminando hacia lugares seguros, niños descalzos sin sonreír, madres con los ojos perdidos en lontananza, rezando, pidiéndole a Dios misericordia y que les devolvieran a sus hijos "extraviados".

Con un dolor a cuestas del peso y el tamaño del Ávila, arribaron nuestros hermanos a sus sitios de labor. A veces, debieron dedicarse 2 ó 3 días a extraer el lodo de los ambulatorios, y los vecinos se asombraban de que los médicos cubanos pudieran ser también una especie de constructores: un grupo llegó a edificar, incluso, un precario puente, para evitar la contaminación de las personas al atravesar el agua. Muchos de ellos trabajaban y vivían en el mismo ambulatorio o en locales habilitados con ese fin. Nadie se quejó por las condiciones de vida; no importaba que no hubiese electricidad ni agua para bañarse, que la comida fuese escasa o no tener comunicación con sus familias durante semanas. La gente, en cada pueblecito, en las más recónditas esquinas de Vargas o Zulia, los acogió como lugareños. A los pocos días, todos conocían y no querían que se fueran "los médicos cubanos". Cada colectividad los apoyó y protegió. Lo mismo sucedió con las Fuerzas Armadas Venezolanas, con muchos de cuyos soldados y oficiales hicieron relaciones de amistad, al igual que con diversos galenos, técnicos y trabajadores de la salud venezolanos.

Pronto "se hizo la luz" y el pujante optimismo de este pueblo brotó, con la añoranza de que la Constitución de la República Bolivariana —aprobada el mismo día de la tragedia por la voluntad del Soberano— abriría un nuevo camino de logros. Nuestras mujeres y hombres aprendieron a bailar "tambor", y mostraron su mejor estilo cubano en las ruedas de casino, y con las cinturas y los hombros ritmados por el son inigualable.

Y nos complace destacar el proceder de nuestros dos presidentes: Hugo Chávez y Fidel Castro, quienes estuvieron todo el tiempo —y aún siguen— pendientes de nuestra gente. Fidel nos llamó el mismo 16 de diciembre, y en las siguientes horas y días lo hizo varias veces, orientándonos —desde La Habana— la concepción y cada detalle de la misión, virtual cruzada de amor, que ha sido un homenaje de gratitud hacia la "cuna de Nuestra América" —en palabras de Martí.

Un año después, son impresionantes los resultados. Cientos de miles de pacientes atendidos, ayuda decisiva para evitar que hubiese epidemia en Vargas, formación de decenas de promotores de salud, labor extraordinaria en el centro de atención especial a niños, intercambio de conocimientos y experiencias con médicos venezolanos, dedicación a grupos numerosos de damnificados, acciones epidemiológicas y otras de carácter preventivo, círculos de abuelos, aplicación de acupuntura y terapia con medicina natural, colaboración con las autoridades nacionales y del Estado, y en la implementación del programa integral de salud.

Hoy culmina el siglo de los asombros, en el que los seres humanos comenzamos a ver y oír, desconcertados, el movimiento de la vida en grandes pantallas de cine y, después, en las pequeñas pantallas de la televisión; logramos comunicarnos entre nosotros desde cualquier rincón del Planeta; prolongar la vida muchos años y revolucionarlo todo con la informática, la biotecnología y otras disciplinas científicas, mientras crecientemente éramos más irracionales que nunca, al morir y caer heridos en varias guerras cientos de millones de personas, y el Planeta —al globalizarse la sociedad— resultaba más inhabitable, y más excluyente y enajenante para casi todos los seres que lo pueblan.

Para los cubanos, fue también un siglo de paradojas, con un desenlace feliz: en 1902, se consumó la infamia de la seudorrepública neocolonial controlada por los Estados Unidos de América y, en 1959, triunfó la primera Revolución plena del siglo, que nos trajo la verdadera independencia del imperio del Norte y el honor de ser el país más libre del Planeta.

Terminamos, a la vez, el año 2000 y Cuba puede exhibir con orgullo un ritmo de franca recuperación económica, de logros sociales por encima de cualquier país del Tercer Mundo. Un momento de balances positivos, y de nuevas metas, para seguir transformando la cultura de las ideas y las ideas sobre la cultura, y mejorando la vida material de todos los ciudadanos.

Revolución que se frena deja de ser tal y perece. Los cubanos miramos hacia el siglo XXI y —sin pretender predecirlo utópicamente— nos sentimos, desde ya, seguros y esperanzados, y queremos contribuir a que el género humano descubra el placer de garantizar que todos los niños, adultos y ancianos tengan la posibilidad de sonreír, y la capacidad de ayudar a sus iguales.

Hoy es un día de abrazos. Por eso, nos acompañan felices los hombres y mujeres que nos dieron la palabra, y que nos enseñaron a pensar, a usar el machete y el fusil para surgir como nación y ser, ahora, un conglomerado sin amarras ni mordazas, justo, culto, crítico, educado, solidario, rebelde y pluralista. Pues, la Patria *es de todos y para el bien de todos*, como lo soñó Martí, sin la participación de los anexionistas de Miami ni de quienes son mediocres instrumentos de los dominadores.

Hoy extendemos nuestro homenaje ferviente a quienes hicieron posible que naciera y se fraguara un pueblo tan noble, desprendido, hidalgo e inteligente. Unos ya no existen corporalmente, otros siguen en pie; todos nos acompañan y nos guían. Martí y Fidel resumen esa estirpe superior de patriotas fundadores y conductores de la nación.

A nuestro Comandante en Jefe, simplemente, queremos decirle, al iniciarse el próximo milenio y desde este lado del Caribe continental, que él tanto admira: "¡Vas bien Fidel!" ¡Estamos orgullosos de que seas la cúspide de la dignidad; Jefe invencible de tu pueblo heroico!

En el próximo milenio, siglo y año que ya se vislumbran, juramos no traicionar jamás los principios de nuestros próceres y —con Martí, el Che y Fidel enrumbándonos, exigiéndonos y alentándonos— avanzaremos, sin pausa, en esta encrucijada de asombros y enhorabuenas.

Casa de las Américas*

Por asociación de ideas y sentimientos, la casa evoca a la familia; es comunión de intereses y valores, ética, calidez, franqueza, sencillez, debate interior en el que nadie es excluido —salvo que se automargine—, respeto pleno a la diversidad y a la integridad individual, búsqueda fraterna de

---

*Palabras al conmemorarse el 40 Aniversario de la Casa de las Américas, durante un foro celebrado en la Universidad Central de Venezuela —el 21 de octubre de 1999— Participaron también el escritor cubano Eduardo Heras León y los intelectuales venezolanos Domingo Miliani, Aníbal Nazoa y María Teresa Castillo.

la felicidad y el goce comunes, afán de superarse y avanzar, respeto y estímulo perseverante al creador, y la más espléndida solidaridad entre todos sus miembros y hacia los demás seres humanos.

Homenajear a nuestra Casa de las Américas, es para todos nosotros un placer que excita a la memoria y el intelecto.

Primera reflexión.

La Casa se fundó el 28 de abril de 1959, antes de que se adoptara la Primera Ley de Reforma Agraria —el 17 de mayo de ese año—, que inició la mutación social más radical realizada en el más breve plazo de la historia humana —28 meses—. ¿Por qué los líderes de la Revolución deciden crear la Casa, anticipándose a las transformaciones de la estructura social?

La respuesta está vinculada con la vocación de la Revolución cubana, que desde el proyecto de José Martí para alcanzar la segunda independencia y la unión de nuestra América —fiel seguidor de Bolívar— y en el reencuentro posterior de estas ideas por los asaltantes del Moncada, en 1953, se vio a sí misma como génesis de los grandes cambios contemporáneos de la región.

Moral y luces, pedía el Libertador a las nuevas repúblicas americanas, y Martí lo expresó de una manera axiomática:

"Ser culto es el único modo de ser libres."

Después, Fidel aportaría una definición de identidad: "¿Qué es la Patria sino una cultura propia?" y, en Caracas, el 3 de febrero de 1999, aludió a la génesis del triunfo revolucionario:

"La Revolución es hija de la cultura y de las ideas."

Patria, luces, cultura, moral, libertad, identidad, ideas y unión: de esa *amalgama* surgió la necesidad —en 1959— de extender un enlace fecundo de comunicación, y entendimiento, entre las culturas latinoamericanas y caribeñas. Esa institución puente sería la Casa de las Américas.

Y digo entre todas las culturas del continente, y no entre la cultura cubana y las otras, pues la razón de ser de nuestra Casa es cobijar, acercar, estimular y entrelazar a todas las culturas al sur del Río Bravo.

De manera que si la Casa no hubiese sido fundada aquel día de 1959, habría surgido, inevitablemente, en la etapa pujante del "parto" revolucionario, pues ella es heredera legítima e indispensable de las concepciones bolivarianas y martianas de la Revolución cubana.

Enseguida que triunfó la razón y la moral, los cubanos requerimos este conducto intelectual y artístico, pues a través suyo recibíamos las fuentes nutricias y las influencias diversas del quehacer de los conglomerados culturales a los que pertenecemos, por identidad histórica, sociológica y estética. Ese sentido "real maravilloso" que Alejo Carpentier observó en el quehacer de las gentes en nuestras tierras, es el hilo unificador que estimuló, desde entonces, las búsquedas y los aportes de los forjadores de la Casa, por medio de la palabra, el color, las formas y la música.

Sí, la Casa estaba predestinada a existir. Mas, ¿fue un hecho fortuito o también una predeterminación que su presidenta fuese la joven combatiente del Moncada y de la Sierra Maestra: Haydée Santamaría?

Haydée tenía don, intuición, sensibilidad artística y literaria, un exquisito gusto y, sobre todo, una afectividad y un carisma que le permitirían aglutinar a los diversos intelectuales e interlocutores y generar iniciativas, entusiamo, y deseos de hacer y de fundar. Era una mujer sencilla, penetrante, tierna y fiera, abierta a las posturas y los aportes de todos, siempre que se orientaran a iluminar, y a servir, a los pueblos deseosos, y necesitados, de justicia y liberación.

Disponía de atributos medulares para dirigir exitosamente esa institución tan iconoclasta e inédita, en medio de aquella vorágine revolucionaria de búsquedas, mutaciones trascendentales, obstáculos espectaculares, logros relevantes del proceso social, y tropiezos y errores propios de los asaltantes del futuro: valentía serena, imaginación desbordante y temeridad que, desde muy joven, evidenció en el Moncada, en la lucha clandestina y en la Sierra. Una heroína que supo cambiar, sin solución de continuidad, el arma de la guerra culta que nos dio la libertad —el fusil—, por otra fomentadora de cultura para todos los cubanos y nuestros hermanos de la América de Martí y Bolívar —la Casa.

Ella, más que nadie, le imprimió el sello, y garantizó la forma de ser y el estilo de hacer de la Casa: una morada sin lastres burocráticos, amable, sumadora, con participación de sus miembros y amigos, y excluyente sólo del autoritarismo, el sectarismo y el dogmatismo, y, por supuesto, de quienes traicionaron a sus pueblos.

Ahora, un testimonio personal.

Tenía yo 23 años en 1968, cuando Haydée se reunió en el Teatro Sanguily con un numeroso grupo de estudiantes y profesores de la Universidad de La Habana, donde —a la sazón— quien les habla impartía clases de Filosofía Marxista. Sus palabras, entonces, me conmovieron de dos maneras: primero, por la humildad que observé en ella, cuando con cierta timidez y sincera modestia nos dijo que se sentía sobrecogida ante un auditorio de tanto nivel profesional; y, después, al hacer una afirmación que me dejó sin dormir esa noche y más tarde me incitó a encontrarle una respuesta causal:

Al Moncada fuimos siendo martianos. Hoy somos marxistas y no hemos dejado de ser martianos.

Desde mi perplejidad juvenil me interrogué una y otra vez: cómo despejar esa "ecuación" político-ideológica, tan compleja y, al parecer, paradójica. Haydée también nos pidió, esa vez, que era necesario estudiar y comprender más cabalmente el significado del 26 de Julio. Fue así, gracias a ella, que escribí el primer ensayo de mi vida: "El Moncada, asalto al Futuro", publicado por la *Revista Pensamiento Crítico*, en 1969. Una de las tesis de aquel trabajo es que la Revolución cubana no podía ser iniciada en 1953 por un partido comunista, debido a diversas razones, que no es el caso exponer ahora, y se exaltaba la función unificadora y motivadora que tuvo el pensamiento de José Martí en los asaltantes del Moncada —el "autor intelectual"— y las circunstancias, en evolución, que permitieron en ellos la fusión del pensamiento martiano y marxista. Ese artículo suscitó reacciones críticas entre algunos intelectuales y dirigentes cubanos, aunque nunca las expresaron de manera pública ni tampoco me las plantearon directamente. También provocó adhesiones y coincidencias.

Cuatro años más tarde —al cumplirse el XX Aniversario del Moncada—, el director de la *Revista Casa*, Roberto Fernández Retamar, me pidió —en nombre suyo y de Haydée— un artículo para un número especial por esa fecha. Sentí la satisfacción de que Retamar y Haydée me habían buscado por ser el autor de aquella interpretación histórica, coincidente, al parecer, con muchos de sus enfoques y consideraciones. De ese segundo intento de aproximación al 26 de Julio, salió "El Moncada; inicio de la Revolución Latinoamericana", donde con más tiempo de investigación y con mayor madurez intelectual, el autor cree haber contribuido un poco más a explicar la compleja y lúcida aseveración de Haydée en la Universidad.

Segunda reflexión.

Haydée era fiel discípula de Fidel; siempre animada a atraer gente en torno suyo, para estimularles su creatividad y dotes éticas. Nunca excluía a nadie, salvo al enemigo obvio. Respetaba —en el arte— todos los estilos y formas de creación. El llamado "realismo socialista", le parecía una aberración estética e ideológica.

A la Casa no fueron o no contribuyeron los artistas y escritores que se opusieron a su orientación comprometida con las causas nobles de liberación y justicia de nuestros países. O, después de colaborar y participar, adoptaron conductas desleales y adversas a la Revolución cubana, a sus propios pueblos y, por ende, a la Casa. Pero aun así, a todos esos creadores se les respetó su obra, aunque no pocas veces hubo que polemizar con ellos y criticar sus actitudes.

La Casa se convirtió en cálido hogar y trinchera hermosa de insignes intelectuales perseguidos por dictaduras en los años sesenta y setenta —entre ellos, Manuel Galich, Roque Dalton y Mario Benedetti—. Fue en esos años un precioso sitio de trabajo para encuentros de pensamiento, y de creación artística y literaria, en el que participaron y se beneficiaron cientos de intelectuales, dirigentes y militantes revolucionarios de Nuestra América, de los Estados Unidos de América y de Europa, muchos de ellos perseguidos en sus países.

La Casa tenía adentro como una especie de "vacuna" moral, filosófica, ideológica y sociológica, contra las deformaciones revolucionarias, tales como el stalinismo, y otras expresiones del "sovietismo" y el llamado "socialismo real". ¡La fuerza y riqueza de las culturas de Nuestra América, y de las ideas de Bolívar, Martí, Fidel y Che, conformaban ese magnífico antídoto! Incluso, el período llamado en Cuba como: "quinquenio gris" —denominación que surgió de la crítica certera de Ambrosio Fornet—, no melló el filo, ni logró condicionar ni afectar esencialmente el desempeño de la Casa, ni las posiciones de Haydée, Mariano Rodríguez y Retamar. Esa fue una prueba inequívoca de la sagacidad, la entereza y la vitalidad de la heroína.

Con su estilo peculiar y muy singulares valores, el poeta, ensayista, profesor, conferencista, y brillante gerente y promotor cultural, Roberto Fernández Retamar ha sido un pilar indispensable del prestigio de la Casa y su Revista.

De sus aportes distintivos en estos 40 años, habría que reconocer uno fundamental, que lo hará pasar por sí solo a la historia de esa Institución: haberla conducido en las más adversas circunstancias de la crisis económica de los noventa, y en las condiciones tan complejas generadas por el derrumbe de la Unión Soviética y los otros países del mal llamado socialismo real. Por supuesto, Retamar contó, para ello, con la sabiduría y el respaldo de la dirección revolucionaria cubana. En los escenarios más duros de la debacle económica, la Casa no cerró sus puertas ni mermó sus servicios públicos, y el prestigioso Premio anual se mantuvo activo.

Otras anécdotas personales de mis nexos con la Casa, podrían extender innecesariamente esta exposición. Recuerdo la tarde en que en la sede de G y 3ra. algunos miembros del Jurado del Premio 1994 nos encontrábamos haciendo un foro y, de repente, se interrumpió la electricidad y debimos continuar alumbrándonos con algunas velas, y elevamos el volumen de nuestras voces. ¡Qué dignidad se respiró entre todos, aquella tarde memorable!

A finales de 1969, presenté al Premio Casa un libro de testimonio sobre la familia campesina cubana —en coautoría con Elena Díaz—. Tenía entonces 24 años y no esperaba obtener ningún Premio. Sin embargo, el Jurado decidió lo contrario y recomendó el texto para la publicación.

Hice varias colaboraciones para la Revista, y siempre recordaré el especial afecto de Retamar, aquella ocasión en que me pidió una reseña crítica para un libro de Carlos Rafael Rodríguez, dedicado a la transición socialista en Cuba. Fue un compromiso muy difícil, pues junto con el respeto intelectual y político hacia ese inolvidable dirigente de la Revolución, me sentía obligado a exponerle algunas diferencias. Mi alegría fue grande, cuando Carlos Rafael y Retamar me llamaron, por separado, agradeciéndome las opiniones y también los juicios divergentes: esa era la Casa de Haydée, donde el ejercicio de pensar, y el debate franco y cortés entre los revolucionarios se estimulaba, con placer, bajo la certeza de que el "pensamiento que se estanca, se pudre".

La Casa es de Cuba —sin duda—. Pero, me atrevo a decir que no hay ninguna otra institución en Cuba ni, tal vez, en América Latina y el Caribe, tan de nuestras tierras y tan universal. Y no sólo por su inserción intrínseca en las culturas de la región, y por sus frutos sustanciosos y ramas verdes, visibles en los concursos, revistas, libros, exposiciones, salas permanentes, recitales, encuentros y foros. También, porque ella es obra y existe gracias al aporte diverso de escritores y artistas de toda América, de Europa y de otros continentes.

Para los cubanos —en resumen— la Casa se asocia con la noción ecuménica de familia: es humanidad.

CAPÍTULO IV

En la línea de fuego

En sus páginas no habrá pasión sino por la justicia,
ni pluma sino para los que la mueven con honor.

José Martí

¿Podrán salir los Estados Unidos de América de su propia trampa?*

El afán estadounidense por destruir el proceso revolucionario en Cuba data de 1959. Tampoco es nuevo el uso inhumano del tema migratorio con ese fin. Al caer la dictadura de Batista, los Estados Unidos de América acogieron a los criminales de guerra y a los políticos corruptos. Durante los años sesenta, estimularon la salida masiva de médicos, profesionales, técnicos, y de cientos de miles de ciudadanos, a quienes ofrecieron un tratamiento especial para instalarlos en la sociedad estadounidense y mostrarlos con brillo de diamantes ante el pueblo cubano. A la vez, desplegaron el bloqueo económico —que desde entonces impide a Cuba adquirir hasta una vacuna o un pollo congelado en los Estados Unidos de América—, y diversos planes desestabilizadores, terroristas y una invasión militar, en 1961.

Publicado en El Nacional —el domingo 28 de agosto de 1994—, en la Sección Controversia, que incluyó en contraposición, en forma de artículo, las "Palabras del presidente Bill Clinton del 19 de agosto de 1994".

La crisis actual es similar a la del Mariel, ocurrida en 1980. El hecho migratorio descontrolado tomó, aquel año, otro carácter político interno en los Estados Unidos de América, y representó un factor de la derrota electoral de Jimmy Carter. Pronto, miles de "marielitos" fueron a las cárceles. Los Estados Unidos de América pidieron comprensión a Cuba y optaron por negociar el regreso progresivo a la Isla de esos *delincuentes*, a cambio de aceptar la normalización del flujo migratorio, con una cuota anual de hasta 20 000 personas. En 1984, se firmó el Convenio. Desde entonces, hasta 1994, el gobierno de ese país apenas otorgó 11 000 visas.

A partir de 1990, el gobierno de los Estados Unidos de América creyó que Cuba correría la misma suerte que los países socialistas de Europa. No ocurrió así, y 5 años después continúan los pronósticos en relación con un desenlace fatal cercano. Con ese fin, los Estados Unidos de América decidieron apretar el cerco: aprobaron la Ley Torricelli; incrementaron en más de 1 000 horas semanales las emisiones radiales; y generaron una amplia, y subversiva, campaña política y psicológica.

En el año 1994, la historia vuelve a repetirse. El gobierno de los Estados Unidos de América privilegia al instrumento migratorio con fines desestabilizadores. Estimula —a extremos más irracionales que nunca— las salidas ilegales. Monta un *show* cada vez que llega a sus costas un "balsero". A los "balseros" se les trata como a príncipes. Otras veces, mueren en el peligroso intento por arribar a territorio estadounidense y se les denomina "mártires de la libertad". En 1992, la cifra de emigrados ilegales crece a 2 445; para 1993, alcanza 3 656. La macabra política parecía tener éxito, según el diseño concebido: aumentar la presión interna, provocar estallidos sociales, esperar grandes enfrentamientos, hacer correr mucha sangre, y así suscitar las condiciones para lograr una intervención militar "humanitaria" que restaure "la democracia". Esto es, convertir a Cuba —otra vez— en el "burdel" y en la *neocolonia* de los Estados Unidos de América.

Cuba observó serenamente el juego irresponsable de los Estados Unidos de América con el tema migratorio y por diferentes vías advirtió de sus consecuencias. Al caer el socialismo europeo, nuestro país sufrió ese severísimo impacto, y debió concentrar sus energías en resistir las consecuencias y la ofensiva despiadada e inhumana de los Estados Unidos de América.

El sistema político, paralelamente, viene modificándose, sometiéndose a la crítica pública y a la participación de todos los sectores de la sociedad. La Constitución fue revisada y adaptada a los nuevos tiempos. El sistema electoral y de poder se hizo más democrático. Un debate cultural y político, busca identificar errores, superar dogmas, y reencontrar en nuestra historia y raíces cubanas, caribeñas y latinoamericanas, los extravíos que tuvimos en nuestros vínculos con aquel falso "socialismo real".

Preocupado por ese posible reverdecer de Cuba, el gobierno estadounidense elevó al máximo sus estímulos a la emigración ilegal, hasta el extremo de aceptar reiterados casos de terroristas y criminales como *refugiados políticos*. "La gota rebosó la copa." Para desgracia del presidente Clinton, esta crisis de la política de su gobierno hacia Cuba, ocurre cuando las encuestas registran una caída preocupante de su popularidad. El recuerdo del Mariel y su influencia en la derrota electoral de Carter, aceleraron en la Casa Blanca medidas nerviosas y superficiales.

Ellas han creado un escenario más contradictorio y riesgoso para ambos países, incluso, para los intereses electorales de Clinton. La trampa en que hicieron caer al presidente estadounidense algunos de sus asesores y los fascistas de Miami, puede tener salida. Nuestro presidente Fidel Castro ha reiterado la disposición del gobierno cubano a encontrar una solución definitiva al problema migratorio con los Estados Unidos de América y, a la vez, ha subrayado que ellos deben rectificar su política hostil y levantar el bloqueo. El problema migratorio no se resuelve sin ese cambio radical en la política hacia Cuba, aunque no rechazamos la posibilidad de negociar sobre cualquier tema.

Pero, si insisten en destruir la Revolución cubana, seguiremos adoptando todas las medidas necesarias para preservar nuestra soberanía, la autodeterminación y el derecho del pueblo cubano a vivir en paz, y a desarrollar su proyecto social humanista, democrático y solidario, de manera consciente y voluntaria.

Revolución es libertad*

Acabo de leer en *El Universal* de hoy —domingo 28 de noviembre de 1999— el reportaje "La Revolución es un Jamón", del periodista Antonio Fernández Nays.

El señor Fernández estuvo en Cuba unos pocos días —en ocasión de la Cumbre Iberoamericana y la visita del presidente Hugo Chávez—. A su regreso, me solicitó una entrevista, a la que accedí enseguida, pensando que se trataba de un profesional responsable. Lamentablemente, él redactó una especie de crónica con comentarios suyos, fruto de su breve estadía en La Habana, donde pretende ofrecerle al lector un "balance y una panorámica" de la sociedad cubana actual, repletos de infundios, superficialidades y comentarios insultantes hacia el pueblo cubano. Y en ella insertó parte de mis respuestas.

No es mi propósito polemizar con quien llega al extremo de colocar un título a mis declaraciones, que no se corresponde con ellas y, mucho menos, se atiene a la realidad de mi país: "Educación y Salud óptimas, sin libertades." O sea, el consabido truco: en Cuba hay buena salud y educación para el pueblo, pero qué pena, sin libertades ni democracia.

El señor Fernández tiene derecho a pensar y a expresar sus ideas acerca de Cuba, aunque como profesional él debe saber que también su entrevistado posee el mismo derecho; además, él tiene el *deber de respetar* mis opiniones y no manipularlas con un título que desvirtúa —groseramente— el contenido, la letra y el sentido de aquellas. Pareciera que su concepto de libertad le permite actuar sin ética, que es el fundamento mismo en que descansa la libertad cubana y, en especial, la decencia de cualquier sociedad. Si él me lo hubiera solicitado, con mucho gusto le habría dado mis opiniones sobre la libertad y la democracia en Cuba, y, por supuesto, respecto de otros países. Hay tela por donde cortar. ¿Por qué él no utilizó la libertad total de movimientos que tuvo en Cuba, para visitar escuelas, fábricas, cooperativas agrícolas, reunirse con los jóvenes que pululaban por las calles en esos días, con nuestros científicos, deportistas, médicos, mujeres y ancianos, e intercambió con sus colegas o con los ciudadanos cubanos comunes qué piensan de la libertad?

El Universal, 4 de diciembre de 1999.

¿No le llamó la atención que en las calles de La Habana no había soldados con armas largas, ni carros blindados durante la celebración de la Cumbre Iberoamericana, como suele suceder en muchos países?

¿No le parece extraño y paradójico al señor Fernández, su afirmación de que "aunque vivan con estrecheces y limitaciones, los cubanos abogan por la Revolución", mientras sostiene que en la Isla no hay libertades? *Ser culto es el único modo de ser libres* —nos enseñó José Martí—. Sin altanería, pues quisiera para los demás lo mismo, el pueblo cubano es el más educado y el más culto de nuestra América. Los cubanos pensamos, razonamos y estamos muy bien informados. Conscientemente, sí, abogamos por la Revolución. ¿Por qué? Pues ella nos dio libertad, dignidad, empleo, honor, vivienda; eliminó las discriminaciones sexuales, raciales y religiosas, y nos entregó el derecho a elegir y sustituir a nuestros representantes en la dirección de la sociedad y asignó la tierra a quienes la trabajan. Salud, educación, cultura y deportes al alcance de todos, seguridad ciudadana, respeto a las libertades individuales y derecho a decir en voz alta el pensamiento, incluso, las verdades que ningún otro pueblo en nuestros días puede expresar al imperio de los Estados Unidos de América. Porque los cubanos se sienten libres, han defendido su Revolución durante 40 años. Si en Cuba no hubiera libertad, el pueblo, que posee las armas, ¿qué habría hecho?

Y no se trata de ocultar nuestros problemas, carencias, dificultades errores y contradicciones. Cuba tampoco es un paraíso (¿dónde existe?). Pero lo que resulta injusto es mencionar las calamidades materiales, que efectivamente también las hay en Cuba, y ciertas deformaciones marginales presentes en segmentos minoritarios de nuestra sociedad, sin referirse al drama y el coraje que suponen resistir 40 años el más criminal bloqueo, y la guerra económica y los hostigamientos que jamás se haya impuesto sobre un país, por la potencia más grande del Planeta. Se le olvidó este detalle al señor Fernández, que no menciona por parte alguna.

Finalmente, le agradezco al periodista de *El Universal* que haya incluido nuestra opinión de que Cuba no pretende exportar a ningún otro país sus sistemas económicos y políticos. Ni aceptamos que nadie nos imponga el suyo. Seguiremos abiertos al mundo, sin prejuicios infundados. Y quienes abogan retóricamente por cierto tipo de libertad y democracia, hechas a su medida e intereses, debieran —al menos— comprender que Cuba *existe, luego piensa,* y sólo pide respeto, pues los cubanos siempre respetamos el cauce y el destino que cada pueblo desee darles a sus vidas.

Permiso para opinar sobre Cuba*

Cuba es objeto de las más diversas opiniones en la prensa venezolana. A propósito del discurso del presidente Hugo Chávez —en la Universidad de La Habana, en noviembre último—, el tema cobró excepcional intensidad.

Allí dijo: "Yo no tengo la menor duda de que el cauce que está construyendo el pueblo venezolano sobre la misma marcha, sobre la misma corriente de la ola, es el mismo cauce y se confunde y va en la misma dirección, hacia el mismo mar hacia el que marcha el pueblo cubano. Y más allá de los pueblos cubano y venezolano, yo no tengo duda de que en la América Latina y en el Caribe todo, poco a poco, unos antes, otros después, irán construyendo también cauces similares hacia un mar de felicidad, de verdadera justicia social, de verdadera paz, de verdadera dignidad."

Cualquier interpretación desprejuiciada concluirá que Chávez no habló de copiar el sistema social cubano, ni que Cuba sea un "mar de felicidad". Incluso, refirió que nuestros procesos deben ser "cada uno con su propio signo, cada uno con su propia esencia".

Días después, en rueda de prensa sobre el tema, Fidel Castro reafirmó la originalidad de nuestros procesos. Ejemplificó que:

• Los fundamentos de nuestras constituciones tienen medulares diferencias, por ejemplo, respecto del sistema económico y social de propiedad; mientras las similitudes son las que hay entre todas las constituciones del mundo.

• Nunca le ha escuchado al presidente Chávez una sola palabra

---

*El Nacional, *11 de marzo de 2000.*

relacionada con la idea de establecer el socialismo en Venezuela, aunque sí es evidente su oposición al neoliberalismo.

• Las ideas políticas de Chávez parten de la historia de Venezuela y, esencialmente, de Simón Bolívar.

Antes, en el Aula Magna de la Universidad Central de Venezuela (UCV), el 3 de febrero de 1999, Fidel había expresado: "He planteado que ni siquiera una revolución como la nuestra..., habría podido resistir, no habríamos podido preservar la Revolución en las actuales circunstancias de este mundo globalizado." Así pues, Fidel no vino a estimular que se copiara a Cuba. Sí enfatizó que veía en las esperanzas de este pueblo, "una excepcional gran oportunidad para Venezuela".

Algunos están cometiendo el desliz de afirmar que la economía cubana es un desastre. El pasado año Cuba creció 6,2%, mientras que el resto de América Latina y el Caribe apenas lo hicieron en 0,2%. Entre 1995 y 1999, el PIB de Cuba aumentó —como promedio— 3,6% y el de la región, sólo 3,22%. En la década de los ochenta, Cuba elevó su PIB por habitante a 33%, mientras la región vivió la llamada década perdida.

Luego de la aguda crisis entre 1991 y 1994, la economía cubana inició su recuperación sostenida, y casi todos los expertos del mundo coinciden en que seguirá avanzando exitosamente.

Nuestros detractores se refieren a "la dictadura cubana", haciéndose eco de esa consigna *made in* USA", para buscar confundir a los incautos. Las leyes y decisiones del Estado cubano gozan del consenso de la población, pues de otro modo no habría sido posible mantener un sistema social acosado fieramente por los Estados Unidos de América. Se podrá estar en desacuerdo con nuestro sistema político, pero nadie puede desconocer que en Cuba existe un sistema regido por normas constitucionales, leyes e instituciones legítimas, adoptadas soberana y democráticamente por los cubanos, que tienen el derecho a ser respetados.

Otros tendenciosamente afirman que Venezuela está concediendo dádivas a Cuba. Es falso totalmente que la decisión de incrementar las relaciones económicas y comerciales entre ambos países, supone que Venezuela le haya regalado algo a Cuba o realice intercambios o negocios que afecten sus intereses, ni en el área petrolera ni en ningún otro sector.

Nuestros vínculos estatales han sido fructíferos en los últimos 10 años. Se han firmado importantes acuerdos intergubernamentales, que permiten los avances actuales. El comercio superó los 400 millones de dólares desde el año 1996. Venezuela es el primer socio comercial de Cuba en esta región, y el primer suministrador de petróleo y derivados desde hace años.

Cuba es un país cada vez más atractivo para el capital extranjero. En apenas 10 años, ya fueron creadas en la Isla 370 asociaciones con capital foráneo procedente de Canadá, España, Francia, México, Israel, China, Italia y otros países. Venezuela tiene la enorme ventaja de la cercanía y la identidad. El acercamiento y la multiplicación de los negocios entre los dos países, ocurre por "la Ley de la Gravedad" económica, sobre todo cuando predomina una concepción soberana.

Notorios enemigos de la Revolución cubana reiteran sus calumnias contra nuestro país. Pero, sorprenden las declaraciones y alusiones incorrectas formuladas por algunos que, hasta hace poco, mantenían estrechos vínculos de amistad y solidaridad hacia Cuba. Incluso, hay quienes pretenden resucitar y manipular las pesadillas de la Guerra Fría, y del anticomunismo macartista.

Que cada quien *piense como desee*. Sólo pido respeto para mi pueblo, que con dignidad, sacrificio y humildad, trabaja para llevar adelante un proyecto social que —como toda obra terrenal— tiene imperfecciones, mas representa el cúmulo de logros humanos más conspicuo de nuestra historia y una alternativa de desarrollo para Cuba —viable e irreversible.

El pueblo venezolano es dueño de su destino. Así lo sugiere un artículo de Freddy Yépez, titulado "¿Hasta cuándo Fidel es culpable?", donde afirma: "En vez de vivir falseando realidades y culpando a Fidel Castro de nuestras vicisitudes, busquemos razones propias para darles solución."

Quienes en el fervor de una campaña electoral toman como bandera los ataques contra Cuba, desvían el centro del debate, que son las realidades de su propio país. Jamás nos involucraremos en esa polémica interna. El pueblo de Venezuela elegirá a su presidente, no al de Cuba. Y nosotros, por supuesto, respetaremos lo que este pueblo hermano decida soberanamente.

No pretendemos exportar la Revolución cubana*

Hay diplomáticos que pasan sin penas ni glorias en cada misión que deben cumplir. Pero hay también quienes parecen estar condenados al "ojo del huracán". El caso de Germán Sánchez Otero —embajador de Cuba en Venezuela— es uno de estos. Desde que llegó al país, sus declaraciones, tanto públicas, como privadas parecen destinadas a levantar polvareda. Sánchez Otero es una peculiar mezcla de natural seducción cubana y profundas convicciones políticas. Será por eso, que admiradores y admiradoras no le faltan, y detractores tampoco. Como los que cada cierto tiempo intentan declararlo *persona no grata* y piden su expulsión del territorio venezolano. Asunto bien difícil, si tomamos en cuenta las excelentes relaciones entre La Habana y Caracas, así como la total confianza que parece haber depositado en él Fidel Castro.

Pregunta: ¿Cómo podríamos definir a Cuba en el contexto latino-americano?

Germán Sánchez: A mí me parece que Cuba es 100% un país latinoamericano y caribeño. El hecho de que nuestro pueblo haya decidido, de manera libérrima, una opción de desarrollo social que es, en ciertos aspectos, muy diferente de la que prevalece en el resto de América Latina, no significa que ello sea un obstáculo para el proceso de integración económica colectiva. Esa época ya pasó. Puede haber algunos trasnochados con prejuicios de la Guerra Fría, pero no es el caso. Cuba es un país abierto, con amplísimas relaciones de variada índole con el espectro político latinoamericano y caribeño. Mostramos nuestra experiencia, conocemos las otras, y las que nos resultan útiles las asimilamos. No damos lecciones a nadie ni le pedimos a ninguno que nos copie; simplemente, esperamos respeto y respetamos a los demás.

El proceso revolucionario cubano es único e irrepetible, nació en el vértice de la Guerra Fría, en un mundo polarizado. Ni en Venezuela ni en ninguna parte de América Latina se está planteando seriamente copiar la Revolución cubana. Cada quien tiene su idea de lo que debe hacerse en su país, como en el caso de Venezuela. Una y otra vez, el

---

Declaraciones ofrecidas a la revista diplomática Excelencia, *en septiembre de 2000.*

presidente Chávez afirma que este es un proceso revolucionario pacífico y democrático. La Constitución Venezolana no tiene nada que ver con la de un país socialista. En consecuencia, no es válido pretender que haya —en Venezuela— un proceso similar o igual al cubano o que se avance en esa dirección. Otra cosa es que en Chile, Jamaica, Brasil o Venezuela se aspire a alcanzar los logros nuestros y de otros. Estaríamos en presencia ya no de querer copiar un modelo político o económico, sino de aspirar a un resultado y tomar en cuenta experiencias foráneas útiles. Por ejemplo, Cuba tiene el sueño de ser algún día campeón mundial de fútbol y, en ese sentido, la "escuela" de los brasileños es maravillosa. También aspiramos a tener en nuestro subsuelo, tanto petróleo como Venezuela y trabajamos duramente por mejorar la extracción actual de nuestro petróleo, buscando conocer y asimilar las técnicas más modernas, entre ellas, las innovaciones de PDVSA.

Pregunta: ¿Qué planes de integración regional maneja Cuba, en especial con el CARICOM?

Germán Sánchez: Las relaciones con el CARICOM han avanzado muy bien en los últimos años. Los países integrantes del CARICOM han adoptado siempre hacia Cuba una actitud de respeto y diálogo, de comprensión y acercamiento. Nosotros sentimos en nuestros hermanos del CARICOM el mismo aire cálido que se respira en el Caribe. Hay una natural predisposición a fortalecer lo que nos une y a poner en segundo plano las posibles diferencias. Predomina lo que nos vincula y nos hace una comunidad de países con una identidad internacional. Los caribeños —no importa si somos de habla francesa, inglesa o española— nos entendemos porque tenemos un sentido muy noble y orgulloso de nuestra cultura e identidad.

Pregunta: ¿Cuál es la posición cubana respecto de los Estados Unidos de América, en el ámbito de lo que parece ser una flexibilización de la postura estadounidense frente al gobierno de Fidel Castro?

Germán Sánchez: Nosotros tenemos frente a los Estados Unidos de América una posición realista. No nos hacemos ilusiones y estamos preparados para seguir adelante en las condiciones actuales del bloqueo. Cuba se halla en una etapa de crecimiento y expansión económicos, a pesar de la guerra económica que los Estados Unidos de América continúan manteniendo contra nosotros. Una guerra que se expresa de muchas maneras, como la Ley Helms-Burton, que impide a cualquier empresario estadounidense realizar transacciones económicas con Cuba; o el hostigamiento por medio de emisoras de radio que transmiten más de 1 500 horas semanales de mensajes abiertamente subversivos contra el régimen. También, permitiendo que actúen en su país agrupaciones que realizan, después, acciones terroristas en Cuba.

En los años noventa del pasado siglo, los Estados Unidos de América creyeron equivocadamente que "la fruta ya estaba madura", e intentaron aplastarnos. El fracaso de esa política ha llevado a que crezca la corriente de opinión que promueve vínculos diferentes con nosotros, por medio de la posibilidad de que los ciudadanos de ese país puedan viajar libremente a nuestro territorio, hacer negocios, y, en general, que se produzca un mayor acercamiento.

El hecho de que Cuba logró salir de la crisis y mantener su identidad, los ha hecho reflexionar y empiezan a abrirse posibilidades a partir de esa contundente experiencia. Si se mueven en la dirección correcta, nos sentaremos a negociar; eso sí, a negociar *sin condiciones*. Si ellos, por ejemplo, reclaman que les paguemos el dinero de la nacionalización de sus empresas —que se llevó a cabo al principio de la Revolución, en 1959 y 1960—, tendremos que recordarles lo que realmente ocurrió. Nacionalizamos las empresas estadounidenses, como lo hicimos con las españolas y las de otros países. Pero no sucedió como se cree y dicen muchos, de manera infundada, y que no les íbamos a pagar. Sí les íbamos a pagar, aunque no a corto plazo. Se trataba de un país lleno de analfabetos, pobre, con dificultades de cualquier tipo, que necesitaba tiempo. Hablamos de pagar a los 20 años y ellos no nos creyeron. Pensaron que podían destruirnos en menos tiempo y optaron por esa variante. ¿Qué pasó? Que los españoles cobraron, los canadienses también y así cumplimos con los demás países con los que teníamos compromisos, y resulta que —ahora— los Estados Unidos de América, por su política de bloqueo y agresiones, tienen una deuda con Cuba muy superior al monto de los negocios que entonces fueron nacionalizados.

Pregunta: ¿Y qué hay respecto del ciudadano común, que perdió propiedades en ese período?

Germán Sánchez: Había cubanos latifundistas a quienes se les estatizó la propiedad, con el fin de entregarla al pueblo para que la trabajara. Ahora bien, con respecto a esos cubanos, que ahora son ciudadanos de los Estados Unidos de América, la Ley Helms-Burton viola todas las normas de la jurisprudencia internacional y aplica la retroactividad. Aquellas personas que —entonces— no eran estadounidenses, hoy pretenden aparecer afectadas como "nacionales estadounidenses". Pero que se sienten a esperar, porque hemos hecho dos cuentas: la primera suma más de 100 000 millones de dólares, por efectos del bloqueo económico; la otra, también superior a 100 000 millones, está dada por los daños y perjuicios materiales ocasionados por las agresiones de los Estados Unidos de América contra la población cubana: muertos y mutilados. Por ejemplo, cuando la invasión a Girón, murieron y quedaron mutiladas cientos de personas. Así que nosotros, al igual que los Estados Unidos de América, tenemos nuestra contabilidad de estos 40 años de agresión. Ellos nos pagan, nosotros pagamos, y vamos a ver el saldo a favor de quién queda.

Pregunta: ¿Qué lugar ocupan las libertades económicas en la agenda cubana?

Germán Sánchez: Nosotros pensamos que las libertades económicas deben existir siempre que no afecten la complexión del sistema social. En nuestro caso, existen libertades económicas, mercados libres, como el agropecuario, por ejemplo, pero la frontera comienza allí donde se afecta al régimen socialista cubano. Donde dañe los conceptos de solidaridad humana, equidad en la distribución de los recursos a nivel social, la gratuidad de la enseñanza y la salud. En resumen, libertad económica no significa para el pueblo cubano liberalismo, sino una política consciente y deliberada, que se emplea para satisfacer los intereses del conjunto de la sociedad y no de una minoría.

Carta a Pedro Carmona*

Con sorpresa leímos en la prensa venezolana el comunicado de Fedecámaras, publicado el lunes 21 de enero, donde se agrede a ultranza —y sin consideración alguna— a Cuba y a su presidente constitucional, Fidel Castro, con calificativos cargados de odio e irrespeto. Nos llama la atención que sea usted quien firme tales "reflexiones" desatinadas y frenéticas.

Hemos tenido siempre con usted vínculos respetuosos y constructivos, ajenos a cualquier condicionamiento doctrinario o político, y guiados por el único deseo de estrechar los contactos mutuamente beneficiosos entre los empresarios de nuestros países. A usted correspondió ser nuestro anfitrión, algunas veces, en la sede de Fedecámaras, para que las autoridades, y los empresarios cubanos y venezolanos expusieran las posibilidades de negocios entre ambos países. El propio presidente Fidel Castro intercambió en varias ocasiones con empresarios venezolanos —aquí y en la Isla—, en encuentros aprobados y apoyados por Fedecámaras. Sólo entre 1999 y 2001, más de 300 de ellos visitaron Cuba.

No olvidamos la presencia de usted junto al presidente Hugo Chávez, cuando instalaron la III Exposición de Productos Cubanos en Venezuela —el martes 2 de octubre de 2001—, y sus palabras allí, dirigidas a incentivar el intercambio y los negocios con Cuba.

Cómo entender ahora, que esa Cuba productiva, en recuperación y ascenso económicos, se califique por Fedecámaras de nación *aislada* y *en bancarrota*. Incluso, cuesta más creer que usted avale ese texto mendaz y macartista, que insinúa la falsedad de que el actual gobierno venezolano pretende imitar el modelo cubano, y que ello "llevaría a la nación al aislamiento, a la ruina y a ahogar el régimen de libertades..."

Ni Venezuela trata de imitar el modelo cubano ni Cuba lo alienta, sino todo lo contrario. Fue Fidel Castro, antes que ningún otro, quien

---

*Enviada por el autor al señor Pedro Carmona Estanga —entonces, presidente de Fedecámaras— el 23 de enero de 2002. Carmona, el 11 de abril de 2002, se autoproclamó "presidente" de Venezuela, después de un golpe de Estado —organizado por la oligarquía local con algunos altos oficiales y que contó con apoyo desde el exterior, en particular del gobierno estadounidense.

advirtió las diferencias entre nuestros procesos y sistemas, a muy pocas horas de la toma de posesión de Hugo Chávez —el 3 de febrero de 1999—. Día que, por cierto, también buscó tiempo para reunirse con más de 100 hombres de negocios de Fedecámaras, e invitó a su presidente de entonces: Francisco Natera, a que viajara a Cuba, con una numerosa delegación de empresarios locales. Tal visita se cumplió después, pues la Revolución cubana no ha cerrado sus puertas al empresariado privado venezolano, ni en este ni en anteriores gobiernos, y continuará propiciando la relación con ellos, con respeto y equidad.

Nos preguntamos: ¿por qué ese afán de involucrarnos en la disputa política venezolana, en la víspera del aniversario del 23 de enero de 1958? Fecha, por cierto, que fue acicate y estímulo a la lucha de nuestro pueblo, para conseguir la libertad e independencia el 1ro. de enero de 1959, y para alentar más la solidaridad de las fuerzas progresistas venezolanas con el Ejército Rebelde de Fidel, en la Sierra Maestra.

Es mezquino —y representa una burla al pueblo venezolano— identificar al proceso cubano con "el aislamiento y la ruina". De 189 países que integran el sistema de las Naciones Unidas, Cuba mantiene relaciones diplomáticas con más de 170 países —algunos "gigantes", como China y Brasil, tienen relaciones con menos naciones—; existen en su territorio 93 misiones diplomáticas, 155 corresponsales extranjeros permanentes de 112 medios de comunicación, de 34 países; se han realizado más de 400 negocios con capitales extranjeros y recibimos cerca de 2 millones de visitantes extranjeros cada año; además, sostenemos nexos comerciales con más de 3 000 empresas extranjeras, de 150 países.

En los últimos 3 años, la Isla ha sido visitada por más de 100 jefes de Estado o de gobierno y cerca de 200 cancilleres, y celebró importantes foros internacionales, como la II Cumbre Sur, en la que participaron 133 países, y la IX Cumbre Iberoamericana. Cuba tiene más de 4 000 profesionales y técnicos brindando colaboración en decenas de países de América Latina, África y el Caribe.

En los últimos 5 años, más de 300 000 ciudadanos estadounidenses han desafiado el bloqueo al visitar Cuba, con el riesgo de ser penados con cárcel y multas astronómicas. También nos visitaron —procedentes de los Estados Unidos de América— el presidente de la poderosa Cámara de Comercio de ese país, decenas de senadores y representantes, ex militares de alto rango, cientos de empresarios, deportistas, académicos, estudiantes y decenas de artistas, actores e intelectuales conspicuos. La mayoría tuvo reuniones con Fidel Castro, y coincide en poner fin al bloqueo y a la prohibición de viajar a Cuba.

Como podrá ver, Cuba no está aislada ni siquiera de los estadounidenses, que burlan las restricciones oficiales para viajar y liberar el estrés en las calles del país más seguro del mundo, y donde habita el pueblo más educado, sano y culto de nuestra América.

Cuba, bloqueada y agredida durante más de 40 años, se repone pujante y optimista. Durante 8 años consecutivos, la economía cubana viene en ascenso, con mejoramientos de la eficiencia económica en distintas esferas y de los indicadores humanos. Por ejemplo, la mortalidad infantil bajó, en el año 2001, a 6,2 por cada 1 000 nacidos vivos, superando a potencias como los Estados Unidos de América, cuya mortalidad infantil se sitúa en 7. Pocas personas se atreverían, hoy día, a cuestionar nuestros avances en la salud y la educación. No queremos que se copie nuestro modelo, pero tampoco podemos ser considerados un mal ejemplo, y muchas experiencias cubanas —como la erradicación del analfabetismo, hace 40 años— son tomadas en cuenta a nivel mundial.

El prestigioso profesor de economía del Instituto Tecnológico de Massachusetts, Lester Thurow, se preguntaba en un artículo cuánta desigualdad puede aceptar una democracia, y analizaba la creciente brecha en la distribución de la riqueza en los Estados Unidos de América y su acelerada concentración en las capas superiores, mientras se extiende el número de desposeídos. Thurow concluía su análisis comparando a la sociedad estadounidense con la decadencia y el derrumbe final del Imperio Romano, que sería el destino más probable si continúan tales tendencias. Lo invitamos a reflexionar en torno a esas ruinas, y no sobre las que Fedecámaras trata de atribuir a Cuba.

Las protestas de Seattle, de Quebec y de Génova, no fueron contra el comunismo. Usted, que se ufana de ser una persona amante de la reflexión moderna, debería detenerse en ese punto para darse cuenta de que en la actualidad predominan unos códigos diferentes a los de la Guerra Fría y el macartismo. Quien no lo entienda, puede ser víctima del anacronismo y el aislamiento verdadero. En el mundo de hoy, que pretende globalizarse cada vez más, deberán imperar la diversidad y el multicolor, unidos al humanismo, la solidaridad y la equidad. No puede haber cabida para egoísmos ni visiones aldeanas y sectarias, como la del irrespeto al pueblo cubano —que impera en el comunicado de marras.

Cuba —libre, independiente y soberana— se ha dado el modelo político-social que se ajusta a su historia, a sus circunstancias y a la voluntad de su pueblo, consagrado en una Constitución asumida abrumadoramente en referendo democrático. La Revolución cubana trajo a la Isla la libertad y la dignidad, que se habían perdido tras medio siglo de virtual anexión a los Estados Unidos de América.

Hoy día, tenemos el sistema que hemos querido darnos: de factura propia, auténtica e independiente. A despecho de los pronósticos dogmáticos que nos situaban como satélite de Moscú, sobrevivimos al derrumbe de la Unión Soviética, en 1991, y de todo el Este europeo. Hemos transitado con éxito, sin supuestos mentores y a contrapelo del Imperio, la cuarta parte de la edad de la Revolución cubana. Por ello, tenemos la moral para defender nuestro modelo civil y político, y la experiencia para aconsejar que no se hagan calcos o copias de nadie; pero que tampoco traten de obligarnos a asumir otro modelo político. Nadie tiene autoridad en el mundo para erigirse como alternativa única, ninguna nación ha conseguido el "éxito pleno", y casi todos los que han querido imponerse se han derrumbado con el tiempo.

Deseamos a Venezuela el mayor de los éxitos en la construcción de una V República, que satisfaga las aspiraciones y los sueños de sus ciudadanos. Respetamos las formas que adopten para lograr tales añoranzas, que habrán de ser creación única de su pueblo, sin interferencias y con absoluta autodeterminación. Lo mismo queremos para Cuba, y por eso pedimos respeto a Fedecámaras.

Aspiramos a que su ecuanimidad le permita entender nuestros puntos de vista, sin los arrebatos que guiaron la pluma del redactor de ese comunicado impertinente en lo que a Cuba se refiere, que tanto daño puede hacer al prestigio de la institución que usted preside y a los vínculos históricos que han existido entre ambas comunidades de negocios.

Respuestas sin "diplomacia"*

El neofascismo de Bush

Pregunta: El reciente encarcelamiento de los 75 opositores cubanos, provocó, incluso, la condena de personalidades como el escritor José Saramago y de sectores tradicionalmente abiertos a la Isla. ¿Por qué se tomó la medida en este momento?

Germán Sánchez: Estas decisiones que adoptaron nuestros tribunales en forma soberana, donde no reina la impunidad, sino la estricta observancia de las leyes, han sido criticadas —sobre todo— por grandes aparatos desinformadores a nivel internacional, controlados por los Estados Unidos de América. Y también en varios países, donde de una u otra manera se refleja esa corriente de opinión, diseñada y promovida desde los centros de poder que operan a escala mundial. Cualquier periodista sensato sabe que es así. Se ha dado a conocer algunas reacciones. Por ejemplo, la de Saramago. Y esa declaración ha dado la vuelta al mundo.

Pregunta: ¿Y la de Eduardo Galeano?

Germán Sánchez: La de Galeano también. Son las dos más prominentes. Sin embargo, no he leído aquí —en Venezuela— ni he visto en CNN reflejadas las opiniones de Mario Benedetti o las de Heinz Dietrich, por citar dos ejemplos, ni las de otras decenas de intelectuales, y de dirigentes políticos y sociales del mundo.

Me pregunto: ¿Por qué esta discriminación hacia tantas personalidades que defienden esas decisiones soberanas de los cubanos? Una vez más se ratifica una intencionalidad por parte de aquellos que en los Estados Unidos de América detentan el poder, y que se han planteado barrer con todos los obstáculos que les impidan su pretensión de dominar el planeta de forma absoluta. No les basta lo que ya han avanzado por mediación de las transnacionales económicas, de sus poderosos recursos bélicos y de sus grandes aparatos de formación de opinión. También decidieron,

---

Entrevista realizada al autor por los periodistas Reinaldo Trombetta y Andrés Rojas —del diario venezolano El Nacional—, el 24 de abril de 2003.*

de una manera definitiva, destrozar cualquier tipo de obstáculo que se interponga en esas pretensiones.

Vemos lo que ocurre en Irak y creo que hay una coincidencia bastante generalizada en el orbe, de que esa es una "guerra de rapiña", que busca, en primer lugar, apropiarse del petróleo en aquel país y del control de la energía en el Medio Oriente.

A cualquier costo: de vidas humanas, de destrucción de infraestructura y de edificios del enorme patrimonio cultural de la humanidad, que se han evaporado en cuestión de horas.

Pregunta: Claro, pero...

Germán Sánchez: Disculpa, pronto voy a "aterrizar" en tu pregunta. Pero me importa, primero, "volar un poco alto", para ver lo que sucede desde arriba y comprender que no estamos en cualquier momento de la historia de la humanidad.

Esa gran potencia ha desatado todas sus fuerzas y brutalidad en función de conseguir el control total del Planeta, al precio —incluso— de haber hecho trizas no solamente a un país, Irak, sino que consigue haber hecho pedazos a la Organización de Naciones Unidas, que bastante desfallecida y desmejorada ya estaba.

Se prepara el "zarpazo"

Los Estados Unidos de América pretende también —en el caso de Cuba—, porque siempre esa ha sido su intención, apropiarse de la Isla, como era antes de 1959. Ahora con métodos más directos, lo cual quedó expresado en la Ley Helms-Burton, desde 1996, que legaliza —en los Estados Unidos de América— el proyecto de imponer en Cuba un régimen económico y político que responda, absolutamente, a sus intereses y dictados.

Bien, esa gran potencia ha comenzado a practicar una política exterior neofascista, sin detenerse ante las Naciones Unidas o sus aliados europeos, u otros continentes, ni ante la opinión pública mundial. Esa misma superpotencia, ahora dirigida por personas con mentalidad intervensionista y fascista, ha diseñado hacia Cuba un plan de agresión. Y se encuentra dando los pasos con el fin de crear el escenario propicio para, en el instante que consideren adecuado, lanzar el "zarpazo".

Y nosotros los cubanos, que conocemos bien ese imperio y que sabemos perfectamente "de cual pata cojea", y cómo, en sus ambiciones hegemónicas, puede tropezar y tener dificultades en ese avance, le damos mucha importancia a denunciar el trasfondo de sus actuaciones. Porque el fracaso de la política de los Estados Unidos de América tiene que ver mucho con la resistencia mundial que se le oponga, pues ningún país escapa del peligro que ello supone para la humanidad.

Cuba está muy cerca —geográficamente— de los Estados Unidos de América y ha sufrido durante más de cuatro décadas un bloqueo, un asedio económico. Hemos sido víctimas de acciones terroristas disímiles, que han segado la vida a más de 3 500 cubanos; de una invasión, en 1961; de actos de guerra biológica, que les han transmitido a las plantas y a nuestros animales comestibles, en más de una ocasión, enfermedades para afectar la economía del país y la vida de los cubanos; de manera sistemática tienen dirigida hacia la Isla más de 1 200 horas semanales de radio y una televisora, financiada con 30 millones de dólares anuales, cuya señal es invisible en Cuba, porque nuestros técnicos lo han impedido. Se trata de un proyecto permanente de envenenamiento y de distorsión de la realidad, con el propósito de desgastar el proceso revolucionario cubano. Es la misma potencia que ha usado como armas de su política para tratar de aislar y subvertir a Cuba, el *bloqueo* y la *emigración*.

El gobierno de Bush ha decidido —como parte de su actuación global agresiva y neofascista— destruir el proceso revolucionario cubano y el sistema social que, libremente, nuestro pueblo eligió desde hace muchos años. Un instrumento principal que viene utilizándose con ese fin es la Sección de Intereses Diplomáticos radicada en La Habana. Esta Sección de Intereses, fue creada —de mutuo acuerdo— en 1976, entre James Carter y nuestro gobierno, y tiene funciones bien delimitadas. Como cualquier representación diplomática, según la Convención de Viena, que rige las normas de relacionamiento entre todos los estados, no puede, bajo ningún concepto, involucrarse en los asuntos internos y, menos aun, conspirar con ciudadanos de donde está acreditada, en función de derrocar al gobierno y al sistema político que soberanamente el pueblo decidió por su propia voluntad.

Los 75: ¿Mercenarios ó disidentes?

¿Por qué se apresa, se juzga y se condena a estos 75 ciudadanos cubanos? Se apresan y se juzgan por nuestros tribunales siguiendo las normas legales de nuestro país, y se les condena a varios años de cárcel —a cada uno de ellos— no porque tengan opiniones diferentes al régimen político o de las políticas en curso prevalecientes en Cuba. Por disentir, por opinar diferente —en Cuba— nadie es procesado legalmente y, mucho menos, va a la cárcel. Pues ese es un derecho intrínseco que tenemos los ciudadanos cubanos, según la Constitución y las leyes. En Cuba, si algo hay es *pensamiento propio*. Si algo hay, es el respeto al pensamiento individual.

De lo que se trata es que estas 75 personas fueron sorprendidas *in fraganti*, actuando de manera conspirativa. En primer lugar, con el jefe de esa Sección de Intereses —el señor James Cason— y, después, con otros funcionarios diplomáticos de los Estados Unidos de América. Y cuando digo *actuando conspirativamente*, me refiero a que estos individuos, de manera probada en los tribunales, decidieron unirse en torno de esta Sección de Intereses y al señor jefe de la misma, para derrocar al gobierno de Cuba. Y actuar no mediante el sistema político que les permitiría a ellos, de forma legal, aspirar a ser candidatos en las elecciones y proceder según las normas establecidas en Cuba para llevar adelante sus posiciones, sus ideas, si es que efectivamente tuvieran cabida y fueran aceptadas por la población. No. Simplemente, actuaron con el propósito de crear las condiciones para que la Ley Helms-Burton se aplique. Y cuando hablamos de Ley Helms-Burton, reitero que es una ley intervencionista, no sólo bloquea económicamente a nuestro país, sino que los Estados Unidos de América —con esa ley— se atribuyen el derecho de intervenir en los asuntos internos de Cuba, de utilizar millones y millones de dólares anualmente para la subversión, y para actuar contra Cuba en forma abierta y descarnada.

Con pruebas contundentes: documentos firmados por ellos, grabaciones y testimonios de testigos, se comprobó que estos "señores" actuaban al servicio de la política de esa potencia extranjera, y conspiraban con el señor James Cason como parte del plan para derrocar a la Revolución cubana y al Estado constituido por nuestro pueblo. ¿Cómo lo hicieron? Se reunían con Cason y con otros funcionarios, recibían instrucciones, materiales políticos y conspirativos, y dinero para ejecutar los planes. Un apoyo financiero de varios millones de dólares.

Esos juicios cumplieron con las normas legales —como siempre se hace en Cuba—, donde no existe impunidad, pero tampoco hay corrupción de jueces ni corrupción de fiscales, y sí se aplica la Ley de manera adecuada y rigurosa. Y quedó demostrado que esos 75 individuos no son *disidentes*, en el sentido en que se les ha querido presentar.

Pregunta: ¿Qué son entonces?

Germán Sánchez: Son *mercenarios*, pues recibieron dinero y con métodos conspirativos actuaron en coordinación con los representantes de una potencia extranjera, para derrocar a un gobierno legítimo. De manera tal que si esto hubiera ocurrido, por ejemplo, en los Estados Unidos de América; si al revés, un grupo de ciudadanos, en coordinación con una representación diplomática en los Estados Unidos de América —la de Cuba, la de Venezuela, la de Rusia o la de Francia—, y con su embajador, y si este hubiese llamado a un grupo de 75 estadounidenses, les hubiese dicho: "Vamos a derrocar al gobierno de Bush, tienen aquí tal cantidad de dinero, debemos actuar de esta forma, tenemos que unirnos entre todos para lograr ese propósito", los Estados Unidos de América —como lo han hecho otras veces, incluso de manera indebida y utilizando las leyes de seguridad nacional de ese país—, les habría aplicado sanciones aun mucho más severas. Un ejemplo bien conocido es lo que ocurrió con los esposos Rosemberg, condenados injustamente a la pena capital por ser supuestos agentes de una potencia extranjera.

Ningún país que se respete, ningún gobierno con autoridad puede permitir que desde una embajada se organice y se financie un comando de acción conspirativa, para derrocar a un gobierno legítimamente constituido. Ese es un principio elemental de las normas internacionales y de las leyes de cualquier país. Cuba lo que hizo fue aplicar las leyes.

Pregunta: Pero, ¿cuál sanción es más severa que la ejecución de las tres personas por haber secuestrado a unos pasajeros en una lancha?

Germán Sánchez: Responderé esa pregunta, pero no la mezcles con esto. Es totalmente diferente.

Tú me preguntabas, primero, por los 75 ciudadanos que fueron condenados por conspirar con una potencia extranjera y se les aplicó el rigor de la ley de nuestro país, como hubiera ocurrido, repito, en cualquier nación que se respete.

Esto fue probado fehacientemente, porque después de 45 años, el pequeño David —de 11 millones de habitantes— luchando contra el gran imperio todopoderoso, ha aprendido a hacer las cosas, ¿no? Y dentro de esas organizaciones, varios de sus miembros eran supuestos dirigentes de ellos, pero, en realidad, resultaron ser agentes de la Seguridad del Estado. Por ejemplo, la principal dirigente del llamado Partido Proderechos Humanos, era una agente de nuestra Seguridad. Y presentó al Tribunal documentos, grabaciones, testimonios, fotos, donde se prueban los compromisos conspirativos, el dinero recibido, y las demás actuaciones de esos ciudadanos. Hubo pruebas irrefutables, que demostraron que esos *tipos* no son disidentes y no fueron castigados por disentir, sino por conspirar como *mercenarios* al servicio de una potencia extranjera.

El otro testigo fue el presidente de una de las organizaciones de periodistas llamadas "independientes", que era también un agente de la Seguridad. De manera tal que los 75 ciudadanos condenados, primero, no son disidentes, son mercenarios y, segundo, se demostró cabalmente que fueron organizados, dirigidos y financiados por representantes del gobierno de los Estados Unidos de América en Cuba, con el propósito de *desestabilizar* al país y crear el escenario propicio para desencadenar una guerra genocida contra el pueblo cubano.

Sanción para tres terroristas

En medio de esta campaña —por eso, nosotros hablamos de los aparatos desinformadores—se trata de mezclar y "meter en el mismo saco" el juicio a los mercenarios y la ejecución de los tres terroristas, quienes secuestraron un barco que prestaba sus servicios en la bahía de La Habana.

En el barco iban decenas de civiles, ciudadanos comunes, y a riesgo de la vida de esas personas, los terroristas —con pistolas y cuchillos en sus manos— obligaron al piloto de aquella nave pequeña —bastante vieja por cierto— a irse hacia el Norte. Estos delincuentes fueron *estimulados* por una política que forma parte del haz de acciones que los Estados Unidos de América han puesto en práctica contra Cuba, para crear el escenario de la agresión y así reciben en territorio estadounidense a los terroristas cubanos como si fueran príncipes.

Apenas 10 días antes, se había producido el secuestro de una nave aérea. Este se suscitó en las mismas condiciones en que actuaron los terroristas que pusieron sus armas blancas en los cuellos de los pilotos de las naves aéreas —en los Estados Unidos de América— y que, luego, fueron estrelladas contra las Torres Gemelas. Exactamente, usaron el mismo *método*. Un avión, en este caso un vuelo nacional, que salía desde la Isla de la Juventud hacia La Habana, y estos terroristas, cuchillo en mano, les dijeron a los pilotos que tenían que irse para los Estados Unidos de América. Los pilotos respondieron: "No nos alcanza la gasolina.". De todas maneras: "Los degollamos si no vamos para los Estados Unidos de América." Y tuvieron que ir para allí, a riesgo de que se hubieran hundido en el mar, primero, porque no les alcanzase la gasolina o que hubieran sido degollados si ellos hacían resistencia y hubieran caído también. Estos terroristas, al igual que otros grupos en los últimos 7 meses, han hecho cosas similares, ¿cómo fueron recibidos en los Estados Unidos de América? Primeramente, el avión fue incautado por las autoridades de ese país. En segundo lugar, fueron recibidos con aplausos por las autoridades y casi todos ya están libres.

Lo que ha pasado durante años es que ante estas acciones terroristas, criminales, los Estados Unidos de América los liberan de cualquier culpa. Terminan siendo ciudadanos *ilustres* de ese país, luego de ser recibidos, por supuesto, como residentes temporales. Les dan dinero para que puedan encontrar un trabajo, un tratamiento de héroes a criminales secuestradores y terroristas.

Ahora los Estados Unidos de América están utilizando, una vez más, el instrumento de la presión migratoria. La última vez que generaron una crisis migratoria fue en los primeros años de la década pasada. Durante los años ochenta, los Estados Unidos de América dejaron de otorgar visas. Fueron creando una presión migratoria, pero esa fue una década de avances económicos en Cuba y muy poca gente quería irse del país. Después, al comenzar la crisis, a partir de 1990, miles de ciudadanos se presentaban en la Sección de Intereses a buscar su visa. Casi todas eran personas con familiares en los Estados Unidos de América. A casi ninguno le otorgaban visas. Y llegó el primer "balsero" a sus costas, alguien a quien le habían declinado la visa.

Arribó en una balsa y les permitió armar el *show* mediático, entonces lo recibieron como a un *héroe*. Después, sucedió así con el segundo: aplausos. Y viajaron el tercero y cientos, y en todos los casos armaban el mismo *show* televisivo, hasta que —en agosto de 1994— dijimos: "No les cuidamos más las fronteras." Y permitimos que todo el que quisiera irse de ese modo, lo hiciera. Eso sí, nos preocupamos por garantizarles las vidas hasta la línea fronteriza en el mar, donde estaban los barcos de los Estados Unidos de América.

 Y ahí se les acabó el *show*, porque ellos estaban dispuestos a recibir sólo una cantidad de emigrantes pequeña. Decidieron sentarse a negociar y firmamos un Acuerdo Migratorio, en septiembre de 1994, según el cual los Estados Unidos de América otorgarían 20 000 visas cada año. ¿Ustedes saben lo que está pasando hoy? Que desde hace 6 meses el Acuerdo Migratorio dejó de cumplirse. Después de estar cumpliéndose, estrictamente, desde septiembre de ese año en que se firmó, con sus bemoles, pero habían otorgado las 20 000 visas anuales. Y en los últimos 6 meses, han concedido sólo 2,5% de las visas que tenían que dar. Están gestando —otra vez— una fuerte presión migratoria, para responsabilizar a Cuba con los secuestros y eventuales desbordes migratorios, y acusarnos de que estamos poniendo en peligro la seguridad nacional de los Estados Unidos de América.

Pero, sucede que nosotros, cuando nos levantamos todos los días, les sentimos el aliento a los neofascistas y sabemos por dónde vienen. Y en estos últimos meses, todo coincide con este plan para estimular las salidas ilegales y los secuestros. Quieren afectar el turismo, crear problemas económicos e ir —así— creando el escenario desestabilizador. Este contexto es el que explica nuestras decisiones.

Los tribunales deciden aplicar la pena máxima a estos tres terroristas, primero, porque en Cuba hay una Ley que ampara la decisión. Esta, en consecuencia, no es arbitraria. En Cuba, existe una Ley que castiga a los autores de actos terroristas, cuando se producen secuestros y se pone en riesgo la vida de seres humanos o se mata a personas, como ha sucedido otras veces. Es una Ley muy rigurosa frente a esos planes y acciones criminales de los Estados Unidos de América, que estimulan el terrorismo. Porque los 11 millones de ciudadanos cubanos tenemos derecho a vivir, y un país pequeño tiene derecho a defenderse ante un monstruo que quiere devorarnos. Nuestro pueblo es feliz. Vivimos más de 76 años, como promedio de esperanza de vida. Ese índice —el mejor de América Latina— muestra muchas cosas: que hay comida y atención a la salud, con calidad y gratis para todos. Ese país con el mejor índice de educación de la región —más de noveno grado—, de más alto per cápita en medallas de oro olímpicas y donde el deporte es practicado sin exclusiones, que tiene el más bajo desempleo del continente, menos de 3%, y 85 % de las familias son propietarias de sus viviendas y no hay indigentes ni nadie desamparado; en fin: ese país digno, independiente, viable y con un futuro aun más promisorio, tiene que defenderse.

No queremos la pena de muerte para nadie y, en Cuba, esa medida extrema se adopta sólo de manera muy excepcional. Y se aplica sólo cuando es imprescindible. Muchísimo menos, por ejemplo, que en los Estados Unidos de América, donde todos los años se pasa a cientos de personas por la silla eléctrica o por otras fórmulas ilegales que utilizan los diferentes estados. Yo no he visto en la prensa por ahí ningún escándalo porque hayan ejecutado a tres o cuatro o cinco criminales en ese país, donde, por lo demás, se admite en algunos estados matar en la silla eléctrica a menores de edad o a personas con problemas demenciales. En Cuba, se aplica —como sucede en más de 60 países— la pena de muerte. Y lo hacemos bajo determinados principios, normas y circunstancias. Desde el año 2000 no se ejecutaba a nadie. En estos tres casos, la Ley ampara la decisión, máxime porque ese hecho forma parte de un plan de agresión y destrucción de nuestro país, que implica matar a miles de personas. Y eso no es un invento: lo acabamos de ver en Irak. Somos amenazados desde 1959 y esta Administración, de manera clara y abierta, actúa contra Cuba: ¿por qué vamos a cruzarnos de brazos?, ¿por qué permitir que esos planes se desarrollen sin contención?

¿Por qué Bush prohíbe las visitas a Cuba?

Y ya están anunciando otro capítulo: la interrupción o la disminución de los vuelos directos y la prohibición o reducción del envío de remesas a Cuba. En esos vuelos no viajan estadounidenses, sólo cubanos, porque a los primeros les tienen prohibido —¡el supuesto país más libre del mundo!— viajar a la Isla. Y si lo hacen son sancionados. Y ¿por qué les prohíben visitar Cuba?, ¿razones económicas?: No sólo. Lo principal es que no vean la realidad cubana. Porque cuando decenas de miles de turistas estadounidenses, que viajan por medio de terceros países y, de forma ilegal, llegan a la Isla, ¿qué ven?: ¿niños de la calle?, no; ¿alta delincuencia?, no; ¿un régimen policíaco?, no. Allí observan que todo el mundo come; un buen nivel de presencia de los ciudadanos; que se aprecian saludables; que viven con austeridad; son educados; disfrutan la vida. Se les percibe libres, felices... Y, entonces, aquello que les decían: "la policía persigue a la gente, los CDR te vigilan...", se desmorona, porque el turista llega al aeropuerto y alquila un auto, toma un taxi, va adonde quiere, se mueve por todo el país. Y a ese ciudadano se le desintegran los esquemas que le han "metido en su cabeza" los medios de comunicación de los Estados Unidos de América. Se encuentra con gente culta, muchos hablan inglés. Y descubren un pueblo que ve —y conoce— su cine y de otros países, incluso, películas que aún están exhibiéndose en las salas de los Estados Unidos de América, pero que en Cuba ya se vieron por televisión: en eso nos ayuda el bloqueo, pues se muestran sin pagar los derechos. Y los turistas se sorprenden: ¡"Caramba!, un pueblo que piensa, sabe preguntar, es respetuoso, habla de distintos temas, sonríe, se le nota saludable, expresa con libertad sus ideas." Y ese ciudadano, al concluir su visita exclama: "¡Me estafaron!, este no es el país que me 'pintaron' en los Estados Unidos de América."

No es noticia defender a Cuba

Pregunta: La elocuencia con la que usted plantea la defensa de las detenciones y de los fusilamientos, no pareciera haber surtido efecto entre algunos sectores, y no estoy hablando de los grupos que usted denomina fascistas en los Estados Unidos de América, o neofascistas, sino que estoy hablando...

Germán Sánchez: Bueno, que los denomina cada vez más gente en el mundo...

Pregunta: Estoy hablando, por ejemplo, de la Unión Europea, que venía acercándose mucho a Cuba en cuestiones de cooperación económica. ¿Qué pasó? ¿Por qué ellos no están convencidos? ¿Por qué Cuba no ha logrado acallar esas críticas que vienen de voces que no son las que tradicionalmente han criticado a Cuba? Estoy hablando también, por ejemplo, de los legisladores estadounidenses que atacan el bloqueo en el Congreso de los Estados Unidos de América, y que ahora parecieran estar convenciéndose de lo contrario: que hay que ser fuerte con Cuba.

Germán Sánchez: En primer lugar, sabemos que las decisiones firmes en defensa de nuestra soberanía y de nuestra autodeterminación, no de ahora, sino desde hace muchos años, inevitablemente provocan —fruto, entre otras cosas, de la manipulación de quienes detentan estos grandes medios de desinformación mundial—, que una parte de la opinión pública del orbe, incluso honesta y sincera, se confunda.

Por ejemplo, el tema de la pena de muerte. Hay una parte determinada de la población mundial que está a ultranza contra la pena de muerte, ya sea en Cuba, en los Estados Unidos de América o en Venezuela. Incluso, en el caso de Venezuela, no existe la pena de muerte. Es comprensible que, en Venezuela, una buena parte de la población esté en contra de la pena de muerte, dondequiera que exista. ¿Correcto? Y otra parte, no, pues los pueblos son también muy exigentes y reclaman que no haya impunidad. Nosotros hemos recibido determinadas críticas por esos tres ejecutados. Es verdad. Saramago es el que más se ha publicitado —como la Coca-Cola— con sus declaraciones. Antes, a Saramago no se le difundía tanto. Sus declaraciones de solidaridad con Cuba —que yo las tengo y te las puedo entregar—, son maravillosas, preciosas... Por ejemplo, recuerdo la del Aniversario 40 de la Revolución cubana, donde dijo algo que, incluso, en un discurso que pronuncié —en Caracas— expresé que era excesivo: "El único país del mundo donde se mantiene la esperanza es Cuba." Esa frase de Saramago no se publicó en la prensa venezolana, ni mucho menos en el *New York Times*. Entonces, ahora que Saramago exclama: "Hasta aquí llego con Cuba", ¡ah!, esa sí. O sea, todo lo que él dijo siempre sobre Cuba jamás se publicó.

Y, lo que ha dicho el uruguayo Mario Benedetti —ilustre poeta, de los más grandes del siglo XX en este continente y de proyección universal— criticando a Saramago, no se reproduce. ¿Por qué?

¡Ah!, las noticias que les convienen las transmutan en una consigna y las repiten para todas partes. Pero, busca en Internet, por ejemplo, el sitio rebelión.org. Allí se encuentran otras reacciones, diversas opiniones de personalidades ilustres a favor de la Revolución cubana. Esas no se publican. ¿Estamos o no en presencia de una manipulación? No es noticia defender a Cuba. Sí lo es la oposición a Cuba.

¿Qué principio o argumento avala ese concepto? No es noticia defender al pobre, al pequeño. Y sí lo es defender al poderoso. ¿Por qué? ¡Las dos posiciones son noticias! Por lo menos, informen las dos, porque los pueblos tienen derecho a informarse de lo que acontece y se piensa de una parte o de la otra. Ese es un principio básico de la democracia, del pluralismo. Seamos consecuentes con ese concepto.

En Cuba, se publicó lo que dijeron Saramago y Eduardo Galeano. Y aquí, casi ningún medio ha reportado las posiciones de los principales intelectuales cubanos: Alicia Alonso, Silvio Rodríguez, Roberto Fernández Retamar, y otros de alto reconocimiento mundial. ¿Por qué? Ellos se han sumado a la posición de la abrumadora mayoría del pueblo cubano y sí expresan nuestra espiritualidad.

¿Y alguien se ha preguntado qué piensa el pueblo cubano? Pareciera que no existe. Como tampoco esos intelectuales. Pero un individuo — Saramago— que dice: "Me cansé", ese sí. Bien, él tiene derecho a cansarse, pero el pueblo cubano tiene derecho a no agotarse, porque seríamos destrozados por los cañones de los Estados Unidos de América. Tenemos derecho a defendernos, a seguir adelante, y lo vamos a hacer con voluntad, serenidad y mucha inteligencia.

Pregunta: ¿Podemos hablar de lo que ha dicho parte de ese pueblo cubano? El disidente Oswaldo Payá afirmó que las detenciones acelerarán la búsqueda de la democracia, porque son una expresión del miedo y la inseguridad del gobierno. ¿Un régimen que se siente fuerte necesita recurrir a esas medidas?

Germán Sánchez: Un régimen fuerte y seguro de sí mismo es capaz de afrontar cualquier crítica, sea malintencionada o ingenua, que se produzca en el mundo en aras de la defensa de su seguridad nacional. Un régimen fuerte y seguro de sí mismo, debe inevitablemente juzgar y apresar a aquellos ciudadanos que actúen como mercenarios en función de los intereses de una potencia extranjera, que nos arremete desde hace 45 años. No podemos titubear. Precisamente, nuestra fortaleza es la que nos permite hacer eso. Es al revés. Si nosotros fuéramos débiles y si le tuviéramos miedo a esa potencia, le permitiríamos que se explayara por todo el país y que hiciera lo que le dé la gana en Cuba, que se apropiara de Cuba. Como somos fuertes, es que resistimos a la potencia más fuerte del Planeta y la seguiremos derrotando.

¿"Cubanización" de Venezuela?

Pregunta: ¿El gobierno venezolano debería seguir el ejemplo de Cuba y comenzar a detener opositores?

Germán Sánchez: El gobierno venezolano y el proceso revolucionario bolivariano de Venezuela es autóctono, es original, su grandeza radica en eso y le corresponde a este pueblo decidir lo que pasa en Venezuela. Por cierto, aprovecho para decir que la "campañita sobre la 'cubanización'" es expresión de debilidad y no de fortaleza de quienes la sostienen. ¿Por qué? Pareciera que se le teme al potencial histórico que se ha acumulado en Venezuela y a la singularidad de la Revolución bolivariana. Son los venezolanos quienes la han hecho, ha surgido del "vientre" de su historia.

Lo que es absurdo y caricaturesco, es que se siga comparando a Venezuela y a este proceso revolucionario con Cuba. Mira, te daré tres datos. El proceso revolucionario cubano empezó en el año 1953. Fidel Castro tenía 26 años en aquel momento. ¿Correcto? Jóvenes como tú asaltaron un cuartel el 26 de Julio del año 1953. Asaltaron el Cuartel Moncada e iniciaron una Revolución contra la dictadura criminal de Fulgencio Batista, quien había usurpado el poder apenas 1 año antes. Los civiles fueron a asaltar el cuartel no para matar a los soldados, por cierto, sino con el fin de quitarles las armas y entregárselas al pueblo. Aquí, en Venezuela este proceso, que yo sepa, ocurrió al revés. Fueron jóvenes militares los que decidieron asaltar el poder civil, que —al decir de ellos— era un poder corrupto y antidemocrático. En suma, el origen del proceso revolucionario cubano nace diferente al proceso venezolano.

Seguimos. En 1959, ¿cómo llega al poder la vía cubana? Por la violencia popular, con las armas en sus manos el pueblo logra derrotar al ejército y a la dictadura. Por la vía de la violencia legítima, culta, educada. Jamás fusilamos a un prisionero. Al prisionero se le curaba y se le soltaba. Al revés de lo que hacían con nuestros prisioneros, y de lo que hacía la dictadura que torturó y asesinó a más de 20 000 cubanos. Por eso, nosotros le tenemos tanto respeto a la vida, y al honor y a la dignidad de los seres humanos. Y es por ello que en Cuba revolucionaria jamás se ha secuestrado ni desaparecido a nadie, como sucedió en muchas dictaduras y en otros países, ni ningún policía "toma la Ley por sus manos" y asesina a un delincuente a espaldas de la Ley. Porque, en Cuba, la Ley y los jueces funcionan, y no están corrompidos y se respetan. Así ganamos la Revolución.

Y, en Venezuela, ¿cómo logró el proceso bolivariano alcanzar el gobierno? ¿usando las armas?, no: ¡con los votos! Entonces, ni los orígenes ni la llegada al poder de los dos procesos se parecen en nada.

Ahora, si se comparan ambas Constituciones, se observará que hay diferencias diametrales. Después de transcurridos 26 meses del triunfo de la Revolución en Cuba, se había transformado, radicalmente, la propiedad. La educación era gratuita para todo el mundo, la salud también. Se había iniciado la alfabetización del pueblo, que culminaría a finales de 1961, se había disminuido los alquileres de las viviendas, primero en 50%, y, después, se entregó la propiedad a todas las personas. Y se hizo infinidad de acciones que transformaron el modo de vida de los cubanos.

En la actualidad, Venezuela vive un proceso de cambios con otro ritmo, con otra realidad. A los 26 meses, en Cuba, se habían ido los opositores, se convirtieron en apéndice de los Estados Unidos de América, conspiraron y decidieron irse hacia aquel país. Hubo invasiones, acciones terroristas y subversivas contra el proceso revolucionario. Es decir, entre lo que pasa en Venezuela, hoy día, y lo que pasó en Cuba, en la primera etapa de la Revolución, no hay comparación posible. Entonces ¿por qué se insiste en eso?

Pregunta: No, perdón, pero la "cubanización" va por el orden de dos puntos... El hecho de que el presidente Chávez habla de que quiere permanecer hasta el año 2021. Una perpetuación en el poder como ha ocurrido con el presidente Castro. Y el segundo, si bien el sistema económico que consagra la Constitución venezolana admite la propiedad privada, no es menos cierto que es excesiva la presencia del Estado y se quiere afianzar el concepto del Estado como propietario de la economía.

Germán Sánchez: Respeto su criterio, pero realmente no es riguroso. Porque, en Cuba, el propietario de los grandes medios de producción es el pueblo. Y hay, además, una mayor cantidad de propietarios que en

Venezuela o en cualquier otro país del continente. ¿Sabía usted eso?

Pregunta: ¿Hay más propietarios privados?

Germán Sánchez: Si. La Revolución cubana generó más propietarios que los que había antes del triunfo de la Revolución, y muchos más que los que existen actualmente en Venezuela. Comenzaré a enumerar.

De las viviendas de las familias cubanas, 85% son propiedad de ellas. ¿Y la tierra? Es propiedad del Estado, 80%, pero una buena parte la entregó en usufructo indefinido a las cooperativas, que son propietarios de los bienes que allí existen. También hay 100 000 propietarios pequeños individuales de tierra, por no mencionar que las fábricas son propiedad del pueblo, y que las escuelas y los hospitales pertenecen a la gente...

Pregunta: Bueno, pero eso lo dice el presidente Chávez. El presidente Chávez quiere que los trabajadores sean los dueños de la empresa. Quiere desarrollar y hacer una economía bastante fuerte a base de cooperativas.

Germán Sánchez: ¿Conoces el capitalismo de Estado? ¿Sabías que en Argentina —antes de venir el neoliberalismo— y, en Chile —antes de que el neoliberalismo desmantelara las propiedades del Estado capitalista— o, en México, había muchísimas propiedades del Estado? Desde los ferrocarriles, los ómnibus, las instalaciones de energía, las líneas aéreas, muchas más que en Venezuela. ¿Y alguna vez a alguien se le ocurrió decir que Perón, antes de que naciera la Revolución cubana, iba a hacer una revolución socialista? Es necesario conocer la historia. Ahora, si tú defiendes el capitalismo, la propiedad privada a ultranza, el lucro individual por encima de cualquier otro valor —¡Vivan los ricos y no importan los pobres!—; entonces, terminaríamos la discusión. Pero, si tú defiendes un criterio de equidad, de humanismo en el sentido verdadero, no me puedes decir que el Estado, más allá del régimen capitalista o socialista no tiene una razón de ser, como instrumento de la voluntad soberana de la nación. Y hasta en el capitalismo hay variantes, porque el modelo neoliberal no es consustancial al capitalismo, que tiene diferentes opciones y modelos. No es lo mismo el neoliberalismo, que el capitalismo de Estado. No es lo mismo el keynesianismo, que Milton Friedman y la

Escuela de Chicago. Entonces, la historia no se puede reducir a lo que ocurre en la actualidad. Hay que verla en su evolución y diversidad. No es lo mismo Suecia, que Chile, donde se desmantelaron las propiedades estatales.

Por favor, no confundas la acción social del Estado con el socialismo. El capitalismo inventó la función social del Estado antes que existiera el socialismo.

Presencia cubana en Venezuela

Pregunta: Ahora, si no estamos yendo a un modelo cubano, ¿qué hace aquí esa cantidad de funcionarios cubanos? Esos de los que todo el mundo se la pasa hablando, y nunca se sabe el número, y nunca se conoce quiénes son y qué están haciendo. ¿Usted nos puede hablar de eso? ¿Cuántos son? ¿Qué están haciendo, dónde están? ¿Quién es esa gente? ¿Quién les paga?

Germán Sánchez: "Permiso para opinar sobre Cuba" fue el título de un artículo que publiqué en *El Nacional*, el año 2000, en medio de una campaña furibunda contra mi país, como antes ocurrió en 1999, y después continuó hasta hoy. Aparecieron 1 500 agentes cubanos infiltrados en todos los cuarteles, dirigidos por el *súperagente* "James Bond" de origen cubano: Alvaro Rosabal. El gran escándalo. Resultó que Rosabal era un farsante y, poco después, declaró que a él lo habían manipulado, que le habían prometido —en Caracas— dinero para irse a los Estados Unidos de América, dos mercenarios del terrorismo de Miami, que son el abogado venezolano Ricardo Koesling y el ex policía de Batista, Salvador Romaní. ¡Ah, y aquello se desmoronó, nadie más habló del asunto!

Después, dijeron que la Constitución de Venezuela era igual a la de la Isla. Ahí tuvo, hasta el presidente Fidel Castro, que invitar a la Isla a un grupo de periodistas venezolanos, para explicarles cómo eran diferentes una de la otra. Porque se quería decir que la Constitución que se iba a votar en el Referéndum de diciembre de 1999 era igual a la de Cuba y, además, que Chávez pretendía conducir a Venezuela hacia el comunismo. En fin, "campañitas" que, realmente, están un poco desgastadas. Me parece que deben buscar otros temas, otras realidades, porque es absurdo continuar mintiéndole al pueblo venezolano, todos los días, sobre lo mismo. Y así llegamos a diciembre de 2002, durante el paro petrolero golpista, para no hablarte de todo lo que pasó durante el camino. Entonces, aparecía diariamente Carlos Ortega por las cadenas privadas de televisión, declarando: "El barco Pilín León ha sido movido por los agentes del castrocomunismo, por pilotos cubanos." En pocas horas se demostró la falsedad, cuando los marinos aclararon que eran venezolanos. Al día siguiente, yo esperaba que una larga nariz de Carlos Ortega chocara con las cámaras de televisión. No. Evadió el tema, no pasó nada. En fin, una mentira más al aire, sin ningún tipo de autocrítica.

Pregunta: Entonces ¿no hay funcionarios cubanos en Venezuela?

Germán Sánchez: Quiero decir, primero, que lo que hay aquí —antes de responder— es una "campaña de calumnias y falsedades" que son, realmente, abominables. Por suerte, este pueblo venezolano conoce a sus autores, les ve sus costuras, sabe cuáles son sus antecedentes y ha observado, una y otra vez, que estas mentiras se estrellan contra la realidad de los hechos y lo que en verdad ocurre. Y me parece que ha llegado el momento de sugerirle a los creadores de esa "campañita", que traten de encontrar otro cuento, porque el de la "cubanización" no les funciona.

Al pueblo venezolano lo siento cada vez más cerca de Cuba. Fíjense qué curioso. Esto se ha convertido en un bumerang: cada día que pasa ese pueblo venezolano nos detiene más en la calle, expresa más su solidaridad, se moviliza cuando es necesario, simpatiza más con Cuba porque ahora sabe la verdad. Si le dicen: "los médicos cubanos son agentes", la gente no lo cree, porque recibe los servicios de nuestros galenos, y comprueba su calidad profesional y humanitaria.

Pregunta: ¿Son 300?

Germán Sánchez: La cifra exacta se proporciona diariamente, porque —entre otras razones— los periodistas, sin darse cuenta, muchas veces, son víctimas de las propias campañas fabricadas por los medios. Creo que el periodismo es para investigar, para razonar, para buscar la verdad, y no para dejarse estafar por los manipuladores que inventan una y otra vez tantas fábulas.

Esos datos se ofrecen todos los días en esta embajada y los publicamos, tenemos folletos, una página Web y ofrecemos entrevistas. No tenemos nada que ocultar, porque nos satisface muchísimo, nos sentimos muy orgullosos del apoyo, de la solidaridad que les estamos dando a los venezolanos desde hace varios años, no solamente ahora, en el período de Chávez. Esa es otra cosa que debemos aclarar, porque las relaciones entre Venezuela y Cuba no empezaron ahora, sino en el siglo XIX, apoyándonos mutuamente. Y esa hermandad, tiene una larga trayectoria; nadie la va a eclipsar, porque es demasiado hermosa, raigal y sublime para que se trate de falsificar de cualquier manera.

Colaboración entre Cuba y Venezuela

Pregunta: Se ha hablado de algunos episodios...

Germán Sánchez: Después discutimos los episodios que tú quieras. ¿Tú quieres saber cómo marcha la colaboración entre Venezuela y Cuba? Excelente, avanza muy bien, cada día mejor.

Pregunta: Pero ¿qué es lo que están haciendo?

Germán Sánchez: ¿Lo explico en detalle? Vamos a empezar por la salud. Desde que se firmó el Convenio Integral de Cooperación entre Cuba y Venezuela, han ido a Cuba miles de enfermos pobres, de esos que se mueren a la entrada de un hospital, porque no tienen recursos para hacerse una operación o para recibir atención especializada de alta complejidad. De forma absolutamente gratis, ellos han recibido esa atención en hospitales cubanos, por los mejores especialistas, y ha regresado una buena parte de ellos curados o muy mejorados en su salud. Esto se ha mostrado, en parte, por televisión y ahí está, si quieres, la lista para que los vayas a buscar y tú mismo los entrevistes. Y nos sentimos muy orgullosos de poder ayudar a la gente pobre de Venezuela, que no tiene recursos para curarse ni para salvar sus vidas.

Tenemos aquí, en este momento, cientos de médicos en nueve estados del país. Pero, no están en los estados donde hay una gobernación que simpatiza o que está dentro del proceso bolivariano. Hay médicos donde hay gobernadores, y alcaldes, copeyanos y adecos, hay médicos donde hay alcaldes de otras filiaciones políticas. Y no importa que así sea. Al contrario, eso forma parte de nuestra decisión y la del gobierno de

Chávez: no discriminar a nadie, porque nosotros venimos aquí a ayudar a los ciudadanos venezolanos, sin preguntar su creencia religiosa, el color de su piel o la posición política que tengan. Son seres humanos que necesitan apoyo. ¿Dónde están esos médicos? ¿Sustituyendo a los médicos venezolanos? No, *complementando* el trabajo de los médicos de aquí, están donde no hay médicos venezolanos y esa es una condición para que nosotros prestemos el servicio en Venezuela o en otros muchos países del mundo.

Algunos decían: "Nos vamos a cubanizar porque vienen muchos médicos de la Isla." Bueno, ¿y entonces? ¿Se está "cubanizando" también Guatemala, Haití, Gambia? ¿De qué se trata? ¿De "cubanizar"? No, de ayudar más a la gente necesitada. Nosotros tenemos la mejor proporción de médicos del mundo: uno por cada 166 personas. Hemos formado decenas de miles de jóvenes que tienen, además, una formación ética; buscan servir al prójimo y no servirse de la gente, y eso tiene un valor, incluso, mayor que la formación científica, que también la tienen. Bien, ¿eso es "cubanización"? ¿A eso le llaman "cubanización"? Pregúntale al pueblo de Venezuela si quieren o no esa *cubanización* entre comillas.

Pregunta: ¿Estamos en educación?

Germán Sánchez: No, estamos en salud todavía. Le exportamos a Venezuela —a precios por debajo de los del mercado mundial—, en los últimos 3 años, más de 40 millones de dólares en medicamentos genéricos, que no compiten con los que se producen aquí desde el punto de vista que no los saca del mercado, sino que se complementan. Estos eran importados por Venezuela de otros países y, ahora, son importados desde Cuba, con la misma calidad y a precios más bajos.

Pregunta: ¿Y quién paga eso?

Germán Sánchez: Eso se paga por el gobierno de Venezuela. Lo anterior no, ni los pacientes ni la presencia de los médicos, que es absolutamente gratis.

Pregunta: ¿Y quién paga los traslados?

Germán Sánchez: El gasto del traslado de los pacientes lo paga Venezuela.

En el caso del traslado de los médicos, a veces Cuba, a veces Venezuela, eso depende.

También hemos exportado equipos médicos de alta calidad: electrocardiógrafos, laboratorios y otros.

Cuba es una potencia médica reconocida a nivel mundial y, entonces, ¿por qué Venezuela no va a utilizar esas fortalezas de un pueblo hermano, cerca, con su mismo idioma, que tiene una voluntad de cooperación sin lucro?

¿Quién puede criticar eso? ¿No es absurdo oponerse a que Cuba le brinde y exporte —a la mitad o tercera parte de su precio— las terapias contra el SIDA?

Pregunta: ¿Y en educación?

Germán Sánchez: En educación ha habido, sobre todo, algunas asesorías para ciertas especialidades. Educación especial, analfabetismo. Hemos dado cientos de becas. Tenemos, en Cuba, a más de 450 estudiantes de medicina desde hace 4 años. Y estudian, en Cuba, más de 250 la Licenciatura en Deportes y Educación Física.

Pregunta: ¿Eso lo paga el gobierno de Venezuela?

Germán Sánchez: Eso lo paga —totalmente— el gobierno cubano; el hospedaje, la comida, la ropa, los textos, la atención médica y su recreación. Todo. El gobierno venezolano sólo paga el traslado. Hay varios miles de latinoamericanos becados del mismo modo, estudiando medicina. Y otros miles en Deportes y en Educación Física, y también en otras profesiones. Somos pobres, pero agradecidos. Cuba no podría pagar jamás la deuda de gratitud con los pobres de la Tierra, que nos han dado siempre su solidaridad. Y Venezuela es para nosotros un ejemplo proverbial. Desde el siglo XIX recibimos lo ayuda de este pueblo, y en octubre de 2000 Chávez tuvo la valentía y la generosidad de incluir a Cuba en el Convenio Energético de Caracas.

Pregunta: ¿Y en materia de seguridad?

Germán Sánchez: Después te respondo. Sigo. Hay estudiantes de postgrado. Eso sí, nos los paga el gobierno venezolano. Eso está dentro del Convenio de Cooperación. Hay varias decenas cursando doctorados en diferentes disciplinas, según las necesidades que define la parte venezolana.

Hablaré sobre el tema deportivo integralmente. Tenemos, en este momento, 740 instructores de deporte, algunos de alto rendimiento, otros son profesores de educación física y recreólogos. Todos son licenciados, están en 21 estados de la nación venezolana, en más de 170 municipios, sin importar el "color político" del gobernador o del alcalde, cumpliendo funciones sociales dentro de los planes de las alcaldías y las gobernaciones de toda Venezuela. Si tú quieres tener una opinión sobre estos técnicos, te invito un día a hacer un recorrido por Apure, por Barinas, por allá por Lara, por aquí por Vargas y por Caracas. Y pregúntale a la gente. ¿Tú sabes cuántos alumnos tienen ellos? Seiscientos mil alumnos, que reciben de una u otra manera la influencia del deporte, que es universal. Esa es la "cubanización", reciben la ayuda de campeones olímpicos. Aquí hay boxeadores campeones olímpicos, jugadores de béisbol que ahora perdieron contra un equipo donde jugó Chávez, porque están viejitos. O sea, le estamos entregando a Venezuela lo mejor de la medicina cubana, lo mejor del deporte cubano. A eso, si se le llama "cubanización"..., me imagino que el pueblo no se pondría bravo.

Pregunta: ¿Cuánto le ha pagado el gobierno de Venezuela al de Cuba por esa colaboración?

Germán Sánchez: No mucho, te voy a decir. La cifra fue de alrededor de 5,5 millones de dólares, por los servicios de 600 instructores de deportes durante 1 año. Si fueran esos instructores de deportes estadounidenses, ni con 100 millones se les pagaría la cuenta.

Pregunta: ¿Esa colaboración continuará?

Germán Sánchez: Vamos a seguir, porque la colaboración es grande, importante, y va a continuar creciendo, sin complejos. Esto beneficia a Venezuela, esos instructores de deporte benefician al pueblo de Venezuela, y los médicos al pueblo de Venezuela, y los tratamientos a los enfermos del pueblo de Venezuela.

Pregunta: En el campo agrícola, ¿cuánto es el monto y en qué área está centrada?

Germán Sánchez: En el área agrícola, en primer lugar está el complejo agroindustrial del estado Barinas. Esa institución va a ser la más moderna de América del Sur, y generará más de 9 000 empleos directos e indirectos en la agricultura y en la industria...

Pregunta: ¿Y quién pone ese dinero? ¿Venezuela o Cuba?

Germán Sánchez: Cuba aporta el proyecto y la asesoría técnica. El país que va a ser más beneficiado de ese proyecto, será Venezuela, por supuesto, y, en segundo término, Brasil. Porque en Brasil es donde se comprará la tecnología que va a tener ese complejo industrial, puesto que Brasil es uno de los principales países en la producción de tecnología azucarera. Entonces, el país que va a beneficiarse —en términos de ganancia económica— por ese complejo agroindustrial es Venezuela. Brasil después. Y Cuba aportará, modestamente, el conocimiento de sus técnicos, que tienen una tradición de 200 años produciendo azúcar en la Isla.

En la agricultura hay otras asesorías previstas. Por ejemplo, ya está en marcha el apoyo a un programa de organopónicos y huertos intensivos urbanos, en el contexto de la Organización de las Naciones Unidas para la Agricultura y la Alimentación (FAO). Eso lo financian Venezuela y la FAO. Cuba aporta sus especialistas, sin cobrar honorarios. Técnicos y científicos cubanos de altísimo nivel mundial, están respaldando ese programa en Caracas y Margarita, y después se extenderá a otras ciudades. Y Cuba, el país que más ha desarrollado en los últimos años esas técnicas, le entrega sus experiencias y todo el apoyo necesario a Venezuela de forma solidaria, sin lucro alguno. ¿Sabes cuántos empleos se han generado en la Isla en esos cultivos, en apenas 8 años?, más de 326 000, casi la misma cantidad que en la agricultura tradicional. Por eso, la FAO, en la persona de su secretario general, nos pidió que le ofrezcamos asesoría a Venezuela.

¿Agentes de la seguridad cubana en Venezuela?

Pregunta: Cuando la gente habla de "cubanización", yo creo que el aspecto más preocupante no es el económico, el agrario, el de la salud, el deportivo, sino es el que tiene que ver con agentes de seguridad, con inteligencia, etcétera. ¿Usted niega de plano en este momento que haya agentes de seguridad cubanos en Venezuela operando?

Germán Sánchez: ¿Qué significa "agentes de seguridad"? No entiendo, defina el término.

Pregunta: Agentes de la Seguridad del Estado de Cuba.

Germán Sánchez: ¿De Cuba? ¿Pero cómo vamos a tener agentes de la Seguridad del Estado?

Pregunta: ¿Lo niega?

Germán Sánchez: ¿Pero cómo vamos a tener agentes de la Seguridad del Estado en un país hermano? Las naciones tienen *agentes de seguridad*, donde está presente una fuerza o el país tiene una posición agresiva. Así, pues, ¿cómo vamos a tener agentes de seguridad en Venezuela?

Pregunta: ¿Pero, entonces, lo está negando?

Germán Sánchez: Por supuesto. Nosotros lo que tenemos son agentes de salud, agentes de deportes, agentes de educación, agentes azucareros, agentes que, sencillamente, lo que están es contribuyendo al desarrollo, al bienestar y a la felicidad del pueblo venezolano.

Pregunta: Por ejemplo, se ha dicho que todo el *anillo de seguridad* del presidente Chávez está compuesto por agentes cubanos.

Germán Sánchez: ¿Usted sabe por qué se dice eso? Al parecer, por el racismo que impera en un grupo pequeño de venezolanos. Porque, por vez primera —no sé en el pasado— en ese anillo de seguridad se nota la presencia no de uno sino de varios negros y pareciera que en Venezuela no hay negros. Y, entonces, resulta que los negros, todos los negros que existen en el mundo, ahora, para estos difamadores y obsesionados —psiquiátricos algunos de ellos— todos los negros son cubanos. Entonces, el señor Churio, que es el jefe de la escolta de Chávez, que es negro, "tiene que ser cubano". Pero por tal obsesión patológica, caricaturesca, simpática al final, a esos señores los convierten en ciudadanos cubanos por el hecho de ser negros. Olvidan que en Venezuela hay muchos negros también. Simple. Entonces, han convertido eso en una "campañita" de difamación que es risible, ridícula. A mí me da realmente risa, yo me divierto con eso, escríbelo así.

¿Quién viola la Convención de Viena?

Pregunta: ¿Usted se está entrometiendo en la situación venezolana? ¿Usted está violando la Convención de Viena, que determina hasta qué punto un diplomático debe o no opinar y accionar en un país que lo hospeda?

Germán Sánchez: ¿Usted ha leído la Convención de Viena? Se la voy a dar, porque deseo que la cite en esta entrevista, porque allí se dice —expresamente— que los diplomáticos acreditados en el país receptor, en este caso, los diplomáticos cubanos acreditados en Venezuela, tienen el derecho a defender los intereses de su país. Uno. Y dos, a defender a sus ciudadanos que viven en ese país, ¿correcto? Sin violar las leyes, por supuesto, de ese país. Y si a Venezuela la comienzan a atacar en Cuba o en los Estados Unidos de América, y empiezan a calumniar a su gobierno y a decir falsedades, cientos y miles de veces como parte de una campaña de desprestigio malintencionada, el embajador de Venezuela tendrá el derecho, según la Convención de Viena, como hice yo en el año 2000 y como hago cada vez que es necesario, de defender a su país frente a esas calumnias. Eso no es intromisión en los asuntos internos, eso es defender los intereses del país y a los compatriotas. Y ello está amparado por el derecho internacional, específicamente en la Convención de Viena.

Al diputado opositor Gerardo Blyde —como a algunos otros— yo le contesté. Aunque espero no seguir respondiéndole a esa gente, porque, en definitiva, allá los que se quieran seguir "cocinando en esa salsa". El pueblo de Venezuela es el que da la última palabra y la realidad es diferente de lo que se percibe en tales campañas. El señor Gerardo Blyde se quejó: "El embajador de Cuba me respondió y se entrometió en los asuntos internos." ¿Qué derecho tiene el señor Gerardo Blyde de decir que los instructores de deportes de Cuba o que los médicos cubanos viven como esclavos? ¿Qué derecho tiene de maltratar a seres humanos que vienen solidariamente aquí a servir al pueblo de Venezuela? Ninguno. Yo sí tengo el derecho de defender a nuestros ciudadanos y, por eso, le respondí. ¡Ah!, se molestó porque le dije la verdad y, entonces, invocó el derecho internacional, y le volví a responder y le expresé: "Mire, léase la Convención de Viena, usted se cree un buen abogado, para que recuerde que la Convención de Viena me da a mí el derecho a defender a nuestros ciudadanos en Venezuela y a defender a mi Patria, a mi país que está siendo vilipendiado permanentemente por un grupo de personas que tienen acceso a los medios de información. Y lo voy a seguir haciendo."

La verdad de Cuba se seguirá divulgando y no sólo por mí. Como ha venido ocurriendo, por mediación de muchos venezolanos, que también tienen acceso a la prensa, de otros diplomáticos cubanos y de otros portadores de la verdad del pueblo de Cuba, como los que vinieron recientemente al Encuentro Mundial de Solidaridad con Venezuela. Y algunos en la prensa formaron una alharaca, porque, en esa ocasión, los niños y los jóvenes cubanos cantaron, y mostraron lo que es realmente Cuba. Y a ellos les disgusta que les rompan sus mentiritas. Nosotros tenemos el derecho a hablar de Cuba en Venezuela, en China, como también lo hacemos en los Estados Unidos de América. Y nadie nos lo puede impedir, es legal, es legítimo, es moral y es político. Y lo vamos a seguir haciendo. Ahora, sí hay embajadores aquí, y sería bueno que tú les preguntaras, porque yo los leo en la prensa, a menudo, y los veo por la televisión dando recomendaciones de lo que hay qué hacer.

Pregunta: ¿Cómo quién?

Germán Sánchez: El embajador de los Estados Unidos de América dando —aquí— declaraciones.

Pregunta: ¿Usted cree que él ha violado la Convención de Viena?

Germán Sánchez: Yo pienso que sí, pero es un asunto de los venezolanos.

Pregunta: ¿Usted cree que él ha violado la Convención de Viena?

Germán Sánchez: Yo sí creo que cualquier diplomático, sea el embajador de los Estados Unidos de América o el de otro país, que dé opiniones sobre lo que debe hacerse dentro de la realidad de ese país —sea en Venezuela o en Cuba—, como lo han estado haciendo, viola la Convención de Viena. El caso de Cuba es mucho más grave, porque han estado conspirando. Cualquier embajador puede opinar sobre su país, tiene derecho a hacerlo, a defender los intereses de su Patria, pero ningún embajador tiene derecho de decirle a una parte u otra qué es lo que debe hacer y cómo debe resolver el conflicto que tienen.

Pregunta: ¿Usted cree que el embajador Shapiro está actuando aquí como lo hace, en La Habana, el señor James Cason?

Germán Sánchez: No, yo no creo eso. Eso lo dices tú.

Pregunta: Bueno, se lo estoy preguntando.

Germán Sánchez: Yo digo que cuando se opina sobre un asunto de incumbencia interna de los ciudadanos de Venezuela, se está violando la Convención de Viena, sea el embajador que sea.

Los niños cubanos sonríen y piensan

Pregunta: El gobierno cubano trajo —para los actos de abril— a una niña de 12 años, que acusó a la oposición y a los medios de golpistas. ¿Eso no es intromisión?

Germán Sánchez: No recuerdo los términos en que lo dijo. Pero, sí es cierto que los niños en Cuba son ciudadanos que sonríen y piensan, que tienen derecho a opinar y son tan libres en su juicio porque son seres humanos que están en evolución, como libres son los adultos. Y a los niños en Cuba se les enseña a pensar con cabeza propia. Y se les muestra lo que está ocurriendo en el mundo, porque tú no puedes decir: a partir de aquí, cuando cumplas 18 años te voy a enseñar que los Estados Unidos de América son enemigos de Cuba y que quieren destruir las escuelas esas en donde tú estudias gratuitamente, y convertirlas en escuelas privadas, y que tú, cuando vayas a un hospital, si tienes dinero te dejen entrar y si no tienes dinero te puedes morir. Ese niño tiene su evolución intelectual, emocional. A través de los medios de difusión y de la educación se le enseña la verdad de nuestra historia, de nuestro país y del mundo. Es un ser pensante.

¿Por qué asombrarse de que un niño o una niña de 12 años exprese puntos de vista propios? A ellos no los trajo la Embajada de Cuba, esa es una delegación de jóvenes, de niños, de deportistas, de científicos. Ahí vino, por ejemplo, la campeona mundial de inmersión, que no apareció en la prensa, por cierto. Hubiera sido noticia en otro país. Ahí vinieron también campeones olímpicos y personas representativas de nuestro pueblo. ¿A qué vinieron? Porque estábamos felices al cabo del primer año de la victoria del pueblo de Venezuela sobre el fascismo. Esa niña —Patricia— estuvo aquí en el acto de condecoración de todos los compañeros de la embajada, que en representación de nuestro pueblo defendieron el honor de Cuba cuando fuimos atacados por los fascistas el 12 de abril de 2002. Y ella vino y habló en nombre de los niños de Cuba, habló con su corazón. Una muchacha que se expresa sin documento en la mano... Ahora, esa niña vio, en diciembre y enero, lo que ocurrió en Venezuela durante el paro golpista, porque eso se le informó a todo el pueblo de Cuba. Yo no quiero meterme en los asuntos de Venezuela, son ustedes los que tienen que calificarlos, pero lo que estaba pasando en Venezuela se le mostró y explicó al pueblo de Cuba. Todo lo que sucedía: las permanentes cadenas de la televisión privada, no había anuncios, Ortega diciendo que al día siguiente se caía el presidente Chávez, el otro por allá... Entonces, esa niña de 12 años, que es un ser pensante y no se puede subestimar, pues tiene información y educación, orientación de sus padres y una información correcta de los medios de difusión cubanos, esa niña llegó a una conclusión y expresó una verdad. Se afirma por ahí que hay dos tipos de personas que dicen la verdad: los borrachos, porque están desinhibidos, y los niños. Entonces, José Martí nos enseñó a nosotros que *los niños son la esperanza del mundo, los niños son los que saben querer* y habría que agregar que son también muchas veces *los que dicen la verdad,* porque no tienen ningún tipo de compromiso antiético.

Pregunta: ¿Así que ella dijo la verdad?

Germán Sánchez: Y no viajó aquí traída por la Embajada de Cuba. Vino porque el pueblo de Cuba, simplemente, es solidario con el de Venezuela y envió esa representación suya a disfrutar la victoria del pueblo bolivariano de Venezuela —el 13 de abril de 2002—. Eso no le gustó a alguna gente. Lo sentimos mucho. Pero, es que varios de ellos están todos los días mintiendo sobre Cuba. Un grupo, no digo la oposición entera.

Nosotros tenemos relaciones aquí con una buena parte de la oposición. Estamos hablando de un sector golpista, que es el que está actuando también contra Cuba permanentemente. Esos terroristas, que vinieron aquí enfrente a asaltar esta embajada, que nos cortaron la electricidad y el agua, personas del supuesto sector "humanista", "democrático", que vinieron aquí e hicieron todas esas fechorías. Hablamos de quienes los apoyaron y sabemos bien quiénes son los superdemocráticos, los superhumanistas, que demostraron ser unos fascistas y unos terroristas. Ese sector no puede merecer de nosotros flores, sino que simplemente le digamos a nuestro pueblo quiénes son ellos, y esa niña observó las imágenes de cómo sus compatriotas estaban siendo atacados por un grupo de fascistas y golpistas.

Los medios de comunicación venezolanos

Pregunta: Pero ella habló de los medios. ¿Para el gobierno cubano los medios venezolanos son golpistas?

Germán Sánchez: No califico de *golpistas* a los medios venezolanos, lo que sí digo es que le corresponde a ustedes llegar a una conclusión sobre ciertas cosas que pasaron en Venezuela, en el mes de abril de 2002, y que continuaron en diciembre de ese año y en enero de 2003.

Y otra cosa, en abril de 2002, asediados nosotros en la embajada, estuvimos a punto de ser asaltados por esa jauría humana y de perecer los que estábamos aquí adentro, incluidos niños igual que ella —aquí adentro— y mujeres. Y, en esas dramáticas circunstancias, la prensa no quiso dar a conocer nuestras opiniones, la realidad y la verdad. Y hubo un canal de televisión —Globovisión— que me entrevistó a mí junto al presidente de la Conferencia Episcopal, Baltazar Porras, que lo dejamos ingresar. Le dimos a Globovisión la posibilidad de una primicia, de dos entrevistas, y decidieron no sacarlas al aire. Y cuando les pedí la copia, el lunes 15 de abril, para archivarla, me respondieron que habían copiado encima de ella otra cosa. Entonces, yo sí viví la complicidad aquí de muchos medios con los golpistas de abril. Eso sí lo digo porque lo vivimos nosotros. Y lo han reiterado las agencias de prensa y los corresponsales extranjeros aquí. Eso se afirma en el mundo entero: el silenciamiento de lo ocurrido en Venezuela el 12 y el 13 de abril. Esa es una verdad de Perogrullo. Si son golpistas o no golpistas, les corresponde a ustedes calificarlos. Yo describo un hecho. Fuimos víctimas de una censura brutal —que ocurre sólo en los países fascistas— durante el 12 y el 13 de abril de 2002.

Soy amigo de algunos directores de medios, soy muy amigo de varios periodistas y respeto el ejercicio de la profesión periodística. Tengo buenas relaciones con muchos periodistas venezolanos, que me han hecho excelentes entrevistas —como esta que ustedes me están haciendo—, que están cumpliendo con su deber. Pero una cosa es eso y otra es no reconocer lo que el Planeta entero dijo y sabe: que el 12 y el 13 de abril de 2002 una buena parte de los medios de prensa venezolanos ocultaron la verdad al pueblo de Venezuela y al mundo. Y son ustedes los que deben ofrecer, finalmente, el juicio sobre eso.

Cuba y la oposición venezolana

Pregunta: Embajador, usted acaba de decir que tiene muy buenas relaciones con un sector de la oposición. ¿Cuál es ese sector?

Germán Sánchez: Con el sector que nos respeta a nosotros, que es una buena parte.

Pregunta: ¿Pero cuáles?

Germán Sánchez: Bueno, tenemos relaciones con sectores de AD, Unión, COPEI y Proyecto Venezuela, por ejemplo. Tenemos nexos de ahora y de hace muchos años. Y nos decimos las verdades mutuamente, y conversamos y sabemos cómo pensamos.

Pregunta: ¿Y con Primero Justicia?

Germán Sánchez: Lo que es imposible es tener relaciones solamente con un sector que no te critica, porque el mundo de hoy está lleno de críticas y contracríticas. Ese es el pluralismo y eso nosotros lo aceptamos. No se trata de eso. Lo que rechazamos es la postura de un sector que no solamente hace críticas, sino que miente de manera deliberada y actúa de forma consciente, con el propósito de crear condiciones también para favorecer una agresión a Cuba y para estimular acciones como las que se hicieron en abril contra nuestra embajada. Porque una señora que se llama Ruth Capriles no puede ser amiga nuestra, ni puedo tener relaciones cordiales con ella —que dice ser la presidenta de una organización de veedores—, que se paró el martes 9 de abril de 2002 delante de un mitin en Chuao —el mismo sitio de donde partió la marcha golpista el 11 de abril—, transmitiéndose todo en cadena de televisión, a vociferar que de la Embajada de Cuba estaban saliendo hombres con maletines negros cargados de armas. Ello provocó una agresión inmediata, a las 2 horas, con cocteles molotov y con disparos frente a la embajada, creando las condiciones para los ataques que se produjeron, posteriormente, el día 12 de abril. ¿Ella es opositora? Yo no sé. ¿Qué cosa es ella? No sé. Hablo de la oposición legítima, la oposición sensata, la oposición civilizada, la oposición que opone sus puntos de vista, que actúa en política como se debe actuar, bajo los conceptos de la Ley, de la Constitución, del respeto al derecho ajeno, que es la paz, como decía Benito Juárez. ¿Tú te das cuenta? Con esa oposición tenemos relaciones, nos comunicamos, hablamos, nos entendemos aunque haya discrepancias. Lamentablemente, durante la espiral de confrontaciones —entre 1999 y 2003—, buena parte fue eclipsada por los sectores más reaccionarios, que muchas veces la arrastraron en sus aventuras golpistas.

Tengo amigos en la oposición. Y cuando me invitan a un acto político, a escuchar como cualquier embajador del mundo, voy. Me invitó Salas Römer al Hotel Eurobuilding, a una actividad política donde había cientos de personas de la oposición. Algunos se extrañaron al verme. ¿Por qué no? Si yo conozco a Salas Römer desde hace más de 8 años, cuando él era gobernador de Carabobo. ¿Por qué no voy a escuchar las posiciones suyas? ¿Por qué me voy a aislar de esa realidad? Tengo derecho a estar informado, lo cual es un principio de la Convención de Viena. El embajador, el diplomático, tiene derecho a estar informado de lo que ocurre en el país donde está acreditado. Y por eso fui a ese acto del Partido Proyecto Venezuela. Después, me invitó el Partido Patria para Todos, que apoya a Chávez, y fui también. ¿Por qué no? Si voy al del Partido Proyecto Venezuela y voy al del Partido Patria para Todos, ¿por qué no voy a ir a cualquiera que me inviten? Primero Justicia me invitó en abril de 2002, después del golpe.

El presidente de Primero Justicia, Julio Borges, me invitó cordialmente por carta, en abril del 2002, a la sede de ese partido. ¡Caramba! El alcalde Capriles Radonski —que es dirigente de Primero Justicia— actuó, el 12 de abril, de una forma que yo no quiero calificar, porque ustedes la conocen. No protegió esta embajada. Sus policías se cruzaron de brazos por orientaciones suyas y permitieron que todo aquello ocurriera. Después, él entró a la embajada y —de forma belicosa— me presionó para revisar nuestra sede, violando flagrantemente la Convención de

Viena. Y tengo la grabación de ese diálogo conmigo, gracias a un canal de televisión. A pesar de eso, unos días después, me invitó Julio Borges a la reunión mencionada. También invitaron a otros embajadores. Y asistí, cómo no. Porque la invitación decía: "Lo invito cordialmente para que usted conozca nuestro punto de vista sobre la situación actual del país." ¿Y por qué no voy a ir allí? Si a mí me invitaron cordialmente; y estuve, y escuché.

O sea, que esta es nuestra posición. Que nadie diga que nosotros estamos en contra de la oposición. Nosotros respetamos la vida política interna de Venezuela y tenemos vínculos con la oposición de Venezuela. Ahora, mantenemos —por supuesto— una relación estrecha y fraterna con este gobierno, porque ha posibilitado que se profundicen más las relaciones históricas entre Venezuela y Cuba. Cuando estaba Carlos Andrés Pérez —en 1990 y hasta 1992, en su segundo mandato— y, después, con Caldera, aquí se firmaron, en total, alrededor de 19 acuerdos y convenios de colaboración, de intercambios comerciales, de promoción y de protección a las inversiones. Hubo intercambios. Vino el canciller nuestro para acá, fue el de ustedes allá, se firmaron acuerdos, crecieron las relaciones comerciales. Venezuela ya era, en el año 1998 —cuando triunfó Chávez—, el primer socio comercial de Cuba en el mundo, sobre todo por el monto de nuestras compras de petróleo.

¡Por favor! Chávez no descubrió a Cuba ni Cuba descubrió a Venezuela con Chávez. Hay una historia larga de relaciones. Entonces, no se tergiverse más la realidad. Nosotros no somos enemigos de la oposición. Todo lo contrario: respetamos a quienes nos respetan. Eso sí, a los fascistas no solamente los repudiamos, sino que los combatimos en cualquier terreno: en el de las ideas y si nos dan la "bronca" en otra área, también les responderemos. Al fascismo y el terrorismo sí lo repelemos, sí lo criticamos, sí lo encaramos y lo enfrentaremos siempre. Ahora, una cosa es el fascismo que se dio aquí, que no es un cuento de hadas, que se vió clarito en Venezuela el 11 y el 12 de abril, que sufrimos nosotros dentro de nuestra embajada, y otra cosa es la oposición democrática, respetuosa y civilizada de Venezuela. Con esa oposición tenemos nosotros vínculos muy diversos, variados e, incluso, en algunos casos, bastante frecuentes.

La amistad entre Fidel y Chávez

Pregunta: El presidente Hugo Chávez, a menudo hace referencia a sus conversaciones con el presidente Fidel Castro. ¿Usted cree que el sentimiento de antipatía hacia Cuba, que no quiero caracterizar ni cuantificar, en parte, nace de esos contactos? ¿Con qué frecuencia hablan ellos?

Germán Sánchez: Primero, es un hecho normal que dos jefes de Estado conversen. Creo que el presidente Chávez se ha encontrado, por ejemplo, en este período más veces con el presidente de Colombia que con el presidente Fidel Castro. Pero, además, por lo que le he escuchado al presidente Chávez, él tiene relaciones personales con otros muchos presidentes de la OPEP y de América Latina. Por ejemplo, antes, con Cardoso; ahora, con Lula. En Guatemala, hizo un "Aló presidente". Según aprecio, el presidente Chávez se caracteriza por una política exterior muy activa, diversa, amplia, ¿por qué llamarán tanto la atención sus relaciones con Fidel? Son los prejuicios de un sector de la oposición, y se quieren utilizar esos nexos para difamar a Cuba y al presidente Chávez. ¿Por qué razón los vínculos de dos jefes de Estado, que, además, se conocieron antes que uno de ellos fuera presidente, desde 1994, cuando iniciaron una amistad, van a provocar críticas?

Esos nexos de amistad favorecen a ambos pueblos y están acorde con la hermandad que, desde el siglo XIX, existe entre Venezuela y Cuba. El problema es que a los gobernantes de Estados Unidos de América les interesa que Cuba sea un país aislado y tiene que haberles dolido mucho que el presidente Chávez haya incluido a nuestro país en el Acuerdo Energético de Caracas. Porque Cuba queda en el Caribe, no en el Mar Caspio. Y Venezuela tiene una política hacia el Caribe y Centroamérica, y allí está nuestra Isla; entonces, es lógico que también seamos beneficiarios de una política venezolana hacia todos los países de esa región, y Cuba, además, tiene mucho que aportar a Venezuela en las áreas social y científico-técnica.

La Ley Helms-Burton pretende impedir todo tipo de tratamiento equitativo hacia Cuba. Pero Venezuela es un país soberano. Y Chávez es su presidente. Y él ha practicado el ejercicio de la soberanía que este pueblo le entregó cuando lo hizo presidente. ¿Eso le duele a los Estados

Unidos de América, y a sus seguidores y aliados en Venezuela? Peor para ellos. Bastante han tratado de hacer sufrir a nuestro pueblo.

¿Por qué Venezuela apoya a Cuba en Ginebra?

Pregunta: Desde qué Chávez llegó al poder, Venezuela ha comenzado a votar a favor de Cuba en la Comisión de Derechos Humanos (CDH) de la ONU.

Ustedes acusan —a quienes votan contra Cuba allí— "de someterse a las presiones de los Estados Unidos de América". ¿Por qué no decir que el gobierno venezolano se ha sometido a La Habana?

Germán Sánchez: Todo lo contrario. Venezuela ha adoptado la misma posición que muchos otros gobiernos, en el sentido de respetar la soberanía y la autodeterminación de Cuba para aplicar sus leyes.

El que debe juzgar el voto digno e independiente del gobierno de Venezuela es el pueblo de Venezuela. Los votos de todos los países en contra de esa resolución, a pesar de las brutales presiones que se hicieron, representan más de 70% de la población mundial, porque allí estaban India, Pakistán, China, Sudáfrica y eran 20 países.

¿Los Estados Unidos de América tienen derecho a condenar a Cuba en esa Comisión? Un país que acaba de desconocer a la ONU, y que cometió la más brutal y flagrante violación de todos los derechos humanos en Irak. ¿Acaso los Estados Unidos de América pueden hablar de derechos humanos, cuando tienen a cientos de presos en Guantánamo, sin hacerles juicio y en condiciones de vida infrahumanas, desterrados de su suelo natal? En esa Comisión, los Estados Unidos de América logran, a duras penas, que se vote una resolución "tibia" contra Cuba, por las presiones y el chantaje que ejercen. Pero, cuando esos mismos gobiernos votan en secreto, la mayoría lo hace contra los Estados Unidos de América, como sucedió en 2001, que quedó fuera de la Comisión.

Los Estados Unidos de América se empeñan a fondo —todos los años— en esa resolución contra Cuba, ¿por qué? Para justificar el bloqueo y su política agresiva. Y por eso chantajean a ciertos gobiernos de países pobres. Los doblegan a la fuerza. Al final, con una votación cerrada, estamos orgullosos y la consideramos una victoria del pueblo cubano. A pesar de todo, no lograron condenar a Cuba por aplicar la Ley contra los

75 mercenarios y las tres ejecuciones a los terroristas. Fueron derrotados cuando presentaron ese aspecto. Y solo lograron la resolución insulsa de siempre.

Cuba respeta los derechos humanos

Pregunta: La Comisión de Derechos Humanos de la ONU ha pedido a Cuba que reciba a uno de sus representantes. ¿Por qué la Isla se niega a esto? ¿Tiene algo que ocultar?

Germán Sánchez: No, claro que no. Lo que Cuba no puede admitir de ninguna manera, es que un Imperio que utiliza la fuerza, el chantaje y las presiones, la someta a un monitoreo que pasa por la prepotencia, la arrogancia y la fuerza que tienen los Estados Unidos de América. Nosotros no permitimos intromisión en nuestros asuntos internos.

Ya esa votación en Ginebra no es noticia. Y menos, cuando las Naciones Unidas acaban de ser desconocidas por ese Imperio. ¿Qué autoridad queda en ese organismo, que no fue capaz, siquiera, de criticar o condenar la agresión a Irak?

Anualmente, los Estados Unidos de América califican la violación de los derechos humanos en el resto del mundo, menos en los Estados Unidos de América. En ese país, 60% de los presos son negros y latinos, y cada año ejecutan a más de 80 personas —varios menores de edad o personas con retraso mental—; allí violan el debido proceso o se buscan formas de ejecución sumarias ilegales de miles de seres humanos en el Planeta, so pretexto de ser terroristas: asesinan gente en Irak y Afganistán, y protegen a terroristas cubanos. Pretenden ser intocables. *Los jueces de los derechos humanos*. ¡Mentira! Cuba sí está abierta a que se compruebe cada día cómo se respetan los derechos humanos en la Isla. Sin ocultar nada. Ahí están los casi 2 millones de turistas que nos visitan y otros muchos miles de extranjeros que viven en o viajan cada año a la Isla. En ningún país del mundo se respetan tan íntegramente los derechos humanos de todos los seres humanos, en su acepción cabal: desde el derecho al empleo, a la educación, a la alimentación, a la salud y a la cultura, hasta la expresión de las ideas y la participación real en el ejercicio de la vida política, económica y social de los ciudadanos, sin discriminación social, religiosa, racial o de ninguna otra índole.

Así pues, estamos lejos de ser el infierno dantesco que promueve en su propaganda "el monstruo revuelto y brutal que nos desprecia" —según palabras de Martí.

Por supuesto, tampoco somos un paraíso —¿cuál país lo es?—, pero estamos dispuestos a medir y a comparar nuestras virtudes, y logros, con cualquier otra nación, a pesar del bloqueo criminal y las agresiones a que hemos estado sometidos por casi medio siglo.

Barrio Adentro y otras Misiones Sociales en la Revolución bolivariana

Razones

Aquel 31 de diciembre de 2002, durante un breve diálogo que sostuve con el presidente Chávez —en su despacho del Palacio de Miraflores—, minutos antes de despedirnos, aún sentados, me expresó con su conocida fluidez y de manera muy segura: "Hemos terminado un año sumamente difícil y riesgoso en el que pocas veces tuvimos la iniciativa, más ganamos la pelea, no obstante golpear casi siempre a la riposta y contra las cuerdas; hoy hemos concluido esta fase defensiva y desde mañana iniciaremos la nueva etapa ofensiva de la Revolución."

Esa afirmación de Hugo Chávez no tenía matices. Más que escuchar las palabras, observé en él sus gestos y el rostro firme, la serena convicción de una idea muy pensada, aunque aún era evidente que no tenía en su mente el repertorio de acciones que permitirían hacer realidad aquel aserto. Me despedí del presidente convencido de que él sabría conducir a su pueblo y obtener otros triunfos ante las nuevas exigencias. Atrás quedaban las lecciones y las victorias formidables contra el fascismo y el golpismo, en abril y diciembre. El año 2003 prometía ser también muy complejo y definitorio. Era urgente enrumbar el proceso bolivariano hacia la consecución de beneficios inmediatos a favor del pueblo, y culminar la derrota política de la oposición y de sus aliados extranjeros.

A juzgar por los hechos, en enero de 2003, el presidente y el gobierno debieron dedicar su atención a terminar de apagar el paro golpista. En febrero, comenzaron más claramente las medidas ofensivas: ese mes se estableció el control de cambio, que puso fin a la multimillonaria fuga de capitales de las últimas semanas. La decisión devino antídoto eficaz y oportuno para impedir el colapso de la economía, que durante el año 2002 sufrió los embates de la desestabilización.

Ciertamente, desde septiembre de 2001 la política de Bush respecto a Venezuela había sido más dura y se propuso, en breve plazo, sacar del poder a Chávez. Bajo esa perspectiva de la política de los Estados Unidos de América, las acciones golpistas del bloque oligárquico-burgués venezolano y el gobierno de Bush impidieron, en gran medida, que el gobierno bolivariano pudiese implementar programas sociales y económicos de beneficio popular. A pesar de ello, buena parte de la gente humilde —más de 65% de la población— no disminuyó su fe en las posiciones y promesas de Chávez, y seguía confiando en la vigencia de la Constitución Bolivariana, aprobada en referendo el 15 de diciembre de 1999.

¿Hasta cuándo podía ese pueblo pobre, muy afectado por la crisis, esperar para ver y comprobar que efectivamente existía una nueva realidad política, capaz de generar cambios reales en su modo de vida?

La situación no permitía cruzarse de brazos. Era menester actuar sin perder un minuto, pues el tiempo político es una de las variables más importantes de cualquier coyuntura histórica. Y de eso se trataba: un momento crucial en el que seguía en juego la existencia del proyecto revolucionario.

Había que avanzar partiendo de una premisa ineludible: como consecuencia de las acciones de la oposición, durante el año 2002 el PIB cayó más de 20%, el desempleo aumentó casi a 25%, el salario real disminuyó sensiblemente, sólo fue posible construir algunos miles de viviendas, y la canasta familiar alimentaria se hizo inaccesible para muchos millones de personas. Por consiguiente, aumentaron el hambre, la mendicidad, la inseguridad y la violencia ciudadanas. A pesar de que se duplicaron, desde 1999, los recursos asignados a la educación y la salud, hubo retrocesos o estancamientos en ambos sectores, luego de haberse alcanzado algunos logros —por ejemplo, la creación de 2 000 escuelas de nuevo tipo (bolivarianas), con doble turno y tres comidas; y la disminución, en casi 4 puntos, de la mortalidad infantil (de 22 a 18 por cada 1 000 nacidos vivos)—. No obstante, el analfabetismo seguía intacto; todavía la Revolución apenas se sentía en el resto de la educación; y los servicios públicos de salud continuaban en un estado insostenible.

Se imponía actuar no sólo con rapidez. Era imprescindible hacerlo, además, por medio de medidas que dieran frutos palpables y al alcance de la mayor cantidad posible de las personas humildes. Mostrarles con hechos que la revolución por la cual se movilizaron y lucharon en abril, y que respaldaron ardientemente en diciembre y en otros enfrentamientos, tenía un sentido —además de político y moral— de índole social y económica. Pero, en rigor, no era factible dar un salto inmediato en la economía: en primer lugar, por lastres estructurales que requerían políticas y quehaceres estratégicos más lentos, y en segundo lugar, a causa del impacto recesivo por lo ocurrido entre finales de 2001 y enero de 2003. Lo único posible de inmediato —y así se hizo— era recuperar la producción petrolera y, con ello, restablecer el flujo de recursos financieros indispensables para acometer la ofensiva social y económica.

Esa ofensiva no podía desatender tampoco el campo político, pues la oposición, a pesar de los dos descalabros que sufrió en abril (golpe) y diciembre (paro golpista), tenía casi intactas sus fuentes financieras, el apoyo de los medios de comunicación privados, y el estímulo y el respaldo de Bush. Tal circunstancia permitió a la oposición proponerse —en la nueva etapa— sacar a Chávez por medio del Referendo Revocatorio, que era viable activar a finales de 2003 o en los primeros meses de 2004. Su cálculo no podía ser más cínico: utilizar el descontento y las insatisfacciones que habían provocado, en amplios sectores de la población, los problemas ocurridos como consecuencia de la crisis generada por la propia oposición. Al no poder dar al traste con Chávez de manera inconstitucional, la contrarrevolución decidió lograrlo en el ámbito de la Constitución y basándose en el escenario ya aludido —sin duda potencialmente muy riesgoso para Chávez—, pues una parte no despreciable de sus seguidores menos conscientes era susceptible de ser manipulada en su contra. Las encuestas más confiables, además, así lo indicaban.

Orígenes

En esa encrucijada de tensiones y esperanzas, dudas y afirmaciones, nacen Barrio Adentro y las demás misiones sociales, convirtiéndose en el transcurso de 2003 —*y desde entonces*— en el suceso más trascendente y fundamental de la Revolución bolivariana, luego de sus logros políticos en los años: 1999 (nueva Constitución), 2000 (reelección del presidente Chávez), y 2001 (aprobación de leyes fundamentales, como las de Tierras e Hidrocarburos). Tales programas sociales son *auténticas iniciativas* de Venezuela, sin precedentes por sus alcances, originalidad, audacia, celeridad, y participación popular y militar, en cualquier otro país de América Latina, incluso Cuba, donde los excepcionales avances en la salud y la educación, que existen desde hace años, demoraron más tiempo en conseguirse.

Las misiones sociales comenzaron a brotar como un manantial fresco, desde marzo de 2003, y casi todas quedaron constituidas y en marcha entre el 1ro. de julio y noviembre de aquel año. El concepto de *misión social* fue imaginado y formulado por el presidente Chávez, en ocasión de organizarse la batalla contra el analfabetismo, en mayo de 2003. Resultó la respuesta certera a una interrogante decisiva: ¿Cómo sumar y dirigir a todos los actores que harían posible erradicar el analfabetismo en menos de año y medio? Para ello, el presidente identificó dos soportes principales: las fuerzas de la sociedad civil más comprometidas con el proceso bolivariano y el apoyo logístico de la institución militar. A la vez, no le entregó el mando de esa tarea a la burocracia tradicional del Estado, e incorporó de ella lo posible y necesario —por ejemplo, recursos materiales y cuadros— subordinándola al nuevo ente: la misión social. Esta comenzó a operar sin compromisos ni esquemas formalistas, y con un estilo de alta exigencia, unitario y dinámico, signado por el afán de conseguir resultados eficientes y muy rápidos. Todo ello desató una amplia participación popular, que se afianzó con la credulidad y el entusiasmo crecientes de gran parte de la población, al percibir los notorios avances.

Correspondió a la Misión Robinson (alfabetización) ser la pionera de las misiones sociales, puesto que su constitución formal y despliegue ocurrió el 1ro. de julio de 2003. Antes que ella se concibiera y comenzara a organizarse —en mayo—, ocurrieron dos precedentes, entre marzo y abril de ese año, vinculados con las que luego se bautizarían como Misión MERCAL (alimentos), denominación que viene de las siglas de Mercado Alimentario, y Misión Barrio Adentro (salud), esta última la más famosa, popular y reconocida de todas las misiones.

Como paliativo a la escasez de alimentos provocada por el paro golpista de diciembre de 2002, el presidente Hugo Chávez comprendió que el gobierno requería disponer de un fuerte instrumento empresarial para las compras mayoristas de alimentos y la distribución minorista de estos, a precios accesibles para la población de bajos ingresos. De ese imperativo surgió la idea, desde marzo, de fundar un sistema empresarial que por mediación de miles de comercios minoristas —aunque de tamaños diferentes— vendiera a la población —a precios por debajo del mercado privado— los productos esenciales para vivir. Así, en breve lapso, surgió MERCAL.

Coincidentemente, el 16 de abril del propio año, llegaron a Caracas los primeros 58 médicos cubanos que iniciarían, ese día, la Misión Barrio Adentro, aunque hasta ese momento ni existía el concepto de "misión" ni tampoco, quienes diseñaron el programa social que llamaron Barrio Adentro, en el distrito capital (Municipio Libertador), podían imaginar lo que sucedería después. De cualquier modo, la idea de los organizadores de Barrio Adentro en esa fase embrionaria y experimental, coincidía con lo que el presidente Chávez estaba pensando a escala nacional. En consecuencia, muy pronto —en mayo— él se reunió en el Palacio de Miraflores con esos 58 médicos cubanos y el Alcalde Freddy Bernal, redimensionando —allí mismo— el proyecto y encaminándolo de hecho desde entonces a la concepción actual.

También en mayo de 2003, el presidente Chávez decidió solicitar al Comandante en Jefe Fidel Castro apoyo para emplear el método cubano "Yo, sí puedo", y erradicar —en alrededor de 1 año— el analfabetismo. Enseguida, se organizó una experiencia piloto, coordinada por las fuerzas armadas en Caracas, Aragua y Vargas, con un balance muy exitoso. Después, y siempre basado en la misma concepción organizativa y de gestión, el presidente venezolano orientó, en el segundo semestre de ese año, tres nuevas misiones educativas: para alcanzar el sexto grado, realizar el bachillerato y cursar estudios superiores, respectivamente.

Un rasgo interesante de las misiones sociales, es su identidad. Chávez no sólo ha sido artífice principal de ellas: también les asignó el nombre, asociando a cada misión con un patriota insigne venezolano o un apelativo de impronta popular. Así fueron conocidas muy rápidamente, por sus nombres: Misión Robinson (alfabetización) y Robinson II (sexto grado), que fue el seudónimo utilizado por Simón Rodríguez, maestro de Bolívar; Barrio Adentro, que "pegó" muy bien en el país, y a nivel internacional, al conocerse el impacto de ese programa social en los Cerros de Caracas, donde habita la población humilde más emblemática del país; Ribas (bachillerato), en honor al joven mártir independentista José Félix Ribas; Sucre, que evoca al Gran Mariscal de Ayacucho Antonio José de Sucre; MERCAL, siglas de Mercado Alimentario; y Vuelvan Caras, nombre de la victoria histórica de Páez y sus lanceros contra los realistas españoles.

Según los días respectivos en que se realizaron los actos públicos encabezados por el presidente Chávez, las misiones sociales quedaron formalmente constituidas en las fechas siguientes:

FECHA	MISIÓN
1ro. de julio de 2003	Misión Robinson I
28 de octubre de 2003	Misión Robinson II
3 de noviembre de 2003	Misión Sucre
17 de noviembre de 2003	Misión Ribas
14 de diciembre de 2003	Misión Barrio Adentro
Enero de 2004	Misión MERCAL

También en el año 2004, surgieron: la Misión Vuelvan Caras (para generar empleo y estimular el desarrollo económico endógeno, por medio de cooperativas); la Misión Identidad (que permitió entregarle la cédula a 5 076 660 venezolanos, e inscribió en el registro electoral a 1 232 000); y la Misión *Hábitat*, que se propone resolver —en 10 años— el déficit de viviendas.

A los fines de esta presentación, sólo me referiré a las misiones que nacieron en el año 2003 y se convirtieron en el motor de la nueva etapa de la Revolución bolivariana. Estas representaron los principales factores dinamizadores que posibilitaron los grandes triunfos bolivarianos del año 2004, en el referendo presidencial del 15 de agosto y en las elecciones regionales del 30 de octubre, en que se conquistaron 20 de las 22 gobernaciones en disputa y más de 75% de las alcaldías.

¿Qué son las misiones sociales?

Las misiones sociales surgieron de una encrucijada histórica del proceso bolivariano, en la búsqueda de soluciones verdaderas a los graves problemas sociales y económicos de la población humilde venezolana, que suma más de 17 millones de los 25 millones de habitantes del país.

Parten de una nueva relación entre el Estado y la sociedad civil, y profesan la más amplia y efectiva participación del pueblo en la solución de sus dificultades. Se erigen en centro de la política del gobierno bolivariano, para combatir la pobreza —sin tregua y de manera raigal y definitiva—. Se orientan en la concepción del presidente Chávez de otorgarle poder a los pobres, para que sean ellos mismos los protagonistas de su emancipación y que, de manera creciente, acumulen más poder y fortalezcan su papel principal en la defensa, soporte y desarrollo de la Revolución bolivariana. De este modo, las misiones sociales representan un hecho histórico decisivo en el avance y la consolidación del proceso bolivariano. La Revolución bolivariana logró cristalizar su carácter democrático y popular gracias a las misiones sociales, y, en consecuencia, de la eficacia de ellas dependerá en gran medida su futuro desarrollo.

Las misiones sociales son beneficiarias directas de la nueva matriz para distribuir la renta petrolera, en un sentido equitativo y justo. No son programas que buscan paliativos inmediatos y aunque pudieran, de manera parcial o total, evolucionar en el futuro, sí logran desde ya soluciones definitivas para los pobres.

En su organización y dirección participan las instituciones del Estado, pero sin subordinarse a las estructuras burocráticas tradicionales de aquellas. Cada misión tiene un perfil propio y un alto grado de creatividad, siendo su "norte" cumplir —sin formalismos ni excusas ni torceduras— los derechos ciudadanos consagrados en la Constitución Bolivariana: la salud, la educación, la vivienda, el empleo, la alimentación, el deporte y la cultura, entre otros. De manera, que las misiones sociales encarnan una fuerza primordial para cumplir la Constitución de 1999. Representan un acicate en aras de transformar la legalidad heredada y, a la vez, generar las nuevas normas legales a tono con los imperativos del cambio revolucionario.

Para el presidente Chávez: "Estas misiones sociales son el núcleo de la ofensiva estratégica para reducir progresivamente la pobreza, dándole poder a los pobres. Ese es su reto, solucionar los viejos males y de manera simultánea ir creando condiciones estructurales que permitan construir una nueva sociedad, donde todos sean miembros con iguales derechos y deberes."

¿En qué medida y cómo las misiones sociales permiten a los pobres acumular poder?

Veamos los avances y logros de las misiones Barrio Adentro, Robinson I y II, Ribas, Sucre y MERCAL, para comprobar los alcances estratégicos de las misiones sociales en la Revolución bolivariana.

Barrio Adentro: Misión de Salud Integral

El panorama de la salud en Venezuela, antes de iniciarse la Misión Barrio Adentro era similar al de los demás países latinoamericanos, excepto Cuba. Más de 17 millones de personas se encontraban excluidas de los servicios de salud e, incluso, amplios sectores de la clase media sufrían —y aún padecen— los embates de la privatización y la mercantilización de los servicios de salud.

Luego de llegar a los barrios pobres de la capital los primeros 58 médicos cubanos en abril de 2003, esa cifra se incrementó de manera acelerada durante los meses siguientes, hasta abarcar a todos los ciudadanos humildes de Caracas. A partir de julio, el programa se extendió al resto de Venezuela, y sólo entre octubre y noviembre llegaron más de 4 000 galenos de la Isla. El 14 de diciembre de ese año, cuando el presidente Chávez anunció formalmente la creación de la Misión Barrio Adentro, esta se había extendido a casi todos los rincones del país, y agrupaba a 10 179 médicos cubanos, cientos de enfermeras y algunos galenos venezolanos.

La Federación Médica —defensora a ultranza de los intereses espúreos de la mercantilización de la salud—, se opuso desde el primer momento a esa nueva manera revolucionaria y humanista de atender la salud del pueblo humilde, y con el apoyo grotesco de muchos medios de comunicación privados desató una furibunda campaña en contra de la presencia de los médicos cubanos. Sin embargo, los resultados del quehacer de ellos, y su ejemplar disposición a vivir con la gente pobre y a atender personas durante las 24 horas, cualquier día de la semana, en los propios lugares donde ellas habitan, determinó que esa campaña malévola fracasara estrepitosamente, al ser rechazada por la abrumadora mayoría de la población. Hasta los dirigentes políticos de la oposición decidieron cuidarse, y no criticar una misión tan altruista y de alto prestigio popular.

La Misión Barrio Adentro se fundamenta en el concepto de salud integral; combina, por ende, las acciones preventivas y asistenciales, poniendo el énfasis en educar a la población y lograr su participación, para evitar las causas que generan las enfermedades. Ello sólo es posible cuando el médico vive en la comunidad y es apoyado por esta mediante los Comités de Salud —integrados por ciudadanos del lugar— que proliferaron rápidamente en todo el país. Así, la Misión Barrio Adentro se interrelaciona con el deporte, la alimentación, el ambiente, la economía social, la cultura y la educación. Es muy importante indicar, que la mayoría de los médicos comenzaron a ofrecer sus servicios en consultorios improvisados en pequeños espacios de las mismas casas humildes donde fueron alojados, o en locales cercanos, casi siempre reducidos y precarios. A pesar de que el presidente asignó los recursos para construir los consultorios y dotarlos de los muebles y equipos idóneos, esto aún no ha sido realizado en la medida necesaria, a causa de serias insuficiencias burocráticas que están en vías de corregirse en el año 2005. No obstante, gracias al generoso y creativo apoyo de la población, se encontraron soluciones prácticas que han garantizado el quehacer de los médicos.

Un elemento novedoso de esta Misión, es la entrega gratuita de los medicamentos a cada paciente atendido por el galeno. Este dispone de 103 fármacos, con los cuales puede solucionar 95% de las enfermedades más comunes, lo que permite muchas veces convertir el hogar en sitio de ingreso, donde el paciente es atendido directamente por el médico.

Una vez que la Misión Barrio Adentro satisfizo la atención preventiva y asistencial primaria de 17 millones de personas, con alrededor de 14 000 médicos —a razón de 1 por cada 250 familias—, se iniciaron dos nuevos servicios esenciales: la odontología (salud dental) y las ópticas, que incluyen asistencia de optometría y la entrega gratuita de los lentes indicados. De ese modo, Barrio Adentro logró, entre finales de 2003 y mediados de 2004, instalar en el país servicios gratuitos de odontología y ópticas: en total 3 019 sillones de odontología y 459 ópticas, que también dan cobertura a 17 millones de personas humildes. Un hecho destacado en los servicios de odontología, es la incorporación de alrededor de 1 200 jóvenes profesionales venezolanos, quienes trabajan de manera integrada y fraterna junto a 3 000 colegas cubanos y que, además, cursan estudios con estos para obtener el nivel de especialista.

Un paso más de Barrio Adentro, fue la instalación experimental de 84 Centros de Diagnósticos, en los estados Miranda, Zulia, Carabobo y Táchira, y en el Distrito Capital. Estos centros comenzaron a prestar servicios de electrocardiografía, endoscopia, ecosonografía, rayos X y laboratorios, entre septiembre y octubre de 2004, y se previó extenderlos en el año 2005 a toda la población humilde —también gratuitamente—. Sus resultados fueron tan exitosos, que el presidente Chávez solicitó a Cuba brindar esos servicios a los sectores medios.

Como si fuera poco, en julio de 2004, coordinada por los médicos de Barrio Adentro surgió uno de los programas sociales más nobles y generosos que registra la historia: la Misión Milagro, que le garantizará a todos los enfermos de catarata, pterigio y otras enfermedades visuales, recibir atención quirúrgica gratuita en Cuba, incluyendo los gastos de pasaje, hospedaje, y estancia del enfermo y el acompañante, si lo necesita. En menos de 6 meses, más de 20 000 personas recuperaron su visión, y este año 2005 recibirán atención en Cuba otros 100 000 enfermos de la vista. Por eso, el calificativo de "milagro" no es una exageración.

Otras cifras estadísticas de interés que reafirman la eficacia y el éxito de Barrio Adentro son las siguientes:

En promedio, los médicos cubanos, cada mes:
- Ofrecen 6 400 000 consultas.
- Visitan 1 220 000 familias.
- Realizan 3 900 000 actividades educativas.
- Salvan alrededor de 1 000 vidas.

Los odontólogos cubanos y venezolanos, en ese lapso:
- Realizan 720 000 consultas, con 680 000 obturaciones y 160 000 exodoncias.
- Celebran 710 000 actividades educativas.
- Practican 210 000 exámenes para detectar cáncer bucal.
- Por su parte, las ópticas atienden mensualmente 188 000 casos, entregándoles sus correspondientes lentes.

Un dato final contundente: sólo en el año 2004 —en Barrio Adentro— se realizaron 76 millones de consultas, mientras que en el quinquenio 1994-1998 se ofreció apenas 70 millones de consultas en todo el sistema de salud pública venezolano. Por supuesto, más allá de las estadísticas, lo fundamental de Barrio Adentro es la calidad y gratuidad de la atención, su sentido preventivo, y la enorme seguridad psíquica que sienten las personas antes excluidas y ahora con la garantía de tener el médico de la familia al alcance inmediato.

Barrio Adentro II: Otro programa excepcional de salud

Una de las experiencias que acumularon los médicos de Barrio Adentro, consistió en las dificultades que se le presentaban al paciente, cuando requería hacerse exámenes diagnósticos. Muchas veces, no podía pagarlos y, por ende, no se los realizaba, pues los servicios diagnósticos del área pública son muy insuficientes o inexistentes.

Las experiencias positivas con los primeros 84 Centros de Diagnósticos, ratificaron la necesidad de brindar esos servicios a toda la población beneficiada por Barrio Adentro. Incluso, el presidente Chávez decidió extender tales instalaciones a todo el país, y brindarle sus prestaciones al conjunto de la ciudadanía. Con ese concepto universal, se abrió paso otra idea audaz y a primera vista insólita:

Crear un subsistema no sólo de diagnósticos, sino de terapias intensivas y de emergencias, capaz de salvar la vida de 100 000 personas cada año.

Establecer otro subsistema de rehabilitación y fisioterapia, también en todo el país.

El presidente Chávez "bautizó" el nuevo conjunto de servicios como Barrio Adentro II, y aprovechó su discurso anual en la Asamblea Nacional para anunciarlo, e indicar que se instalaría completamente antes de terminar el año 2005.

Cuando conocí los detalles de este colosal salto al futuro, no pude dejar de exclamar: ¡Parece ciencia ficción! Ya se trabaja intensamente en ello, con la más estrecha coordinación entre los médicos y otros especialistas cubanos, y diversas instituciones venezolanas, bajo la dirección personal del primer mandatario.

Barrio Adentro II se convertirá muy pronto en una realidad

inimaginable, que traspasará las fronteras de Venezuela para devenir paradigma de lo que debe y puede ser un sistema de salud de excelencia, al servicio gratuito de todo el pueblo.

Barrio Adentro II, incluye:

- Seiscientos Centros de Diagnósticos Integrales (CDI), con atención de emergencia y servicios de terapia intensiva durante las 24 horas. De estos, 150 con cirugía de emergencias. Ofrecerán servicios diagnósticos de rayos X, laboratorio, ecosonografía, sistema ultramicroanalítico para enfermedades virales y congénitas, endoscopia, electrocardiografía y oftalmología.
- Treinta y cinco Centros de Diagnósticos de Alta Tecnología (uno en cada estado del país y dos o tres en los más grandes), con equipos de diagnósticos de última generación y que permitirán, unido a los existentes en los Centros de Diagnósticos Integrales, detectar y diagnosticar con certeza científica cualquier enfermedad. Todos tendrán un tomógrafo axial computarizado de 64 cortes, un resonador magnético nuclear, un ultrasonido tridimensional no invasivo, un videoendoscopio, rayos X flotante y un mamógrafo, entre otros servicios.
- Seiscientas Salas de Rehabilitación y Fisioterapia, las que brindarán servicios de electroterapia, termoterapia, hidroterapia, gimnasio, terapia ocupacional, medicina natural y tradicional, podología, logopedia y foniatría.

Aún están por ver todos los impactos que provocará Barrio Adentro II en el resto del sistema de salud pública y privada de Venezuela. En el área pública es de esperar una influencia positiva, que estimulará los cambios imprescindibles para permitir al nivel hospitalario cumplir su importante papel, a fin de completar la excelencia del conjunto de los servicios de salud desde la atención primaria integral.

Barrio Adentro y la formación de los nuevos profesionales de la salud

Un aporte novedoso y trascendente de Barrio Adentro, será la formación de 40 000 médicos venezolanos en los próximos 10 años, basándose en la vinculación directa de los estudiantes con los médicos integrantes de la Misión, tanto de su etapa I, como II.

Se trata de una concepción pedagógica iconoclasta, que está llamada a convertirse en una nueva manera de formar a los médicos comunitarios integrales, dotados de una consistente preparación profesional y práctica, y de la imprescindible axiología ética para servir al pueblo y no servirse de él con fines de lucro.

Para ello, cada médico cubano atiende a un grupo de estudiantes pequeño, que recibe sus clases a través de medios audiovisuales e informáticos, mientras el galeno le sirve de profesor y formador de experiencias en el propio consultorio, en las instalaciones de Barrio Adentro II y en los contactos diarios con la población. Asimismo, se formarán 5 000 técnicos de nivel universitario, para el manejo de los equipos de los Centros de Diagnósticos y de las Salas de Rehabilitación.

Venezuela dispondrá, en pocos años, de un número suficiente de médicos para sustituir a los cubanos e, incluso, para acompañar a estos en otros Barrio Adentro de Nuestra América.

Deportes en Barrio Adentro

Hija saludable de la Misión Barrio Adentro, desde abril de 2003, también en el Municipio Libertador de Caracas, comenzó sus quehaceres un grupo de profesores cubanos, especialistas en deportes, recreación y cultura física. Por vez primera en esos barrios populares, muchos niños, adultos y ancianos tuvieron ante sí la posibilidad de recibir orientación para practicar deportes, realizar educación física, organizarse para hacer gimnasia básica, baileterapia, recreación física u otras actividades. El éxito fue tan notorio, que muy pronto ese programa se extendió al resto del país y, hoy día, estos profesores integrales ofrecen asistencia a todas las personas interesadas que viven en las áreas humildes. En la actualidad, hay 8 250 profesores integrales de deportes —a razón de uno por cada 2 200 personas, aproximadamente—. Esos especialistas, al igual que los médicos, conviven con la gente en los barrios, y con el apoyo de la población crean condiciones en espacios disímiles —techados o al aire libre— para realizar las actividades. Cada profesor labora con uno o dos jóvenes venezolanos promotores de deporte y tiene una estrecha vinculación con los médicos de Barrio Adentro, a quienes apoya en tratamientos de rehabilitación, ejercicios para embarazadas y otros.

En resumen, el programa de deportes, recreación y cultura física en el contexto de la Misión Barrio Adentro, se ha convertido en una novedosa fuente para elevar los niveles de calidad de vida de millones de personas.

Misiones educativas

Al asumir Hugo Chávez la Presidencia —en febrero de 1999—, el panorama de la educación pública en Venezuela era sobrecogedor. La tasa de escolaridad sólo alcanzaba 59%, había 1 500 000 analfabetos, más de 2 millones de adultos sin el sexto grado y cerca de otros 2 millones no pudieron terminar la educación media. A ello se sumaba más de 500 000 bachilleres sin cupo en la Educación Superior, la cual se había convertido en un eslabón al que sólo llegaban alumnos casi siempre procedentes de las escuelas privadas. La calidad pedagógica tendía a ser cada vez más mediocre, y el presupuesto de educación alcanzaba apenas 2,8 % del PIB.

Entre los años 1999 y 2001, el gobierno revolucionario adoptó medidas muy importantes:

- Creó 2 000 escuelas bolivarianas, con doble turno.
- Aumentó el presupuesto de educación a más de 5%.
- Prohibió el cobro de la matrícula en las escuelas públicas.
- Los niños excluidos comenzaron a incorporarse al sistema escolar.
- Se elevó el salario y se dignificó la labor del magisterio.

Pero, el impulso grande a la transformación del sistema de educación ocurrió en el año 2003, con las misiones Robinson —I y II—, Ribas y Sucre.

Tales misiones educativas en Venezuela marcan un hito en la pedagogía, y en las políticas educacionales de América Latina y el Caribe. Cada una con sus características y metas, tienen en común la utilización de los medios audiovisuales y el papel del facilitador. Este sirve de mediador entre las clases grabadas por excelentes profesores, y los alumnos que las observan y asimilan en grupo, en presencia y bajo la guía del facilitador.

Tal método ha sido exitoso en todas las misiones educativas, al garantizar la homogeneidad pedagógica de cada uno de los cursos y una elevada calidad de los contenidos docentes, que resultan atractivos y asequibles al promedio de los alumnos. Incluso, ha quedado demostrado —en todos los niveles de enseñanza— que la masa crítica de conocimientos adquiridos por los estudiantes es superior, en gran medida, gracias a las imágenes, que ilustran las explicaciones e informaciones de las videoclases.

Misión Robinson

Correspondió a la Misión Robinson ser pionera en el uso de la nueva concepción pedagógica.

Durante mayo y junio de 2003, se realizó una prueba piloto, la cual demostró la eficacia del método cubano de alfabetización "Yo, sí puedo", que basándose en 65 clases audiovisuales permite a los iletrados aprender a leer y escribir en 7 semanas. El presidente Chávez orientó —en mayo— crear una Comisión Nacional y otras, a niveles de estados y municipios, integradas por funcionarios de los ministerios de Educación, de Cultura y de Energía, oficiales de las Fuerzas Armadas, gerentes de la Empresa Petrolera, gobernadores y alcaldes, que debían actuar con el respaldo de organizaciones populares de base. El 1ro. de julio fue proclamado el inicio de la Misión Robinson, que se extendió a los barrios urbanos, a los llanos, deltas y montañas. Muy pronto, se incorporaron cientos de miles de "patriotas" —así fueron denominados los estudiantes— y, en diciembre de ese año, se anunció que 1 millón de personas habían sido alfabetizadas y, a finales de 2004, casi logró culminarse la Misión. Para ello, fue necesario organizar en todo el país 78 957 ambientes de estudio, con 80 000 televisores e igual número de videograbadoras VHS, así como más de 100 000 facilitadores y supervisores —civiles y militares— a quienes se les retribuyó con un pago mensual equivalente a 100 dólares, para compensar los gastos de transporte y alimentación.

Una enorme alegría y participación ciudadanas caracterizaron a esta noble, y hermosa, obra de amor y cultura. Por medio del conocimiento, se empezó a aplicar la tesis de Chávez de *dar poder a los pobres*. Estos —aun los de más bajo rango educacional— se sumaron enseguida y probaron la validez de ese concepto. Los alfabetizadores, muchos jóvenes y también amas de casa, movidos por resortes humanitarios y de solidaridad patriótica, resultaron, a su vez, beneficiados, al obtener diversas experiencias, y emociones morales y espirituales, así como una comprensión más cabal del proceso revolucionario.

Se presentaron obstáculos diversos. Hubo que distribuir los televisores, las videograbadoras VHS, los casetes de video, las cartillas, los lápices y cuadernos en un territorio de casi 1 000 000 km². Las Fuerzas Armadas garantizaron —con sus transportes terrestre, aéreo y fluvial, y con los almacenes de los cuarteles— esa tarea logística descomunal. Puede afirmarse que sin esa cobertura, habría sido imposible crear la base material de la Misión. Durante la prueba piloto, en mayo, se determinó que muchos alumnos no podían ver los textos, y enseguida se inició un programa para medirles la vista a todos los que presentaran dificultades; se les entregó lentes a 300 000. Cuando, por razones distintas, los alumnos abandonaban las clases, se les visitaba en sus hogares y eran persuadidos a incorporarse. A todos los graduados se les obsequió una biblioteca familiar, con 25 títulos, y los más destacados recibieron estímulos como créditos, viviendas y empleos.

La Misión Robinson significó una explosión de certezas y de afanes desatados. Una señora de 68 años —en el acto en que se graduó— le expresó con emoción al presidente Chávez: "Yo me había creído eso de que 'loro viejo no aprende a hablar', pero esas clases son como milagrosas." Ella se refería al método cubano "Yo, sí puedo", el cual —en rigor— fue "venezolanizado". El método contribuyó a demostrar por mediación de la Misión Robinson que sí era posible incorporar al pueblo humilde a la revolución educacional, y representó el inicio de un estallido de motivación y participación sin precedentes, que continuaría en ascenso con las otras misiones educativas, al reafirmar los más preteridos que sí podían, por fin, avanzar hacia la "luz" del saber.

Misión Robinson II

Aún antes de comenzar la Misión Robinson, fue concebido un programa de estudios para garantizarle a los alfabetizados y a otros ciudadanos adultos, con escolaridad inferior al sexto grado, que pudiesen alcanzar ese nivel, basándose también en métodos audiovisuales y con la guía de facilitadores. De la propia experiencia de la aplicación —en Venezuela— del método "Yo, sí puedo", surgió "Yo, sí puedo seguir", que garantiza obtener el sexto grado en 2 años de estudios consecutivos, que incluyen conocimientos de inglés y de computación.

La Misión Robinson II se inició, formalmente, el 28 de octubre. En pocos meses, sumó 1 200 000 alumnos, de ellos más de 60% recién alfabetizados.

Misión Ribas

Esta nueva Misión, con el fin de posibilitar la obtención del bachillerato a más de 1 millón de adultos, resultó también un éxito rotundo, y en pocas semanas después de su apertura, el 17 de noviembre de 2003, se habían incorporado más de 800 000 personas. Esta vez, el apoyo logístico, y la organización y dirección, se le asignó al Ministerio de Energía y Minas, y a la empresa petrolera estatal (PDVSA), como prueba de su nuevo sesgo en función de servir a los intereses del pueblo. Con ello, se estimulaba, además, el mayor compromiso ético, y político, de los funcionarios y trabajadores de PDVSA para con el proceso bolivariano.

La nueva Misión adopta los métodos audiovisuales, basándose también en una cooperación estrecha, y fecunda, entre especialistas venezolanos y cubanos, organizándose un sistema de conocimientos científicos, humanísticos y técnicos, que en solo 2 años garantiza el nivel de bachiller.

Misión Sucre

Durante un domingo, hubo que realizar un censo en todas las plazas públicas del país —las cuales se abarrotaron—, para saber la cifra aproximada de bachilleres sin cupo: más de 500 mil. Esta vez, la decisión fue avanzar por etapas o cohortes, para poder incorporar tal suma de bachilleres a los estudios superiores. Cada cohorte, antes de ingresar a carreras universitarias, realiza un curso propedéutico, con la finalidad de refrescar y consolidar los conocimientos, y facilitar una mejor preparación del alumno.

Un aspecto fundamental de la Misión Sucre es el concepto de "municipalización" de la Enseñanza Superior: significa viabilizar los estudios universitarios en los propios lugares donde habitan los alumnos, seleccionándose carreras acordes con las necesidades del país y de cada región. Ello supone dejar a un lado los estrechos moldes de la pedagogía universitaria dentro de una edificación monumental y con clases presenciales, al sustituirse por locales más modestos, videoclases y facilitadores profesionales preparados para tales menesteres.

Meses antes —el 30 de julio— el presidente Chávez dejó inaugurada la primera sede de la Universidad Bolivariana —el día en que anunció la Misión Sucre y la municipalización universitaria—, donde ya se cursan estudios de Ciencias Jurídicas, de Historia y de Comunicación Social, en recintos que antes fueron lujosos despachos de los tecnócratas petroleros, servidores de la oligarquía y el capital foráneo.

Cuatrocientas mil becas para los pobres

Uno de los atributos más novedosos y relevantes de las misiones educativas, es la asignación de 400 000 becas a los estudiantes más humildes: 200 000 becas a Robinson II, y 100 000 a Ribas y Sucre, respectivamente. Esta ayuda consiste en un estipendio equivalente a 100 dólares mensuales (70% de un salario mínimo), y representa un estímulo y soporte real para que esas personas puedan disponer de condiciones básicas, que les permitan realizar sus estudios, lográndose, además, una disminución real del desempleo.

Misión MERCAL: Alimentación segura para los pobres

Como ya adelanté, el embrión de este gran programa alimentario nació en medio de la angustia por la peligrosa escasez que provocó el paro golpista, en diciembre de 2002 y enero de 2003. Entonces, el presidente Chávez decidió implantar un vasto sistema empresarial estadal, para garantizar la soberanía alimentaria del pueblo, eliminar el hambre y contribuir a la mejor nutrición de los sectores pobres.

Hoy día, la Misión MERCAL —finalmente lanzada en el mes de enero de 2004— es un hecho palpable: beneficia a más de 10 millones de personas con alimentos subsidiados y baratos (25% como promedio por debajo del mercado), y gratis para los que no tienen ningún recurso. Así, en casi todas partes existen establecimientos comerciales de la red MERCAL, y en los barrios pobres se ha organizado Casas de Alimentación —cada una entrega almuerzo y merienda gratuita a 150 personas—, que benefician a más de 900 000 ciudadanos y este año 2005 supera el millón.

Es destacable la idea de ir convirtiendo esas cocinas populares en lugares donde los seres humanos reciban, junto con el alimento, la atención a su salud y educación, y puedan incorporarse a actividades recreativas, culturales y deportivas. Todo ello, con el apoyo de los jóvenes integrantes del Frente de Luchadores Sociales Francisco de Miranda, que actúan de manera solidaria y metódica en todos los barrios populares del país, bajo la guía del presidente Chávez.

También existe el programa Protección Máxima, que otorga subsidio de 50% del precio a siete productos esenciales, beneficiándose, de este modo, a 2 millones de personas.

A saber, en ningún otro lugar de la América Latina se había organizado antes un programa de alimentación popular de estos alcances y características. MERCAL es una referencia de amplio interés para otros países, pues demuestra que es factible contraatacar los nefastos efectos del neoliberalismo y, por el contrario, coloca en su justo lugar el papel social y de distribución equitativa de la riqueza que deben desempeñar el Estado y los gobiernos, si efectivamente quieren ser democráticos y soberanos.

En resumen, MERCAL contribuye muchísimo a una solución inmediata, y transitoria, del hambre y la desnutrición, y lo hace —además— desde una perspectiva integral, gracias a la existencia de los demás programas sociales y económicos con los cuales interactúa.

Participación de Cuba en las Misiones Sociales*

Cuba en Barrio Adentro

Pregunta: Los médicos cubanos que participan en el programa social Barrio Adentro, ¿son realmente galenos o vienen a "adoctrinar" a nuestra población?

Resumen de las opiniones del autor, expresadas a varios medios de prensa entre junio de 2003 y abril de 2005.

Germán Sánchez: Su pregunta es oportuna, pues me permite referirme a una de las mentiras más difundidas en torno a los médicos cubanos que brindan servicios en los barrios populares de Caracas. Desde el primer contingente de salud cubano —que llegó en diciembre de 1999, para ayudar a los damnificados de Vargas—, los dirigentes de la Federación Médica y otros voceros de las peores causas, acusaron a nuestros médicos de ser "profesionales sin preparación" —en el mejor de los casos—, que venían a quitarles puestos de trabajo a los médicos venezolanos y hasta esgrimieron la calumnia de que eran "agentes encubiertos". También dijeron —como ahora repiten esos mismos manipuladores aberrantes— que su papel real consistía en *hacer política a favor* del presidente Chávez. Ni entonces, en medio de aquella tragedia de origen natural, ni ahora, ante la tragedia social que vienen a encarar, han cesado las calumnias respecto de la labor humanitaria de los médicos cubanos.

Con todo respeto, le sugiero que su pregunta la respondan los 17 millones de ciudadanos beneficiados por el quehacer sistemático, cotidiano y sin horario de nuestros galenos, poseedores de una alta calificación y, a la vez, formados en la ética de servir a los seres humanos y no de servirse de ellos con fines de lucro. Lo primero que dicen esos venezolanos humildes, es que nadie podrá quitarles jamás tal atención. Nuestros médicos contribuyen a desmentir la imagen tremebunda que existía de esas comunidades, cargadas —ciertamente— de problemas e inequidades, pero, a la vez, pletóricas de humanismo y de capacidad para acoger a quienes deciden entregarles sin dobleces su ayuda solidaria.

Ningún médico cubano se involucrará jamás en la política venezolana. Su labor es estrictamente profesional. Eso sí, ellos son portadores de los valores y las ideas de nuestro pueblo. Me pregunto: ¿Temen los "intrigantes" que el pueblo venezolano tenga acceso a esas opiniones? Los cubanos nos sentimos seguros de nuestro curso histórico y, tanto en la Isla, como en cualquier rincón del Planeta, estamos dispuestos a dialogar sobre nuestras realidades sociales.

Pregunta: ¿Y por qué Cuba envía tantos médicos a Venezuela? ¿No es mejor que se queden en la Isla, donde existen inmensos problemas de salud?

Germán Sánchez: No es extraña esta presencia de médicos cubanos en la

Patria de Bolívar. En primer lugar, estamos saldando una deuda histórica de gratitud hacia el primer pueblo que nos enseñó el derrotero de la libertad y la independencia, y que siempre fue solidario hacia nosotros. Cuba dispone de casi 70 000 médicos, uno por cada 160 personas, el mejor índice del mundo. Desde hace décadas, nuestros galenos brindan servicios en numerosos países, en lugares donde —por diferentes motivos— no se presta esa atención, y a solicitud de los respectivos gobiernos. Antes de la experiencia de Barrio Adentro, más de 53 000 profesionales y técnicos de la salud habían prestado ayuda en 93 países. Hoy día, alrededor de 4 000 médicos laboran en 22 países, sin contar Venezuela. Ellos han salvado la vida a más de 461 000 personas. Hay países —como Guatemala y Haití— donde prestan servicios más de 500, respectivamente. En todos los lugares, ellos realizan su labor de manera voluntaria y altruista, y no cobran salarios allí ni los gobiernos pagan a Cuba honorarios. Nuestro país les garantiza el salario, y responde por sus servicios en calidad y ética. Respetan las costumbres y la legalidad de esas naciones. En ningún país del mundo se forman médicos con esa vocación solidaria, y es un orgullo y una satisfacción para ellos ayudar a otros pueblos que sufren grandes penurias.

Sobre el sistema de salud cubano, mejor que hablen los datos: 77 años de esperanza de vida; 5,8 de mortalidad infantil; toda la población tiene acceso a la atención preventiva y asistencial gratis, y de alta calidad; nadie en Cuba sufre ni muere por falta de asistencia médica; a todos los ciudadanos se les suministra 13 vacunas; nuestro país fabrica 70% de los medicamentos que consume y una parte de los equipos de alta tecnología; existen miles de científicos que desarrollan programas de investigación contra el cáncer, el VIH, y nuevas vacunas y otros medicamentos de punta; han sido erradicadas o son controladas enfermedades como la polio, la difteria, el tétanos, el sarampión, la rubéola, la meningitis, la papera, el hemófilos y la hepatitis. Producimos vacunas contra la meningitis, la hepatitis (tipo B), la leptospira, el tétanos y la difteria, entre otras. Actualmente, se avanza en la investigación y la prueba de vacunas contra el cólera (que no existe en la Isla), contra la tuberculosis, y contra otras hepatitis y meningitis, y también contra el nemococo y el alzheimer. Tenemos más de 2 500 científicos en investigaciones de salud humana, apoyándose en recursos tecnológicos y científicos de avanzada.

Baste decir, por ejemplo, que las empresas europeas y estadounidenses desarrollan 52 proyectos de vacunas contra el cáncer, y Cuba —por sí sola— tiene nueve, cuatro de ellos en pruebas clínicas. Además, avanzamos en programas sobre diferentes enfermedades congénitas; en 1982, fuimos el segundo país en tener un programa de diagnóstico y de prevención prenatal de malformaciones congénitas, y desde 1986 logramos erradicar el cretinismo, gracias al programa sobre el hipotiroidismo congénito. Nuestros científicos inventaron un equipo que permite detectar y medir las insuficiencias auditivas desde que el niño nace.

En resumen, la estrategia de salud cubana combina un eficiente sistema de atención primaria —que tiene su núcleo principal en el *médico de la familia*—, con el uso de las más modernas tecnologías, medicamentos y vacunas. Y se sustenta en una excelente cobertura científica de investigaciones, y en una industria farmacéutica desarrollada. Entre ambos extremos, disponemos de 267 hospitales y 444 policlínicas, los que en los actuales momentos están siendo perfeccionados, tanto sus inmuebles, como las tecnologías y los métodos de gestión, lo cual convertirá a Cuba —en breve tiempo— en el país con el mejor y más moderno sistema de salud para todo el pueblo, que exista a nivel mundial. Este nuevo avance de los servicios de salud, será un factor clave para alcanzar, en menos de 5 años, una esperanza de vida de 80 años.

Pregunta: ¿Cuántos médicos piensa enviar Cuba a Venezuela?

Germán Sánchez: Nuestro compromiso es cubrir las necesidades de atención primaria de todas las familias humildes, a razón de un médico por cada 1 200 ciudadanos. En la actualidad, son alrededor de 14 000 médicos generales integrales y algo más de 3 000 odontólogos.

Cuba dispone de muchos más médicos, dispuestos a cumplir esa noble e histórica misión en cualquier sitio de Venezuela. Todos ellos son especialistas en Medicina General Integral, y muchos poseen una experiencia promedio superior a los 10 años. En el presente año 2005 se sumarán más de 6 000 nuevos médicos, técnicos y otros profesionales, para cubrir los servicios de los 600 Centros de Diagnósticos Integrales e igual número de Salas de Rehabilitación, y 35 Centros de Alta Tecnología.

De manera que a su axiología y disposición humanista, se suma una alta preparación y experiencia profesionales. En ningún país del mundo se forma a todos los médicos con esa doble condición: *ética* y *profesional*, capaces de cumplir su deber en cualquier circunstancia y sitio del Planeta. En ello radica el asombro y la admiración que causan nuestros médicos, en quienes sobresalen la *sencillez*, la *consagración* a la faena y la *satisfacción* en sus ojos por el deber cumplido. Más aun ocurre así en Venezuela, porque cada uno sabe que son parte de una experiencia inédita en América Latina, pues por vez primera todos los sectores humildes de un país de la región reciben una atención a su salud de esa calidad y tan abarcadora, y pronto sucederá así con el resto de la población.

Nuestra intención no es sustituir a los médicos venezolanos. Todo lo contrario, se trata de *colaborar* en el empeño de lograr resultados acelerados y para toda la población, en la reducción drástica de su morbilidad y mortalidad. Estamos seguros que esta experiencia se convertirá en un paradigma de interés y resonancia mundiales. Ojalá pronto nuestros galenos comiencen a ser sustituidos por sus colegas venezolanos, y no será lejano el día en que unirán esfuerzos para ayudar a otros hermanos de Brasil, Ecuador, Colombia u otros países. El compromiso de Cuba es contribuir a formar 40 000 médicos venezolanos en 10 años, desde la praxis profesional de los médicos en Barrio Adentro. Este año 2005, se incorporarán los primeros 20 000 jóvenes a la carrera de medicina integral comunitaria. Además, el gobierno de Cuba otorgará 20 000 becas a jóvenes venezolanos para estudiar medicina en la Isla, distribuidos en todos los municipios del país, donde vivirán en casas de familias, que los atenderán como parte de ellas.

Pregunta: ¿Y por qué ha habido tantas malas prácticas de los médicos cubanos?

Germán Sánchez: En realidad, las "malas prácticas" se han cometido en el plano ético, por parte de ciertos medios de comunicación y algunos funcionarios de gremios e instituciones de salud.

En todos los casos denunciados, se demostró fehacientemente que las llamadas malas prácticas fueron montajes publicitarios, para desprestigiar a nuestros médicos, promover la inseguridad y el temor en la población, generar rechazo en ella y hacer fracasar el programa de salud Barrio Adentro. Esa tarea macabra la asumieron directivos de instituciones gremiales —como la Federación Médica— y hospitalarias, que le han mentido sin escrúpulos al pueblo venezolano, y sin el más mínimo honor profesional ante los colegas cubanos. Llama la atención que casi todos los dirigentes de los partidos políticos opositores son parcos, y apenas se han sumado a esas campañas. ¿Será que ellos conocen el impacto real que ha tenido en millones de personas la labor de nuestros médicos? Estamos tranquilos ante tales desmanes, pues el pueblo no se ha dejado confundir.

Cuba en las Misiones Educativas

Pregunta: Cambiemos el tema. Me interesa conocer por qué Cuba seleccionó a Venezuela para utilizar el método de Alfabetización "Yo, sí puedo".

Germán Sánchez: Fue *al revés*. El presidente Chávez conoció de la existencia de ese novísimo método y habló con Fidel para aplicarlo —de inmediato— en Venezuela. Todo fue muy rápido. Fidel habló, por vez primera, de ese método en su discurso del 1ro. de mayo de 2003. En los primeros días de ese mes, le entregué en persona al presidente Chávez los casetes con las clases grabadas. Veinticuatro horas después, él había visto las cintas y tomó la decisión de organizar una gran campaña de alfabetización. Captó la calidad pedagógica del curso, y percibió correctamente que este podía adaptarse de manera exitosa a la realidad venezolana. En poco tiempo, concibió el nombre "Misión Robinson" —muy venezolano—, creó la Comisión Nacional y las demás estructuras de dirección, y dio instrucciones a las Fuerzas Armadas Venezolanas para realizar una prueba piloto con 400 analfabetos. Y planteó la meta: alfabetizar 1 millón de personas antes de concluir el año y eliminar el analfabetismo en el transcurso de 2004.

Por supuesto, Fidel y los especialistas cubanos que laboraron en ese nuevo método, al igual que todos los cubanos, aceptamos con sumo entusiasmo y honor la solicitud del presidente Chávez.

Venezuela reúne condiciones excepcionales para desarrollar un programa de alfabetización de tal magnitud. Es más, me parece que en ningún país de América Latina —con similares proporciones geográficas y con 1,5 millones de analfabetos—, resultaría posible hoy día alcanzar esa elevada aspiración en tan corto tiempo. ¿Por qué puede lograrlo Venezuela? Primero, porque aquí transcurre un proceso de honda vocación social y alto grado de participación popular; segundo, debido a que existen unas Fuerzas Armadas, orientadas por una doctrina militar de defensa de la soberanía, a partir de una visión de equidad y justicia sociales, y con una experiencia —desde 1999— en acciones directas de beneficio para las comunidades; y tercero: hay aquí un presidente de elevada sensibilidad humanista, y con liderazgo para dirigir una misión cívico-militar de enorme envergadura y complejidad. A ello, habría que agregar dos razones: luego de varios años de experiencias en luchas muy intensas, han surgido —en todas partes— dirigentes sociales y cientos de miles de personas dispuestas a asumir responsabilidades de esa magnitud, sin fines de lucro; y como consecuencia de factores diversos, la agenda social del gobierno se atrasó y, por eso, el presidente Chávez se propuso, desde el año 2003, imprimirle más celeridad.

No tenemos duda: Venezuela es ya el primer país del sur del Planeta, que logró erradicar el analfabetismo al comenzar el siglo XXI. Y lo hizo, además, en un tiempo muy breve, convirtiéndose la Misión Robinson en una referencia mundial y Venezuela, en el segundo país de América Latina libre de analfabetismo.

Pregunta: ¿Y quién garantiza la efectividad del método?

Germán Sánchez: La Misión Robinson no sólo ha sido exitosa por el método cubano "Yo, sí puedo". La calidad pedagógica de este es inobjetable; su núcleo metodológico es la relación entre los números y las letras, o sea, parte del conocimiento de los números que poseen los iletrados y avanza hacia el saber por obtener: las letras, sílabas y palabras. Algo sencillo y rápido. Todo se hace aun más comprensible y agradable, mediante el empleo de los medios audiovisuales, y la simulación de un grupo docente de alfabetizandos y una profesora, a cargo de artistas cubanos, que en 65 clases, de media hora cada una, guiándose, además, por una cartilla, aprenden a leer y a escribir. Las clases se animan y refuerzan con imágenes, textos atractivos y comentarios sobre temas diversos, que realiza un comunicador integrado al flujo de las clases. Los alumnos reales, en grupos de hasta diez, observan cada clase y son guiados por un facilitador, que los orienta y ejercita. De este modo, cada día reciben dos lecciones y en 7 semanas logran aprender a leer y escribir.

La autoridad de Cuba en la materia no es nueva. En 1961, nuestro pueblo eliminó el analfabetismo en 8 meses, basándose en los métodos tradicionales del manual y la cartilla, aunque utilizando una participación masiva de jóvenes, que convivieron con los analfabetos. Tal experiencia, en esa magnitud, no tenía precedente y nunca pudo repetirse después en otro país. Cuba se convirtió desde entonces en un paradigma de las instituciones especializadas, y en fuente de inspiración y de experiencias para otros países.

En los últimos años, nuestro país, en el afán de ayudar a otros pueblos, desarrolló un método de alfabetización a través de la radio, el cual tuvo éxito en algunos países donde se aplicó; por ejemplo, en Haití aprendieron así más de 300 000 personas. De manera que el método "Yo, sí puedo", es la resultante de una experiencia secular y de la vocación solidaria de nuestra pedagogía, que ha recibido cinco premios de la UNESCO por sus contribuciones a la alfabetización.

Es muy importante exaltar la adaptación de ese método, que ha tenido lugar en Venezuela. Ya se registran varios aportes, tanto en las proporciones entre alumnos y facilitadores, como en el papel orientador y complementario de estos. Un ejemplo estupendo de la creatividad de los pedagogos venezolanos, es la aplicación del método cubano al lenguaje Braille, para ciegos.

"Yo, sí puedo" tiene méritos indudables, pero debemos reconocer que su éxito en Venezuela es consecuencia de la manera responsable, entusiasta, y ampliamente participativa con que se ha aplicado y adaptado, sin complejos nacionalistas y, a la vez, con una sobria y equilibrada impronta pedagógica e idiosincrática venezolanas.

Pregunta: Y, en realidad, ¿cuantos alfabetizadores envió Cuba?

Germán Sánchez: Cuando el presidente Chávez mencionó que se iniciaría la Misión Robinson con un método cubano, fue como si hubiera pisado un nido de serpientes. Yo escuchaba por la radio, veía en la televisión y leía en los diarios tantos comentarios mal intencionados y especulaciones torcidas, que me pareció prudente no hacer declaraciones y esperar a que hablasen los hechos. Así fue. Quienes vociferaron sobre la presencia de miles de alfabetizadores cubanos, de un método para adoctrinar, que Cuba no tenía aportes en materia de alfabetización, y otras sandeces, muy pronto debieron hacer silencio. Los resultados son irrefutables.

¿Aprenderán la lección? ¿Se darán cuenta —por fin— de que Cuba no es el infierno que ellos pintan, ni la aldea que pretenden hacer ver para asustar y confundir a los ilusos? ¿Necesitarán una Misión Robinson especial, para alfabetizarse en ética y profesionalismo?

Nuestro aporte humano a la Misión Robinson ha sido el que nos solicitó Venezuela: tres asesores por cada estado y 11 a nivel nacional, todos ellos muy calificados y con un alto espíritu de colaboración.

Y la otra ayuda, por iniciativa y decisión de Fidel, fue una parte significativa de la base técnica de la Misión: televisores, videograbadoras VHS, cartillas, manuales del facilitador, casetes con las clases grabadas, lentes para presbicia y aparatos de optometría, con sus respectivos técnicos. Los cubanos nos sentimos orgullosos, porque sabemos que esa contribución redundará en uno de los hechos más trascendentales de la historia de la educación en Venezuela y en el mundo.

Pregunta: ¿Cuba continuará apoyando a Venezuela en la Misión Robinson II (para alcanzar el sexto grado) y en los otros programas de educación, como las Misiones Sucre y Ribas?

Germán Sánchez: Sí. Esa es nuestra disposición. La concertación de Venezuela y Cuba en la Misión Robinson ha sido un rotundo éxito, y ello nos compromete aun más con el pueblo venezolano para compartir con los pedagogos de este país otros propósitos educacionales de alcances similares. Sentimos, además, que esta alianza pedagógica venezolano-cubana, con respeto mutuo a la identidad y a las decisiones de ambos países, va a repercutir en otros lugares y, de paso, nuestros especialistas aprenden también muchísimo aquí. Juntos podremos extender nuestras experiencias binacionales, y ayudar a países de América Latina y el Caribe.

Los pedagogos cubanos y venezolanos se pusieron de acuerdo en los contenidos de los programas, y en la metodología para grabar con profesores de los dos países, el curso de primero a cuarto grado, y después el de quinto y sexto. Profesores cubanos grabaron seis materias, de uso en cualquier país, mientras que profesores venezolanos grabaron las clases de Geografía e Historia. Este curso para alcanzar el sexto grado, emplea la misma base técnica (videograbadoras VHS, televisores, casetes) de la Misión Robinson; y los facilitadores, guiados por maestros de educación para adultos —todos venezolanos—, garantizarán la orientación pedagógica. Cuba aporta un grupo de asesores y las clases se graban, editan y reproducen en la Isla.

De igual modo, con asesores y un apoyo logístico similar estamos colaborando con las misiones Ribas y Sucre.

Cuba —desde los años sesenta— desarrolló, en la vida real, el concepto de "universalización" de la educación superior, y creó las condiciones para que todos los jóvenes bachilleres tuvieran acceso a los estudios universitarios, basándose en un sistema nacional bien distribuido en las regiones y por mediación de una cobertura amplísima de becas.

En los últimos años, surgió una respuesta nueva dentro de ese concepto: la municipalización de la educación superior, que permite a todos los bachilleres acceder a carreras universitarias. Se trata de una idea que va más allá de la formación de profesionales, con fines de satisfacer demandas de la economía y la sociedad. Coloca el centro de la municipalización de la Universidad en la expansión cultural y educacional de los individuos, y, por ende, del pueblo. De esta manera, esa experiencia cubana inédita se puso a disposición de Venezuela, que tiene otras realidades en cuanto a la inmensa cantidad de bachilleres sin cupo y la necesidad, sobre todo, de posibilitarles estudiar profesiones con fines laborales.

Respecto de la Misión Sucre y la Universidad Bolivariana, nuestro país abrió su experiencia de municipalización de la educación superior, y Venezuela ha sabido interpretarla correctamente, adaptándola a su circunstancia y haciéndole muchos aportes. Llegar a ella nos demoró 40 años. Venezuela pudo lograrlo mucho antes, gracias al antecedente organizativo y a la masiva experiencia de cursos grabados que aportaron las misiones Robinson —I y II.

Venezuela se coloca con las misiones Robinson, Ribas y Sucre, el Plan Simoncito (preescolar) y las escuelas bolivarianas, a la vanguardia de los cambios educacionales profundos que reclaman los pueblos de Nuestra América. Y para Cuba es una gran alegría poder acompañarla con *humildad* y *eficacia*, en esa magnífica acción bolivariana liberadora, tal como lo entiende el presidente Chávez: *el primer poder del pueblo es el conocimiento.*

Moral y Luces, pidió Bolívar para transformar a nuestros pueblos y Martí lo expresó de otra manera: *ser cultos es el único modo de ser libres.* Desde Cuba, sentimos que Venezuela avanza como nunca en su historia, hacia ese único modo de ser libres.

CAPÍTULO V

Cada libro una fiesta

Un libro nuevo
es siempre un motivo
de alegría, una verdad que nos sale al paso, un amigo
que nos espera, la eternidad
que se nos adelanta, una ráfaga divina que viene a pararse
en nuestra frente.

José Martí

El derrumbe del modelo eurosoviético: una visión desde Cuba*

I

Me complace poder hacer algunos comentarios a la obra de un colectivo de cubanos, encabezado por los doctores Ramón García Báez y Ramón Sánchez Noda.

Comienzo por subrayar tres aspectos del libro:

La humildad con que los autores exponen el tema.

Su propósito de contribuir a rescatar el ideal socialista y la teoría marxista, profundamente dañados por el estrepitoso fracaso de la

---

Intervención en ocasión del foro que se realizó en la Universidad Central de Venezuela (UCV), presidido por el vicerrector Trino Alcides Díaz y los autores del libro homónimo, con el objetivo de su presentación en Venezuela —octubre de 1995.

experiencia eurosoviética.

El ánimo autocrítico, hasta el punto de que reconocen que su formación teórica les permitía explicar que ese derrumbe era imposible, mas no lo contrario, o sea, exactamente lo que aconteció.

Un cuarto aspecto sobresaliente de la obra —y hay muchos más— es su afán de desentrañar los factores condicionantes y varios errores, deformaciones y experiencias de 75 años de vida del socialismo eurosoviético.

Para cualquier persona, el tema es apasionante, y a quienes todavía vemos en el socialismo la alternativa válida al fracaso histórico del capitalismo como sistema global, nos es indispensable despejar lo ocurrido en el llamado "socialismo real". A los cubanos nos resulta más urgente hacerlo, pues en la Isla defendemos una opción socialista diferente al experimento eurosoviético que fracasó, y al capitalismo, que también demostró su incapacidad para satisfacer las necesidades materiales de tres cuartas partes de la humanidad, y suscitó una pobreza material generalizada y de los valores humanos —el egoísmo y la doble moral—, aun peor. Y también el desgaste ecológico del Planeta, que pone en riesgo la propia existencia del género humano.

El desmoronamiento del régimen soviético, tuvo un impacto muy fuerte entre los pensadores cubanos, muchos de los cuales habían recibido la influencia del aparato conceptual teórico asociado con aquel modelo de socialismo.

La manera rápida, profunda y honesta en que reaccionó la mayoría de nuestros pensadores, expresa algo que deseo reconocer. Me refiero al carácter autónomo, y a la capacidad intrínseca de vivir y transformarse del proceso revolucionario cubano. Nuestros intelectuales, como parte del pueblo, tuvieron a su favor la herencia histórica y cultural de la nación. Con esa perspectiva de compromiso y certezas, es que sugiero formular las preguntas e intentar contribuir a las respuestas sobre el derrumbe del régimen eurosoviético.

¿Fracasó sólo un modelo de socialismo? Sí, es cierto. Y pereció también, junto con esa experiencia fallida, una cierta versión distorsionada del marxismo que lo sustentaba.

¿Fue Stalin el único culpable de ese socialismo? ¿Se agotan en el stalinismo sus desviaciones autoritarias, burocráticas, verticalistas, estatistas o criminales?

Es menester asumir el análisis, con la misma integralidad que se forjó, desenvolvió y feneció esa experiencia socialista, por demás complejísima e irrepetible. Sin una visión histórica abarcadora y desprejuiciada, corremos el riesgo de repetir consignas o la idea de que todas las derrotas son huérfanas.

La Unión Soviética construyó dos veces más tanques, y más aviones y piezas de artillería que Alemania: ¡Pero fue incapaz, en el campo subjetivo, de defender su aparente poderío frente al capitalismo!

No será con adjetivos ni apresuramientos que haremos la autopsia de ese socialismo. La aguda pregunta del Che —¿por qué lo que "es", "debe ser"?— fue dramáticamente respondida por los hechos. Se requiere tiempo y conocer ese complejo proceso histórico en sus etapas, multidimensiones y resultados.

Es indispensable revisar una extensa bibliografía, sin exclusiones, prejuicios ni apologías. Desde Marx y Lenin, hasta Trotsky y Stalin. Que incluya a Mijail Suslov —el teórico del socialismo real— y a los exégetas de la Perestroika. Que considere a pensadores sobresalientes de Europa y de los Estados Unidos de América, como Ernest Mandel, Isaac Deustcher y Paul Swezy. Y también a Mariátegui, Che, Fidel y otros muchos dirigentes e intelectuales latinoamericanos, que analizaron y criticaron esa experiencia socialista, antes del desastre.

El propósito no debe ser juzgar, sino revelar las verdades que sean útiles para diseñar y continuar la lucha por un verdadero socialismo. Porque sin ética, sin solidaridad, sin igualdad, sin el ejemplo diario de los dirigentes y demás revolucionarios, sin un sistema democrático integral, sin justicia social y desarrollo material, sin humanismo e internacionalismo no puede haber socialismo.

Urge hacer un balance, que también tome en cuenta los aportes positivos.

¿Por qué decenas de millones de personas siguen expresando —por medio del voto— su adhesión a los comunistas de las repúblicas ex soviéticas? ¿Qué raíces culturales, y especificidades de la historia y la formación nacional rusas, condicionaron el curso del socialismo en la Unión Soviética? ¿Qué lugar ocupan los factores objetivos? ¿Cuál fue la responsabilidad de los dirigentes? ¿Podía haberse salvado el socialismo en la Unión Soviética, si la opción escogida para rectificar sus errores hubiera sido diferente a la Perestroika? ¿Qué papel desempeñaron los aparatos especializados de desestabilización de los Estados Unidos de América y algunos países europeos?

Nada debe quedar sin valorarse. Quizá, el peor error del proceso eurosoviético fue su incapacidad para moldear una cultura atractiva y enraizada en la mayoría de la población, donde el ejercicio libre de la creación fuese el principio irreductible del desarrollo de las ideas.

Y cuando hablo de cultura, me refiero a una nueva concepción de la vida. Más espontánea y solidaria. Una cultura del consenso y de la participación democrática de la gente, en todas las esferas de la vida humana; una cultura del debate y del disenso legítimo entre los revolucionarios y los demás ciudadanos, que enaltezca la pluralidad como contribución a la firme unidad, y defensa, de la nación y del proyecto socialista. Capaz de socializar los sueños y los medios de producción. Y de movilizar las virtudes del ser humano, haciéndolo más pleno en el goce de su individualidad, y más motivado y eficiente en el ejercicio de sus responsabilidades ciudadanas. Una cultura abierta a la ciencia, a la técnica y el arte universales.

Por ser tan complejo el tema, es que resulta tan importante compartir entre todos un debate como este.

II

Quiero reiterar que el socialismo soviético no "pereció de muerte natural", ni por razones congénitas. Lo "enfermaron y mataron" los hombres, esto es, una parte de sus dirigentes, quienes —en sucesivas generaciones— desde finales de los años veinte fueron conformando un régimen cada vez más distante del socialismo imaginado por Marx y audazmente emprendido por los bolcheviques, en 1917.

Subrayaré los que considero errores más notables, sin pretender abarcarlos todos:

1. El modelo soviético fue implantado en las décadas de los treinta y de los cuarenta, y varias de sus deformaciones no se corrigieron después de la muerte de Stalin. Se trataba de un proceso del cual ese dirigente

formó parte, le imprimió su sello personal, pero tenía vida y nutrientes propios: una formación social atrasada y muy contradictoria, y un aval doctrinario fundado en versiones torcidas de las nociones marxistas y de los aportes de Lenin.

2. Tal modelo no convirtió la estatización de los medios de producción en una verdadera socialización de ellos. Pretendió —desde el poder estatal— suprimir las luchas de la gente por su existencia individual, en nombre de un colectivismo extremo. En vez de buscarse la paulatina desaparición del Estado, en los términos capitalistas de instrumento de poder y represivo, aquel se hizo cada vez más autoritario a tono con una minoría privilegiada y con el aparato burocrático. Ello estuvo condicionado por el atraso espectacular de Rusia, el cerco de las potencias capitalistas y la inexperiencia de la población en el ejercicio de formas de participación democráticas.

De este modo, la burocracia se convierte en una variante de gobierno, que imprime sus intereses y deformaciones a todo el funcionamiento del sistema social.

No fue Stalin quien creó, por sí mismo, esa burocracia ni el único responsable de la evolución distorsionada del socialismo en la Unión Soviética. Stalin fue la garantía de esa capa de poder, y su mejor exponente y defensor. Sus aberraciones determinaron la aniquilación física de decenas de miles de dirigentes bolcheviques y de todos los principales jefes de la Revolución del '17. Los dirigentes que asumieron totalmente las riendas del país en los años treinta, en su mayoría, no desempeñaron ningún papel en la Revolución.

La degeneración del Partido fue, por otra parte, decisiva para que se produjera la burocratización del Estado.

El Partido Comunista de la Unión de Repúblicas Socialistas Soviéticas (PCUS), dejó de ser una constelación de hombres y mujeres temerarios, lúcidos y polémicos, respetuosos de la opinión de sus compañeros, para convertirse en una organización de disciplina ciega, donde imperaba el temor a los jefes superiores y el culto al secretario general. Con ello, fue cercenada la democracia de los Soviets, los sindicatos, las cooperativas y las otras organizaciones sociales que resultaron ser —en tiempos de Lenin— el "oxígeno" de la Revolución.

Así, el Buró Político sustituyó al Partido en su papel de conductor de la sociedad y la burocracia enquistada en aquel a la militancia, a la clase obrera y a todo el pueblo.

Por otra parte, la acción disolvente de los pequeños y grandes privilegios, los favores recíprocos y las ventajas del poder, se extendieron en la casta burocrática de manera creciente, hasta resultar un verdadero sistema putrefacto. Se trataba de una capa casi sin control alguno de las masas, que creó un código invisible de actuar, que exigía e imponía la obediencia y el silencio. La vanguardia bolchevique, en parte, pereció durante la guerra civil y, después, casi todo el resto fue encarcelada, asesinada o marginada.

3. En condiciones de un atraso material descomunal, y luego de sostener criterios más moderados y sensatos en cuanto a los sistemas de crecimiento económico, la dirección stalinista decidió avanzar en la industrialización a grandes saltos, luego de imponer un proceso de colectivización forzosa de las propiedades agrícolas.

Ese desarrollo industrial resultó exitoso hasta los años prebélicos, aunque quedó por debajo de los planes concebidos y estuvo asociado con bajos niveles de avances en bienes de consumo para la mayoría de la población, en contraste con el aumento de los privilegios de la burocracia. La real mejoría en las condiciones de vida de los trabajadores fue siempre muy a la zaga de los avances productivos de la industria pesada. Ni la producción agrícola ni industrial de alimentos, ni de la industria ligera y demás bienes de consumo indispensables fueron priorizados, y cuando se hizo, sus resultados estuvieron muy por debajo de las necesidades en cantidad y calidad acumuladas por la gente.

La economía avanzó de manera extensiva, o sea, basándose en la explotación desmesurada e irracional de grandes recursos naturales.

Sin un mercado que estableciera las regulaciones y exigencias pertinentes, como ocurre en el capitalismo, ni la existencia de un sistema democrático entre los productores y consumidores, que utilice y controle el mercado, y que disponga de técnicas avanzadas de dirección, como debe suceder en el socialismo genuino, la calidad de los productos fue deteriorándose cada vez más. La ausencia de estímulo y de protección a la crítica, y la iniciativa de los productores y consumidores, creó una abulia hacia los resultados de la producción y los servicios, traduciéndose ello en un rechazo sórdido y enconado al sistema por parte de los ciudadanos.

Para sobrevivir, el naciente Estado socialista tenía —forzosamente— que superar el atraso secular del país o pronto resultaría aplastado. El error fue realizar la industrialización sin elevar suficientemente la calidad de vida del pueblo y sin respetar el principio de voluntariedad de la colectivización, perdiendo así el carácter socialista ambos procesos económico-políticos esenciales. La urgencia en lograr la superación del atraso y crear una base material sólida, que garantizara la defensa del país frente al cerco y la amenaza de agresiones extranjeras, justificó el sacrificio excepcional del pueblo soviético. Pero, de ningún modo es inherente a un régimen socialista la aplicación de medidas coactivas y represivas extremas, allí donde la disposición voluntaria sea insuficiente o la opinión contraria al liderazgo oficial genere un cuestionamiento a decisiones incorrectas. La *violencia* y la *coacción* llegaron a convertirse, finalmente, de medida auxiliar y complementaria, en el motor principal para mover la economía, y la política, durante las décadas de los treinta y de los cuarenta.

Por otra parte, la planificación y la dirección de la economía se convirtieron en una sucesión de directivas centrales, inviolables. También en esta esfera se perdió el rumbo, pues era escasa o nula la presencia democrática de los trabajadores en la elaboración, la ejecución y el control del plan.

El proyecto de desarrollo forzado de la economía —denominado Gran Viraje—, que ocurrió entre finales de los años veinte y principios de los treinta, desvirtuó la evolución y el sentido socialistas de la Unión Soviética. En aquellos años, hubo entusiasmo laboral en una buena parte de la población y, más tarde, una extraordinaria generosidad y sacrificio del pueblo para asegurar la victoria contra el fascismo. El culto a Stalin funcionó asociado con la defensa de la Patria.

Sin embargo, esa victoria bélica extraordinaria habría sido posible sin necesidad de haber "herido de muerte" al socialismo. Este, a la postre, fue derrotado más tarde durante la Guerra Fría, precisamente, en gran medida por la implosión de sus inconsecuencias y deformaciones acumuladas durante las décadas precedentes. El mismo pueblo que derrotó al fascismo —en nombre de la Patria y el socialismo— fue amargándose y frustrándose ante un sistema sustentado en una retórica socialista, incapaz de satisfacer muchas de sus justas necesidades, mientras seguía imperando el autoritarismo sin Stalin y cada vez con más desigualdades, más hipocresía y menos participación real del pueblo.

Se comprobó que la destrucción del capitalismo y la inexistencia de la propiedad privada, no dio lugar a un régimen socialista. Surgió una especie de sistema económico-monopólico estatal, rígido, subordinado a la planificación centralizada, sin autonomía virtual de las empresas ni manejo equilibrado de las relaciones mercantiles. Y sin un concepto verdadero de propiedad y control social.

La industrialización forzada en las décadas de los treinta y los cuarenta, no logró todos sus objetivos, pero sí permitió que la economía soviética adquiriera un carácter industrial y se colocara, en varios aspectos, al nivel de los países más desarrollados, a finales de los años cuarenta. Ello se logró sin un suficiente progreso científico técnico y concentrándose en dos ejes principales: la industria pesada y la militar —de las cuales, según se afirmaba, dependían la independencia económica y la seguridad del país—. Esto es irrefutable, mas el socialismo necesita también darle bienestar creciente a la población, y sustentarse en su participación y autodirección.

4. El stalinismo es, pues, mucho más complejo que la fuerza concentrada y desmedida de un hombre. Stalin surge de las tendencias autoritarias presentes ya en el socialismo precoz y atípico de la Unión Soviética, en los años veinte; su personalidad contribuyó, sin duda, al desvío del sesgo correcto de aquel proyecto y a la burocratización del sistema años más tarde; él le imprimió su estilo, y es responsable de los errores más resonantes y actos siniestros cometidos. Si pudo actuar así, fue porque en los años treinta y cuarenta se enraizó, y consolidó, el poder de la burocracia en el Estado, en el Partido y en las demás instituciones del país. Ello explica que, después de fallecer Stalin, la burocracia se vio forzada a realizar las críticas a los desmanes más monstruosos de su jefe, sin introducir, con posterioridad, modificaciones relevantes al orden constituido, salvo eliminar las aberraciones represivas extremas y el culto a la personalidad. Casi todo lo demás quedó en pie: autoritarismo —más

suave—, modelo económico centralista-estatista, con virtual ausencia de democracia y desigualdades ilegítimas —fundadas en los privilegios del poder—, entre otras.

A pesar de que el stalinismo resultó objeto de una cruda denuncia en el XX Congreso del PCUS, en 1956, el miedo y la simulación no desaparecieron. Posteriormente, se afianzaron en el país circunstancias morales que generalizaron los compromisos sin principios, la frustración, el recelo hacia las ideas e iniciativas renovadoras, mientras se exaltaban de manera unilateral los avances, reales o inciertos, del socialismo soviético. El autoaislamiento del país posibilitó los desbordes chovinistas, y el dogmatismo doctrinario transformó a la teoría científica del socialismo en una guía para la inacción y para justificar la obediencia de la gente a las decisiones oficiales. En los años setenta y ochenta, llegó a existir más corrupción de los dirigentes a todos los niveles, más indisciplina, descontrol e incapacidad administrativa, que en el período stalinista, suscitándose el estancamiento del desarrollo económico; mientras, se agudizaba el alcoholismo de los funcionarios y aumentaba el poder de la delincuencia organizada.

Todas estas maledicencias se hicieron abarcadoras de la conducta de muchas personas, socavándose más y más por dentro al sistema; a su vez, la retórica de la burocracia proyectaba una imagen paradójica de poderío político e ideológico grandilocuente. Las crisis económica, política, científica, tecnológica y cultural actuaban en la subjetividad popular al unísono que la decadencia moral; aumentaron en la población la exigencia y el reclamo de cambios sustanciales, y el clima propicio para que surgiera la opción reformista de la Perestroika, cuya supuesta motivación era renovar el socialismo, hacerlo más democrático en lo político, y eficiente en lo económico.

5. En las décadas de los setenta y de los ochenta, aumentaron notablemente los niveles educacionales, científicos y culturales de la población, y mejoraron las condiciones materiales de existencia de amplios contingentes de soviéticos. La Unión Soviética había logrado industrializarse y consigo modernizarse a los niveles que tenían los países capitalistas desarrollados en los años cincuenta. Incluso, en algunas dimensiones los alcanzaban y, en otras, los superaban; por ejemplo, en la conquista del espacio, en el

potencial nuclear y en el deporte.

Sin embargo, la fuerza de la burocracia, el cinismo y la doble moral, el dogmatismo y otras deformaciones ya mencionadas, se habían entronizado en forma tan raigal en la sociedad, que el proceso de modernización de aquellos años no alcanzó a transformar los cimientos del *statu quo*.

Aunque existieron ciertas diferencias entre los gobiernos de N. S. Jruschov y L. I. Brézhnev, vistos de conjunto, en ambos períodos prevalecieron las mismas deformaciones y tendencias a la descomposición, y a la parálisis. En el campo económico, se intentó repetidamente modificar el modelo de los años treinta y cuarenta, basado en directivas centralizadas y en métodos autoritarios irreversibles. Tales modificaciones se limitaron a aspectos técnico-organizativos o económico-técnicos, sin alterar el carácter extensivo de la dinámica productiva ni colocar los salarios en retribución directa con los aportes finales del trabajo, o implantar un sistema de dirección y planificación económicas con la participación creadora de los trabajadores, y una combinación certera de estímulos materiales y morales, autonomía en la gestión empresarial y financiera, etcétera.

6. El temor de la burocracia a perder cuotas de su poder, generó una contradicción cada vez más insostenible entre las necesidades del desarrollo intensivo y la modernización económico-tecnológica, y la imprescindible participación democrática del pueblo en todas las esferas de la sociedad —un pueblo ahora más culto y educado—. Y otra, a causa del sistema autoritario, ritualista, enfermo de privilegios y mentiras, sin capacidad para modificar a fondo la estrategia y los mecanismos económicos caducos.

Ello fue aun más inaceptable para la gente, pues desde mediados de los años setenta comenzó una crisis orgánica de la economía, luego de agotar sus posibilidades de desarrollo extensivo, y no enfrentarse al *impasse* que generó aquella con una reformulación a largo plazo y acciones inmediatas. Dada la asfixia moral y política del régimen, brotaron las condiciones para la caída integral de todo el sistema. Surgió un círculo vicioso: debacle simultánea del aparato productivo, de la estrategia, las políticas y la dirección económica, de las relaciones de producción estatizadas, pero no socializadas, y la disminución sensible del bienestar material, junto con el estallido de fe, simpatía, y confusión en todas las esferas y regiones del país, que generaron la Perestroika y la Glasnot. De este modo, creció la expectativa de una verdadera renovación y salvación del socialismo, que enseguida se convirtió en incertidumbre y caos, hasta ocurrir el desenlace capitalista final de la crisis. Sin duda, en el "golpe de timón" hacia esa vía extrema tuvieron, finalmente, una responsabilidad crucial la dirección del PCUS y del Estado soviético, y las acciones políticas, y conspirativas, desenvueltas por los Estados Unidos de América y demás potencias capitalistas.

7. Todo ello se deslizó vertiginosamente a partir de 1989, desintegrándose la comunidad de países del Este europeo. En el interior de la Unión Soviética, gracias a que la Perestroika fue respaldada, entusiastamente, por la mayoría del pueblo soviético, casi todo el mundo coincidía en la urgencia de realizar cambios raigales al sistema imperante, mal definido *socialista*. Para relanzar un proyecto socialista genuino, era menester emprender otra revolución y la existencia de un liderazgo que tuviera esos atributos.

Pero la dirigencia que condujo al país por el último tramo del camino hacia el capitalismo, fue la misma que propició el "socialismo real". Esta vez, ella decidió desenmascararse y adoptar el sistema más coherente con sus intereses económicos, su ética y sus concepciones políticas verdaderas. En consecuencia, el socialismo soviético no pereció de muerte natural, lo hicieron fenecer sus dirigentes, en un proceso ininterrumpido de errores y deformaciones durante más de 60 años. No hay duda de que la putrefacción del sistema seudosocialista, motorizó su caída estrepitosa e irreversible.

8. Y dicho todo esto, sería injusto e inexacto no incluir en la larga lista de factores que contribuyeron a la caída de la Unión Soviética, el enorme presupuesto militar para la defensa. Ciertamente, desde 1917, el joven Estado se vio obligado a invertir cuantiosos recursos para garantizar su soberanía e integridad, frente a la creciente amenaza del cerco impuesto por los países capitalistas, lo que incidió en el desarrollo integral de la economía y en los niveles de vida de la población.

9. ¿Existía otra salida a la crisis? Tal vez, nadie podrá demostrar nunca si era fatal o no que la Perestroika condujera al país hacia el capitalismo. Lo cierto es que ello ocurrió de ese modo y las fuerzas que habrían podido evitarlo no existieron entonces, ni tampoco —hasta el presente— han logrado impedir el sesgo de los hechos.

El triunfo espectacular del capitalismo —sin guerra civil ni apenas resistencia— probó, de manera inequívoca, la grotesca descomposición moral que padecía la mayor parte de la dirección soviética, y la maquinaria estatal y política en todo el país.

III

La visión desde Cuba de ese derrumbe, debe comenzar por reconocer que varias piedras nos cayeron encima. ¿Por qué no nos aplastaron?

Cuando los Estados Unidos de América pensaron que hallarían o lograrían en la Isla un vacío ideológico, el desconcierto y el caos, encontraron —otra vez— al pueblo en posición de resistir y de seguir su alternativa socialista.

Donde suponían un colectivo derrotado, los estaba esperando el pueblo de Martí y de Fidel, una nación viva, pletórica de anhelos, con una historia de luchas, esfuerzos, hallazgos y enfrentamientos de casi 2 siglos con el vecino del Norte. Ese enemigo poderoso nos hizo más fuertes.

Los Estados Unidos de América repitieron tantas veces que "Cuba es un satélite de la Unión Soviética", que llegaron a creerlo. La Isla demostró ser, ante todo, un país soberano. El pueblo cubano defiende el socialismo, porque es condición indispensable de la independencia nacional, la democracia y la justicia social, *con todos y para el bien de todos.*

Nuestro pueblo descubrió —y asumió— el marxismo, como guía de interpretación de la realidad y, ante todo, lo puso al servicio de sus batallas antiimperialistas, y de su vocación de autonomía plena y de equidad social. El marxismo es subsidiario de nuestro proceso histórico nacional, y de sus proyecciones. Hacia él es válida también la idea de Martí: "Injértese el mundo en nuestras repúblicas; pero el tronco ha de ser el de nuestras repúblicas."

La Revolución cubana no fue un episodio de la Guerra Fría, al revés, la Guerra Fría y nuestra alianza con la Unión Soviética representaron parte de una etapa de nuestra evolución histórica.

Cuando triunfó la Revolución, en 1959, y durante los años sesenta, Fidel y el Che buscaron llevar adelante un tipo de socialismo propio. Las influencias del socialismo eurosoviético en Cuba, fueron significativas en los años setenta y parte de los ochenta. Mas la crisis de aquellas concepciones es, hoy día, total y nunca cometimos en Cuba fallas de alcances estratégicos. Desde 1986, comenzamos a rectificar nuestros errores, que no habían doblegado la fortaleza del socialismo cubano; este logró *sobrevivir* durante los años noventa, adaptándose a las nuevas circunstancias del mundo, y *preservar* sus principales conquistas, buscando nuevos derroteros en la vía socialista verdadera.

La desintegración del socialismo en Europa, nuevamente mostró al mundo la especificidad y la fuerza original del experimento cubano. Puso en evidencia nuestras grandes reservas, el valor de la historia de la Isla, y el significado de las profundas transformaciones que introdujo el nuevo régimen en el modo de vivir y en la cultura del pueblo, a partir de 1959. Y también sacó a relieve los errores y deficiencias derivados de la copia de aspectos de aquel modelo, y de nuestra propia cosecha.

En la actualidad, vemos más claramente que nos falta un largo camino de luchas y búsquedas, para aproximarnos más a la utopía, que siempre será inalcanzable en su perfección. Y nos damos cuenta también de cuáles desaciertos esquivar, para salvar el socialismo en Cuba. Evitar los errores del socialismo real y rechazar los espejismos de la Perestroika —que condujeron al descalabro final—, son dos premisas indispensables.

Por eso, hemos asumido de este modo el reto: defendernos y resistir; reinsertar el país en el mundo existente; e introducir los ajustes necesarios, sin modificar la naturaleza socialista de nuestro régimen.

Hoy día, Cuba es un laboratorio. Hemos hecho muchos cambios en los últimos 3 años, en orden y con consenso. Y enfrentándonos a una política de cerco y presiones sin precedentes. Estamos saliendo de la crisis, aunque hay mucho por recorrer y descubrir, en nuestra opción de vida.

Los Estados Unidos de América saben lo que Cuba significa y por eso se empecinan, por todos los medios, en destruirnos y hacernos fracasar. El pueblo cubano avanza, porque su vocación internacional e histórica le hace comprender su misión de contribuir a dignificar y revivir el verdadero socialismo.

Otros lo harán mejor que nosotros. Nuestro papel actual es hacer ver que un *verdadero socialismo es viable*, y que sólo de ese modo serán resueltos muchos problemas esenciales de la humanidad. Nuestro aporte desde Cuba, es estimular a que despierten y echen a andar todos los que sueñan con un socialismo posible.

Enigmas del Che*

Cercana la fecha del XXX Aniversario del asesinato del Che en Bolivia, algunos amigos venezolanos me estimularon a actualizar y publicar un texto que elaboré hace 10 años, y que fuera editado, en 1988, en La Habana: *Che, su otra imagen.* Se trata de un ensayo de 100 páginas, en el que me propuse identificar y analizar *críticamente* las muchas distorsiones que se han propagado por el mundo, en torno a la vida y las ideas de Ernesto Guevara. Alguien que conocía acerca de otro trabajo mío, también de ese año: *El internacionalismo del Che* y de una conferencia que ofrecí en La Habana, en 1992: "Che, nuestro contemporáneo", me sugirió reeditarlos juntos con aquel ensayo. Así, para mi satisfacción, salió a la luz la primera edición de *Los enigmas del Che,* en Venezuela, en una circunstancia mundial donde el interés por conocer al Che alcanzó sus más altos ribetes, al coincidir los 30 años de su muerte física con la noticia histórica de la aparición de sus restos y el traslado de estos a Cuba.

Los enigmas del Che es un libro que pretende explicar con serenidad las razones que hacen trascendente su figura y la integralidad de su pensamiento teórico; busca, además, mostrar, y criticar, las difamaciones y tergiversaciones en torno al Che, sean estas sutiles o grotescas, procedentes de autores enemigos o admiradores de su conducta, como también pertenecientes al campo revolucionario.

La obra desea contribuir a develar el aparente misterio del interminable renacer del Che. Y sostiene que —lejos de extinguirse—, en el siglo XXI su ejemplo de vida y sus ideas perdurarán e influirán en las nuevas

---

*Presentación a la prensa venezolana del libro Los Enigmas del Che *—de Germán Sánchez Otero—, publicado en Caracas, octubre de 1997, por Ediciones Ko'eyú.*

generaciones, que siempre —como ayer y hoy— hallarán en él un paradigma para la transformación raigal del género humano; un ejemplo cabal para quienes no se amilanan ante la extensa y compleja faena de crear una nueva sociedad de mujeres y hombres, que piensen y actúen, primero, en función del colectivo, y que subordinen los intereses individuales a los de la mayoría de sus pueblos y de la humanidad.

Pocas figuras del siglo XX suscitaron un interés tan universal, que va desde adhesiones de honda pasión, hasta denuestos satánicos, e interpretaciones muy diversas de sus ideas y del significado real de su opción de vida.

El Che entrará al siglo venidero como surgió en este: revolucionario sin tacha, un mito y una leyenda; un símbolo imprescindible contra las injusticias en todo el Planeta; y un emblema ético y político para cientos de millones de seres humanos, de edades y filiaciones doctrinales heterogéneas.

Sus enemigos comprendieron, aún antes de él morir, el extraordinario potencial movilizador anticapitalista de su vida ejemplar. Por eso lo asesinaron, desaparecieron el cadáver y enseguida arreciaron diversas campañas difamatorias, a veces furiosas y burdas, otras más sutiles, con el ánimo de deformar su imagen, ocultar o minimizar su obra de pensamiento y torcer sus acciones existenciales.

Lo pintan insensible, frío, implacable, un aventurero sin principios y sin patria, que buscó la muerte queriendo encontrar en ella la gloria. En otras ocasiones, hacen de él un romántico e idealista, con ciertas perturbaciones mentales y problemas en la infancia, y aunque le reconocen que quiso hacer el bien, lo critican por el empleo de la violencia y otros supuestos métodos equivocados.

Más allá de tales distorsiones y falsedades, resplandece el Che de carne y hueso, sencillo, austero, tierno, duro, solidario, valiente, creador y promotor de nuevas ideas, y de hombres y mujeres nuevos. Ese, el verdadero, se extiende por todas partes y nadie podrá impedir sus alcances ecuménicos, pues, al decir de Jean Paul Sartre: es "el hombre más completo de nuestra época".

Los revolucionarios cubanos somos y seguiremos siendo discípulos del Che, porque él nos entrega una visión crítica demoledora del capitalismo, enseñándonos a aprender y asimilar de este las conquistas técnicas, científicas, culturales, metodológicas, gerenciales y otros logros de valor humano. También, como él, seremos siempre inconformes ante las deformaciones y errores que surjan en el proceso de crear el socialismo, en Cuba o en cualquier lugar donde ello ocurra, y no dejaremos de criticar y superar las pifias, sin desviar el curso de la nueva sociedad.

Cada día, necesitamos más al Che, porque su ejemplo de vida e ideario nos ayuda a encarar la crisis axiológica de la sociedad contemporánea y las conspicuas desigualdades en casi todos los países, y los desequilibrios de las relaciones internacionales. Él nos resulta imprescindible para encontrar opciones al neoliberalismo, y descifrar los dilemas de la realización del ser humano en lo individual y social; para tener un nuevo sentido de la existencia humana, donde prevalezca la espiritualidad, la cultura y la ética solidaria frente a los excesos materiales, desenfrenados y egoístas, del régimen burgués, que benefician a unos pocos y generan miseria, opresión, enajenación, guerras, muertes prematuras, contaminación ambiental y desdichas a la mayoría de la población del orbe.

En tales imperativos y urgencias, podemos encontrar varias respuestas a la pregunta que formuló el escritor uruguayo Eduardo Galeano: "¿Por qué será que el Che tiene esta peligrosa costumbre de seguir naciendo?"

Nuestro libro quisiera ser también un homenaje a todos los ciudadanos que admiran y buscan en el Che un acicate para solucionar los problemas de la sociedad contemporánea, por cierto, similares o peores a los que motivaron el combate pertinaz y múltiple del Guerrillero Heroico. De ahí, además, su vigencia.

Espero, con esta obra, contribuir en alguna medida a que los jóvenes y las nuevas generaciones comprendan que deben entender al Che leyéndolo en sus propios escritos. Entrego este modesto instrumento de análisis, para favorecer la crítica y el distanciamiento pertinente de la infinidad de interpretaciones torcidas y mal intencionadas, publicadas sobre un ser humano que merece el más estricto respeto por su proceder sincero, generoso y cargado de ideas precursoras.

Fidel en la Universidad Central de Venezuela: un discurso memorable*

"Con infinita emoción vuelvo" —escribió Fidel en el registro de visitantes de la UCV, unos minutos antes de comenzar su discurso de 6 horas en el Aula Magna, repleta de jóvenes, profesores y trabajadores de la universidad más emblemática de Venezuela, donde también estuvieron varios cientos de invitados de los sectores más diversos del país—. Muchos de ustedes, seguramente, oyeron y disfrutaron esa pieza oratoria cautivadora, que desbordó las expectativas de todos quienes allí nos reunimos a escucharlo. Clase magistral inusual, la calificaron varios universitarios que se percataron de sus alcances cognoscitivos múltiples. Ahora, tienen ustedes en sus manos esas prodigiosas palabras en un libro de 100 páginas —editado por iniciativa del Rectorado—, que nos permitirá repensar el torrente de ideas, datos, anécdotas e historias expuestas en ese inolvidable discurso.

Si al escuchar a Fidel fuimos "imantados" por su verbo reluciente, y su locuacidad culta y genial, la versión escrita nos impresionará tal vez más. Pues la intimidad de la lectura, nos permite valorar cabalmente los cruciales temas que aborda, y sus rigurosos y exhaustivos análisis.

Fidel concibió su exposición para el pueblo venezolano, que vive un momento estelar de su historia y hacia el cual profesa una especial admiración y gratitud, por ser aquí donde estalló la luz de la independencia y por haberle brindado a Cuba siempre una generosa solidaridad, desde los tiempos de Bolívar y Martí. A la vez, sus reflexiones tienen un interés para el público de nuestra América y de otras latitudes. De ahí, que el discurso esté publicándose también en Cuba y en otros países de nuestro continente.

Estamos en presencia de un libro que habrá de leerse, y utilizarse, como guía y referencia en el entendimiento de los problemas fundamentales del género humano, en la presente época en que tantas mentiras y distorsiones pretenden confundir a la opinión pública. Allí encontraremos

---

*Exposición realizada en el Sindicato de Artes Gráficas —en abril de 1999—, para presentar a debate el discurso de Fidel Castro en el Aula Magna de la Universidad Central de Venezuela (UCV), el 3 de febrero de 1999.

un compendio didáctico y ameno —matizado con anécdotas fabulosas—, conmovedor y razonado, que nos acerca a entender lo que significó la Revolución para los cubanos. Y cómo, al convertirnos en sujetos sociales activos y conscientes de nosotros mismos, devinimos pueblo titánico e invencible, capaz de cualquier proeza. Por eso, Fidel tituló a su discurso: "Una revolución sólo puede ser hija de la cultura y las ideas."

Este sorprendente texto nos depara otra sorpresa, al abrir su primera página: un prólogo escrito por el autor —tal vez, el primero que hace a un discurso suyo—. Es como si Fidel nos entregara una llave personal, para permitirnos adentrarnos en el universo complejo, intenso y estimulador de sus pensamientos, sentimientos y sueños.

Ese prólogo, sin embargo, no podía contar y explicar ciertos antecedentes del discurso. Fidel había recibido para su breve estancia en Caracas, decenas de invitaciones a actos, entrevistas, visitas a instituciones y para sostener encuentros de diversa índole. Todas eran, sin duda, muy importantes. Para sorpresa de muchos y decepción de otros, él declinó gentilmente esas invitaciones y se consagró —el 3 de febrero—, primero, a preparar apuntes y datos, y, después, a desplegar el discurso que terminaría alrededor de las doce de la noche, quizá el más largo de los que se han pronunciado en el Aula Magna.

¿Por qué Fidel dedica al discurso en la UCV, su tiempo casi íntegro del único día que estaría en Caracas, después de la toma de posesión del presidente Chávez?

Pienso que hay varios motivos. Ya me referí antes a algunos y ahora quiero subrayar el que considero más importante: se trata de un discurso excepcional, acorde con la oportunidad histórica especial que hoy vive Venezuela.

Hay ciertos aspectos singulares de ese discurso que también deseo destacar. Ha sido la única vez, fuera de Cuba, donde nuestro presidente pronuncia un discurso en el mismo sitio, 40 años después. Ocurre en una coyuntura mundial y regional muy sensible, en que Venezuela podría desempeñar un papel destacado en la solución de los problemas de nuestros pueblos al sur del Río Bravo y del Tercer Mundo. Y ofrece una exposición resumida de su pensamiento filosófico, ético, político, histórico, económico y sociológico, con acento en los problemas del mundo actual, de Cuba y Venezuela.

Algo muy visible en el orador, fue su emoción. ¿Razones? Imagino algunas: encontrarse nuevamente en la tierra de Bolívar y poder dialogar con su noble pueblo y agradecerle sus gestos fraternos; visitar otra vez la UCV y pronunciar ese segundo discurso en el Aula Magna, cuatro décadas después; percibir el ímpetu renovador y la fe bolivariana en millones de venezolanos, y tener la ocasión, en tales circunstancias promisorias, de entregarles sus sinceras reflexiones, en nombre de su pueblo heroico y victorioso.

Cuba, Venezuela, Nuestra América, el Mundo: Fidel mueve sus ideas por los cuatro escenarios, a veces, en presente, otras en pretérito; en ocasiones, interrelaciona espacios, tiempos, temas y cuando parece terminar con alguno, lo retoma después hasta que decide concluir, con deseos de continuar y con una jocosa promesa: "Dentro de 40 años, cuando me vuelvan a invitar, seré más breve." En realidad, breve fue, si consideramos los complejos y muchísimos asuntos que abordó.

Sobre Cuba habló extensamente. Recordó, por ejemplo, que nuestro pueblo era prácticamente analfabeto cuando triunfó la revolución: 30% de analfabetos y 50% de adultos por debajo del quinto grado. Y su nivel de cultura política también era muy bajo. Fidel recuerda que fueron las leyes revolucionarias —que dieron al pueblo tierra, empleos, salud, educación, cultura, deportes, seguridad social y ciudadana, vivienda, disminución del costo de la vida, recreación, erradicación de la prostitución y de la mendicidad, democracia directa y participación real del pueblo en la dirección de la sociedad y de sus destinos, autodeterminación e independencia reales y dignidad plena de la nación—, lo que fomentó y consolidó en Cuba una conciencia socialista, respaldada por ideas auténticas y una cultura política arraigada en la mayoría de la gente.

Por eso, él insiste, ningún pueblo se hace revolucionario por la fuerza; ello es fruto de los cambios que modifican su modo de vida: una revolución es hija de la cultura y las ideas.

Compara el mundo actual con el de 1959 y afirma que las tareas de hoy día son más difíciles para la humanidad. De ahí, que el campo de las batallas de ideas es ecuménico, pues, además, ningún país podrá salvarse por separado. La globalización neoliberal quiere convertir al Planeta en una enorme zona franca, bajo el dominio de los Estados Unidos de América y las grandes potencias capitalistas. Y subrayó: hay que buscar conceptos que permitan un mundo viable y mejor. ¿Qué hacer? —pregunta—. Fidel propone la integración y la unidad de los países hoy subordinados, a los que las transnacionales y los estados imperialistas, quieren convertir en propiedades privadas. Enfatiza, con sólidos argumentos que desentrañan las causas y tendencias de la crisis económica internacional, que ello es posible: quienes pensaban hace 10 años que habría llegado el fin de la historia, hoy día observan asombrados cómo empieza a temblar el sistema.

Con sumo cuidado y respeto, dado el carácter de su visita y la investidura de su cargo y, a la vez, desde la franqueza de un hermano, Fidel expresa ciertas apreciaciones sobre la situación actual de Venezuela, que él califica de excepcional en la historia de este país.

Permítanme resumir esas ideas. Fidel ve en estas circunstancias "una excepcional gran oportunidad para Venezuela". Y lo aprecia no sólo en interés de ustedes; también en función de los demás pueblos de la región y del mundo. Y razona su percepción con una valoración ética; les recuerda a los venezolanos su deber como nación, la responsabilidad de no perder esta posibilidad, pues "oportunidades se han perdido algunas veces; pero ustedes no tendrían perdón si esta la pierden."

Y argumenta: "La situación de ustedes es difícil, pero no catastrófica." Reconoce que sí existe una situación económica adversa, que encierra riesgos para esa oportunidad aludida. Mas, sí piensa que los venezolanos pueden ser felices, con muchas de las cosas que es posible hacer y, a la vez, recomienda "sabiduría con prudencia", la prudencia necesaria "y no más de la necesaria", ser "hábiles políticos", "hábiles diplomáticos", "no pueden asustar a mucha gente", "resten lo menos posible", "sumen y no resten". Fidel compara el proceso bolivariano actual con la Revolución cubana. Afirma: "Ustedes no pueden hacer lo que hicimos nosotros en 1959." Por eso, sugiere paciencia a aquella parte de la población que está deseosa de cambios radicales inmediatos y alerta también que deben canalizarse adecuadamente las muchas expectativas que se han levantado en el pueblo, por el extraordinario triunfo electoral de Chávez. Pues esa "lógica, natural y humana esperanza", puede traducirse, a corto plazo, "en decepciones y en un debilitamiento de tan extraordinario proceso", puesto que los problemas acumulados de tantos años no es posible resolverlos en meses.

Nuestro Comandante en Jefe destaca el papel que puede desempeñar Venezuela en nuestra América: "un puente de acceso entre el Caribe, Centroamérica y Suramérica", pues —sostiene— nadie tiene las condiciones de ustedes para luchar por la unión y la integración, y, en especial, por la supervivencia "no sólo de Venezuela, sino de todos los países de nuestra cultura, de nuestra lengua y de nuestra raza".

Y desde esa perspectiva subraya: "Hoy más que nunca hay que ser bolivariano." Y evoca un aserto martiano primordial. "Patria es Humanidad", para afirmar enseguida: "sólo podemos salvarnos, si la humanidad se salva y sólo podemos ser libres, si logramos que la humanidad sea libre, y estamos muy lejos de serlo".

Fidel cierra su discurso con la lectura de su breve y antológica ponencia, expuesta al resumir una reciente reunión de economistas de América Latina y el Caribe, en que, luego de preguntar cuáles serán las armas esenciales para alcanzar una "globalización solidaria, socialista, comunista o como ustedes quieran llamarla", respondió: "las ideas; las conciencias".

Su discurso en la UCV es eso, un *haz de luz*, que nos muestra sus convicciones: una obra maestra para cultivar certezas, y encender el raciocinio y las esperanzas.

Venezuela después del diluvio*

"¡Son olas de piedra mamá!" Tal exclamación ingenua de un niño varguense, aquel fatídico 15 de diciembre, es uno de los muchos testimonios conmovedores que nos entregó el periodista Roger Ricardo Luis, en la obra que hoy presentamos: *Venezuela después del diluvio*.

El autor formó parte de un grupo de 19 comunicadores sociales cubanos, quienes convivieron junto a nuestros médicos y demás técnicos

---

Presentación de la primera edición venezolana del libro Venezuela después del diluvio *—del autor cubano Roger Ricardo Luis—, durante la Jornada Cultural Cuba en Bolívar, Puerto Ordaz, 10 de agosto de 2001.*

de la salud durante la labor solidaria de estos en Vargas y otros sitios de Venezuela, afectados por el desastre natural de diciembre de 1999. Roger Ricardo y sus colegas viajaron con el fin de informarle al pueblo de la Isla la magnitud humana y material de lo ocurrido, la extraordinaria conducta de los venezolanos ante el dolor de sus compatriotas, y el desempeño solidario de los galenos y sus auxiliares cubanos, en total: 454, agrupados en 57 brigadas.

En la inmensa y sustantiva historia de las ayudas humanitarias de Cuba, nunca se había movilizado a otro país un contingente de salud tan numeroso en tan breve tiempo —una semana. Incluso, en la Isla estaban agrupados y listos para viajar más de 500 especialistas.

Roger Ricardo escribe desde el fondo de la tragedia. Varios capítulos son los mismos reportajes que envió "en caliente" a la prensa cubana; otra parte significativa fue escrita especialmente para el libro.

De conjunto, este conforma una imagen de los hechos en vísperas del 15 y el 16 de diciembre, de lo ocurrido durante esos dramáticos días y de la labor posterior de rescate, reparación de daños materiales y de auxilio a las decenas de miles de damnificados.

A saber, esta es la primera obra sobre el tema que se propone ofrecer —simultáneamente— las narraciones e impresiones de los dolientes y testigos del desastre; trasladar una muestra conmovedora de la ayuda prestada por miles de ciudadanos venezolanos y las Fuerzas Armadas, quienes, en ocasiones, a riesgo de sus vidas, y con generoso desinterés durante semanas y meses, auxiliaron a los que ellos decidieron llamar *dignificados*; entregar descripciones muy completas de los espectaculares impactos y mutaciones en la geografía, la arquitectura y en la riqueza material existente en esa bella región; exponer datos precisos de los daños diversos que ocasionó el fenómeno natural, incluso al patrimonio cultural e histórico de La Guaira; y, de manera especial, reflejar el quehacer múltiple proverbial de las brigadas médicas cubanas.

Si la novela es para Honoré de Balzac una especie de espejo que se mueve sobre la sociedad, el reportaje representa el compendio periodístico más cabal de un acontecimiento humano.

El texto de Roger Ricardo, a veces, parece literatura de ficción; en ocasiones, es un análisis sociológico, urbanístico, histórico o cultural; otras, un conjunto de testimonios de informes especializados respecto de diferentes facetas del evento natural. Su mayor valor radica en esa visión totalizadora y amalgamada, que intenta aprehender lo real desde la subjetividad humana más íntima y, a la vez, universal.

Vendrán otras obras —quizá más completas—; tal vez, ya existen y habrá muchas después, que aborden de manera puntual el "apocalipsis" de Vargas. Sin embargo, me atrevo a afirmar que *Venezuela después del diluvio* se convertirá en una referencia para comprender, sentir y sufrir lo que allí ocurrió, y sus múltiples facetas humanas.

Una de ellas —que hará siempre singular a la obra— es el registro medular y cargado de ternura del quehacer de los médicos y los auxiliares de salud cubanos, que entre todos escribieron una de las más hermosas páginas de la solidaridad y la hermandad secular entre Cuba y Venezuela.

"Los herederos de Martí", es el título del primer segmento del libro dedicado a esa memorable labor. Roger Ricardo asume bien lo que pensaban los brigadistas cubanos al llegar en aquellos días de diciembre a La Guaira, la misma tierra por donde desembarcó el más luminoso de los cubanos el 20 de enero de 1881: "Deme Venezuela en qué servirla...". Y explica que esos seguidores del apóstol cubano trajeron consigo medicamentos de urgencia, vacunas, equipos médicos, carpas, plantas eléctricas, alimentos, y otros insumos. Aun cuando varios de tales objetos están sujetos a restricciones en Cuba, como consecuencia del criminal bloqueo de los Estados Unidos de América a la Isla.

Son numerosas las impresiones, anécdotas y reflexiones que expone Roger, confiadas a él por decenas de venezolanos y venezolanas, beneficiarios directos u observadores sinceros de las acciones de salud preventivas y asistenciales, realizadas por las Brigadas Médicas cubanas en todos los rincones de Vargas, y en algunos municipios de los estados Zulia y Miranda. Por sí mismos, la calidad y hondura de tales reportajes le dan méritos propios al libro para trascender. Roger está a la altura del acontecimiento: nunca en la polifacética historia de los nexos entre ambos pueblos, un grupo tan numeroso de cubanas y cubanos se había establecido en Venezuela para entregarles a sus hermanos *todo de sí*.

Me siento, por ello, honrado de compartir con Roger, y con otros amigos venezolanos y cubanos, el *bautizo* de la primera edición —en Venezuela— de esta obra, que hace meses fue publicada en Cuba.

Tuve la emoción de abrazar —en el Aeropuerto de Maiquetía— a cada uno de los miembros de aquel contingente. Llegaron apenas 24 horas después del desastre —"como si hubieran venido desde el cielo, enviados por Dios", decían después muchos varguenses—. Juntos vivimos instantes y circunstancias inolvidables. Casi todos podrían escribir su libro personal, pues fueron ejemplo de humildad y de entrega plenas a su misión humana, sin otro interés que la satisfacción de servir y no servirse de los pacientes.

Gracias, Roger Ricardo, por tu obra vital y optimista. Supiste convertir el dolor y la desesperanza en una obra con alas cálidas y fraternas, que volará en el tiempo para guiar a quienes en el futuro deseen saber cómo del fango y las piedras, y de las angustias brotaron sonrisas, afectos y deseos de vivir. Porque "sólo el amor convierte en milagro el barro" —y los miembros de las Brigadas Médicas cubanas confirmaron que Silvio tiene razón.

El Encuentro*

Caracas, 23 de noviembre de 2004

Estimada Rosa Miriam:

Tu pregunta, aun con la tregua que te pedí no me es fácil responderla. Sólo intentaré facilitar en algo el proverbial empeño tuyo y de Luis, de elucidar las circunstancias y los hechos diversos que permitan acercarnos,

---

*Los periodistas cubanos Rosa Miriam Elizalde y Luis Báez publicaron, en diciembre de 2004, el libro El encuentro, *como homenaje al X Aniversario de la primera vez en que se encontraron Hugo Chávez y Fidel Castro, con motivo de la visita, a La Habana, del líder revolucionario venezolano.*

Los autores le solicitaron al embajador de Cuba en Caracas: Germán Sánchez Otero, sus impresiones sobre la ocasión en que conoció a Chávez, el 12 de septiembre de 1994, y su valoración acerca de él desde la perspectiva actual. Como respuesta, les envió la carta que a continuación reproducimos. (NE)

disfrutar y comprender mejor a uno de los líderes más originales y fecundos de nuestra América, ese ser humano llamado Hugo Chávez.

Llegué a Venezuela, en agosto de 1994, con la misión ineludible de desarrollar las relaciones diplomáticas y, en especial, los nexos comerciales y económicos con este país. También debía priorizar la promoción de servicios cubanos en las áreas científicas, de salud, educación, deporte y cultura.

Sabía que Venezuela y Cuba poseen un sustrato histórico y una identidad cultural, unido a la cercanía geográfica y la simpatía entre ambos pueblos, que favorecen la gestión de cualquier diplomático. Por supuesto, también eran obvios escollos muy importantes, como la alianza del entonces presidente Rafael Caldera con el gobierno de los Estados Unidos de América y su amistad con los cabecillas de las organizaciones de la mafia cubano-americana.

Antes de salir para Venezuela, tenía el propósito de buscar enseguida un contacto con Hugo Chávez, a quien apenas conocíamos directamente en Cuba, pero le admirábamos por el estallido de decoro que encabezó el 4 de febrero de 1992.

Al terminar mi primera conversación con él, en la que me acompañó el consejero político de la embajada, Eduardo Fuentes, fui para la casa y le conté a mi esposa, Amarilys, las primeras impresiones. Ella me hizo notar que estaba eufórico y ante tanta alegría, trató de escucharme mejor los detalles del encuentro y mis percepciones, entusiastas y optimistas.

Comencé diciéndole: Chávez es un líder espléndido, sin moldes evidentes. Cuando joven —le narré— había conocido, en La Habana, a Luis Augusto Turcios Lima, un valiente militar guatemalteco que devino guerrillero y murió en un accidente misterioso. Recordé a Turcios, por ser también un dirigente revolucionario de origen militar, joven y con esa rara e indescriptible sustancia humana que llamamos carisma. Sin embargo, la primera impresión que tuve sobre Chávez, resultó más compleja, incluso no se advertían en él los rasgos externos de un militar.

Seguí comparándolo con los dirigentes latinoamericanos a los que tuve el privilegio de conocer en los años sesenta, setenta y ochenta; no aprecié en él la formación política de un Miguel Enrique, del MIR chileno o de los dirigentes nicaragüenses y salvadoreños, ni tampoco de la izquierda brasileña, argentina o uruguaya.

El origen militar de Chávez, la acción del 4 de febrero y su vocación por conquistar el poder, me recordaron, asimismo, a Velasco Alvarado, a quien no conocí personalmente, y a Omar Torrijos, con quien sí tuve la satisfacción de departir en grupo y comprobar su genio chispeante.

Pero, ni en uno ni en otro militar nacionalista, aprecié el "magnetismo", la visión continental y el furor promisorio que irradiaba el teniente coronel venezolano.

Seguí diciéndole a Amarilys, que Chávez poseía el don de los iniciadores de algo nuevo, aunque todavía él mismo no supiera cómo iba a lograrlo y, tal vez, hasta podrían frustrarse su liderazgo y sueños, pues aún tenía más preguntas que respuestas en su cabeza arremolinada y los obstáculos eran descomunales.

En aquella primera conversación, observé que Hugo —así me pidió que lo llamara— no tenía una idea clara de cómo alcanzar el poder, pero sí traslucía la certeza de que lo iba a lograr.

Me llamaron la atención sus comentarios de exaltación y la confianza hacia la mayoría de los militares venezolanos, y el amor y la fidelidad hacia su pueblo. Me conmovió su afán de revivir a Bolívar, y buena parte de la conversación la dedicó a cómo promover —en nuestro tiempo— el proyecto histórico del Congreso Anfictiónico.

Después de mi primer encuentro con Chávez, apenas a 1 mes de llegar a Caracas, sentí que había despejado una curiosidad política muy personal, al conocer a un singular líder que surgió, exactamente, en el peor momento de la izquierda, y del movimiento popular de nuestro continente y el resto del mundo, en el pasado siglo. No pude dejar de pensar que en agosto de 1991 había desaparecido la Unión Soviética, luego de desintegrarse, en 1989, sus aliados del Este europeo. Casi al unísono, el Frente Sandinista para la Liberación de Nicaragua (FSLN) perdió el poder en Nicaragua, y los procesos revolucionarios de El Salvador y Guatemala quedaron truncos. Mientras, en América del Sur, México y parte del Caribe, la izquierda se esforzaba con tesón —aunque de manera casi siempre defensiva— en construir alternativas programáticas y en acumular fuerzas necesarias, con el fin de encarar el terrible avance del neoliberalismo y la apabullante ofensiva unipolar de los Estados Unidos de América.

En todo ello pensaba cuando salí del apartamentico donde había dialogado con Hugo Chávez —durante 2 horas—. Quedé fascinado por su elocuencia, la frescura de sus ideas y la convicción luminosa de que lograría conducir a su pueblo y reencontrar el derrotero de Bolívar.

Por vez primera, en esa ocasión, comí lapa —una especie de jutía cubana, pero más grande— y, posteriormente, supe que, sólo en momentos muy especiales, ello es posible y se interpreta, aquí, como un gesto de halago y de amistad.

Hoy día, no es difícil afirmar que con Chávez y la Revolución bolivariana se inició una nueva etapa de esperanzas y de redención de los pueblos de nuestra América, y que su bregar desde 1992 abonó —en el instante histórico en que más se requería— las luchas sociales y de la izquierda en nuestro continente, que ahora reverdecen.

Al cabo de 10 años —como le sucede con él a muchas personas— lo conozco y lo admiro más, y lo entiendo mejor.

Durante esta década que he vivido en Venezuela, pude aproximarme a la gloriosa historia del pueblo venezolano y conocer las paradojas de este país: una enorme riqueza de la que se apropia en gran parte un ínfimo grupo oligárquico, a costa de la más extrema pobreza de la mayoría; injusticia hiriente que contrasta con las virtudes del pueblo bolivariano, rebelde, peleador, noble y de una inteligencia e instinto excepcionales. Me refiero a tales atributos y circunstancias, porque sin comprender esta sociedad pletórica de inequidad y su historia heroica, sería imposible dimensionar al líder específico y, a la vez, ecuménico que es Hugo Chávez. Es él una persona amorosa, esencialmente solidaria con los desposeídos, sencilla y vasta como los llanos donde nació; hijo pródigo y leal de Barinas, y de la Venezuela honrada y digna.

Si hace 10 años no pude encasillar a Chávez, hoy me siento solamente capaz de coincidir con mucha gente que ve en él a un dirigente con inmensas facultades creativas y en plena evolución; un Comandante en Jefe revolucionario, que brotó de su pueblo y como nadie —en Venezuela— ha sido capaz de renacer a Bolívar, Miranda, Robinson, Sucre, Zamora, Martí y Che —sus próceres más admirados—, y desde ellos, con su propio ejemplo y lucidez, ha incentivado el despertar de su nación. Chávez logró lo que Bolívar no pudo hacer en su tiempo y que Martí reclamó después: mellarle el diente a los ingratos. Ese líder experimentado de hoy día, comprende que su fuerza invencible le vendrá siempre del dolor, y el amor, que siente por los pobres de su tierra y de otros confines, y sabe, además, gracias a estos años de batallar, quiénes son y dónde están los enemigos y aliados, dentro y fuera de Venezuela. Eso nos hace confiar más en él.

En mis recuerdos sobre Chávez, hasta el triunfo electoral de 1998, hay tres momentos que nunca olvidaré.

Uno fue cuando lo encontré, casualmente, en el Círculo Militar, en 1995. Al percatarnos de que, por vez primera, nos veíamos públicamente, nos acercamos y conversamos sin reparar en las posibles consecuencias que tendría aquel diálogo, seguramente observado por los seguidores empedernidos del teniente coronel rebelde.

Así fue, y días más tarde apareció el dato en un diario nacional. Después, cuando compartimos en privado, nos reímos ambos sobre cuántas especulaciones hacían la CIA y la DISIP respecto de sus pasos, que causaban temor e intriga.

Otro ocurrió en un acto de solidaridad con Cuba, en la UCV, el 8 de octubre de 1996. El Aula Magna estaba repleta, y al terminar de pronunciar mi discurso e ir a la primera fila, Chávez se acercó a saludarme y no aceptó nuestra invitación de sentarse en ese lugar, regresando a la parte donde se encontraba el público que lo aplaudió con fervor al advertir su presencia. Creo que ese fue el primer acto de solidaridad con Cuba, al que asistió Chávez en Venezuela.

La tercera vez sucedió en julio de 1998, en plena campaña electoral, cuando conversamos algunas horas. Él nos contó de sus impresiones sobre la participación del pueblo en los mítines y recorridos que había realizado por el interior del país, y de repente, a manera de conclusión, expresó algo que me impresionó, pero confieso que lo recibí con cierto excepticismo; me dijo:

> He visto una Revolución en los ojos del pueblo, la gente pobre lo que quiere no es solo el triunfo electoral, tienen la esperanza de que se inicie una Revolución social.

Aquel 6 de diciembre de 1998, cuando ganó la presidencia, al filo de la medianoche lo llamé para decirle que Fidel le había enviado un mensaje de felicitación. Sentí cómo su voz agotada se animaba y me pidió que —a esa hora— se lo hiciese llegar de inmediato.

En los años siguientes vinieron muchos instantes, que no podría siquiera proponerme resumir, pues la memoria no es capaz de activarlos todos ni el tiempo alcanzaría, ni tampoco ese es el propósito.

El despliegue ininterrumpido del líder bolivariano fue en ascenso desde aquel momento crucial en que, al asumir la Presidencia, calificó de moribunda a la Constituciòn de 1961 y, ese mismo 2 de febrero de 1999, convocó al pueblo para que expresara en un referendo su voluntad soberana de elegir una Constituyente y aprobar una Ley Suprema que guiara a la República Bolivariana. De ese modo, desató las fuerzas de una nueva era política en Venezuela y comenzó a mostrar las que ya son virtudes suyas, reconocidas hasta por algunos de sus enemigos: inteligencia creativa, perseverancia, audacia, imaginación constante, astucia y valentía para hacer los cambios revolucionarios y unir al pueblo —civil y militar— tras ese fin.

Si algo lo hizo avanzar estos años con certezas medulares y pocos desatinos, es esa brújula suya que siempre lo acompaña: Bolívar y Jesucristo, y una amplia cultura universal.

Y, desde el 15 de diciembre de 1999, se agrega la Constitución Bolivariana, fruto y savia excepcional de su maestría política, que ha continuado expresándose a través de su extraordinario y cotidiano quehacer pedagógico para enseñarle al pueblo que en el librito que siempre él lleva en el bolsillo —y millones hacen lo mismo—, se encierra el proyecto de Patria Grande que ahora sí ha comenzado a realizarse.

Lo que más me impresiona de Chávez en la actualidad, es su alegría de vivir y su espontánea manera de contagiar a los demás con su sonrisa, y, a la vez, la honda angustia que, a veces, lo embarga por no poder erradicar la pobreza con más rapidez. Él ha expresado que los peores enemigos de la Revolución también están dentro de ella, y que son necesarios formidables emprendimientos para transformar de raíz las estructuras materiales y mentales del viejo régimen, aún muy poderoso y actuante. Estoy seguro que ese ser humano cautivador e iconoclasta, fiero y tierno, conducirá a su pueblo hacia la victoria plena.

Y en ello seguirá siendo crucial su ejemplar opción de vida austera y generosa, consagrada a servir a los pobres y a todos los seres humanos que no atenten contra la honradez y la equidad.

Si algo no puedo dejar de mencionar, es la hidalguía y la solidaridad con que Chávez asumió las relaciones con Cuba, desde nuestro encuentro de 1994 y, seguramente, desde antes, y que hizo especialmente patente en aquella primera visita a la Isla a finales del propio año.

Al despedirse de Fidel entonces, le prometió que lo invitaría también a Venezuela y así lo cumplió, en octubre de 2000, diciéndole —al recibirlo y abrazarlo sonriente— que había cumplido con su palabra. Así fue.

Y cuando sus adversarios en Venezuela lo acusaron de imitar a Cuba y a Fidel, fue más valiente que nunca. Y lejos de detener sus vínculos con nuestra Patria, incluyó a Cuba como beneficiario del Acuerdo Energético de Caracas y firmó con Fidel un Convenio de Colaboración que dio inicio a la integración más cabal y acelerada que hoy día existe entre dos pueblos de la región.

Quienes durante el año 2000 tergiversaron hasta el cansancio las palabras de Chávez en el Aula Magna de la Universidad de La Habana, en noviembre de 1999, cuando él usó la metáfora de que Cuba y Venezuela avanzan hacia el mismo "mar de la felicidad", no podían suponer que así sería. Y como el propio Chávez acotó aquella vez, lo hace cada país con su propio signo y especificidad, pero más identificados que nunca en la defensa y la realización de las ideas de Bolívar y de Martí.

Es todo. Discúlpame, Rosa Míriam, si no logré satisfacer tu sorpresiva inquietud, pero créeme que estoy demasiado próximo a las conmociones de este maravilloso país y a la luz prodigiosa de Chávez. Y opinar sobre él es tan difícil como descifrar sus pensamientos aquella noche que lo observé de pie, su cabeza erguida y los brazos en dirección a Marte, cuando el Planeta rojo se veía más cerca de la Tierra y, tal vez, le estaba develando los secretos del universo.

CAPÍTULO VI

Oficio de la palabra

Cuba es pueblo
que ama y cree, y goza
en amar y creer.

José Martí

Cuba en el Festival de Cine Iberoamericano*

Hace apenas 4 horas, los organizadores del Festival me pidieron que dijera unas palabras esta noche sobre el cine cubano. Y ahora estoy ante ustedes, prestos a presenciar uno de nuestros últimos filmes: *Lista de espera*, con el reto de ofrecerles una introducción mínima sobre cuatro décadas de cine cubano, que a través de una muestra el público caraqueño disfrutará desde hoy. Al no poder abandonar mis tareas, hace un rato opté por cerrar los ojos 15 minutos y concentrarme cual si fuera un actor de teatro; así, mientras viajaba hacia acá logré organizar tres o cuatro ideas, y decidí, además, pedirles excusas por este atrevimiento.

Si lo hago, es porque mi generación vivió como interlocutor activo el origen, los balbuceos, las búsquedas, los afanes, los errores, los hallazgos y la madurez del cine cubano, al unísono que participábamos en el proceso creador de la Revolución cubana, del cual forma parte indisoluble la producción cinematográfica nacional.

Acto de inauguración del Primer Festival de Cine Iberoamericano —realizado en septiembre de 2002, en la Cinemateca, Caracas.

Al triunfar la Revolución, en enero de 1959, en Cuba, no existía el cine en tanto que arte. Aún antes de iniciarse los grandes cambios estructurales —con la primera Ley de Reforma Agraria, en mayo—, el gobierno revolucionario fundó, en marzo de aquel vertiginoso año, el Instituto Cubano del Arte y la Industria Cinematográficos (ICAIC). Se trata de un hecho lleno de simbolismo: al cine se le atribuía un papel de avanzada en la mutación plena de la sociedad, que traería consigo la oleada formidable de los años sesenta. Su sitial artístico y promotor de las nuevas ideas, fue respaldado con los recursos modestos, pero suficientes para emprender un curso de aportes y hallazgos.

Desde aquella primera década, y en este momento con mucha más relevancia, el cine cubano es un orgullo de la cultura nacional y puede presentarse con honor en cualquier pantalla del mundo.

En vez de amilanarse ante tantos desafíos, los pioneros de ese cine — Alfredo Guevara, Julio García Espinosa, Tomás Gutiérrez Alea, Santiago Álvarez— convirtieron la esperanza, el deseo y el compromiso en un torrente de acciones que fueron pariendo cientos de obras de ficción, documentales y noticieros semanales. Ya en los años setenta, se produjo, como promedio anual: 35 documentales, 52 noticieros, varios dibujos animados y tres filmes de ficción. En los años ochenta, la cifra de estos largometrajes subió a 6 anuales y los documentales sumaron más de 40 cada año.

Nuestro cine integró así la corriente formidable del llamado Nuevo Cine Latinoamericano, con obras tan resonantes, y algunas clásicas, como: *Memorias del subdesarrollo, Lucía, Manuela* y, más recientemente, *Fresa y chocolate.* A la vez, Santiago Alvarez inició y consagró la escuela cubana del documental —de reconocida identidad y prestigio mundial.

Arte, crítica analítica de la realidad, estímulo de los valores de la nueva sociedad en ciernes y factor de cohesión cultural, el cine cubano abordó en estas décadas casi todos los temas inherentes a la prodigiosa transformación humana que supuso el avance y la consolidación de la Revolución. Quedaron grabadas en el celuloide las imágenes de muchas epopeyas de nuestra historia, la poesía cotidiana del quehacer sencillo y los conflictos en los ámbitos más diversos de la vida de la gente; el humor y la música, la danza, y el esplendor de la literatura y la plástica, plasmados en imágenes soberbias de ficción y en testimonios verídicos.

Aparecieron personajes de historietas, que se convirtieron en héroes imaginarios de niños y adultos, como el célebre mambí, el coronel Elpidio Valdés, que dio lugar, además, a una escuela cubana de animados, bajo la conducción de Juan Padrón.

Al cine cubano habría que aplicarle la conocida frase: *nada humano le es ajeno*, incluidos los errores, y muchos problemas y obstáculos de nuestro proceso de cambios.

Tampoco el cine de la Isla ha estado exento de dificultades, desaciertos y traspiés. En especial, durante la pasada década, el impacto abrumador de la crisis económica hizo ver que, además de arte, el cine es una industria costosa y ello conllevó una caída espectacular de las obras de ficción y documentales. Y, en cierta medida, afectó la coherencia expositiva, al tener que realizarse un número alto de las nuevas películas en coproducción con otros países y a causa de cierto extravío de varios directores, que se empeñaron en sobresalir de manera individual con su obra, perdiéndose, en parte, los conceptos compartidos que antes predominaron entre los artistas del ICAIC.

Lo anterior es bueno decirlo, porque si algún acierto ha tenido el cine cubano es su compromiso crítico con las realidades del país y, por ende, con el propio cine. Sus fundadores dieron el ejemplo —con Alfredo Guevara a la cabeza— y luego ese proceder se convirtió en una admirable tradición del ICAIC, cuyos integrantes son, ante todo, ciudadanos activos de la Revolución y desde ella ejercen, en el escenario de la creación cinematográfica, el derecho supremo de todo revolucionario a expresar sus ideas, pues sólo el debate genera conocimiento y verdades.

Julio García Espinosa formuló la noción de "cine imperfecto", para sustentar la singularidad estética de la creación cinematográfica en los países pobres, cuya calidad y eficacia es necesario mensurarlas adoptando patrones diferentes al cine técnicamente "perfecto" de los países desarrollados. Un ejemplo elocuente es el filme que van a presenciar enseguida —*Lista de espera*—, realizado con ínfimos recursos, mas con decorosa factura y un excelente nivel de actuación, de fotografía, dramaturgia y dirección. Otro es *Fresa y chocolate*, rodado en 1993, en el año más extremo de la crisis económica cubana, cuando el PIB había caído en 34%. En medio de tales dificultades resplandece *Fresa y chocolate*, que constituyó todo un éxito mundial y fue, incluso, nominado al Oscar;

en ese filme, el concepto de García Espinosa se reafirma con imágenes, argumento, fotografía y mensajes excepcionales.

En estas y otras películas de ficción, el cine cubano se caracteriza por una dramaturgia del quehacer cotidiano y, en consecuencia, asume sin subterfugio la crítica de esa realidad.

Otro factor primordial de nuestro cine es el público cubano, que posee elevados niveles de exigencias, y de capacidad, para valorar la realización artística y los mensajes de los textos del guión. Es un interlocutor inexistente en otros países de la región, tanto por su formación educacional, como por su cultura general y cinematográfica integral —ve cine de todas partes—, y por la sagacidad para entender las claves y los matices de las obras nacionales. Sólo en las salas de cine, las películas cubanas son vistas, al menos, por 15% de la población adulta y la cifra, después, es varias veces superior, pues muy pronto todas las pasan por televisión.

La historia de Cuba desde 1959 no podrá ser entendida sin el cine nacional —documentales, noticieros y ficción—, en el que no dejarán de sentirse, más que en ninguna otra expresión artística, los latidos intensos de la cultura, las ideas y la sensibilidad de nuestro pueblo.

Fresa y chocolate*

Voy a expresar mis ideas, no en carácter de embajador, lo haré como un ciudadano cubano, a quien, al igual que muchos otros en la Isla, le gusta disfrutar y aprender del cine. Por suerte, en Cuba nunca ha habido ni habrá una voz oficial, en relación con el arte.

Fresa y chocolate suscita en todo el mundo curiosidad e interpretaciones diversas. Incluso, hay quienes la consideran un accidente en el cine

---

*Palabras en el programa de Venevisión Vox Pópuli, conducido por Nelson Bocaranda —el 5 de abril de 1995—, que se consagró esa noche a debatir la película cubana Fresa y chocolate. Participaron también el actor cubano Joel Angelino y los especialistas venezolanos Rodolfo Izaquirre y Alfonso Molina. Estas opiniones las expuso el autor en diferentes momentos del debate.

cubano y algunos han llegado a opinar que la película fue prohibida para el público nacional. En realidad, este filme surgió del clima de creatividad prevaleciente en nuestro país, en el que libremente los artistas y escritores se expresan, según sus pareceres y sensibilidades propias. En este sentido, *Fresa y Chocolate*, de Tomás Gutiérrez Alea, no es para los cubanos una sorpresa. Porque existe en nuestro país esa atmósfera de reflexión crítica y de libertad de creación, es que puede hacerse *Fresa y chocolate*. En primer lugar, está presente en el cuento de Senel Paz, que antes había ganado el premio mexicano Juan Rulfo; a partir de ese cuento —con pequeños cambios, adiciones y adaptaciones al lenguaje cinematográfico— se formula el guión.

La película expone un argumento de ficción, que se desenvuelve a finales de los años setenta. No es su propósito generalizar a todo el país las circunstancias sociológicas y los personajes. En ese tiempo, prevalecían en grupos numerosos de nuestra sociedad prejuicios disímiles hacia los homosexuales. Esto, sin embargo, es común a otros países, aunque en ellos ocurra de maneras diferentes. En Cuba, en aquel momento, tales prejuicios estuvieron asociados, en parte, con el fenómeno del dogmatismo doctrinario y político, que afectó a la Revolución cubana durante algo más de una década, cuando se copiaron ciertos esquemas del llamado "socialismo real" y consigo fueron importados cientos de miles de manuales soviéticos, todo lo cual influyó en el comportamiento de algunos militantes revolucionarios. Uno de los personajes de *Fresa y chocolate* —David —, precisamente, encarna esas influencias negativas. Lo extraordinario es que ese personaje pueda sortear la carga de tales prejuicios y superar dos conflictos medulares: el del rechazo a otro ser humano por su condición de homosexual y el que se deriva de sus vivencias, valores y conocimientos adquiridos en el mundo real del proceso revolucionario cubano, en contraste con lo aprendido en los textos doctrinales de origen soviético.

Más allá de esa realidad cubana coyuntural, la película alcanza relieve y éxito mundiales porque el tema y el problema que expone son universales. De ahí, que impacte y se extienda por igual en Japón, los Estados Unidos de América, Venezuela, Francia o México. Quien haya visto el cine cubano en cada etapa desde que surgió, en 1959, lo sabe: es una especie de espejo que recorre la Isla y el tiempo, ya sea por medio de los noticieros semanales, dirigidos por Santiago Álvarez, los documentales o los filmes de ficción. Representa una especie de calidoscopio, que es ya una referencia visual y analítica de la transformación revolucionaria de la sociedad cubana, de sus costumbres, historia y modo de vida integral.

El pueblo cubano —como todo conglomerado humano— es crítico y rebelde, y la cultura del debate que le inculca la educación revolucionaria lo hace aun más irreverente, profundo e iconoclasta. No hay mejores críticos de los errores de los cubanos, que nosotros mismos. Por ello, el arte cubano no puede ser contemplativo ni apologético. Si quiere ser arte de ese pueblo, tiene que reflejar sus defectos y exaltar sus virtudes; proponerse contribuir, con su lenguaje estético, a ofrecer una visión crítica, capaz de entregar instrumentos para continuar la senda de la liberación de los prejuicios, el goce de la belleza, y el culto de la amistad y la comprensión entre los humanos, sin renunciar a los conceptos y la ética que sustentan la adhesión a la Patria y el proyecto de un hombre nuevo.

El éxito rotundo de *Fresa y chocolate* ante el público cubano se debe a su alta calidad artística, que abarca, desde el guión, hasta la excelente actuación promedio de los actores. Y, por supuesto, la formidable dirección, que entre otras decisiones visibles incluyó una concepción sencilla de la fotografía, acorde con la atmósfera realista de los escenarios naturales urbanísticos de La Habana y con el ínfimo costo del filme. Con nosotros está Joel, que representó el papel de un personaje secundario —el escultor Germán— y al igual que los demás, su actuación es magnífica; en su caso, debemos destacar que trabajaba por vez primera en el cine —como también sucedió con el actor principal— y, en ese momento, tenía sólo 22 años.

Me parece que vamos coincidiendo en que la película debemos evaluarla desde una perspectiva múltiple. Considerar los planos artísticos y sociológicos, y también sus dimensiones temporal y política. Se trata de una historia particular, de un determinado país, en un momento específico. Pienso que una de las razones del enorme éxito de la película, hasta lograr, incluso, su nominación para el Oscar, consiste en que aborda los prejuicios respecto de la homosexualidad y el tema de los dogmas, sin prejuicios y sin dogmas: de ahí, su alcance internacional, pues son problemas presentes en todas partes. ¿Dónde no existen prejuicios y dogmas? Ellos son dos de los grandes temas humanos a lo largo de la historia.

Ciertamente, la homosexualidad en Cuba, como en cualquier otro país de la América Latina y el Caribe, va a resultar polémica —quién sabe durante cuánto tiempo—. Una parte de la población de la Isla, sigue viéndola como una conducta sexual anómala. Aquí se dijo, que, en Venezuela, muchos pensaban que era una enfermedad y se afirmó que en Cuba se consideraba un delito. En lo que a Cuba respecta, eso es falso. No lo es según nuestras leyes ni tampoco está presente en la aplicación de estas. Es peligroso hacer generalizaciones, porque cuando uno conversa con una persona, puede que reaccione de un modo, y otra, de manera diferente. Alguien, en un auditorio, una vez me preguntó sobre cómo veían la homosexualidad en Cuba y le respondí: "A usted, que es homosexual, lo verían allá de manera normal." Se lo dije con absoluto respeto y naturalidad. Y la reacción de esa persona fue iracunda, porque lo confundí con un homosexual ante el público. Esa no fue mi intención, al contrario, lo traté al igual que a cualquier ser humano. Pero él mostró, por reflejo, sus prejuicios: ¡Y quería criticar a los cubanos!

En Cuba, no hemos erradicado la discriminación en el sentido subjetivo del término, o sea, aquello que está presente en las mentes de los individuos, en su axiología y en el entendimiento, *a priori* y sesgado por influencias irracionales diversas.

Fresa y chocolate, por cierto, es una valiosa contribución a esclarecer tales prejuicios y el impacto en la subjetividad de muchas personas ha sido positivo. Por supuesto, ni esa película, ni ninguna obra de arte, van a resolver un fenómeno social tan complejo. Es una influencia de muchos siglos, en nuestro caso, procedente de España y de los grupos étnicos de África Subsahariana. Ahora, afirmar que la Revolución —como hecho social— genera rechazo hacia la homosexualidad, es una falacia. Ni tampoco es así en el capitalismo. Por supuesto, una sociedad como la cubana, donde aumentan cada vez más los niveles de educación y cultura, y en la cual predomina la ética de la solidaridad y la igualdad, está crecientemente más dotada para asumir la homosexualidad de una manera sincera y normal.

Es necesario indicar, que *Fresa y chocolate* no se limita a abordar los temas de la homosexualidad y el dogmatismo. Va más allá. Están presentes la amistad, la comunicación humana, la tolerancia, la transparencia y, muy en especial, la capacidad del ser humano para lograr ser diferente y mejorar, cuando toma conciencia de sus errores y prejuicios.

Coincido con Nelson Bocaranda, en que es posible realizar muchas lecturas e interpretaciones de la película. Aunque, quisiera insistir en que nunca será válido generalizar para Cuba el argumento singular de ella. Lo mismo habría que decir con cualquier filme, de los miles que cada año se realizan en el mundo. No se trata de restringir el alcance nacional y ecuménico de la cinta —ya lo dijimos—. Mas, tampoco de convertir una obra de arte en una teoría universal o en una interpretación totalizadora de un problema social.

Fresa y chocolate no exalta sólo un personaje: el homosexual-inteligente, sagaz, culto. El filme enaltece también, por ejemplo, a David: el joven comunista que es capaz de vivir con humildad un tenso proceso de mutación interior, y terminar siendo amigo entrañable de ese homosexual. Alguien que, además, lo "atacó", trató de llevarlo a la cama e, incluso, cuando no lo alcanzó, montó una coartada para tratar que el entorno de ambos creyera que David sí era homosexual. Y aun sabiendo esto, David lo perdona y puede superarse a sí mismo, y encontrar en ese ser la amistad, que, en mi opinión, es un valor fundamental de la cinta.

Fíjense ustedes qué interesante. Las ideologías siempre van a existir. Los hombres nunca dejarán de pensar desde sus condicionamientos sociales y como únicamente pueden hacerlo es representándose al mundo por medio de las ideas, matizadas por pasiones y valores diversos. Y el personaje David transita por un proceso de desapasionamiento y de reflexión crítica, que le permite avanzar hacia la objetivación de la verdad. A mí me llamó la atención cuando ese joven empezó a hablar consigo mismo frente al espejo: es un distanciamiento que él necesita conseguir a través de su imagen externalizada. Y ese proceso de autocrítica íntima, le permite resolver dilemas y paradojas, hasta el instante de la apoteosis, cuando abraza al señor que había conocido, casualmente, en una heladería y ya se había convertido en alguien esencial en su vida.

¿Recomendaciones al público venezolano? Que disfruten la película, dejarse llevar por su dinámico guión, razonarla, porque es un filme para gozar y analizar. Intentar dejar a un lado los prejuicios sobre Cuba

—quienes los tengan— y respecto de la homosexualidad. Evolucionar junto con los personajes, crecer y, al final, pensar si hemos logrado cambiar algo esos seculares dogmas que, probablemente, no están ausentes en casi ningún espectador.

Inauguración de la Cámara de Comercio Venezolano-Cubana*

No sé quien habrá seleccionado la fecha y hora de este evento. Evidentemente, debe ser alguien con don para identificar el éxito y la suerte con los números, pues el "cinco" es reiterativo: hoy es 5 de octubre, de 1995, viernes —quinto día de la semana —, son las 5 p.m. y esta apertura de la Cámara ocurre 1 mes después de aprobarse, en Cuba, la Ley de Inversiones Extranjeras, el 5 de septiembre. Y el número "cinco" —dicen— siempre trae buenos augurios: no hay quinto malo.

Ciertamente, el momento para emprender una nueva etapa de las relaciones comerciales, y económicas, entre los empresarios de Venezuela y Cuba, es extraordinariamente ventajoso y prometedor.

¿Por qué Cuba es un país atractivo para los negocios?

Muchos de ustedes conocen la Isla y nos han expresado las razones: una nación estable, con instituciones y dirigentes serios, y responsables, sin corrupción y con seguridad; niveles altos de educación y de calificación científico-técnica de la mano de obra; trabajadores y profesionales disciplinados, y entusiastas; normas legales modernas para el desenvolvimiento del capital extranjero y respeto de los acuerdos que se adoptan.

Otra razón es el capital invertido en 30 años de Revolución —más de 64 000 millones de dólares—, que ha creado una amplia y diversa infraestructura de viales, puertos y aeropuertos, diversas industrias e instalaciones científicas, de salud, docentes y de servicios. Nuestra Isla se

---

*Palabras en el acto de inauguración de la Cámara de Comercio Venezolano-Cubana — Hotel Tamanaco, Caracas, 5 de octubre de 1995.

caracteriza por poseer una economía muy abierta. Por ejemplo, tenemos vínculos comerciales con 3 000 empresarios de 100 países.

La tendencia de las importaciones y las exportaciones será hacia la recuperación sostenida en los próximos años. Esto es predecible, porque la economía, en su conjunto comenzó su reanimación este año y el despegue en los próximos es seguro.

Tanto la Constitución, como la Ley consagrada a la inversión extranjera, son precisas en sus normas y respetuosas de los empresarios de todo el mundo, sin prejuicios de ninguna índole. Los números hablan: en 1990, al comenzar la apertura del capital extranjero, sólo existían 20 negocios con este. En 1995, sobrepasan 200: ¡en menos de 5 años la cifra se multiplicó diez veces! En 1991, los empresarios provenían de ocho países. Este año, tienen su origen en 50 países.

Otra consideración a tener en cuenta es la alta prioridad que Cuba le concede a América Latina y el Caribe. En poco tiempo, luego que decidimos reorientar nuestra inserción en la economía mundial, la región a la que pertenecemos representa más de 20% del comercio exterior y de los negocios mixtos.

Con Venezuela es visible esa nueva realidad, en especial, porque con ustedes existen razones adicionales para acelerar y hacer exitosos los nexos. En los últimos 3 años, el intercambio comercial se triplicó y Venezuela es el segundo socio comercial de Cuba en América Latina, con 200 millones de dólares, el pasado año, y una tendencia que lo convertirá pronto en el más importante de la región, y entre los dos o tres primeros del mundo.

Y es que las potencialidades para garantizar ese desarrollo de las relaciones económico-comerciales, son enormes. Las dos economías pueden complementarse y beneficiarse mutuamente en varios sectores. Venezuela tiene los componentes energéticos y otros productos derivados del petróleo, y de la minería del hierro y el aluminio, que Cuba requiere. La Isla puede aportarle a Venezuela sus medicamentos, vacunas, equipos médicos, servicios hospitalarios, y una amplia gama de avances científicos y tecnológicos. Además, ambos países somos miembros de la Asociación de Estados del Caribe y los dos gobiernos coinciden en la conveniencia de incrementar las relaciones de beneficio mutuo.

Habría que agregar la espléndida y múltiple identidad, que nos hace entendernos con agilidad y alegría caribeñas.

Así pues, podemos congratularnos de este parto promisorio. En nombre del gobierno y la Cámara de Comercio de Cuba, les deseo éxitos en los negocios. Nuestro emocionado reconocimiento al grupo de empresarios venezolanos que llevaron a feliz término el "nacimiento de esta rozagante criatura", en especial, a los amigos Luben Petkoff y Elio Napolitano.

En defensa de los Cinco Héroes de la Patria

Presentación de los hechos

Al amanecer del 12 de septiembre de 1998, Cinco Héroes cubanos, que arriesgaban cada día sus vidas con el anhelo de defender a nuestro pueblo del terrorismo y la agresión, fueron apresados por el Buró Federal de Investigaciones (FBI) de los Estados Unidos de América, en Miami. Comenzó, de ese modo, uno de los episodios más repugnantes y bochornosos en la historia de la justicia de los Estados Unidos de América y del Mundo.

Sin pruebas ni testimonios verídicos de testigos, en diciembre de 2001, un tribunal de Miami anunció sus sádicos dictámenes: Gerardo Hernández, dos condenas a prisión perpetua, más 15 años de prisión; Ramón Labañino, una cadena perpetua, más 18 años de prisión; Antonio Guerrero, una cadena perpetua, más 10 años de prisión; Fernando González, 19 años de prisión; y René González, 15 años de prisión.

¿Qué había ocurrido en esos 3 años de proceso judicial?

A partir de aquel 12 de septiembre, se desató una pérfida campaña contra los supuestos "cinco espías cubanos", y un siniestro haz de presiones y chantajes, para doblegar sus voluntades y obtener de ellos la traición. Al no poder lograrlo, se montaron diversas y burdas maniobras para justificar las condenas.

El primer derecho que se les violó fue el que corresponde a toda persona que es detenida en los Estados Unidos de América: las autoridades no les dijeron que tenían la opción de no declarar, y el derecho a ser asesorados y representados por abogados antes de cualquier interrogatorio. Al contrario, fueron presionados a solas en el Cuartel General del FBI. Primero, estuvieron 18 días en el piso 13 del Federal Detention Certer, de Miami. Después los trasladaron a celdas de castigo destinadas a reos de alta peligrosidad o que cometan indisciplinas graves: el "Hueco", o piso 12 del mismo sobrecogedor recinto. Allí permanecieron 17 meses —aislados y en condiciones infrahumanas— violándose las propias normas legales estadounidenses, que sólo permiten 60 días de ese castigo.

Al carecer de dinero, a cada uno se le asignó un abogado de oficio. Fueron acusados de espionaje, es decir, de conspirar con el fin de reunir y entregar información concerniente a la seguridad de los Estados Unidos de América, para ayudar a un gobierno extranjero. También se les acusó de actuar como agentes extranjeros, sin comunicarlo al Fiscal General; conspiración para asesinar; documentación falsificada y hacer declaraciones falsas ante autoridades gubernamentales. Ninguna de estas acusaciones pudieron probarse.

Otro derecho que se violó flagrantemente, fue el de un Jurado Imparcial. Dado el clima tremebundo de difamaciones y amenazas generado, en Miami, por los medios de comunicación controlados por la mafia terrorista cubanoamericana, varios ciudadanos elegidos para formar parte del Jurado declinaron serlo, y, al final, los que aceptaron estuvieron condicionados por tales circunstancias, que incluyeron acciones personalizadas de presión por parte de criminales connotados de aquella mafia. Por añadidura, al realizarse el juicio en la ciudad de Miami, se violaron normas, que prohíben tales procesos en lugares donde no existan garantías de *imparcialidad*.

Los acusados recibieron, además, presiones de toda índole. Por ejemplo, reiteradas negativas a las esposas e hijos para visitarlos; y, cuando se les permitía hacerlo, las condiciones eran tortuosas y el tiempo del encuentro, ínfimo. Para colmo, entre junio y agosto de 2001, volvieron a ser recluidos en el "Hueco". Si durante la primera estancia en ese horrible lugar quisieron doblegarlos, madurarlos para la traición e impedir que pudieran colaborar con los abogados en los preparativos de la defensa, en la nueva coyuntura buscaban desestabilizarlos y entorpecer su preparación para la etapa final del juicio. En ambos momentos, los abogados de la defensa lograron interrumpir con su vehemencia, habilidades y argumentos tan inhumana forma de encarcelamiento.

Gerardo, Ramón, Fernando, René y Antonio resistieron todos los embates del odio y la saña de los fiscales, la jueza y las autoridades policiales de Miami, y la atmósfera pestilente emanada por una de las campañas mediáticas más turbias de la historia miamense; los castigos, chantajes y torturas psicológicas devinieron en los Cinco Héroes motivos adicionales para encarar con mayor dignidad y coraje el reto de derrotar, moralmente, al monstruo revuelto y brutal que desprecia a nuestro pueblo.

Los quehaceres silenciosos de los Cinco Héroes estaban enfilados a impedir el éxito de las acciones criminales y una posible provocación, por parte de los terroristas de origen cubano que viven en Miami, que fuese el pretexto de una agresión de la gran potencia contra la Isla. Y lo hacían para contribuir a evitar que una guerra de esa magnitud provocara dolor y muerte, tanto al pueblo cubano, como al de los Estados Unidos de América, al cual los Cinco admiran y le profesan afecto sincero, pues, incluso, dos de ellos nacieron allí.

Lamentablemente, la prensa de los Estados Unidos de América no ha divulgado el proceso jurídico ni las sanciones que adoptó el Jurado de Miami. De hacerlo, tendría que mencionar lo sucedido en las relaciones entre los Estados Unidos de América y Cuba durante más de 40 años. Se vería obligada a explicar por qué Cuba envió a Miami a los Cinco Héroes. Y la respuesta no es conveniente, pues el gobierno de los Estados Unidos de América dice que se opone al terrorismo. Si se argumentan las razones por las cuales los cinco cubanos fueron a los Estados Unidos de América, habría que reconocer una verdad evidente: porque los Estados Unidos de América apoyan el terrorismo.

En estos momentos, el caso está pendiente de decisión en el Tribunal de Atlanta, luego de escuchar las apelaciones de los abogados, en marzo de 2004. Mientras ese alto Tribunal estudia y delibera sobre su sentencia, es menester contribuir a que la opinión pública de los Estados Unidos de América conozca los hechos. Sólo la presión de ese pueblo, que reaccionará tan pronto sepa el crimen repugnante cometido —como lo hizo con el niño Elian— puede generar las condiciones, que permitan hacer justicia.

Millones de personas en el mundo han expresado, y escrito, un sinfín de ideas y sentimientos sobre los Cinco Héroes cubanos, prisioneros políticos del Imperio. Y, en Venezuela, la solidaridad hacia ellos crece en la misma medida que el pueblo conoce qué sucedió. Así ocurre en muchas partes.

Un hecho adicional que merece señalarse, es la profusa correspondencia que ellos mantienen con sus familiares, amigos y decenas de miles de ciudadanos, que les escriben desde todo el mundo y, también, la comunicación poética y artística con la opinión pública. Por ejemplo, Antonio Guerrero —en nombre de los Cinco— envió una carta a nuestra Embajada en Venezuela, días después del golpe fascista contra el presidente Chávez, en abril de 2002, solidarizándose con el pueblo bolivariano y con sus hermanos diplomáticos, que habían sido asediados y agredidos durante aquellos sucesos. Ese gesto nos colmó de orgullo y acendró nuestro compromiso con la Patria. Sus conmovedoras palabras expuestas en el mismo papel donde nos remitió un poema, serán siempre inolvidables:

> Queridos hermanos representantes diplomáticos de Cuba en la hermana República Bolivariana de Venezuela.
>
> Para resistir y vencer muchas veces tomamos ejemplos y son ustedes para nosotros ese ejemplo diario de hidalguía, valor y resistencia que nos hace ver la grandeza de nuestro heroico pueblo, que jamás renunciará a su independencia y su Revolución. Conocemos de cuánto han hecho, cuánto hacen y sabemos cuánto serán capaces de hacer por mantener en el lugar más cimero la dignidad y el honor de la Patria.
>
> Jamás los defraudaremos. Con toda la razón lucharemos hasta vencer a la injusticia y como dijera Fidel: ¡VOLVEREMOS! Un fuerte abrazo revolucionario y un saludo al pueblo venezolano a nombre de los cinco.
>
> *Antonio Guerrero*

Se han formulado incontables y hermosos textos, en defensa y exaltación de nuestros Cinco Héroes. Sin embargo, al releer hace poco los alegatos de ellos, me pareció encontrar en sus argumentos y en la sensibilidad de esas exposiciones, la coherencia, emoción y lucidez de una sola pieza oratoria convincente y estremecedora. Y ello es así, no obstante la realidad de que cada uno debió afrontar el proceso por separado y el hecho de existir acusaciones particulares, como en el caso de Gerardo, a quien se le atribuyó haber participado en el derribo de dos avionetas piratas.

De modo, que me atreví a seleccionar fragmentos de esos cinco documentos, y los agrupé y mezclé, según los asuntos y razones que aducen. Ciertamente, tal pareciera que se trata de una secuencia de argumentos, valores y sentimientos, integrantes de una proverbial y única verdad: la del pueblo digno, pacífico y valiente, que los inspira e ilumina en la hazaña de no ceder en sus convicciones de defender el derecho de los cubanos a ser libres y a vivir en paz.

Aunque ellos no tuvieron las más elementales condiciones para elaborar sus textos, con entereza de titanes se impusieron a todas las adversidades que intentaban doblegarlos, e hilvanaron sus vibrantes alegatos.

Ricardo Alarcón de Quesada, el cubano que con más fervor, tenacidad e inteligencia ha defendido a los Cinco Héroes, bajo la dirección de Fidel, y con la participación de todo el pueblo cubano, hace una síntesis exacta sobre los cinco alegatos: "Lejos de acogerse a la filistea tradición norteamericana que ofrece esa oportunidad final a los acusados para mendigar con el arrepentimiento la clemencia de sus jueces, los cinco jóvenes denunciaron y desenmascararon a sus acusadores, pusieron al desnudo toda la falsedad y la arbitrariedad de un proceso amañado desde su origen y reafirmaron su inconmovible fidelidad a su Patria, su pueblo y sus ideales."

Seguidamente, ofrezco esta versión de los alegatos, integrados, en breve y esencial resumen, como las Cinco Puntas —erguidas y orientadoras— de nuestra estrella de la enseña nacional, símbolo de la soberanía y la dignidad de la Patria de Martí.

Nuestro pueblo no descansará, los Estados Unidos de América no podrán resistir el ímpetu, y los recursos éticos y políticos de los cubanos: ¡Volverán!

Alegato de los Cinco Héroes

1. Quiero, antes de comenzar, proponer un experimento a los presentes en esta sala: cierren los ojos e imagínense en el centro de Nueva York. Al primer bombero que pase, le miran a los ojos, bien serios, y le dicen en su cara que el 11 de septiembre no pasó nada. Que es mentira. Puro truco cinematográfico. Todo ha sido pura paranoia y propaganda. Si a estas alturas, la vergüenza o el pobre bombero, no le han hecho "tragarse la lengua", está usted perfectamente calificado para haber sido fiscal en

esta causa.

El criminal ataque a las Torres Gemelas de New York y al Pentágono, en Washington, segó la vida de miles de inocentes del pueblo de los Estados Unidos de América, y con indignación nos unimos al dolor del pueblo estadounidense. Hacemos votos porque tales hechos no vuelvan a ocurrir.

Nosotros, que hemos dedicado nuestras vidas a luchar contra el terrorismo, a evitar que actos tan atroces como estos ocurran; que hemos tratado de salvar la vida de seres humanos inocentes, no sólo de Cuba, sino de los propios Estados Unidos de América; hoy estamos aquí, en esta Sala, para que se nos condene precisamente por evitar actos como estos. ¡Esta condena no puede ser más irónica e injusta!

2. Nuestros alegatos se fundamentan en la estricta verdad, en la solidez de los principios que abrazamos y en el honor del heroico pueblo cubano. Honrado es destacar que los abogados y sus asistentes actuaron con gran profesionalidad, honestidad y valor, así como que el trabajo de las traductoras, de Liza, de Richard, y de los alguaciles fue con una alta ética y profesionalismo.

Desde esta misma ciudad de Miami, se ha planificado, organizado y dirigido el terrorismo contra mi país, Cuba. Desde aquí, se patrocina a los terroristas y sus actos, se les alienta y financia, se les da albergue —sólo por mencionar un reconocido caso, por las calles de Miami camina libremente un terrorista y asesino, no sólo de cubanos, sino del pueblo de los Estados Unidos de América: Orlando Bosch—. Y lo más penoso de todo, es que esto sucede con el conocimiento y la anuencia de las autoridades de este país.

Quienes desconocen cómo se ha comportado históricamente el sector más radical de la comunidad cubana de Miami, quienes no ven la televisión en español ni escuchan la llamada "Radio Cubana", tal vez pudieran haber pensado honestamente que nosotros podríamos tener un proceso imparcial y justo en esta ciudad. Lamentablemente, hay muchas realidades que el pueblo estadounidense aún desconoce. Nosotros, desde el instante preciso en que se nos negó la posibilidad de realizar el juicio fuera de Miami, no albergamos la más mínima duda sobre cuál iba a ser el resultado.

Quienes crean que la "Radio Cubana" de Miami y las organizaciones extremistas cubanas en esta localidad, representan la forma de pensar de la mayoría de los cubanoamericanos residentes en esta ciudad, están cayendo, precisamente, en la trampa que ha tendido ese sector extremista y minoritario, pero económicamente poderoso, para presentar una imagen de unidad y representatividad de los sentimientos de cientos de miles de cubanos que viven aquí, cuando esa no es la realidad.

Los grupos terroristas de la extrema derecha cubana de Miami, fueron creados, entrenados y financiados por la CIA. Para el pueblo cubano eso siempre ha estado bien claro. Si alguna duda quedara a los presentes en esta Sala, ahí están los documentos desclasificados por el propio gobierno de los Estados Unidos de América, en 1997 y 1998, en los que se reflejan las decisiones tomadas por altos dirigentes de este país.

La mayor parte de los cubanoamericanos que hoy, 46 años más tarde, se mantienen activos en su accionar terrorista contra Cuba, son bien conocidos por los organismos de seguridad de los Estados Unidos de América, porque a ellos pertenecieron, y de ellos aprendieron el manejo de los medios técnicos y los métodos de trabajo.

Sus vínculos con los fundamentalistas de la extrema derecha de la política estadounidense, los ha llevado a aparecer vinculados con los episodios más oscuros de la historia reciente de este país: el asesinato del presidente Kennedy, el escándalo Watergate, el asesinato de Orlando Letelier y de Ronni Moffit, y el suministro clandestino de armas a la "contra" nicaragüense, en violación de las leyes aprobadas por el Congreso. Su actuación siempre ha ido en contra de los intereses del pueblo de los Estados Unidos de América.

3. Permítame explicar, Su Señoría, de la forma más diáfana y concisa, mi razón:

> Cuba,
> mi pequeño país, ha sido
> atacado
> agredido
> y calumniado,
> década tras década,
> por una política

cruel,

inhumana

y absurda.

Una guerra verdadera,

voraz y abierta

de terrorismo,

precursor del horror;

de sabotaje, generador de ruinas;

de asesinato, causante del dolor,

del dolor más profundo,

la muerte.

No sólo los documentos y datos del gobierno de Cuba han puesto al descubierto esta agresión, sino los propios documentos secretos del gobierno de los Estados Unidos de América, que ellos mismos han desclasificado.

Esta agresión ha incluido el reclutamiento, el pago y el entrenamiento de agentes contrarrevolucionarios por la CIA; la Invasión de Girón; la Operación Mangosta; pretextos para una intervención militar; planes de asesinato a jefes de gobierno y de Estado; infiltraciones de grupos armados; sabotajes; violaciones del espacio aéreo; vuelos espías, riego de sustancias bacteriológicas y químicas; ametrallamiento a las costas y edificaciones; bombas en hoteles y otros centros sociales, culturales, históricos y turísticos; provocaciones de todo tipo, con crueldad y con saña.

Y, como resultado de estos actos: Más de 3 400 muertos; la incapacidad total o parcial de más de 2 000 personas; cuantiosos daños materiales a la economía, a la fuente de la vida; cientos de miles de cubanos que nacen y crecen bajo un férreo bloqueo, y en el clima hostil de la Guerra Fría. Terror, vicisitudes y dolor sobre el pueblo.

De una forma resumida, esa es la realidad a la que el pueblo cubano ha tenido que enfrentarse y con la cual ha tenido que convivir por más de 40 años. El pueblo cubano tiene derecho a defenderse, porque hasta ahora el gobierno estadounidense, que es el encargado de hacer cumplir las leyes de este país y de aprobarlas, si es necesario, para combatir los actos criminales, ha hecho muy poco —o nada— para detener las actividades contra Cuba.

4. Es en ese contexto en el que llegamos a la década de los noventa. Cuba atraviesa por la situación económica más crítica de los últimos 40 años, a causa de, fundamentalmente, factores externos.

Los grupos terroristas radicados en Miami y aliados a la extrema derecha política de los Estados Unidos de América, interpretaron que era la hora de dar el "puntillazo" final al gobierno revolucionario de Cuba, y se intensifican las acciones políticas, por una parte, y las actividades terroristas, por otra parte.

La Fundación Nacional Cubano-Americana (FNCA) constituía la organización más influyente de la comunidad cubana, por los recursos económicos de que disponía y la influencia que ejercía sobre políticos clave en la estructura del gobierno de los Estados Unidos de América.

Su estrategia consistió en hacer aprobar medidas —en el Congreso— que pretendían asfixiar económicamente al pueblo cubano, con la falsa esperanza de que este se levantaría contra el gobierno revolucionario, a la vez que organizaba y financiaba, desde Miami, una ola de atentados terroristas en Cuba, con el objetivo de dañar la economía, ya en proceso de recuperación.

Esa ola terrorista contra instalaciones turísticas en Cuba, fue financiada y organizada por la FNCA. El terrorista principal: Luis Posada Carriles, reconoció al periódico *The New York Times* su responsabilidad en la autoría de esos atentados y el financiamiento de estos con dinero proveniente de esa organización. En los artículos publicados por ese periódico los días 12 y 13 de julio de 1998, Posada Carriles —tácitamente— admite que él funcionaba como el *brazo armado* de la FNCA.

5. El pasado 11 de septiembre, todos fuimos testigos de un acto criminal y horrendo. Un acto deleznable, que consternó a la mayor parte de la población del mundo que conoció de esos hechos a través de las cadenas de televisión. Los actos terroristas que durante años se han cometido contra Cuba, no han sido transmitidos por ninguna de esas cadenas.

Permítaseme recordar que también un 11 de septiembre, pero de 1980, Félix García, diplomático cubano acreditado ante las Naciones Unidas, fue asesinado en la ciudad de Nueva York por uno de los terroristas que hoy día se encuentra preso en Panamá, junto a Posada Carriles.

A las pocas horas —incluso, minutos de esos sucesos— todos los analistas y funcionarios de alto nivel del gobierno de este país, estaban ofreciendo declaraciones, informaciones y puntos de vista a través de los medios de comunicación. Todos ellos enfatizaban la necesidad de mejorar el trabajo de Inteligencia y la penetración de los grupos que llevan a cabo tales actos, y de quienes los apoyan y les dan refugio.

Estoy convencido de que los Estados Unidos de América se sentirían orgullosos de aquel de sus hijos que hubiera tenido la oportunidad y el privilegio de haber evitado actos como los del pasado mes de septiembre. Ello hubiera constituido un gran servicio a su pueblo y a la humanidad.

La tragedia que hoy enluta a este pueblo se engendró ya hace muchos años, cuando en un lugar tan lejano como desconocido se nos hacía creer que unas personas, derribando aviones civiles y bombardeando escuelas, estaban combatiendo por la libertad, por el sólo hecho de combatir al comunismo. Yo nunca culparé al pueblo estadounidense de aquella falta de visión, pero quienes proveían a aquellas personas de misiles y les creaban una imagen que no coincidía con sus actos criminales, cometían también el crimen de la hipocresía.

6. Y no estoy mirando al pasado para abofetear a nadie con él en la cara. Sólo quiero invitarles a mirar el presente y a reflexionar sobre el futuro, compartiendo —con esta Corte— la reflexión siguiente: "La hipocresía de ayer es a la tragedia de hoy lo que la hipocresía de hoy será a la tragedia de mañana." Todos nosotros tenemos una responsabilidad para con nuestros hijos, que rebasa las preferencias políticas o la mezquina necesidad de ganar un salario, mantener un efímero puesto político o congraciarnos con un grupito de potentados. Esa responsabilidad nos urge a abandonar la hipocresía de hoy día, para entregarles un mañana sin tragedias.

Hoy nosotros estamos aquí; porque no queremos que nada de esto ocurra en Cuba ni en los Estados Unidos de América, ni en Miami, ni en ninguna parte del mundo. Todo lo que hemos hecho es eso: tratar de salvar la vida de seres humanos inocentes, evitando el terrorismo y evitando una estúpida guerra.

El patrón que se sigue en los terroristas cubanos que nosotros conocemos, es el mismo: José Basulto fue reclutado y entrenado por la CIA, y usado en su guerra contra mi país. Y, aún en el presente, sigue practicando el terrorismo y las provocaciones, como los miembros de las organizaciones FNCA, Alpha 66, Comandos F-4, Partido Unidad Nacional Democrática (PUND), Cuba Independiente y Democrática (CID), y tantos otros que se mencionan en nuestra evidencia. Estos terroristas representan para Cuba lo que los autores de los hechos horribles cometidos contra los Estados Unidos de América representan para este país.

Cuba nunca ha confiado ni confiará en estos personajes, y, como Cuba, los Estados Unidos de América tampoco deberían confiar en ellos, ni mucho menos protegerlos. Eso es un grave error, que explicaría, en parte, por qué suceden fenómenos como los del 11 de septiembre.

Mi país ha sufrido por más de 42 años el terrorismo; hoy día lo sufren los Estados Unidos de América; y si no se erradica de raíz, podría sufrirlo también mañana. Aquí —en los Estados Unidos de América— hay más de 800 organizaciones de índole violenta; este es el país que más vulnerable es a este tipo de actos criminales. El terrorismo es el verdadero enemigo de la seguridad nacional de los Estados Unidos de América. Mantener una actitud de inactividad o indiferencia o —incluso peor— de complicidad, y encubrimiento, de los terroristas y el terrorismo, es el peor delito que se puede cometer contra la seguridad nacional de los Estados Unidos de América; y es eso, precisamente, lo que está sucediendo en este caso. Quienes protegen a estos grupos e individuos son los que, en realidad, ponen en peligro la seguridad nacional de los Estados Unidos de América.

7. Yo creo, firmemente, que se puede ser católico y ser buena persona, se puede ser judío y ser buena persona, se puede ser capitalista, musulmán o comunista y ser buena persona; pero no existe algo como una buena persona que sea terrorista. Hay que estar enfermo para ser terrorista, como hay que estarlo para creer que exista algo como un terrorismo bueno.

Tal y como expresara el señor presidente de los Estados Unidos de América, en su última comparecencia ante la Organización de las Naciones Unidas, es necesario que todos los países se unan en la lucha contra los terroristas, pero no contra algunos terroristas, sino contra todos los terroristas. Yo agregaría, que mientras se condenen las acciones de algunos de estos criminales y a otros se les albergue, se les permita actuar con impunidad contra la seguridad y soberanía de otros países, y se les considere "luchadores por la libertad", nunca se podrá erradicar ese flagelo, y siempre habrá pueblos que para defenderse necesiten enviar a algunos de sus hijos a cumplir riesgosas misiones, ya sea en Afganistán o en el sur de la Florida.

El presidente Bush, en su discurso ante la sesión conjunta del Congreso de la Nación, el día 20 de septiembre de 2001, dijo: "Esta noche somos un país que despertó al peligro y fue llamado a defender su libertad."

Su Señoría:

Mi país y mi pueblo fueron obligados hace más de 40 años a despertar al peligro y llamados a defender su libertad. Yo me siento orgulloso de haber sido uno de los que previno a mi pueblo de esos peligros.

Esa misma noche, el presidente Bush expresó más adelante en su discurso: "... Nos uniremos para fortalecer a nuestras Agencias de Inteligencia para así conocer los planes de los terroristas antes que estos actúen, y encontrarlos antes de que ataquen."

Hoy día, la nación americana se une en la lucha contra el terrorismo, algo que para mi país ha sido una necesidad y una realidad desde hace muchos años.

8. No puede haber doble rasero. El terrorismo debe ser combatido y eliminado, tanto si se comete contra un país grande y poderoso, como si es contra países pequeños. No hay terrorismo malo y terrorismo bueno.

Cuba, por años, le ha pasado información a diferentes instancias gubernamentales, hasta el más alto nivel, de los Estados Unidos de América; información detallada, documentada, con nombres y apellidos, evidencias contundentes de actos criminales y asesinos; de todo lo cual nuestra propia evidencia en este caso es una muestra total. Y con toda esa información en sus manos no se ha hecho nada, ni un solo arresto, ni siquiera una sola investigación que se haya llevado o se lleve a cabo.

Y cuando esa misma oficina lucha para mantenerme en el Special Housing Unit por el mayor tiempo posible, cuando mi familia es usada como arma para quebrar mi voluntad, cuando a mis hijas sólo les es permitido ver a su padre dos veces en los 17 meses de este aislamiento —y la única manera de ver los primeros pasos de mi pequeña hija es mirar a través de un cristal desde un duodécimo piso—, sólo puedo sentirme orgulloso de estar aquí, y sólo puedo agradecer a los fiscales por darme esta oportunidad de confirmar que estoy en el camino correcto, que el mundo tiene todavía que mejorar mucho y que la mejor cosa para el pueblo de Cuba es mantener a la Isla limpia del elemento que de tantas almas se ha adueñado aquí en Miami. Quiero agradecerles el propiciar que me probara a mí mismo, por medio de su odio y de su resentimiento, y por permitirme este sentimiento de orgullo tras haber vivido los más intensos, útiles, importantes y gloriosos días de mi vida, cuando esta Sala de Corte parecía demasiado pequeña para albergar todas las verdades dichas, y podíamos verles revolverse de impotencia mientras se debatían por esconder cada una de ellas.

No alcanzarían estos minutos para destacar todos los intentos de los señores fiscales por hacer que el Jurado se guiara por sus emociones y prejuicios más que por los hechos y las leyes; tampoco habría tiempo para señalar cada una de las razones que hacen de este un proceso eminentemente político.

Para nosotros, los fiscales no representan al gobierno de los Estados Unidos de América, por lo que —para nosotros— este no es un caso del gobierno de los Estados Unidos de América. Los fiscales a quienes han representado, y muy bien, es al pequeño sector extremista de derecha cubano, a terroristas como José Basulto y a organizaciones como Alpha 66, FNCA, Comandos F-4, con quienes, incluso, se abrazaban y besaban aquí mismo, en esta propia Sala, y ante los ojos de todos. Si algo me ha asombrado de este juicio es el afán enorme, el esfuerzo sin límites que los fiscales y sus asesores de todo tipo llevaron a cabo para representar, fielmente y a toda costa, a este criminal sector.

Sin embargo, del otro lado, de parte de la Defensa, se ha mostrado la verdad, la dignidad e, incluso, la posición verdadera del pueblo de los Estados Unidos de América hacia Cuba. Fue la Defensa quien trajo a generales, militares y civiles que llevaban a cabo esta política hacia mi país.

9. Su Señoría, se nos acusó de haber conspirado para cometer espionaje y dañar la seguridad nacional de los Estados Unidos de América. Se nos ha puesto al mismo nivel de los peores espías que se hayan conocido, sin que para ello exista una sola prueba contundente y sin haber causado daño

alguno, sólo sobre la base de suposiciones. La nuestra, quizá sea una de las acusaciones de espionaje más ridículas en la historia de este país. Todo cuanto pretendimos hacer e hicimos aparece bien claro en la evidencia presentada. A la persona que más cerca estuvo de algo militar, después de llevar 6 años trabajando en su insignificante puesto, todo lo que se le pedía era que tratara de buscar una posición que le permitiera estar más cerca de las pistas, para poder observar la cantidad de aviones. Eso no es espionaje. Las evidencias y los testimonios ofrecidos por personas altamente calificadas en la materia, así lo demuestran.

Cuba jamás ha atentado contra la seguridad nacional de los Estados Unidos de América ni cometido un acto de agresión ni de terrorismo contra este país; quiere profundamente la paz y la tranquilidad, y desea las mejores relaciones entre ambos pueblos. Ha demostrado que admira y respeta al pueblo estadounidense.

"Cuba no es un peligro militar para los Estados Unidos de América", declaró —en esta Sala— el Almirante Carroll.

"El peligro militar para los Estados Unidos de América que ofrece Cuba es 'cero'" —testificó el General Atkinson.

No hemos actuado por dinero ni por rencor. Ninguno de nosotros ha tenido la idea de hacer daño al noble y laborioso pueblo estadounidense. No lesionamos la seguridad nacional de este país. Ahí están los récords de la Corte. Los que duden, examínenlos y encontrarán la verdad.

No se traspasó. No se ultrajó. No se ofendió. No se hurtó. No se engañó. No se defraudó. No se intentó ni se cometió espionaje.

Nadie nunca me pidió buscar información clasificada alguna. Aquí, en esta Sala, lo confirmaron las declaraciones de testigos, no sólo de la Defensa, sino de la propia Fiscalía.

Lo que hice fue motivado por el amor a mi Patria, y por la convicción de que la historia demuestra que es la única opción —que le queda al pueblo cubano— para evitar la muerte de personas inocentes y la destrucción que traen aparejadas las acciones terroristas que se cometen contra mi país.

10. No es Cuba la que ha venido aquí a los Estados Unidos de América a invadir, agredir o cometer actos terroristas de todo tipo, es todo lo contrario, y Cuba tiene, simplemente, el elemental derecho de defenderse;

y es eso todo lo que hemos hecho, sin dañar a nadie ni a nada.

Al fin y al cabo, todo este asunto de los agentes de Cuba tiene fácil solución: Dejen a Cuba tranquila. Hagan su trabajo. Respeten la soberanía del pueblo cubano. Yo despediría gustoso al último espía que se regrese a la Isla. Nosotros tenemos mejores cosas que hacer allí, todas más constructivas, que vigilar a los criminales que se pasean impunes en Miami.

¿Se puede confiar en las autoridades del FBI del sur de la Florida, cuando se trata de asuntos que tienen que ver con la seguridad de Cuba? ¿Se puede registrar ante el gobierno estadounidense alguien que esté aquí para conocer sobre las actividades de grupos terroristas y prevenir las mismas para evitar la muerte de inocentes?

Es cierto que para llevar a cabo nuestras tareas, por necesidad, hemos tenido que usar métodos no convencionales; por razones obvias de poder actuar con seguridad, pero nunca con el interés de hacer daño a nadie ni defraudar o engañar, mucho menos, al gobierno o instituciones de este país.

La evidencia es sumamente clara en todo aspecto; júzguesenos por ella. Desde el primer día de este juicio, reconocimos nuestras identidades y responsabilidades, pero nunca acepté ni aceptaré ninguna implicación de espionaje, ni de querer defraudar a este país.

La realidad es que a Cuba no le queda otra alternativa que tener personas aquí que —por amor a su Patria y no por dinero— la mantengan al tanto de los planes terroristas y le permitan evitarlos, siempre que sea posible. Esa es la razón de mi presencia aquí.

Mientras la situación sea la que he descrito, Cuba tiene el derecho moral de defenderse de la forma en que mis compañeros y yo lo hemos hecho.

Por otra parte, es cierto que durante años algunos de los acusados, tuvimos en nuestro poder documentos de identidad falsos, pero su único objetivo era garantizar nuestra seguridad. Como Jueza, usted conoce cuántos delitos se pueden cometer con una falsa documentación, sin embargo, en esta Sala se reconoció que el único uso dado a esos documentos, cuando se les dio alguno, estuvo encaminado, exclusivamente, a proteger nuestra integridad y la de nuestras familias.

11. Quisiera que me permita hacer referencia brevemente a lo que considero es la razón por la cual todos nos encontramos aquí en este momento: el cargo tercero del pliego acusatorio, "conspiración para cometer asesinato".

Los señores fiscales y las autoridades del FBI conocen, y conocían desde un principio, qué fue lo que verdaderamente ocurrió antes, durante y después del 24 de febrero de 1996. Ellos mismos tuvieron que reconocer que los mensajes de alta frecuencia que escogieron revelar como evidencia, son solo una ínfima parte de todos los que interceptaron. Ellos conocen la verdadera historia. Saben que no existió ninguna conspiración para derribar esos aviones y, mucho menos, para hacerlo sobre aguas internacionales.

Después de 2 años de estrecha vigilancia, habiendo grabado la mayoría de nuestras conversaciones telefónicas y personales, y confiscado una gran cantidad de materiales de aquella época, los fiscales no pudieron presentar —en este juicio— ni una sola evidencia que muestre, sin duda razonable, que Gerardo Hernández conspiró para derribar esas avionetas o que facilitó en alguna medida su derribo. Basaron todo su caso en puras especulaciones, en pequeños extractos de los documentos —manipulados y sacados de contexto— y, sobre todo, en lo emotiva y susceptible que sabían resultaría esa acusación a causa de la pérdida de vidas humanas.

Cabría preguntarse qué motivó a la Fiscalía a montar todo su *show* propagandístico alrededor de ese cargo y a buscar, a toda costa, la condena de alguien que ellos saben que no tuvo nada que ver con la muerte de esas personas. La respuesta, quizá, no sea tan difícil. Baste recordar la enorme presión ejercida por algunos sectores de la comunidad cubana, que no quedaron satisfechos con las sanciones económicas adoptadas contra Cuba tras los sucesos del 24 de febrero. Las reiteradas acusaciones de estas personas y de organizaciones contra el gobierno de los Estados Unidos de América por, según ellos, ser cómplice en esos sucesos y por no haber hecho nada por castigar a los responsables, se tornaban cada vez más molestas, como molesto e imperdonable resultaba para esos cubanos de Miami que la Oficina Regional del FBI hubiera infiltrado informantes en varias organizaciones del llamado "exilio", incluyendo a los Hermanos al Rescate. Se hacía necesario limpiar la imagen y mejorar las relaciones, y, para ello, nada mejor que encontrar o fabricar un culpable.

Cuba no provocó ese incidente. Por el contrario, lo previno y trató de evitarlo por todas las vías a su alcance. El principal argumento de la Fiscalía durante el juicio fue que se trató de un crimen, porque eran aviones civiles y desarmados. Recientemente, esta nación ha conocido, de forma triste y brutal, cuánto daño puede hacer a sus habitantes un avión civil y desarmado. Tal vez por eso, sus máximos dirigentes han advertido que todo avión que se aleje amenazadoramente de su ruta podría ser derribado, aun cuando lleve a bordo a cientos de pasajeros. Quizá, los señores fiscales consideren que eso sería un crimen. Su Señoría ha dicho hoy que este país cambió su "percepción del peligro" después del 11 de septiembre; desgraciadamente, Cuba tuvo que cambiarla desde el 1ro. de Enero de 1959, y eso es lo que no se quiere comprender.

Los principales responsables de lo ocurrido el 24 de febrero de 1996, son los mismos que no cesan en su empeño de provocar un conflicto bélico entre los Estados Unidos de América y Cuba, para que el ejército de este país les haga lo que no han podido hacer ellos en 40 años. Ya sean flotillas, violaciones del espacio aéreo, falsas acusaciones o cualquier otro engendro, el objetivo es el mismo: que los Estados Unidos de América borren de la faz de la tierra al gobierno de Cuba y a quienes lo apoyan, sin importar cual sea el costo en vidas humanas de uno u otro bando. Se podría decir, con certeza, que si alguien ha puesto en peligro —en reiteradas ocasiones— la seguridad nacional de este país, son esos grupos de cubanos extremistas.

12. Cuba, todo lo que desea es vivir en paz y tranquilidad, no quiere la guerra, como tampoco la quiere el pueblo de los Estados Unidos de América, ni líderes militares de los Estados Unidos de América, que saben muy bien que Cuba no es un peligro —de manera alguna— para este país. Por eso, es que nuestra labor también ha estado dirigida a evitar una criminal guerra, que sólo traerá muertes de seres humanos inocentes, no solamente de Cuba, sino del pueblo de los Estados Unidos de América.

Señores fiscales, les guste o no, Cuba es un país independiente y soberano, tiene su propio gobierno legítimo, su propio presidente, sus mártires y héroes, y sus propias convicciones. Cuba es igual que los

Estados Unidos de América. ¡A Cuba, señores, hay que respetarla!

Mientras exista esta política criminal contra mi pueblo, seguirán existiendo hombres como nosotros, como elemental medida de autodefensa. Tal como, hoy día, los Estados Unidos de América necesitan de manera urgente conocer dentro de las organizaciones terroristas que lo atacan. Esa es una realidad que nadie podrá detener.

13. Señores, es tiempo de grandes cambios, estamos ya en pleno siglo XXI. Hoy día, los Estados Unidos de América tienen relaciones con China. Tienen relaciones con Viet Nam, donde murieron 56 000 ciudadanos de este país. Tienen conversaciones con Corea del Norte y con muchos otros paísesn con los cuales parecía imposible tener relaciones. ¿Por qué con Cuba no?

Tengo la certeza de que es inevitable, no sólo un puente de amistad entre ambos pueblos, sino entre todos los pueblos del mundo.

Cuando el señor Kastrenakes se paró en este lugar a decir —frente al símbolo de la justicia estadounidense— que nosotros habíamos venido aquí a destruir a los Estados Unidos de América, demostró cuán poco le importan ese símbolo y esa justicia, y demostró, también, cuán poco respeto le tenía al Jurado. Desafortunadamente, en lo último tenía la razón.

Aférrense a los valores reales y genuinos que motivaron las almas de los padres fundadores de esta Patria. Es la falta de esos valores pospuestos ante otros, el peligro real para esa sociedad. El poder y la tecnología pueden convertirse en una debilidad, si no están en las manos de personas cultivadas, y el odio y la ignorancia que hemos visto aquí hacia un país pequeño, que nadie aquí conoce, puede ser peligroso cuando se combina con un sentido enceguecedor de poder y de falsa superioridad. Regresen a *Mark Twain* y olvídense de *Rambo* si —realmente— quieren dejar un mejor país a sus hijos. Cada supuesto cristiano que fue puesto aquí a mentir sobre la Biblia, es un peligro para este país, por lo que su conducta representó en cuanto a socavar esos valores.

Hace ya más de 2 años recibí una carta de mi padre en la que, entre otras cosas, me expresaba su esperanza de que se pudiera hallar un Jurado donde afloraran los valores de Washington, Jefferson y Lincoln. Es una pena que no haya tenido razón.

14. Pero, yo no pierdo las esperanzas en la raza humana y en su capacidad de guiarse por esos valores; después de todo, tampoco creo que Washington, Jefferson y Lincoln fueran mayoría en la época en que les tocó dejar sus huellas en la historia de esta nación.

Y, mientras estos sórdidos 3 años se van haciendo historia y tras una montaña de argumentos, mociones y tecnicismos, se va enterrando una historia de chantajes, abusos de poder y el más absoluto desprecio a tan ponderado sistema de justicia, para pulirla y darle un brillo que nunca tuvo, nosotros seguiremos apelando a esos valores y a la vocación por la verdad del pueblo estadounidense con toda la paciencia, la fe y el coraje que nos puede infundir el crimen de ser dignos.

Que sepan los señores fiscales que la única sangre que podría haber en estas manos es la de mis hermanos caídos o asesinados, cobardemente, en las incontables agresiones y actos terroristas perpetrados contra mi país, por personas que —en el presente— caminan con tranquilidad por las calles de esta ciudad. Sangre por la que un día juré que estaría dispuesto a sacrificar mi propia vida, si con ello podía proteger a mi pueblo de semejantes crímenes.

Por su Sentencia, mis entrañables hermanos y yo deberemos guardar una injusta prisión, pero, desde allí, no descansaremos en la defensa de la causa y los principios que hemos abrazado.

¡Este ha sido un juicio político; y, como tal, nosotros somos prisioneros políticos!

Llegará el día que ya no vivamos en la zozobra del temor y la muerte, y —en ese día de la historia— se verá la justicia real de nuestra causa.

Aquí está toda la evidencia; y aquí está escrita la historia: ¡Ella será quien nos haga verdadera justicia!

Todo hombre que se respeta a sí mismo, se debe, antes que nada, a su Patria. En los años de presidio me acompañará siempre la dignidad que he aprendido de mi pueblo y de su historia.

¡Si por evitar la muerte de seres humanos inocentes, si por defender a nuestros dos países del terrorismo, y evitar una invasión inútil a Cuba es por lo que se me condena hoy, pues bienvenida sea!

Su Señoría, la Fiscalía considera, y así lo ha pedido, que debo pasar el resto de mi vida en una cárcel. Confío en que si no es en este, en algún otro nivel del sistema, la razón y la justicia prevalecerán por encima de los prejuicios políticos y los deseos de venganza, y se comprenderá que no hemos hecho ningún daño a este país que merezca semejante condena. Pero, si así no fuera, me permitiría repetir las palabras de uno de los más grandes patriotas de esta nación, Nathan Hale, cuando dijo:

"Sólo lamento no tener más que una vida para entregar por mi Patria."

CAPÍTULO VII

Sombra del fascismo: agresión a la Embajada de Cuba en Venezuela

El cubano es independiente, moderado y altivo.
Es su dueño, y no quiere dueños.
Quien pretenda ensillarlo,
será sacudido.

José Martí

Golpe de Estado en Venezuela y agresión a la Embajada de Cuba: crónica de un plan sincronizado

9 de abril

Aquel martes, nuestra embajada funcionó con aparente normalidad. No era difícil percibir el escenario propicio que un sector de la oposición buscaba crear con prisa, ese primer día del paro golpista, para lanzar sus zarpazos contra el gobierno constitucional. De tal modo, los funcionarios y empleados teníamos conciencia de la peligrosa, y compleja, situación que empezaba a desatarse.

Así pues, no nos sorprendimos cuando a las 7:30 p.m., en la pequeña plaza de PDVSA-Chuao, durante el mitin que transmitían todos los canales comerciales de televisión, una señora llamada Ruth Capriles, que —paradójicamente— dijo ser presidenta de una organización de "veedores", gritó, sin previa verificación, a los cuatro vientos: "¡Me acaban de informar, que desde horas de la tarde están saliendo de la Embajada de Cuba personas con maletines negros cargados de armas!"

Había ido a mi casa unos momentos y allí me encontraba junto a mi esposa e hijo, cuando de repente vi y escuché por televisión a esa mujer desaforada. Sus declaraciones mostraban una nueva faceta del plan golpista: utilizar el pretexto de la supuesta intervención de Cuba con armas, para justificar el uso criminal de ellas contra el pueblo.

"¡Vamos de prisa para la embajada!"—le dije al chofer, sin casi despedirme de mi familia—. Y ya con el auto en marcha, le agregué: "Las declaraciones de Ruth Capriles indican que existe un plan con el empleo de armas, en el que pretenden involucrarnos, y debemos prepararnos para cualquier eventualidad."

Por el camino, decido dictar —a través del celular— un comunicado de prensa a uno de los funcionarios de guardia en la embajada. Enseguida lo enviamos a algunos canales de la televisión y estaciones de radio, para desmentir lo que consideramos un acto premeditado, que buscaba agudizar los enfrentamientos y generar violencia.

Los sucesos se precipitan. Minutos más tarde, algunas personas inician —con saña— las acciones terroristas contra la embajada. Gritan improperios desde autos y motos, que se desplazan a gran velocidad frente al edificio de la Misión o los emiten transeúntes que se dirigen a, o regresan de la concentración opositora en PDVSA-Chuao, que continúa realizándose a escasos 800 metros de nuestra sede.

A las 10:00 p.m. ocurren hechos más notorios, que marcan el rumbo de los acontecimientos. Desde un auto lanzan un coctel molotov y este se incendia en la puerta principal de la embajada. Al rato, colocan dos cauchos a la entrada del estacionamiento y les prenden fuego. Pocos minutos después, se escuchan disparos al aire en la calle. En breve, ante el llamado de alerta que hacemos a las autoridades, dos autos de la DISIP patrullan la zona y cesan las perturbaciones.

10 de abril

Apenas 20 horas después, al caer la tarde del miércoles, en el instante en que Carlos Ortega y Pedro Carmona declaran el paro indefinido, estamos seguros que esa es la señal de que el golpe reaccionario sobrevendría en menos de 48 horas. No perdemos tiempo; reúno a los miembros de la embajada y les doy las instrucciones de rigor, ante la inminencia del golpe. Nos preparamos para lo peor. No sabemos si tendrá éxito. Pero sí tenemos la certeza de que, en caso de triunfar, seríamos objeto de agresiones de incalculables consecuencias, pues en todos los países de la región donde, en el pasado, se enseñoreó el fascismo —como el Chile de Pinochet y la Argentina de Videla—, los cubanos fuimos víctimas de atropellos, secuestros y asesinatos, y de las más aparatosas campañas de infamias. En esos momentos de tensión y peligro, nuestro colectivo parecía un "panal de abejas", moviéndose cada quien en su tarea y con la coherencia de ellas.

En consecuencia, tampoco nos toman por sorpresa los hechos que se inician en la medianoche del 11 de abril. Vísperas del golpe, varios grupúsculos realizan acciones contra la Embajada, el Consulado y la Residencia. Nos agreden con piedras y botellas, y multiplican los gritos con frases groseras y fascistoides. Nuestra embajada funciona como un tensiómetro para medir los acontecimientos. Los golpistas habían logrado crear —en la madrugada del "día 0"—, la atmósfera ideológica y emocional envenenada, indispensable para movilizar a un sector de la población y asaltar el poder.

11 de abril

Esa mañana recorro el trayecto de San Román a Chuao, en el Este de la ciudad. Observo con atención a miles de personas de tez blanca, incluso niños y ancianos que marchan en familias y agrupados entre amigos, con sus rostros de fiesta, muchos con ropas deportivas de marca y casi todos gritan en coro: ¡Se va!, ¡Se va!, Se va! y ¡Hoy es el día!, ¡Hoy es el día! Comento a mi esposa: "Es un secreto a voces; hoy es el día del golpe." En la embajada, teníamos esa certeza y la terminamos de confirmar al escuchar cerca el rugir de la concentración en PDVSA-Chuao, cuando Carlos Ortega y otros orientan a aquella masa fuera de sí a dirigirse a Miraflores.

Mientras se desatan las diversas acciones vertiginosas del plan golpista, frente a nuestras sedes reina la calma; algo así como sucede antes de la llegada de un ciclón caribeño. Dentro de ellas, los niños, mujeres y hombres que allí estábamos, nos sentíamos con la fuerza "telúrica" de Cuba, capaces de afrontar cualquier adversidad.

En esos momentos de incertidumbre, la mejor fuente de información eran los propios sucesos que veíamos por la televisión. Mientras la marcha enceguecida avanza hacia el Palacio de Miraflores, nos inquieta el desenlace que avizoramos, al observar frente a aquel y en las calles aledañas a miles de ciudadanos dispuestos a defender —con sus vidas— la integridad del presidente Chávez y a su gobierno constitucional.

De repente, percibo las primeras imágenes de varias personas que caen abatidas por las balas. Miro el reloj: son algo más de las 3:00 p.m. Una y otra vez, las televisoras privadas reiteran esas macabras imágenes y acusan al presidente de tales crímenes. Después, entran en acción los militares golpistas y, de manera sucesiva, realizan sus pronunciamientos traidores y anticonstitucionales. Ya cercana la medianoche, las noticias de nuestros amigos en el interior del Palacio y el encarcelamiento del presidente Chávez, dentro del Fuerte Tiuna, confirman la consumación del artero zarpazo.

Al avanzar la noche, una vez concluido el golpe militar, grupos pequeños de personas emprenden las primeras acciones contra nuestros autos, estacionados en la calle: les pintan letreros con amenazas y consignas anticubanas; a algunos les pinchan los cauchos y les deforman parte de la carrocería. También escuchamos decenas de gritos agresivos.

Entretanto, ante nuestra Residencia, en San Román, ocurren constantes amenazas. Al filo de la medianoche, varios autos y una moto con dos individuos —todos en son de guerra— se detienen frente a la casa; los de la moto, con sendas pistolas en sus manos, intentan penetrar al interior, pero huyen, de inmediato, al ser detectados y repelidos por uno de nuestros compañeros, Rafael Hidalgo, desde el balcón del primer piso.

Ya no tenemos duda. Los crímenes cometidos por los autores del golpe, el proceder inescrupuloso que usaron para arrastrar hacia el cadalso a cientos de miles de personas, sometidas al engaño de que actuaban de manera pacífica y democrática, y el estado de fanatismo y confusión que generaron las campañas mediáticas en los sectores del Este de la ciudad, nos permiten vislumbrar que del mismo modo se actuaría, en breve, contra nuestra embajada.

12 de abril

En efecto, a las 8:00 a.m. del 12 de abril —apenas 4 horas después de quedar preso en el Fuerte Tiuna el presidente Hugo Chávez—, un conocido terrorista de origen cubano realiza una llamada telefónica a la embajada. Afirma: "Soy Salvador Romaní, y me dirijo hacia la embajada a tomarla con un grupo de personas." De ese modo, comienza la "hora 0" del plan fascista contra Cuba, perfectamente sincronizado y coordinado por los jefes de Romaní, en Miami, con sus contrapartes de Venezuela.

Instruyo a un funcionario a que informe —vía telefónica— a la policía de Baruta y que solicite custodia urgente. También llamamos al alcalde Capriles Radonski, pero nos dicen que no se encuentra ubicable y le dejamos el mensaje. Nunca respondió.

Nuestro compañero habla con el Jefe de Operaciones, el comisario Osvaldo García, quien queda en reaccionar en 10 minutos y no lo hace. Volvemos a insistir, y entonces García expresa que está en camino una comisión policial para proteger la embajada. Nuestra sorpresa fue grande, al ver que tal comisión la integran sólo dos policías.

A los 8:30 a.m. aparece ante la puerta principal de la embajada otro connotado terrorista: Ricardo Koesling. Sintiéndose y mostrándose parte del sangriento poder recién implantado, este abogado venezolano, ligado a las peores causas y a sueldo de la mafia cubanoamericana de Miami —en tono arrogante— le dice a un funcionario nuestro que, en breve, empezarán a acercarse muchas personas para tomar la embajada, en virtud de la presencia en ella del vicepresidente del gobierno derrocado, Diosdado Cabello y otros dirigentes "del régimen". Alude, además, al pretexto echado a rodar desde el martes: la supuesta *distribución de armas* por parte de la embajada.

Desde ese momento, y de manera orquestada, por varios medios de comunicación comienzan a repetirse las mismas infamias. Entretanto, los dos policías de Baruta, cruzados de brazos, escuchan impasibles tales aseveraciones y ven con la misma actitud displicente cómo empiezan a llegar decenas de personas, para sumarse a las tropelías que crecen a gran velocidad. Uno de ellos pregunta al otro: "¿Y aquí, qué va a pasar, vale?" La respuesta, es un gesto con el rostro, de honda preocupación.

A las 11:00 a.m. aumenta, de manera exponencial, el tamaño de la turba, hasta alcanzar más de 1 000 personas, a partir de las gestiones que realizan Koesling, Romaní y otros fascistas cubanos y venezolanos, respaldados por varios de los principales medios de comunicación del país.

La horda enardecida desata sus furias y rencores. Manipulada por esos terroristas, antes del mediodía, algunos de sus miembros más salvajes cortan la electricidad y el agua a los seres humanos que nos encontramos en la embajada y en el consulado. Las cámaras de televisión filman los hechos violentos que ellos realizan, y captan sus exclamaciones y las muecas de sus rostros retorcidos por el odio —expresiones típicas de los sádicos de las peores dictaduras—. Todo ello va quedando registrado en imágenes y voces; en vivo, primero, y, después, son repetidas por las televisoras de Venezuela y el mundo: "¡Van a tener que inventar comida plástica!"—proclama con placer inaudito Salvador Romaní—. Mientras otro fascista: el joven Juan Cristóbal Romero Iribarren, expresa algunas frases, que pasarán a la historia más siniestra de este país: "¡Se van a tener que comer las alfombras, las sillas y las mesas (…), porque no les va a entrar comida, no les va a entrar agua (…) les vamos a cortar la luz…!"

Me encuentro hablando por teléfono con el canciller cubano Felipe Pérez Roque, en el instante en que nos quedamos sin electricidad. Le digo, a secas: "Ya no tenemos agua ni electricidad, de ahora en adelante puede suceder cualquier cosa." Y le agrego: "Estamos listos para todo."

Salgo al pasillo que está frente a mi oficina y observo —con tierna conmoción— a uno de nuestros pequeñuelos cargar, junto a su mamá, bolsas de nailon llenas de papeles, destinados a ser quemados. Ante el peligro tan desmesurado e inminente, los niños cubanos que nos acompañan en la embajada y en la residencia, son nuestro mayor dolor y, a la vez, el más hermoso orgullo. Recorro otras oficinas, reviso las posiciones de cada compañero, y el quehacer sereno y consciente de todos. Nadie está descontrolado, a pesar de que llevamos tres o cuatro noches sin dormir, y sentimos la preocupación inmensa de que pudieran asesinar al presidente Hugo Chávez y frustrarse —así—, en Venezuela, una oportunidad histórica excepcional.

Algunas horas antes, en la madrugada, él me llamó por teléfono desde su oficina en Miraflores, para contarme su conversación telefónica reciente con Fidel, y decirme que las palabras de solidaridad y aliento de este no las olvidaría nunca. Ya los golpistas le habían dado el ultimátum, pero no lo sentí derrotado. Su voz, más gruesa y afectada por tantas emociones, mantenía la fuerza de sus convicciones.

Las nuevas circunstancias del asedio a la embajada, nos obligan ahora a pensar en nuestra propia defensa y en preservar —en nuestro territorio diplomático— el honor de la Patria. Subo a la planta alta; desde una ventana bien protegida miro furtivamente hacia la calle. El sol está casi perpendicular y el calor sofocante no disminuye los ímpetus salvajes de los fanáticos.

Salvador Romani y Ricardo Koesling participan en todo. También contemplan sonrientes a muchos fascistas, instigados por ambos, despedazar carros; a alguien lanzarse por el parabrisas de un automóvil —y salir después en estado de éxtasis—; a una mujer golpear con furia a otro vehículo con una bandera venezolana, que dejó así de ser la suya; a un tercer sujeto arremeter contra la puerta de la sede; a varios tirar piedras y partes de los autos hacia adentro de la embajada o pintar consignas, y letreros, incoherentes y amenazadores, propios de un manicomio exorbitado. Había llegado en los sentimientos e ideología fascistas de aquellas personas, el momento de echar a un lado las "hojas de parra" que utilizaron mientras existía la democracia de la V República.

Un dato revelador: Romaní, en la cúspide de su arrogancia, algunas horas antes de leerse en Miraflores el Decreto pinochetista, declara por televisión —frente a la Embajada de Cuba— la decisión que Carmona firmó más tarde: la disolución de todos los poderes públicos. No es mera coincidencia. Se trata de la demostración inequívoca de que quienes dirigen el asedio y asalto a la misión diplomática cubana, actúan guiados por el mismo plan golpista.

Pasada la 1:30 p.m., el desenfreno llega al extremo más crítico y peligroso. La euforia y el rencor de los manifestantes transgrede los límites de la más mínima racionalidad, bajo los efectos de los manipuladores, y de la droga y el alcohol en no pocos.

Mientras —con frenesí y de manera ininterrumpida— gritan las consignas: "Vamos a entrar", "Ni un paso atrás", "Los sacamos esposados", "Asesinos", "Saquen a Diosdado", "Ni una gota de petróleo más para Cuba", "Fuera cubanos de Venezuela" y otras irrepetibles. Los más audaces —embriagados de odio— golpean la puerta de entrada, con el afán de derribarla. Entretanto, un grupo de terroristas viola la propiedad de una vivienda deshabitada, detrás de la Embajada, con el fin de incendiar la sede, luego que nuestros vecinos de ambos lados les negaron acceder a sus patios, para desde allí lanzar cocteles molotov y derramar gasolina contra las paredes del inmueble cubano. Es el otro propósito macabro: quemar la embajada y a todas las personas que allí estamos, entre ellas mujeres y niños. Algunos policías, filmados por las cámaras de televisión que graban el dantesco espectáculo, logran impedir el acceso.

Esa áspera realidad de violencia enceguecida, de oscuras pasiones desbordadas, contrastan con la supuesta intención de los manifestantes de defender "la libertad y la democracia". Quienes allí se ufanan de ser miembros honorables de la "sociedad civil" y auspiciadores de la protesta pacífica, muestran —en el trance de sus conductas— sus verdaderas entrañas.

Quedarán para la historia aquellas imágenes impactantes y deshonrosas, en las que el fascismo venezolano evidenció su presencia real en el país. Y nunca podrá olvidarse, tampoco, que aprovechó oportunistamente la coyuntura de unas horas, en que sus seguidores pensaban que había llegado el momento de la *razzia*, para luego replegarse cobardemente ante el empuje imbatible del bravo pueblo venezolano.

Enseguida que empiezan a verse por televisión las imágenes de lo que acontece en torno a la Embajada, nuestros teléfonos no cesan de sonar con llamadas de amigos y de personas que nos manifiestan su solidaridad e intenciones de acercarse para repeler a los agresores. En todos los casos, agradecemos el gesto y pedimos evitar enfrentamientos. A la vez, a las personalidades diversas que nos llaman u otras que nosotros contactamos, les informamos de las agresiones que sufrimos y el peligro de que ocurriera un asalto a las sedes. Los diálogos telefónicos de nuestros funcionarios abarcan varios centenares de personas: embajadores, autoridades de las alcaldías de Baruta y Mayor, agencias de prensa y televisoras extranjeras, organismos de derechos humanos venezolanos, empresarios, el presidente de la Conferencia Episcopal: monseñor Baltazar Porras, y otras figuras religiosas, autoridades de Naciones Unidas, dirigentes políticos, algunos jefes militares, figuras de la cultura y directores de medios de prensa nacionales, y el gobernador de Miranda. Incluso, nuestra funcionaria Amarilys Hernández habla telefónicamente a las siete de la noche con el dictador Carmona Estanga, y lo conmina a solucionar —de inmediato— la agresión a nuestras sedes.

La situación tiende a complicarse por minutos. A través de un altoparlante oímos varias voces de los agresores, dándonos 1 hora de plazo para abrir la puerta y permitir el ingreso de la horda, o irrumpirían violentamente. Miro el reloj: son algo más de las tres de la tarde. Ese ultimátum exacerba más a los fanáticos, quienes repiten sin desmayo la nueva amenaza: "¡Vamos a entrar!", "¡Vamos a entrar!".

En la embajada, continuamos las tareas de vigilancia y preparación, para repeler cualquier agresión dentro de la sede. Cada compañero o compañera tiene muy bien definida su misión. Estamos firmes, con los nervios tensos y dispuestos a actuar —incluso, al precio de nuestras vidas— para impedir que se viole la soberanía de nuestra Patria. Mantenemos una comunicación permanente con la dirección del Partido y el gobierno, en especial, con Fidel y el canciller Felipe Pérez. El Comandante en Jefe no deja de orientarnos en ninguna circunstancia. Sus palabras e interés constantes por todos los detalles, nos alientan y nos fortalecen cada átomo de nuestras convicciones.

Al escuchar el ultimátum desde el último piso de la embajada, comienzo a recorrer los lugares donde se encuentran los distintos compañeros. Les puntualizo a cada uno las últimas orientaciones e imparto a todos la orden de estar listos para defendernos ante la inevitable agresión, porque no íbamos a abrirles nuestra sede ni a hacerles ninguna concesión.

Sólo podemos observar, de manera parcial, lo que acontece en la calle y en los alrededores. Nuestras cámaras habían sido, primero, desviadas y, después, enceguecidas por el corte de la electricidad, y el muro nos impide percibir parte de los movimientos externos, aunque ciertos amigos nos informan datos por los celulares, que completan nuestra apreciación. Ni siquiera respondemos verbalmente a las agresiones. Desde las ventanas miramos discretamente a la jauría humana y sentimos lástima hacia aquellos que son instigados, sin conciencia plena de sus actos aborrecibles. Pero, a los culpables principales los esperamos —si deciden entrar— para demostrarles, una vez más, el significado que tiene para nuestro pueblo una consigna, que es un bastión inexpugnable frente a todas las amenazas suyas, que repiten de manera cada vez más estridente.

Por eso, sin perder un minuto recorro las posiciones de mis compañeros, y al moverme de una hacia la otra nos despedimos con nuestra disyuntiva emblemática: "¡Patria o Muerte!" Y agregamos mirándonos a los ojos, con los pulmones extendidos y un gesto firme de combate: "¡Venceremos!"

Me dirijo hacia la planta baja. Al descender las escaleras, de repente, me salen del alma las estrofas de nuestro Himno Nacional victorioso. Todos me acompañan desde sus posiciones y es cuando único se escuchan en alto nuestras voces:

> ¡Al combate corred bayameses
> que la Patria os contempla orgullosa
> no temáis a una muerte gloriosa
> que morir por la Patria es vivir!

Sorpresivamente, al llegar al *lobby*, para precisar los detalles finales a los compañeros que se encuentran vigilando a pocos metros la puerta principal, escucho unas voces procedentes de la calle, que piden dialogar y dicen que eran gente pacífica y no quieren que se usen las armas. Por medio de un altavoz, nos indican —con aparente seriedad— que allí se encuentra el general (golpista) Damiani Bustillo, y funcionarios de las alcaldías de Baruta y Mayor. Insisten en dialogar. Los escucho con atención, tratando de entender lo que ocurría afuera. En ese momento, pensé: "Tenemos ante nosotros el escenario clásico, primero el empleo de la fuerza, después un ultimátum, y ahora la propuesta de conversar." Le digo a los dos compañeros que cuidan el acceso principal desde la puerta exterior hacia el interior del edificio: "No se muevan y estén más atentos, puede ser una maniobra para sorprendernos."

Medito algunos segundos qué hacer y me doy cuenta de que aunque no teníamos ninguna garantía sobre las intenciones verdaderas de esas personas, de ningún modo debíamos declinar la más mínima posibilidad de impedir una tragedia. Por eso, en breve, decidí solicitar autorización al Comandante en Jefe Fidel Castro para proceder a dialogar. Este, con su proverbial sabiduría y experiencia de tantas batallas, me formula por teléfono —desde La Habana— las preguntas necesarias y, después, acepta que conversemos, pero garantizando que esas personas entren sin abrirles la puerta. Fidel indaga si tenemos una escalera y —al responderle que sí— orienta que mediante esta, puesta en el muro, entren a la Embajada los supuestos dialogadores.

No pierdo un segundo y avanzo raudo hacia el jardín. Allí estaba, sobre la hierba, la escalera de aluminio. Avisto a uno de nuestros más jóvenes funcionarios, Elio Perera, y le oriento su misión. Con ayuda de otros, se sube al muro y, sentado a horcajadas sobre este, empieza a comunicarse con los interesados en conversar. Cuando la turba lo percibe desde la calle, comienzan a lanzarle piedras, a ofenderlo y hasta le dicen que ya tenía un pie en "la libertad", que acabara de bajar. Luego de pactar el procedimiento, uno a uno suben por la escalera que Elio, con nuestra ayuda, había trasladado hacia el lado exterior del muro. Así, con las condiciones que establecimos nosotros, ingresan a la embajada quienes dieron el paso de intentar, por otros medios, conseguir el mismo fin de violar nuestra soberanía, para someternos a sus presiones y humillaciones.

Entran, primero, sendos funcionarios de la Alcaldía Mayor y de Baruta, y un sargento de la Policía —quien dejó el arma afuera—. Estos nos piden que un canal de la TV filmara, como testigo, el diálogo. Aceptamos e ingresan los técnicos del Canal Televen. Nos sentamos en el *lobby* y solicito que nos expliquen qué sucedía. Casi al iniciar mis reflexiones, se incorpora al diálogo el alcalde de Baruta: Henrique Capriles Radonski y dos acompañantes —un joven abogado, que trajo como asesor, y una señora, delgada y ansiosa, que no deja de fumar y se presenta como miembro de la Coordinadora Democrática de la Sociedad Civil—. Casi al final, entra —por la misma escalera de aluminio, como todos los demás —el jefe de la Policía Metropolitana, comisario Henry Vivas.

De manera altanera y prepotente, el alcalde Radonski y sus acompañantes civiles insisten —una y otra vez— en que les permitamos revisar la embajada y el consulado, para determinar si se encontraba o no Diosdado Cabello u otros asilados. Nuestras respuestas fueron inequívocas y precisas; rechazamos todas las presiones. Les ripostamos: Cuba tiene el derecho de darle asilo a la persona que consideremos reúna los requisitos; no se encuentra nadie asilado en la embajada ni tampoco ello se ha solicitado por ningún ciudadano; se está violando flagrantemente el derecho internacional, y el alcalde Radonski y demás instancias han permitido que se origine una situación altamente peligrosa, y, en consecuencia, le corresponde a él —y a las demás autoridades— eliminar cuanto antes, y sin condiciones, las agresiones de que estamos siendo objeto e impedir que la violencia se desborde más. Les expresamos, además, con serena convicción, que estamos dispuestos a defender la soberanía de Cuba al precio de nuestras vidas.

Ellos "vinieron por lana" y "salieron trasquilados". Ante las firmes e irrefutables posiciones nuestras, el alcalde y sus acompañantes se ven obligados a salir de la embajada a encarar los reclamos de la turba. Ya en la calle, alguien le alcanza el altoparlante a Radonski, quien, aún molesto porque no pudo lograr su propósito de requisar la embajada, exclama que no lo había podido hacer porque era una sede diplomática y, sin aceptar nuestra palabra, deja abierta la duda de que allí podían estar los mencionados asilados.

Tanto el alcalde, como los demás funcionarios de las alcaldías muestran, con ciertos gestos y palabras, su preocupación por lo que acontece. Los percibimos inseguros. Luego supimos que habían recibido llamadas y advertencias de varias personalidades del país —con muchas de las cuales hablamos—, acerca de las consecuencias políticas negativas que tendría, para ellos, la barbarie que estaban permitiendo, máxime porque eran también cómplices. Cualquier observador sensato —incluso, de la oposición y hasta algunos que apoyaron el golpe—, no pasaba por alto el escándalo internacional que esos hechos suponían y el derecho de Cuba a actuar a la altura de la agresión de que estaba siendo objeto.

Es por ello que, con posterioridad, la Policía Metropolitana incorpora a 40 efectivos a la protección, colocándose estos en hilera a lo largo del muro —en la acera— para impedir que se intentara violentar las entradas o saltar aquel.

Mientras tanto —al caer la noche—, en el interior, reforzamos la vigilancia y evaluamos la mínima mejoría de la situación, pero con la certeza de que durante las siguientes horas y, especialmente, en la madrugada cualquier cosa podía suceder. Y esta presunción no era irreal: luego de partir Radonski, la turba no disminuye un ápice su agresividad ni el volumen y la reiteración de sus consignas terroristas.

Al salir el alcalde de la embajada, nos llama la atención un comentario que le hace a aquel el comisario Vivas. Afirma lacónicamente: "Tenemos información de que los cerros empiezan a moverse de manera preocupante."

Cae la noche, los gritos continúan en la calle y, por mediación de algunos amigos, que nos llaman por los celulares, sabemos que —en Miraflores— se autoproclamó un dictador fascista.

A oscuras, sin agua y bloqueados —alrededor de las 9:00 p.m.— me informan que se encontraba fuera de la embajada, y deseaba verme, monseñor Baltazar Porras. Luego de adoptar las medidas de rigor, por tratarse de un sacerdote, y por su investidura y edad, abrimos la puerta para que entrara de manera normal. Me acerco a él enseguida, apenas a 1 metro de distancia del muro dentro de la sede, y para asombro suyo —al saludarnos— caen a su lado dos piedras, una a cada lado, que pudieron romperle la cabeza.

Le dije: "Monseñor, sea usted bienvenido, las piedras hablan, no son necesarias nuestras palabras; disculpe, no tenemos agua, ni electricidad, ni nos permiten ingresar comida, debemos recibirlo en estas precarias condiciones de vida y sin ninguna seguridad. Le agradezco el gesto de visitarnos y espero que usted contribuya a impedir que se continúe irrespetando las normas internacionales y los derechos humanos." A los pocos minutos, se incorpora —otra vez— Henry Vivas. El canal Globovisión solicita ser testigo del diálogo y, al estar de acuerdo ambas partes, le expreso al periodista que preferíamos hablar a solas y, después, les podíamos conceder sendas entrevistas. Así fue. Sin embargo, ninguna de las dos fue transmitida; ni siquiera se dio la noticia de la visita de Porras.

Debo comentar antes de continuar, que sentimos la abrumadora censura de casi todos los medios entre el 12 y el 15 de abril. Y después del 14 de abril, con honrosas excepciones, los hechos frente a la embajada fueron silenciados. La respuesta que me dio una periodista de Globovisión —esa tarde del 12 de abril— no la olvidaré jamás: "Toda Venezuela sabe lo que piensan los cubanos, y eso a nosotros no nos interesa."

En hermoso desagravio, un grupo de jóvenes, conducido por el cineasta Angel Palacios, en representación del honor y la reacción de repudio —casi unánime— a esos hechos por parte del pueblo venezolano, realizó meses después un documental que es ya antológico: *Asedio a una embajada*, que ha sido transmitido varias veces por el canal estatal Venezolana de Televisión, a solicitud de los propios televidentes, y que es vendido por los buhoneros en las calles de Caracas.

Casi al comenzar la conversación con monseñor Porras, el comisario Henry Vivas llama desde su celular al alcalde Alfredo Peña, quien se interesa en hablar conmigo. Como aún no le había informado al visitante, con esa doble intención le explico los detalles al alcalde Peña, a la vez que también lo corresponsabilizo con lo que allí sucedía y sus posibles desenlaces. En su exposición, Monseñor es cuidadoso; en ningún momento, hace solicitudes ni insinuaciones y gana más conciencia de que era urgente actuar. Al salir, por el propio altoparlante se dirige a los presentes; los disuade de continuar en sus acciones y les pide que abandonen el lugar, mientras recibe el abucheo de muchos.

Sin embargo, a las once de la noche, disminuye casi a la mitad el tumulto y sólo esporádicamente se corean las consignas. A esa hora, en los barrios populares de Caracas, se escuchan ya los atronadores sonidos de las cacerolas, movidas por cientos de miles de ciudadanos que claman por el regreso del presidente constitucional; otras decenas de miles, frente al Fuerte Tiuna, exigen que excarcelen a Chávez y una mayoría se prepara, casi sin concertarse, de manera espontánea, a bajar de los cerros y rescatar a Chávez al siguiente día, sábado 13 de abril.

Algo de esto empezamos a conocer e hilvanar, cuando, nuevamente, el comisario Vivas, antes de retirarse de la embajada con monseñor Porras, afirma, esta vez sin subterfugios, que era imprescindible y urgente resolver lo de la embajada, porque necesita a todos sus efectivos en los barrios para "neutralizar" las movilizaciones de las gentes y los desmanes de los "saqueadores de comercios".

Alrededor de las 11:00 p.m., se presenta el general Damiani Bustillos —elegantemente vestido—, luego de participar en el acto donde el dictador Carmona Estanga lo había nombrado ministro del Interior de su efímero gabinete. Conocí al general cuando él presidía el Instituto de Altos Estudios de la Defensa, donde anualmente imparto una conferencia sobre Cuba. Él trata de cordializar el encuentro y recuerda las dos veces que me había recibido allí. Cuenta que tiene instrucciones de Carmona de tratar de normalizar la situación, y que había decidido pasar por la embajada antes de participar en la boda de su hija, esa noche. Le explico todo y lo emplazo a que empiecen por sacar a la gente que se encuentra frente a nuestra sede, y restituir el agua y la electricidad. Él promete que se hará. Lo noto preocupado por la opinión pública y nos pide trasladar los autos despedazados hacia el estacionamiento de la Policía Metropolitana; afirma: "Es muy grotesca esa imagen." Le expreso que todo cuanto sucede u ocurra fuera de la Embajada es de su responsabilidad y no pongo reparos a que muevan los carros, pero también exijo que se lleven a los causantes de tales desmanes. Cuando Bustillos sale, ya el número de personas era menor. Él les habla y les pide respeto a la sede.

13 de abril

Durante la madrugada, trasladan los autos, y restituyen la electricidad y el agua. Son signos de retroceso en los agresores.

Al filo de las 4:00 a.m., sólo queda en la calle, en conversación casi íntima, una joven pareja debajo del farol de la esquina y varios policías. El compañero Tomás Díaz sale a ver el escenario desolador y mientras observa la sobrecogedora realidad de los restos de automóviles, piedras, latas, basuras, botellas, el muro pintado de letreros infames y otras marcas grotescas de aquella jornada infernal, se acerca a los jóvenes, quienes —algo tímidos— reaccionan con curiosidad ante las palabras del cubano. Este les pregunta por qué habían sucedido tales desbarajustes y ellos, a duras penas, repiten lo que oyeron. Nuestro compañero les explica que allí hay niños, mujeres y hombres, que se les había quitado el agua, la electricidad y se les impedía ingresar alimentos. Los jóvenes ponen caras de vergüenza, sinceramente abochornados. Se van y, al rato, regresan con varias hamburguesas. Luego se retiran, pensando, tal vez, que sin proponérselo habían sido victimarios y pudieron haber sido víctimas de otro plan diabólico, como el que costó la vida a decenas de inocentes el 11 de abril.

Amanece el sábado 13 de abril y los pájaros no cesan de cantar. Al mirar desde una ventana el despuntar del día, en el verdor multicolor del monte Ávila, siento en el palpitar de la naturaleza que la vida continúa pujante y aún sin que lo hubiéramos logrado plenamente, sabía que habíamos triunfado. En esas primeras 24 horas después del golpe, apenas pudimos saber qué sucedía ni enterarnos sobre el paradero del presidente Chávez. Nuestra propia defensa nos obligó a concentrar los esfuerzos en preservar la soberanía y demostrarles a los fascistas que a Cuba había que respetarla.

A las 8:00 a.m. aparecen —otra vez— los primeros provocadores. La Policía Metropolitana había colocado un cordón a ambos lados, y el frente de la embajada estaba despejado. De todos modos, nos llama la atención que, al avanzar las horas de la mañana, el número de personas apenas asciende a 30. "Algo sucede" —comentamos, mientras tratamos de informarnos, inútilmente, por la televisión y la radio.

Sobre las once de la mañana, empiezan a llamar muchos amigos. Todos nos dicen con enorme alegría: "¡El pueblo está en las calles y el Fuerte Tiuna y Miraflores rodeados por la gente!" En poco tiempo, nos avisan que Miraflores ha sido tomado por los militares leales al presidente y que Carmona estaba preso.

Acabo de recibir esa noticia vía telefónica, cuando sube corriendo las escaleras un compañero, para informarme que hacía breves momentos se habían dispersado los pocos manifestantes que aún quedaban, y que detrás de ellos también se retiraron apresuradamente los policías metropolitanos y sólo quedan dos o tres de Baruta. Tal estampida nos confirma —a fin de cuentas— que el golpe fascista está siendo derrotado. Seguimos recibiendo nuevos y múltiples datos de lo que ocurría. Y sentimos —todos los que estábamos en la embajada, en la residencia y en el consulado— que nuestra victoria no era aislada; incluso, empezamos a disfrutarla plenamente, porque presentíamos que ese día sería también el triunfo del pueblo venezolano sobre el fascismo.

De todos modos, no bajamos la guardia. Y tuvimos razón, porque aún a las 5:00 p.m. de ese sábado, en un acto de desesperación final, los fascistas lanzaron ocho cocteles molotov y cuatro botellas de gasolina desde una casa detrás del consulado, y este casi arde. Nuestros compañeros —tres hombres y dos mujeres— que se encuentran en esa sede, a pocos metros de la embajada, actúan en todo momento de manera heroica; también sufren los embates de la horda fascista, les cortan el agua y la electricidad y varias veces los fanáticos intentaron ingresar al recinto.

14 de abril

Todo era inútil para ellos. Los destellos del desenlace son muy convincentes. Chávez está vivo y se dirige a Miraflores, donde lo esperan el pueblo y los militares que respetan la Constitución.

Entretanto ocurre ese instante, decido ir a mi hogar para disfrutar la buena nueva con mi esposa e hijo y demás compañeros que se encontraban allí. Sin proponérmelo, me doy cuenta que realizo el mismo recorrido que hice el 11 de abril, pero en dirección contraria. Y pienso: es una feliz coincidencia, porque a los golpistas las cosas les salieron al revés.

Las calles del Este de la ciudad parecían un cementerio en una noche sin luna. No se escuchaban voces ni había luz visible en muchas casas y apartamentos. Mientras el auto avanza, imagino la rabia y la frustración entre quienes —apenas 48 horas antes— suponían, eufóricos, que habían logrado matar los sueños y los ímpetus del pueblo bolivariano. Muchos no son culpables. Fueron engañados por una minoría bien entrenada en mentir y manipular, que ahora, turbada y con escalofríos ante el inesperado desenlace, sólo atina a hacer mutis.

A lo largo de 5 kilómetros, apenas vislumbro un vehículo en movimiento. Sus dos ocupantes parecen figuras de cera. Enciendo la radio: no hay noticias, salvo en la estación estatal, que sigue comunicando el inminente regreso del presidente al Palacio. Escucho por esa vía las voces eufóricas del pueblo agolpado allí, en espera de su líder. Y entonces me contagio, y grito también con felicidad infinita: "¡Volvió!, Volvió!, Volvió!" Aunque —delibero—, en rigor, Chávez nunca se fue del alma de su pueblo noble y bravo, y por eso, en tiempo récord, sus enemigos debieron aceptar la ominosa derrota.

Al entrar a la Residencia, todos se juntan en la sala y comienzan a aplaudir con inmenso jolgorio, y muchos no pueden contener las lágrimas cuando entonamos el himno. Abrazo de una sola vez a mi hijo Carlos Ernesto y a Amarilys, y les doy las gracias a ambos, sin decirles por qué, pues ellos saben las razones. Desde la embajada estuvimos atentos a lo que acontecía en la residencia, y nos sentíamos orgullosos de la conducta admirable de nuestros compañeros, en especial de los niños y adolescentes. Ellos tuvieron un proceder de titanes: fueron más obedientes que nunca, no se quejaron por nada y los más pequeños aceptaron, sin chistar, que se les diera de a poco los escasos caramelos que un solidario cubano les envió.

Saludo a cada uno de mis compañeros y varios cuentan sus anécdotas; me refieren que los niños duermen en un cuarto que se seleccionó para protegerlos de una posible agresión. Ciertamente, los espacios de mi casa parecen escenarios de guerra; todos en penumbras, colchones en el piso, compañeros de guardia... De repente, me hacen notar que llevaba 3 días sin bañarme y opto por asearme antes de volver a la embajada. Mientras me ducho, Amarilys continúa relatándome anécdotas. Una de ellas muestra la dignidad y el coraje de nuestras compañeras: un grupo decidió ir hasta Palacio, irrumpir allí cuando el dictador Carmona iba a autonombrarse presidente y denunciar la agresión fascista contra nuestra sede. Ahora, aún a regañadientes, comprenden que fue correcta la orientación que recibieron de no proceder en aquellas circunstancias. Sin duda, la actuación de todos allí había sido ejemplar.

Casi al despedirme, llama desde La Habana nuestro Comandante en Jefe, para saber cuánto tiempo más suponíamos que demoraría Chávez en llegar a Caracas. Lo siento agotado y ansioso, pero mucho más feliz por la victoria épica del pueblo bolivariano, que tanto admira. Desde la mañana del 11 de abril, Fidel se mantuvo en comunicación telefónica con nosotros. Recibimos sus orientaciones precisas en cada momento, y hasta sus preguntas incesantes fueron aleccionadoras y un estímulo formidable para encarar cuanto sucedía.

Sobre las 3:00 a.m., ya de vuelta a la embajada, también nos contamos las anécdotas de ocasión. Osvaldo Parlá recuerda a todos que el día anterior, sábado, había sido el cumpleaños de Marcel, el joven hijo del compañero Felipe Gil. ¡Y surge así el pretexto! De algún lado aparece una botella de ron, le cantamos felicidades, nos abrazamos y repetimos en broma que Marcel, y quizá todos, habíamos nacido por segunda ocasión. Y entonces me detengo a pensar, en serio, que la República Bolivariana estaba otra vez "de parto".

Cuando —a las nueve de la mañana, de ese memorable domingo 14 de abril— salimos a la calle, la luz era tan intensa que todas las huellas de la barbarie habían desaparecido. De repente, nos sorprende una alegre —y bulliciosa— caravana de hermanas y hermanos venezolanos, entre ellos el embajador de Venezuela en Cuba: Julio Montes, quien desde el Palacio de Miraflores estuvo dispuesto a dar su vida por la Revolución bolivariana. Al vernos, nos fusionamos en un abrazo inmenso.

Y entonces, en el mismo sitio donde horas antes los fascistas gritaron sus improperios y amenazas criminales, las voces del pueblo corean su magnífica epopeya: "¡Volvió!, ¡Volvió!, ¡Volvió!, ¡Volvió! ¡Chávez, volvió!..."

Uno de los miembros de esa caravana, nos expresa que vienen a desagraviarnos. Y agrega: "Como en los tiempos de Martí y Bolívar, Cuba y Venezuela vuelven a demostrar que sólo es posible alcanzar el triunfo, con la razón y la fuerza del pueblo, que es su dignidad." Lo aplaudimos

SOMBRA DEL FASCISMO   313

y exclamamos al unísono: ¡Viva Cuba! ¡Viva Venezuela!

Desde aquellos días de abril, he visto, y he podido sentir en el rubor y la "arrechera" de miles de venezolanos que se nos acercan para pedirnos sus disculpas, la grandeza y el honor de este pueblo indoblegable. Después de todo, el asedio y las agresiones contra la embajada contribuyeron a mostrar —sin máscara— el *rostro siniestro del fascismo*.

Y lo más trascendente: si las agresiones y el asedio a nuestra embajada formaron parte del plan golpista para implantar el fascismo en Venezuela, nuestra indispensable y humilde resistencia, para honra del pueblo cubano, se asoció con la fulminante y heroica victoria de los patriotas venezolanos.

8 de abril de 2003

Diálogo en defensa de la Patria*

Presentación

El 12 de abril de 2002, pasadas las tres de la tarde, la turba que se encontraba en la calle frente a la Embajada de Cuba, integrada por más de 1 000 personas fuera de sí, comenzó a corear que daban un ultimátum de 1 hora para que se le abriera la sede diplomática o la asaltarían y tomarían por la fuerza. En ese tenso y peligroso clima, escuchamos las voces de algunos ciudadanos que desde el tumulto nos pedían dialogar, y gritaban que deseaban evitar la violencia. Por su parte, los dos principales cabecillas de esa acción terrorista y fascista: Salvador Romaní y Ricardo Koesling, incitaban a no esperar más.

Así las cosas, y a pesar de la absoluta falta de garantías y la ausencia de autoridades que controlaran lo que allí acontecía, decidimos realizar esa conversación, sin saber, incluso, quienes eran los funcionarios públicos de que se trataba. En medio del caos prevaleciente, nos parecía que no debíamos rechazar ninguna posibilidad de evitar que quienes

---

Diálogo del embajador Germán Sánchez con el alcalde Henrique Capriles Radonski y sus acompañantes, durante el asedio y la agresión a la Embajada de Cuba.

manipulaban aquella turba violenta, pudieran lograr su objetivo de lanzarla hacia adentro de nuestro territorio soberano y, con ello, desataran una situación de consecuencias nefastas, ante la inequívoca decisión de quienes estábamos allí de defender con nuestras vidas la integridad y la dignidad de la representación del Estado y el pueblo cubanos en Venezuela.

Un funcionario de la embajada: Elio Perera, a riesgo de su vida, desde lo alto del muro invitó a entrar a la sede a los interesados en dialogar.

Por medio de una escalera, subieron encima del muro sendos representantes de la Alcaldía de Baruta y la Alcaldía Mayor, y desde allí accedieron al interior de la embajada. Media hora después, se incorporaron el alcalde Capriles Radonski y dos acompañantes; casi al final, llegó el comisario Henry Vivas. Antes de iniciarse el diálogo, nos pidieron la presencia —como testigo— de un equipo de televisión, a lo que respondimos de manera afirmativa. La censura prevaleciente impidió que ese diálogo se conociera. Días después, pudimos conseguir una copia, que, aunque fue mutilada en algunos segmentos, recoge en gran medida lo ocurrido durante aquellas 2 horas, en que se encararon la razón y la dignidad de nuestro pueblo, frente al golpismo, el odio y la impunidad. Por vez primera, se publica ahora el texto de ese testimonio, que no requiere comentarios, pues por sí solo es explícito:

Embajador: Quisiéramos, ante todo, que ustedes nos explicaran las razones de la presencia de este grupo de ciudadanos venezolanos frente a nuestra embajada. Desde hace varias horas sentimos esa presencia, personas haciendo afirmaciones y diciendo improperios, e, incluso, han destruido varios vehículos que tienen inmunidad diplomática —lo cual es un delito grave en cualquier país del mundo—; además, amenazan con ingresar violentamente a la embajada. Todo esto significa una violación flagrante de las normas internacionales, de impredecibles consecuencias.

Yo tengo la convicción de que la mayoría de esos ciudadanos, no se percatan de la gravedad de ingresar por la fuerza a esta sede diplomática —o a cualquier otra—, porque sería violar la soberanía y la integridad del territorio nacional cubano. De acuerdo con las leyes internacionales —en especial, así lo regula la Convención de Viena—: los estados están comprometidos a proteger la integridad de las sedes diplomáticas. Este es un principio inviolable, y todos los estados tienen que cumplirlo y deben estar interesados en que no se rompa, porque es un valor sagrado del derecho internacional.

Si una embajada es violentada por ciudadanos del país donde ella funciona, la responsabilidad recaerá, absolutamente, en las autoridades nacionales, con todas las gravísimas implicaciones que esto tiene.

Quienes estamos en esta sede, nos sentimos como si estuviéramos en nuestra Patria, y nosotros los cubanos, como ustedes los venezolanos quieren a su Patria, amamos a la nuestra. Y, por consiguiente, vamos a defender este pedazo de Cuba hasta las últimas consecuencias.

De lo que se trata ahora es de esclarecer las razones que han provocado esta peligrosa situación. Algo totalmente anómalo, que no comprendemos y, por supuesto, esta conversación es entre personas que desean entenderse y evitar implicaciones graves, en caso de que se viole la soberanía de Cuba en este instante.

Sepan ustedes también que en nuestra sede hay niños, hay mujeres; somos todos trabajadores civiles, que cumplimos una misión diplomática en Venezuela. No nos involucramos en los asuntos internos de Venezuela. Somos respetuosos de las autoridades. A ellas acudimos insistentemente durante el día de hoy; hemos realizado gestiones durante varias horas para que se impida que ocurran afectaciones a las personas que estamos en esta Misión y, por supuesto, a quienes intenten hoyar este suelo cubano.

Representante de la Alcaldía Mayor: Usted habló de la Ley, nosotros respetamos esa Ley y la soberanía, y le pido disculpas de que haya habido signos de violencia y les destrozaran los carros. Nosotros ya sufrimos destrozos durante 3 años, ya sufrimos destrozos a la moral y a la vida de los venezolanos. Un presidente que salió de forma inhumana. Nosotros estamos aquí, simplemente, porque esas personas que están aquí violaron la Ley.

Embajador: ¿Qué personas?

Representante de la Alcaldía Mayor: Las personas que, supuestamente, están aquí y en el Consulado.

Embajador: ¡Ah! ¡Ese es el tema!

Representante de Baruta: Yo quiero aclarar con el embajador, porque aquí hemos tratado un asunto que yo creo que es importante. Se va a salvaguardar en todos los términos a la Embajada del Estado cubano, tanto a sus personas, como a sus propiedades. Se escapó un poco de las manos de quienes estaban salvaguardando la propiedad privada, el destrozo que se les hizo a los vehículos, que yo sé que gozan de inmunidad diplomática; ellos, en esos momentos, no estaban identificados con sus placas, y no se podía determinar si eran privados o diplomáticos.

Nosotros vamos a cumplir los acuerdos internacionales que hayan sido suscritos por el gobierno venezolano. Lo único que queremos es, primero, que se nos aclare si hay ciudadanos venezolanos dentro del recinto de la Embajada cubana. Segundo, queremos que, por favor, usted nos aclare si están dispuestos a darles asilo a ciudadanos venezolanos que lo soliciten ante el gobierno cubano.

(En ese momento llega el alcalde Radonski y dos acompañantes).

Embajador: Bueno, comienzo por la segunda pregunta suya. Si usted conoce el derecho internacional, debe saber que, tanto Venezuela, como en Cuba tenemos derecho a evaluar a cualquier ciudadano que califique para recibir asilo político. Eso es válido en cualquier sede diplomática de América Latina. Es un acuerdo al que nos debemos todos los estados de la región. ¿Usted es abogado, alcalde? ¿Y usted también? —el embajador se dirige a ambos—. Seguramente, entonces conocen que este es un principio sagrado en América Latina, que tiene una tradición de varias décadas: el derecho a dar asilo y eso lo determina el gobierno que asila. De manera que su pregunta tiene una única respuesta: "Haríamos lo mismo que Venezuela, Brasil o cualquier otro país de América Latina."

Sobre la primera pregunta, le puedo afirmar categóricamente que no se encuentra en la sede diplomática de Cuba en Venezuela, ningún ciudadano venezolano. Y, además, agrego que ningún ciudadano venezolano ha solicitado asilo en nuestra embajada. Podemos decirlo con la autoridad que representa un embajador y el respeto que merece una sede diplomática.

De manera pública, y ante la opinión del mundo entero y, por supuesto, del pueblo venezolano —están grabando—, puedo afirmar que en esta embajada no se encuentra ningún ciudadano asilado. Lo que se está afirmando, mediante rumores, es absolutamente falso.

Representante de Baruta: Y eso que dicen los vecinos, que vieron un carro de donde entraron a la embajada Diosdado Cabello, Iris Varela y Nicolás Maduro.

Embajador: Yo le sugeriría a usted que le pregunten a los vecinos y ellos le podrán precisar si efectivamente es así, porque eso que usted dice se lo escuché a una periodista venezolana (Marta Colomina), pero ahora están ustedes aquí, lo conveniente es que hablen con los vecinos, encuentren al vecino que haya visto a Diosdado Cabello, tráiganlo ante nosotros y que mirándonos a los ojos nos lo diga. Y que quede constancia, pongan una cámara de televisión cerca de la embajada el tiempo que quieran. Ese es territorio venezolano, tienen derecho a hacerlo y comprobarán, algún día, que es una *mentira*.

Acompañante del alcalde: Queremos decirle en nombre de Venezuela, de la sociedad civil, de la gente democrática, de la gente honesta, de la gente que vive en concordia, le notificamos que Venezuela va a cumplir la normativa internacional que rige las relaciones diplomáticas. Quiere decir que se van a respetar la inmunidad y los privilegios, tanto de la cabeza de la delegación diplomática, que es usted, como de los otros miembros y de sus bienes.

Al mismo tiempo, le digo que es necesario que el pueblo de Venezuela constate de una fuente seria, de una fuente real, que aquí no se encuentra ninguna de las personas que estamos discutiendo en estos momentos. Necesitamos, embajador, una prueba real, necesitamos saber que aquí no se encuentran las personas que presumimos que están acá. Necesitamos sinceridad absoluta, necesitamos darle a aquella gente que está allí afuera gritando, venderle un poquito de paz, porque no queremos actos de violencia, lo que queremos es un poquito de concordia y respetar la normativa internacional que es ley para Venezuela.

Le pedimos, embajador, que mediante el medio que usted designe —el más adecuado, el más idóneo— nos haga saber si aquí se encuentra, realmente, un miembro de lo que fue antes el gabinete del gobierno del teniente coronel Hugo Chávez.

Embajador: ¿Alguien quisiera agregar algo más?

Segundo acompañante del alcalde (una señora): Sí. La persona menos indicada que debiera estar aquí soy yo. Soy miembro de la Coordinadora

Democrática de Acción Cívica. Nosotros —hace 1 año— organizamos una protesta ante la Embajada de Cuba. Es más, yo como profesora, propuse que se hiciera a tantos metros de la sede, porque soy respetuosa del derecho internacional. Yo estuve entonces acá, fuera de la embajada. Y fui seguida dos veces. Pero lo cierto es que estando junto con una señora que se hallaba en esa manifestación: Irma Máez, que yo la conocí ese día, fuimos rodeados por los círculos bolivarianos, fue la primera vez que yo sentí la violencia de los círculos bolivarianos, armados, insultando. Para mí fue la primera experiencia y me dije, "a nivel de Venezuela, ¿qué es lo que está pasando?". Porque Venezuela no era un país de odio. Yo trabajé en la Comisión de Política Exterior de Diputados, hace 10 años, y pude recibir a delegaciones del gobierno cubano y de la oposición. Y te digo, el secuestro de Irma Máez, las torturas a Irma Máez por 14 personas, que todos hablaban "en cubano", y la insultaban, preguntándole si tenían información porque era miembro del Frente Institucional Militar y si estaba conspirando contra el gobierno. Nosotros estamos en contra del gobierno, porque creemos en la democracia y la libertad.

Y lo que yo viví ayer día once... estaba ayer a una cuadra de Miraflores y fuimos masacrados por francotiradores. Yo no quiero violencia, pero esa gente de afuera está reaccionando por lo que pasó ayer. Porque se ha dicho y se ha repetido —miles de veces— que hay "siembras" de armas, que tienen el apoyo de Cuba. Y si esas personas que han instigado a la violencia, como Iris Varela, que me dijeron que estaba aquí, y Diosdado Cabello, si ellos están aquí, no se les debería dar el asilo diplomático. Mi pregunta es si usted les daría el asilo político a esas personas.

Embajador: Quisiera reiterarles que hay un principio irreductible: cada Estado tiene la potestad de determinar a quién asila y a quién no asila.

En primer lugar, hay que aclararles a esos venezolanos y venezolanas que se encuentran fuera de la embajada, que están ante una sede diplomática, que es un pedazo del territorio de un país soberano, que hay que respetar. Esas personas a quienes ahora escuchamos gritar sin cesar, tal vez no saben que si irrumpieran en esta embajada, como están amenazando hacerlo en breve —o en cualquier otra— los representantes de esa nación reaccionarían como lo hace un pueblo cuando es atacado por otro país. ¡No hay términos medios! ¡No hay otra posibilidad! Es importante que se sepa eso. Muy importante. Porque nosotros, por supuesto, no deseamos derramamiento de sangre, todo lo contrario. Queremos inmensamente a este pueblo, como si fuera nuestro propio pueblo; razones históricas y humanas son conocidas.

De lo que se trata, ahora, es muy concretamente de explicarles a esas personas, que entre ellas hay algunos sujetos que las están manipulando.

Y nosotros conocemos a algunos de los manipuladores. Uno de ellos llegó muy temprano, fue el primero: Ricardo Koesling, el mismo señor que hace algún tiempo habló de 1 500 agentes cubanos guiados por un superagente "James Bond". Y, pronto, se demostró que era una gran mentira, fabricada para una coyuntura electoral. Entonces, lo que debe respetarse es ese principio y, por ende, a esta sede.

Yo quiero que usted sepa, señor alcalde, que en los actuales momentos nuestra embajada no tiene electricidad, no tiene agua. Esta sede está siendo asediada como nos asedian a nosotros, desde hace 40 años, los Estados Unidos de América, y jamás le hemos hecho una concesión a ningún imperio, ni a nadie que venga por la fuerza a imponerse a nuestro país. Y hay que explicarles a esas personas que se está dialogando civilizadamente y que la violencia siempre deja saldos lamentables. Y aquí se ha empezado con violencia, destrozando autos nuestros, golpeando puertas, lanzando cocteles molotov, diciendo, además, que se va a tomar la Embajada de Cuba. Son palabras expresadas por Ricardo Koesling delante de un policía de Baruta, delante de una autoridad de esta Alcaldía. Y ese policía —nos consta— se comunicó con sus superiores e informó que se estaba amenazando, que se iba a tomar la embajada. Y siguieron viniendo personas, muchas confundidas, manipuladas por un grupo pequeño, que sí quiere y que busca un hecho de sangre. ¡No podemos ser ingenuos, ni ustedes ni nosotros! Ustedes han reconocido que debe respetarse una sede diplomática. Los que se encuentran afuera deben saberlo también, porque los están dirigiendo a ingresar violentamente por esa puerta y eso nos obligaría a nosotros a reaccionar, como lo haría nuestro pueblo en caso de ser agredido. ¡Defenderíamos este pedazo de tierra hasta con nuestras propias vidas! Y esto no es un discurso.

Los cubanos no hacemos discursos. Lo hemos demostrado muchas veces. ¡Yo los invito a evitar una tragedia! Está en las manos de ustedes, alcalde. Aquí también hay niños, hay mujeres, nos están agrediendo, nos han cortado la electricidad, nos han quitado el agua; aquí hay niños sin agua, hay niños sin electricidad. Se nos ha afirmado que estamos bloqueados y que no van a entrar alimentos. ¡Aquí hay niños, mujeres y hombres que vamos a pasar hambre! ¿Por qué? ¿Qué derecho tienen a actuar de esa manera? ¿Es un principio justo, humanitario, democrático, sincero?

Debemos ir ahí, a esas cosas tan profundas. Mi palabra es la palabra de un pueblo y es la palabra de un Estado. En todo lo que he afirmado aquí, he sido como siempre somos los cubanos, transparentes y precisos. Ustedes me preguntaron y yo les he respondido. Aquí no se encuentra ningún venezolano asilado. Si ese es el pretexto que quieren utilizar algunos para provocar un hecho de violencia de incalculables consecuencias, ese pretexto debe ser eliminado. Debe desaparecer. Y si siguen actuando de esa manera y provocan que esas personas se movilicen contra esta embajada a partir de un pretexto infame y mentiroso, la sanción de la historia, y de la comunidad internacional, sería todavía mucho más trascendente y más categórica hacia quienes tienen esa responsabilidad en este momento, que son ustedes, especialmente ustedes: las autoridades de ambas alcaldías. Hemos informado, además, a la Cancillería venezolana por nota diplomática, hemos informado al jefe del Ejército: Efraín Vázquez Velazco. También al Nuncio, a diversas personalidades venezolanas y a varias embajadas. Este es un hecho de gravísimas consecuencias para la comunidad internacional y, muy en especial, para los seres humanos que estamos aquí y en el Consulado. Ustedes deben meditar lo que está sucediendo y evitar un desenlace dramático.

Alcalde: Permítame embajador. Lo primero que quiero decir es que yo no voy a alzar ni un solo revólver ni una sola pistola ni un solo Fal, en contra de las gentes que están allá afuera. Yo lo quiero decir de la mejor manera. Porque yo no voy a hacer lo que se hizo ayer en Venezuela, que fue disparar. A mí me dispararon ayer, embajador. Yo no estaba empuñando un arma, yo estaba en una protesta pacífica, pues en los regímenes democráticos existe la posibilidad de que la gente exprese lo que mejor le parezca...

Embajador: Alcalde, discúlpeme la interrupción. Esta manifestación frente a la embajada, hasta ahora ha tenido expresiones no pacíficas, son, al contrario, muy violentas.

Nosotros hemos vivido este asedio desde muy temprano en la mañana. Aquí ha habido actos de violencia. Han destruido autos de esta embajada, han golpeado esa puerta y gritan que van a ingresar a esta sede por la fuerza. Estamos, en este instante, bajo la amenaza de un ultimátum.

De manera que la situación creada incluye la violencia y, de ahí, la gran preocupación nuestra; es por ello que aceptamos este diálogo, para evitar que ese brote de violencia, por parte de quienes están afuera manifestándose no pacíficamente, no se le escape de las manos a usted como máxima autoridad de este municipio, en cuyo territorio se encuentra nuestra embajada. También, por supuesto, sería una responsabilidad de todas las autoridades venezolanas, encargadas de proteger las sedes diplomáticas. El pasado año, cuando se realizó una manifestación anticubana, usted me llamó y nos garantizó que sólo lo permitiría a una distancia que no pusiera en peligro nuestra seguridad.

Lamentablemente —en esta ocasión—, se le ha ido a usted de las manos lo que está sucediendo. Y cuando un gran grupo de cientos de personas son instigadas a la violencia, bajo determinadas circunstancias emocionales, puede provocarse. (Nota: Hay una breve interrupción en la grabación.)

Yo los invito a ustedes a encontrar una solución inmediata y a evitar que esto pueda írseles de las manos a ustedes y a nosotros.

Alcalde: Yo estoy de acuerdo con que las sedes diplomáticas deben ser resguardadas. En ningún momento yo he dado órdenes que aquí se corte la luz...

Embajador: ¿Y quien la cortó?

Alcalde: Bueno, lo desconozco, lo desconozco.

Embajador: Es importante conocerlo, pues ha habido violaciones flagrantes de la Ley, delante de las autoridades de Baruta y de las cámaras de los canales de televisión. Es muy importante saber quiénes son las personas que afirman que se va a impedir el ingreso de alimentos, y que dicen que van a tomar la Embajada de Cuba. Es muy importante saber quiénes son esas personas.

Alcalde: Le digo algo, embajador: cuando usted hace una fiesta, usted abre la sede de la embajada. Y la gente se mueve por la sede de la embajada y comparte cualquier cosa. Y apelando a su inteligencia, no vamos aquí a poner en duda o no su palabra, porque si vamos a ver hay muchos informes que van y vienen. Porque —si usted quiere— yo creo que esto se termina ya si usted nos permite revisar la embajada, para poder decirles a las personas que están allá afuera que —efectivamente— hemos comprobado que ni Diosdado Cabello ni ningún venezolano está asilado en la embajada. Mire, a mi me invitó el embajador de los Estados Unidos de América a visitar su embajada y él me mostró la sede, la pude recorrer con él...

Embajador: —lo interrumpe—. Disculpe, si yo lo invito a usted a esta embajada, como entran a diario muchos venezolanos en condiciones normales, sería distinto. Pero, lo que no puedo aceptar —y creo que no lo aceptaría ningún embajador— es que se revise su territorio, dudando de su palabra, de alguien que representa a su pueblo. Ustedes tienen el derecho de tomar estas cámaras y colocarlas fuera de la embajada durante siglos. Y, entonces, se comprobará la *verdad*. Pero, lo que es inadmisible para el honor y la dignidad, y para los principios internacionales, es lo que usted nos pide. Eso es inadmisible... (Nota: Se interrumpe la grabación.)

Los venezolanos y los cubanos somos hermanos desde hace siglos. Innumerables sucesos nos han unido entrañablemente. Entonces, es absurdo que se produzcan actos de violencia por personas que —estoy absolutamente convencido— la mayoría de ellas están manipuladas por un *pequeñísimo* grupo de individuos que las pueden llevar a una situación extrema. Insisto: Si el tema es la supuesta solicitud de asilo o la presencia de algún venezolano aquí, el pretexto es *absolutamente falso*. Reitero eso para que ustedes reflexionen. (Nota: Se interrumpe la grabación. En esos momentos, los representantes de la Alcaldía de Baruta y de la Alcaldía Mayor, insisten en la necesidad de recorrer la embajada.)

Embajador: Ustedes están aquí sin electricidad. No les hemos podido brindar ni un vaso de agua. No les hemos podido brindar ni café y no es descortesía nuestra: no tenemos agua ni podemos hacer café. ¡Eso es violencia! ¡Eso es presión! ¡Eso es insultante! ¡Eso es así, como está planteado, un escándalo internacional! Y ya está ocurriendo, al margen de nuestra voluntad.

Ustedes me piden algo —revisar esta embajada— y con absoluto respeto les respondo: eso no está previsto en las normas del derecho de asilo. Déjenme decirles. Todos ustedes son personas educadas e informadas. Estoy conversando con ustedes, porque ustedes son representantes de ese grupo de personas que están afuera, y lo hago con mucho gusto. Hemos dado este paso para tratar de evitar lo que un grupo pequeño está buscando. Ese grupúsculo violento, irreflexivo, manipulador, que no es, precisamente, el que pone los muertos, pues lamentablemente los muertos podrían ser otros.

Alcalde: Fíjese una cosa. Yo no puedo lanzar ni una sola bomba lacrimógena para disolver a la gente.

Embajador: ¡Pero ellos sí pueden violentar la integridad de esta embajada! ¡Ya lo están empezando a hacer! ¡Ya lo han hecho! ¡No es teoría, alcalde, entiéndame usted, llevamos horas sin agua, sin electricidad...! (Nota: En ese momento informan que viene en camino el comisario Henry Vivas, jefe de la Policía Metropolitana.)

Embajador: Por favor, que pase, y que se acerque a conversar en estos términos.

Alcalde: Mire, embajador, déjeme terminar...

Embajador: —lo interrumpe—. ¿Cuándo restablecen la electricidad? ¿Cuándo restablecen el agua? ¡Es un bochorno internacional lo que está sucediendo aquí en estos momentos! ¡Va contra los principios éticos, humanitarios! ¡Un demócrata, un humanista, no puede admitir tener a niños sin electricidad ni agua y sin comida!

Funcionario de Baruta: Nosotros nos comprometemos a restituir el agua y la electricidad lo antes posible. No lo podemos hacer nosotros. Tenemos que pedirles a las empresas que lo hagan.

Embajador: ¿Quién lo hizo?

Funcionario: No sabemos.

Embajador: Y ¿cómo se les ha ido de las manos a ustedes esa situación? ¡Eso se parece a lanzar gases lacrimógenos! ¡Peor! Eso se parece a lanzar gases lacrimógenos a personas inocentes. Es exactamente lo mismo. ¡Y ha sucedido ante las autoridades de esta Alcaldía! ¡Había policías! Hemos informado, se ha dicho: ¡Y sigue sucediendo!

Funcionario de Baruta: Nosotros confiamos en su palabra, pero insistimos en la conveniencia de recorrer la embajada. Si quiere, invite al Nuncio para que nos acompañe. (Nota: Se incorpora el comisario Henry Vivas).

Embajador: —sintetiza a Vivas lo ocurrido.

Alcalde: Embajador, ¿qué propone usted?

Embajador: Yo propongo que ustedes cumplan con el deber que les corresponde, que es, en primer lugar, hablar con esas personas, decirles que ellos tienen el derecho de estar allá afuera el tiempo que perduren sus vidas. Y si quieren, que otras personas los reemplacen. Si tienen la duda, ese es su derecho. Están en territorio venezolano. Y nosotros tenemos el derecho y el deber de decir lo que exactamente es.

Ahora, hostigamientos a la embajada, agresiones a vehículos, golpear la puerta, bloqueo al libre movimiento de los funcionarios, amenaza de asalto violento a nuestras sedes, intento de incendiarlas: ¡Son actos demasiado violatorios del derecho internacional!

Y estos actos de violencia comenzaron hace 4 días —el 9 de abril en la noche—. Debo decirles que antes de ocurrir los hechos de violencia de ayer, 11 de abril, aquí se produjeron, en la calle, a pocos metros, disparos al aire, nos lanzaron un coctel molotov a la entrada de la embajada y también quemaron algunos cauchos.

Alcalde: Embajador, yo soy una figura política, la policía de Baruta y la Policía Metropolitana garantizan que no se va a trepar nadie por ese muro.

Embajador: Pero, en estos momentos, no pueden garantizarlo, si esas personas deciden hacerlo.

Henry Vivas: Yo lo garantizo.

Embajador: No pueden, ¿cuántos policías tienen aquí?

Henry Vivas: Tengo ya 40 policías.

Embajador: No son suficientes.

Henry Vivas: Para mí, es suficiente.

Embajador: Y ¿cómo lo van a hacer?

No admitiríamos que frente a nuestra embajada hubiese violencia, palos, golpes, heridos, quién sabe. ¡Sería muy triste!

Yo les pido a ustedes, en un tono constructivo, encontrar una solución. Que les corresponde absolutamente a ustedes. Nosotros hemos aceptado este diálogo, con el ánimo de evitar un derramamiento de sangre, para evitar consecuencias nefastas. Yo los exhorto a que se comuniquen con las autoridades nacionales, que son a las que les compete —junto con ustedes— resolver este problema.

CHE GUEVARA PRESENTE
Por Ernesto Che Guevara
ISBN 1-876175-93-1

AMÉRICA LATINA
Despertar de un continente
Por Ernesto Che Guevara
ISBN 1-876175-71-0

CHE DESDE LA MEMORIA
Los dejo ahora conmigo mismo: el que fui
Por Ernesto Che Guevara
ISBN 1-876175-89-3

CHÁVEZ
Un hombre que anda por ahí
Una entrevista con Hugo Chávez por Aleida Guevara
ISBN 1-920888-22-5

MARX, ENGELS Y LA CONDICIÓN HUMANA
Una visión desde Latinoamerica
Por Armando Hart
ISBN 1-920888-20-9

LA REVOLUCIÓN CUBANA
45 grandes momentos
Editado por Julio García Luis
ISBN 1-920888-08-X

FIDEL EN LA MEMORIA DEL JOVEN QUE ES
Por Fidel Castro
ISBN 1-920888-19-5

CHE EN LA MEMORIA DE FIDEL CASTRO
Por Fidel Castro
ISBN 1-875284-83-4

oceanpress

e-mail info@oceanbooks.com.au
www.oceanbooks.com.au